U0094316

陕西师范大学中国语言文学"世界一流学科建设"成果

—————— 国家社科基金重点项目 ——————

元明孟学研究

周淑萍　著

商務印書館
The Commercial Press
创于1897

陕西师范大学中国语言文学"世界一流学科建设"成果

国家社科基金重点项目"中国孟学史"（11ZDA051）结项成果之一

· 目 录 ·

导 论

在有着数千年文明史的古老中国，在儒学创始人孔子的众多追随者中，只有孟子被后人与孔子并提，合称"孔孟"。孔孟之道成为中国传统主流文化儒家思想文化的代名词。《孟子》一书，家喻户晓，家诵户读；孟子本人也被冠以"亚圣"的封号。考察历史，无论是对中华民族性格的塑造，还是对中国思想学术的发展演变，孟子都有着至为深远的影响。

孟子"人皆有四心"的人性论培养了中华民族的自信心；孟子倡导的"养吾浩然之气"，涵养了中华民族的民族气节；孟子推重的"大丈夫"气概，铸就了中华民族自尊独立的人格和傲岸不屈的品性；孟子提倡的"父子有亲"、爱亲敬长、"老吾老以及人之老，幼吾幼以及人之幼"等人伦观念，促进了中华民族尊老爱幼传统美德的形成；而孟子提出的"乐以天下，忧以天下"、与民同乐的政治主张，所高扬的淡薄物欲、以义为归、自贵其德、舍生取义的价值观，也成为中华民族共同的治政理念、价值原则，铸造了民族精神。

在儒学而言，孟子发展了儒学体系。孔子虽然开创了儒学，并以"仁者爱人"作为其思想的核心，奠定了儒学的主旋律，但是草创阶段的儒学并没有形成完善的体系。孟子发展孔子学说，构建了早期儒学比较完善的思想体系，即以"王天下"为最终目标，以"行仁政"为"王天下"的根本路径，以伦理道德为"行仁政"的前提，以性善论为伦理道德的人性依据，以天道观为人性和伦理道德的最终根据。经过孟子的精心构建，儒学在保持孔子基本精神的基础上，成为体系化、理论化的思想学说。孟子构建的思想体系，既是对孔子思想的深化，也是对孔子思想的推进。孟子关于天道、人性、人心的讨论，不仅回答了孔子尚未回答的"道德何以可能"以及"道德的自由"问题，从而使儒家学说初步哲学化，而且成为宋明理学的先声。孟子的仁政思想极大地丰富了儒家政治学说，虽然在当时不被统治者接受，却被后世儒者奉为政治理想，也在一定程度上制约了君权。孟子思想学说是我们的宝贵财富，值得研究和继承。

由于孟子在中国历史上的重要地位，自汉代以来，孟子其人其说一直是人们评说和研究的对象，尤其是宋代孟子地位升格以后，孟子其人被尊为道统传人，孟子思想被视为孔子真意的表达，《孟子》其书被视作把握圣人之道、走向内圣的必由之途，人们纷纷把眼光投向《孟子》，进行研究和诠释，从事孟子研究的队伍浩浩荡荡，《孟子》诠释著作大量涌现，由此形成了中国历史上卓然独绝的，堪与孔学、老学、易学等传统思想学说相媲美的孟学，上千年来孟学的发展呈现出波澜壮阔的景象。历代学人，尤其是宋元明清诸儒以及现代新儒家学者，他们推本《孟子》，从孟子思想中汲取营养，孟子思想的基本命题：四心、四端、仁义礼智、性善、诚、良心良能、尽心、存心、知性知天、养心、寡欲、知言养气、义利、王霸等，成为他们讨论的重要对象，他们以孟子思想为理论基石和理论胚胎，或兼取佛老，或调融中西，构筑起不同于以往的新思想体系，发挥出不同的思想主张。如程朱从中发展出更为精致完备的新儒学体系——理学，陆九渊、王守仁从中阐发出陆王心学，黄宗羲、戴震等从中找到批判朱子之学、反击宋学的理论依据，康有为、梁启超等人则从中衍发出民主、自由、平等、改良救世之说；梁漱溟等从中寻找到与全盘西化文化思潮相抗衡的中国本土固有文化的永恒价值。即便是在清代乾嘉朴学的兴起和发展阶段，原本简明的《孟子》文本，也成为考据学家考据的对象，成果如雨后春笋。在谨细的考据背后，其实隐含的是在经历了明清之际"天崩地裂"突变之后，清代学者以知识求道、以实学成圣的学术取向和人生追求。

纵观孟子在中国历史上的升降沉浮，以及孟学研究由寂寞走向繁荣的变化轨迹，可以非常清楚地看到中国历史变化的脉动，是时代的变化和需要决定了人们对孟子的热情或冷漠，决定了他们对孟子思想的取舍与评判，也影响了他们对孟子思想的阐释和发挥，因而构成了具有鲜明时代印记的孟学史。孟学史的演变，可以说浓缩了我们民族文化思想演变的基本特质。

所以今天回望我们民族的历史，梳理我们民族的文化，我们很清楚地看到，中华民族的历史进程、中华文化的演变、中华民族品格的形成，都与孟子以及孟学的研究和传播有着至为密切的关系。因此要了解中华民族，认识中华文化，我们必须越过千年阻隔，再与孟子对话，了解其思想本源、本质；拂去厚重的历史尘埃，再与孟学研究者对话，把握其心路历程。孟子、孟学、孟学史是我们了解我们民族历史的一把钥匙，也是我们未来发展的重要借鉴。

元明孟学上承两宋孟学，下启清代孟学，是孟学史上的重要阶段。目前所见关于元明孟学的研究成果，个案研究主要集中在朱元璋专制思想与《孟子节文》、阳明学说与孟子思想关系等方面，例如，贾乃谦的《从〈孟子节文〉到〈潜书〉》（《东北师大学报》1987年第2期），秦燕的《〈孟子节文〉与朱元璋的专制思想》（《陕西师范大学学报》1995年第2期），李敬峰的《取法程朱，辨乎阳明——吕柟〈孟子〉学及其思想意义》（《中国哲学史》2016年第3期），等等。有些文章涉及了元代北山学派的《孟子》研究和明代考据学，例如，周春健的《金履祥与〈论孟集注考证〉》（《中国典籍与文化》2009年第1期），孙计康的《明代〈孟子〉考据学研究》，等等。而系统研究元明孟学的专著有董洪利的《孟子研究》（江苏古籍出版社1997年）与黄俊杰的《中国孟学诠释史论》（社会科学文献出版社2004

年）等。董洪利的《孟子研究》第十章是元明孟学，限于篇幅，作者进行了脉络梳理，未对元明孟学展开研究。黄其俊的《中国孟学诠释史》第四篇是《宋元明时期的孟学》，作者用了四章篇幅讨论了元明孟学，对元明孟学做了概要式梳理。此外还有一些研究四书学史以及经学史的著作和论文对元明孟学有所涉及，例如，朱修春的《四书学史研究》（中国文史出版社，2005），周春健的《元代四书学研究》（华东师范大学出版社，2008），郭素红的《明代经学的发展》（山东大学博士论文，2008），甄洪永的《明初经学研究》（山东大学博士论文，2009），日本佐野公治的《四书学史的研究》（东京创文社，1988年2月），等等。

总体而言，目前学界关于元明孟学的研究取得了一定的成果，但相较于学界对先秦汉唐孟学、两宋孟学、清代孟学研究的全面深入，元明孟学显然还待加强。我们的研究主要在以下四方面做了一些努力：其一，全面深入地考察了元代孟学史上的重要现象——孟子再升格的过程，剖析了其历史意义。相较两宋时期，孟子地位在元代有一个再升格的过程。元代官方独尊孟子为亚圣，追封孟子父母，优遇孟子后人，立《孟子》为国子监教材，将《孟子》由"兼经"升为"正经"，学人对《孟子》展开多样化的诠释与研究，元代官方和学界这一系列的尊孟举措，不仅使孟子地位再次升格，也进一步巩固了孟子的官学地位。这是孟学史上的重要现象，应当对其做深入探讨。其二，借助古典目录以及现存传世文献，梳理了元明时期孟学著述状况，从中透视元明孟学的文化特征。其三，以孟子思想核心：心性论、知言养气论、王道论为研究切入点，研究了元明孟学史上的代表人物，诸如金履祥、许谦、胡炳文、陈天祥、薛瑄、蔡清、王阳明、吕楠、罗钦顺、罗汝芳、李贽、高攀龙、张岱、孙其逢等人对孟子思想的解说，以彰显元明孟学思想的独特性以及历史贡献。其四，针对明代中后期《孟子》考据学逐渐兴起的历史现实，以明代《孟子》考据学代表人物陈士元《孟子杂记》为研究个案，总结明代中后期的孟子考据学研究特点。

　　笔者希望在前贤时哲研究的基础上，整合现有元明孟学研究成果，搜集和梳理元明孟学文献，以现存元明孟学诠释文献为主要研究对象，重点考察元明学人对孟子思想的解说，通过个案分析，力求进行穷尽式、原创性研究，对元明孟学的发展以及发展过程中出现的问题和争议进行提要钩玄与综合归纳，从而能够比较准确、全面地揭示出元明孟学历史的和逻辑的发展进程。

　　中国传统思想文化发展的一个基本特征就是思想的发展附丽于经典的诠释。这与中华民族尊崇文化传统、推重历史经验、信奉经典著作有很大关系。人们尊崇经典，是为了经世致用，利用经典为自己所在的时代服务。然而时代悬隔，时移势易，呈现在后人面前的经典，除了语言文字方面的疏隔之外，还存在思想观念与当时社会脱节的问题。于是根据时代需要重新诠释经典，就成为文化传承者的当务之急。在重新诠释经典的过程中，他们阐发自己的思想见解，构筑新的思想体系，以配合时代的发展。可是由于诠释者个人所在的时代、社会环境、文化背景、生活阅历、知识视野、人生感悟、思维方式不同，因此面对相同的经典，其理解、把握经典的角度、重点往往不同，因而做出的解释不仅与经典原意存在理论变异，而且互相之间也歧说迭出。其原因正如伽达默尔所说："即使是历史方法的大师，也不可能使自己完全摆脱他的时代、社会环境以及民族立场的前见。"[1]也就是说，"诠释者所在生活世界中的视域，决定着其阐释语境的形态和质态，决定着该语境中意义的呈现及如何呈现"[2]，因此，我们便不难理解在《孟子》诠释领域中出现的各种理论变异和歧说。这些理论变异和歧说不可小视，因为诠释者自己的理论创新和学术贡献往往就从这些理论变异和歧说中体现出来。在中国，尊崇经典，反映了人们在传统与现

1　〔德〕伽达默尔：《真理与方法》，洪汉鼎译，上海译文出版社，1999年，第678页。

2　刘笑敢：《经典诠释与体系建构》，《中国哲学》2002年第2期。

实之间的文化选择，而不同时代因应于社会现实而做出的经典新诠，不仅使经典得以薪火相传，经典的价值和意义也因之而生生不息。经典的诠释文献则成为后人了解和研究诠释者个人及其所在时代思想发展演变的至为重要的第一手材料，同时也是我们今天认识和理解祖国思想文化的重要途径，同样，元明孟学诠释文献的价值就在于此。

需要指出的是，这里所说的元明孟学诠释文献，从其形式来分，有三类：一，元明研究《孟子》的专著；二，元明评论孟子其人其书的专文；三，散见于元明学人论著中有关孟子思想观点的阐释。从其学术立场来看，有宗奉朱熹的孟学文献与驳正朱熹的孟学文献。从诠释性质来看，绝大部分为思想诠释性文献，也有相当一部分是文献考证类文献，如陈士元《孟子杂记》等；还有文学评点类文献，如陈深的《孟子评点》、汤来贺的《孟子评点》、李贽的《四书评》、戴君恩的《绘孟》、张岱的《四书遇·孟子》等等。

研究历代《孟子》的诠释文献，一般来说可有两种方式，一是文献学整理模式，即从训诂、版本方面对《孟子》诠释文献的正误及其所用方法、所用版本加以分析和评说；二是思想史研究模式，即抛开诠释文献在字句正误与所用方法上的得失，而着眼于诠释者在诠释文献中所体现出来的思想和理论体系。本书研究的主旨在于元明学者在《孟子》的诠释文献中表现出来的孟子观与思想理论体系，同时也关注其文字名物训诂、典制考释的成就。所以我们的研究方式是以思想史研究模式为主，以文献学整理模式为辅。在研究过程中，力求把思想学术史研究与社会史相结合，注意元明时期特殊文化背景对《孟子》诠释者的影响，以把握诠释者在对《孟子》的诠释中反映出来的与其时代文化背景密切相关的思想特点，彰显元明时期孟学的自身特质；以助读者更好地理解中国思想文化的走向，从中汲取在传统文化的继承与创新过程中的经验和教训。

上 编

元代孟学

第一章
元代孟子地位的再升格

　　元朝是我国历史上唯一一个由北方草原游牧民族建立的大一统王朝，王朝的建立完全依靠武力征服，铁骑所至，所向披靡，但立朝之后在文化领域的政策却比较开放。蒙古族原本信奉多神的原始宗教萨满教，建立元朝后皈依喇嘛教，同时允许汉地佛教、道教、伊斯兰教、基督教、犹太教合法存在和传播。在这种背景下，儒学经历了由不受重视到取得官方哲学地位的转变过程。

　　元朝建立之初，并未予以儒学特别的尊崇。虽然早在太宗窝阔台时期，耶律楚材就提出了"用儒术选士"的主张，且被采纳，"窝阔台灭金后三年（1237）采纳耶律楚材的建议考试儒生，为儒学在蒙古族中的传播铺垫了基础"[1]，但由于蒙古统治者当时面对的主要问题是征伐与扩张领土，儒家治国之道没有施行的现实土壤，所以儒学未获特别推崇，当时主要在民间传播。元世祖忽必烈时，建议接受汉文化的人增多，儒家学者姚枢、刘秉忠、许衡、杨恭懿等纷纷上书，希望国家治理采用儒家思想，招揽儒士，尊孔重教，广设学校，以经义取士，然而他们的建议遭到了保守势力的坚决抵制，许衡甚至因此被权臣诋毁，不得不辞官。而忽必烈本人虽不

1　姜林祥主编，韩钟文著：《中国儒学史　宋元卷》，广东教育出版社，1998年，第599页。

反对推崇汉文化、尊儒的建议，亦优礼儒学，但对于汉文化以及儒学其实并不十分尊信，所以也并不积极推行，因而元朝初期至元武宗之时，儒学的地位并不高。

儒学在元朝真正受到重视，已是元朝中期，标志性事件是元武宗至大元年（1308），朝廷将孔子的封号由"至圣文宣王"升格为"大成至圣文宣王"。五年之后，元仁宗皇庆二年（1313）六月，"以宋儒周敦颐、程颢、颢弟颐、张载、邵雍、司马光、朱熹、张栻、吕祖谦及故中书左丞许衡从祀孔子庙廷"[1]。由于这批从祀孔庙的学者主要是宋元理学家，说明理学已得到元代官方的支持。十月，中书省臣终于奏准实行科举，以经义取士，恢复了停废半个世纪之久的科举取士。

儒学在元中期受到重视，反映了元人对儒家文化的认同。元世祖起初虽不十分尊信儒学，尤其对道学没有好感，但也逐渐认识到孔孟学说的社会作用。《元史·董文忠传》载：

> （至元）八年，侍讲学士徒单公履欲奏行贡举，知帝于释氏重教而轻禅，乃言儒亦有之，科举类教，道学类禅。帝怒，召姚枢、许衡与宰臣廷辩。文忠自外入，帝曰："汝日诵《四书》，亦道学者。"文忠对曰："陛下每言：士不治经讲孔孟之道而为诗赋，何关修身，何益治国！由是海内之士，稍知从事实学。臣今所诵，皆孔孟之言，焉知所谓道学！而俗儒守亡国余习，欲行其说，故以是上惑圣听，恐非陛下教人修身治国之意也。"事遂止。[2]

可见，忽必烈对道学不以为然，但也"每言士不治经讲孔孟之道，而为诗

---

1 （明）宋濂等撰：《元史》，中华书局，1976年，第557页。
2 （明）宋濂等撰：《元史》，中华书局，1976年，第3502页。

赋，何关修身，何益治国"，显然也是肯定孔孟之道对个人修养、人格完成、国家治理的重要作用要远强于诗赋的。

> （至元十二年）侍读学士徒单公履请设取士科，诏与恭懿议之。恭懿言："明诏有谓：士不治经学孔孟之道，日为赋诗空文。斯言诚万世治安之本。今欲取士，宜敕有司，举有行检、通经史之士，使无投牒自售，试以经义、论策。夫既从事实学，则士风还淳，民俗趋厚，国家得才矣。"奏入，帝善之。[1]

忽必烈认同杨恭懿的说法，肯定经学与孔孟之道是可以厚民俗、淳士风的实学。元代的第四位皇帝元仁宗曾说："朕所愿者，安百姓以图至治，然匪用儒士，何以致此。设科取士，庶几得真儒之用，而治道可兴也。"[2]元仁宗清楚要"安百姓"而使"治道兴"，必须用儒士，设科取士是能够"得真儒"的重要途径。由元世祖忽必烈到元仁宗，元代帝王对孔孟之道、儒学的态度由原来的不十分尊信到充分肯定，表明在比较过佛教、道教、伊斯兰教、基督教之后，他们真切地认识到儒家文化的重要性，故转而认同儒家文化，并将以理学代表的宋代新儒学定为国是。

在此语境下，元代孟学发展历程与元代儒学基本一致，但上承两宋孟学，尤其是在继承朱子孟学的基础上，元代孟学的演进和发展又具有其自身特色。

1　（明）宋濂等撰：《元史》，中华书局，1976年，第3842页。

2　（明）宋濂等撰：《元史》，中华书局，1976年，第558页。

第一节 独封孟子为"亚圣"

如所周知，是宋代孟子升格运动确立了孟子在中国历史上的地位。孟子地位在宋代升格的主要表现是：其一，孟子道统化，确立了孟子为宋以前道统唯一传人的地位。其二，孟子官方化，孟子受封袭爵，入孔庙配享；孟庙为朝廷承认，由民间庙宇升为官方庙宇。其三，《孟子》被立于学官，合入"四书"，合刊进"十三经"，稳居经典之列。其四，研究孟子的专著、专论蔚为大观。相较于宋代孟子升格运动对孟子历史地位的确立，元代则以对孟子地位的再升格巩固了孟子在中国历史上的地位。

在宋代孟子升格运动中，孟子其人被赐封为邹国公，获得官方地位。然而邹国公只是"公爵"，封号中也未见官方对孟子德业的评价；而且"邹国公"之称也是孟子所说的"人爵"，可孟子更看重的是彰显个人德行的"天爵"。元文宗时，孟子的封号被升格为"邹国亚圣公"，"亚圣"成为孟子的正式封号，官方承认了孟子是儒家学派仅次于孔子的代表人物，从此"亚圣"逐渐成为孟子的专称。

考察史料，可以看到，东汉赵岐已称孟子有"亚圣"之才，其后称孟子为"亚圣"者屡有所见。据黄𩾃《山谷年谱》记载，李观任清江县令时，曾为欧阳修之母作祭文，在祭文中提到亚圣。

> 其兄名观，字梦符，为清江县，尝为太守作《祭欧公母夫人文》曰："昔孟轲亚圣，母之教也。今有子如轲，虽死何憾！"文忠击节赏之。[1]

李观明确称孟子"亚圣"。可见，自东汉赵岐之后，认为孟子可当"亚圣"

---

1 详见（宋）黄庭坚著，刘琳等点校：《黄庭坚全集》，中华书局，2021年，第1009页。

之称已是人们较为普遍的看法。不过，在元代以前"亚圣"并不是孟子专称，其他人也可以享有"亚圣"的美誉。

一、元至顺元年以前的众位亚圣

在元文宗正式封孟子为"邹国亚圣公"之前，还有其他一些人也享有"亚圣"的美誉。比如，三国时人张俨称汉光武帝有亚圣之才。

> 《张俨默记》曰：汉光武体亚圣之才，执文武略，聪明仁德，膺时而出。[1]

梁人崔庆远称赞周成王有亚圣之贤，说：

> 成王有亚圣之贤，故周公得辅而相之。[2]

隋人魏澹认为春秋史家左丘明有亚圣之才：

> 案丘明亚圣之才，发扬圣旨，言"君子曰"者，无非甚泰，其间寻常，直书而已。[3]

《旧唐书》载，当时有人以姜太公为亚圣：

> 上元中，诏择古今名将十人于武成王庙，配享如文宣王庙之仪，

1　（唐）徐坚：《初学记》，中华书局，1962年，第211页。

2　（梁）萧子显：《南齐书》，中华书局，1972年，第793页。

3　（唐）魏徵等撰：《隋书》，中华书局，1973年，第1419页。

播以"太公古称大贤,今其下称亚圣,于义不安"。[1]

姜太公、周成王、汉光武帝、左丘明等都被人们以"亚圣"称之。

而在孔门之内,孔子为"至圣",孔子门人中也有人享有"亚圣"美誉。如三国时吴国诸葛恪有言:

> 自孔氏门徒大数三千,其见异者七十二人。至于子张、子路、子贡等七十之徒,亚圣之德,然犹各有所短,师辟由喭,赐不受命,岂况下此而无所阙?[2]

诸葛恪认为子张、子路、子贡等七十之徒具有亚圣之德。

当然,孔子门人颜回被尊为亚圣,则受到官方认可。

> 初,开元八年,国子司业李元瓘奏称:"先圣孔宣父庙,先师颜子配座,今其像立侍,配享合坐。十哲弟子,虽复列像庙堂,不预享祀。谨检祠令:何休、范宁等二十二贤,犹沾从祀,望请春秋释奠,列享在二十二贤之上。七十子,请准旧都监堂图形于壁,兼为立赞,庶敦劝儒风,光崇圣烈。曾参等道业可崇,独受经于夫子,望准二十二贤预飨。"敕改颜生等十哲为坐像,悉预从祀。曾参大孝,德冠同列,特为塑像,坐于十哲之次。图画七十子及二十二贤于庙壁上。以颜子亚圣,上亲为之赞,以书于石。闵损已下,令当朝文士分为之赞。[3]

开元八年(720),国子司业李元瓘上奏,请求尊颜回为亚圣,其上奏被

---

1 (后晋)刘昫等撰:《旧唐书》,中华书局,1975年,第3628页。

2 (三国)陈寿:《三国志》,中华书局,1964年,第1432页。

3 (后晋)刘昫等撰:《旧唐书》,中华书局,1975年,第919—920页。

采纳。

二十七年八月，皇帝下诏：

> 颜子渊既云亚圣，须优其秩，可赠兖公。[1]

显然颜回的亚圣称号在唐代就受到官方承认，其后人们常以亚圣称颜回。五代后周广顺二年（952），周世祖郭威谒孔庙，问及亚圣后人：

> 六月乙酉朔，帝幸曲阜县，谒孔子祠。既奠，将致拜，左右曰："仲尼，人臣也，无致拜。"帝曰："文宣王，百代帝王师也，得无敬乎！"即拜奠于祠前。其所奠酒器、银炉并留于祠所。遂幸孔林，拜孔子墓。帝谓近臣曰："仲尼、亚圣之后，今有何人？"对曰："前曲阜令、袭文宣公孔仁玉，是仲尼四十三代孙，有乡贡《三礼》颜涉，是颜渊之后。"即召见。仁玉赐绯，口授曲阜令，颜涉授主簿，便令视事。[2]

显然，郭威所问的亚圣就是颜回。宋人胡宿作《颜子不贰过赋》，称赞颜回："伟颜子之贤哉，亚圣人之上才，既知过以无贰，益闲邪之不回。"[3]胡宿认为颜回有"亚圣人之上才"。宋代理学开山周敦颐也称颜回为亚圣。

> 见其大则心泰，心泰则无不足。无不足则富贵贫贱处之一也。处之一则能化而齐。故颜子亚圣。[4]

1　（后晋）刘昫等撰：《旧唐书》，中华书局，1975年，第921页。

2　（宋）薛居正等撰：《旧五代史》，中华书局，1976年，第1482页。

3　（宋）胡宿：《文恭集》，文渊阁《四库全书》影印本，第1088册，第108页。

4　（宋）周敦颐：《周敦颐集》，中华书局，1990年，第33页。

周敦颐解释称颜回为亚圣的原因，是因为颜回"心泰"而能"富贵贫贱处之一"。

时至元代，在至顺元年（1330）以前，人们既称颜回为亚圣，也称孟子为亚圣，如元代延祐元年（1314）十一月颁发的圣旨：

> 皇帝圣旨里：
>
> 中书户部承奉中书省判送□部，元呈山东宣慰司关益都路滕县、曲阜县申，邹国公五十二代孙孟惟敬等呈，孟氏子孙合该税石，于丁酉年间奉圣旨，依僧道例将各家合该地税除免了当。惟敬等二家元籍系滕县，住□不相统摄，未蒙除免。得此。又据邹县状申，孟在委系亚圣邹国公四十九代孙，将合纳地税肆斗壹升，除免相应。得此。本部议得，亚圣颜国公颜氏子孙颜宽等捌家税石已经呈准省部除免了当外，亚圣邹国公孟氏子孙孟信、孟成贰家，乙未、壬子二年籍面内明，该滕县孟信、孟成系孟子五十代孙，鄹县孟在系孟子四十九代孙。即与都堂钧旨连送户部，更为照勘地亩税石数目。如无违碍，依上施行。奉此当部合行移并请照验，更为照勘地亩税石数目。如无违碍，依上施行。须至关者，右关山东宣慰使司。[1]

这道圣旨是对孟子后裔请求减免地税的回复，圣旨中，颜回、孟子都被称为亚圣。

可见，在元至顺元年以前，君主、宰执大臣、学人因其才行高秀、品行高洁都有可能被尊为亚圣，于是姜太公、周成王、汉光武帝、左丘明、颜回等人都被尊为亚圣，尤其是颜回的亚圣身份在唐代就已被官方认定。

---

1 刘培桂：《孟子林庙历代石刻集》，齐鲁书社，2005年，第38页。

二、元文宗独封孟子为亚圣

元文宗至顺元年，元代朝廷对孟子有了特别的赐封。元文宗下诏加封孟子为邹国亚圣公的圣旨其文如下：

上天眷命　皇帝圣旨：

孟子，百世之师也。方战国之从衡，异端之充塞，不有君子，孰任斯文？观夫七篇之书，倦倦乎致君泽民之心，凛凛乎拔本塞源之论；黜霸功而行王道，距诐行而放淫辞。可谓有功圣门，追配神禹者矣。朕若稽圣学，祗服格言，乃著新称，以彰渥典。于戏！颂《诗》《书》而尚友，缅怀邹鲁之风，非仁义则不陈，期底唐虞之治。英风千载，蔚有耿光。可加封邹国亚圣公。[1]

元文宗加封孟子为邹国亚圣公的理由是：在战国异说蜂起之时，孟子拔本塞源，倡王道，黜霸道，距诐行，放淫辞，正人心，弘扬孔子之说，有功于孔门圣学；孟子承传《诗》《书》，陈说仁义，救治时弊，有功于圣治。元文宗表彰孟子之辞并不新颖，因为自汉代以来，尊孟的学人都是如此称赞孟子的，但是皇帝以圣旨的形式加以表彰，且据此封孟子为邹国亚圣公，则是史上第一次。

在加封孟子为邹国亚圣公的同时，元文宗对颜回等人也有加封：

戊申，加封孔子父齐国公叔梁纥为启圣王，母鲁国太夫人颜氏为启圣王夫人；颜子兖国复圣公，曾子郕国宗圣公，子思沂国述圣公，孟子邹国亚圣公，河南伯程颢豫国公，伊阳伯程颐洛国公。[2]

1　刘培桂：《孟子林庙历代石刻集》，齐鲁书社，2005年，第65页。

2　（明）宋濂等撰：《元史》，中华书局，1976年，第763页。

我们注意到，在唐朝已被朝廷尊为亚圣的颜回，在元代被封为"复圣"。显然，在元朝已是孟尊于颜。

自此"亚圣"遂成为孟子专称。

第二节　孟庙保护制度化

孟庙始建于宋仁宗景祐五年（1038），由孔子第四十五代孙孔道辅发起创建。孔道辅于邹县修建孟庙，是其个人行为，与官方无关。徽宗政和五年（1115），邹县孟庙首次得到朝廷承认，由民间庙宇升格为官方庙宇。其间孟庙又多次修建和搬迁，但多是民间捐资完成，宋廷赐钱资助只有两次，说明孟庙在宋代尚未获得官方制度化保障。

与宋代孟庙多由民间捐资保护相比，元代孟庙获得了官方制度化的保护。具体表现是拨付孟庙庙田与庙户等。

一、拨付孟庙庙田

元泰定帝执政时期（1323—1328），曾下诏拨付孟庙庙田。其诏如下：

> 皇帝圣旨里：
>
> 益都路滕州邹县照得，近奉滕州指挥，备奉益都路总管府指挥，承奉山东东西道宣慰使司札付。准中书户部关，承奉中书省判送礼部呈，近据大司农司经历司呈奉本司札付，来呈准都事郭奉议关："当职系益都路邹县籍，居本县实亚圣邹国公之乡，三迁之地，故迹犹存。前代以来敕修庙貌，及我圣朝举其遗典，于延祐三年七月，遣使追封孟父为邾国公、孟母为邾国宣献夫人，褒宠尊崇可谓至矣。然而尚阙庙田。切念孟子命世大才。攘剔异端，阐扬仁义，功垂后世，惠及当

时。春秋祭祀，无所取给，诚为阙典。若蒙比附往年尚琭署系官地拨赡曲阜林庙例，将邹县蔡家庄、野店等处系官草场地土拨属孟庙，以供修理、祭祀，[似]为允当。仰就呈礼部照验。[1]

元泰定帝下诏拨付孟庙庙田，缘于都事郭奉议的上奏。郭奉议上奏指出，虽然朝廷追封了孟子父母，对孟子的褒宠尊荣超越以往，但是孟庙却没有庙田，导致春秋祭祀以及孟庙修缮没有财力保障，建议将邹县蔡家庄、野店等处属于官家的草场土地拨属孟庙。元泰定帝同意了郭奉议的请求，下诏相关部门，责成落实。

接到朝廷拨付孟庙庙田的诏书，邹县地方政府指派相关人员偕同孟氏家长孟惟恭等认真勘察了野店官草场，发现此处原有的荒地不成条块，且有些已被附近农家开耕作熟，必须调整规置。据此，泰定五年（1328）他们做出如下处理：

> 为此，呼集到佃户段信等贰拾柒户，将伊各家元种续耕地土通行兑换，[那]偿，责令佃户李和等壹拾肆户，甘认元该纳官子粒粮发赴滕州丁地仓送纳。[不]致亏少外，从南、东、西用官降弹尺打量，摽拨到孟庙祭田地叁拾顷。其地东至峄山东华宫，南至民地，西至官路，北至颜庙祭田。除就南边旧有垡堆式个为界外，随时于地北边、东、西及头筑讫[垡]堆式个。令孟氏家长召募佃客耕莳，抽分子粒，以供孟庙春秋朔望祭祀，修理庙宇销用。外，闲请照验施行。本县准此，合行出给公凭，付孟氏家长收执。照依所拨地土顷数四至垡堆边界，召募[佃]客耕莳，抽分子粒，以供本庙春秋朔望祭祀，修理庙宇销用施行。所有执照须至出给者。

1　刘培桂：《孟子林庙历代石刻集》，齐鲁书社，2005年，第59页。

> 实摽拨地叁拾顷。
>
> 右付孟氏家长惟恭收执照用。准此。
>
> 泰定五年正月　日[1]

经过调整置换，最终邹县拨付了孟庙庙田三十顷，并令孟氏家长召募佃客耕莳，从中"抽分子粒，以供孟庙春秋朔望祭祀，修理庙宇销用"。元代官方为孟庙的春秋祭祀以及日常修缮提供了稳定的财力保障。

二、拨付孟庙庙户

庙宇的守护洒扫是日常维护的必要环节，需要有人专司其责，而当时孟庙显然并无这方面的人手。

元至正时期，孟子五十四代孙孟思谅曾上奏，申明历代对孔、颜、孟的优恤都为一体，现在朝廷已为孔庙、颜庙拨付了洒扫户，却没有为孟庙拨付洒扫户，以致孟庙无人守护洒扫，请求朝廷拨付孟庙庙户。孟思谅的上奏获得元惠宗妥欢帖睦尔准允，就此下诏：

> 皇帝圣旨里，益都路滕州邹县，承奉招讨府指挥，承奉济宁守御官札付，备奉总兵官、河南王太傅、中书省左丞相钧批：亚圣五十四代孙孟思谅禀，历代优恤孔、颜、孟即系一体，只今除孔颜二氏所设洒扫户，有先祖亚圣林缺人守护洒扫。得此，依准所禀。仰[行]下有司，拨付伍户，免差税，晨昏洒扫。据拨到户计呈来，奉此，省院合下仰照验，依上施行。奉此，使府依上于相应户内拨伍户，除已出给各户执照，除免差税。今将洒扫户名数随此发下，晨昏洒扫。奉此。本县依上施行。须至下者，计伍户：李成、杜宽甫、戴

1　刘培桂：《孟子林庙历代石刻集》，齐鲁书社，2005年，第61页。

聚、杜山、张义。

　　　　　　　　　　右付孟氏族长孟之全准此。（印押）

　　　　　　　　　　至正二拾六年　　月　　日（押）[1]

　　元惠宗批准给予孟庙五户庙户，于至正二十六年（1365）正式执行。元代官方为孟庙拨付庙户，这是为孟庙的洒扫保护提供了制度性保障。

　　有元一朝不足百年，元泰定五年是公元1328年，离元代立朝已有52年；元至正二十六年是公元1365年，距元朝灭亡只有四年时间。由此可见，元代官方为孟庙拨付庙田、庙户，已是元中晚期的事情。尽管元代为孟子的春秋祭祀以及孟庙的日常修缮维护提供的官方制度性保障有些滞后，但在历史上却是首次，所以需要特别加以提出，予以重视。

第三节　孟子家人受优遇

　　元代对孟子的推崇还延及孟子家人，予以了孟子家人超常的优遇。

一、追封孟子父母

　　元代朝廷追封孟子父亲为邾国公，追封孟子母亲为邾公宣献夫人，时间在延祐三年（1316）七月。

　　元仁宗为追封孟子父母专门下诏：

　　　　上天眷命，皇帝圣旨：

　　　　朕惟由孔子至于孟子百有余岁，而道统之传独得其正。虽命世亚

―――――――――――
1　刘培桂：《孟子林庙历代石刻集》，齐鲁书社，2005年，第83—84页。

圣之才，亦资父母教养之力也。其父凤丧，母以三迁之教励天下后世。推原所自，功莫大焉。稽诸往代，实阙褒崇。夫功大而位不酬，实著而名不正，岂朕所以致怀贤之意哉？肆颁宠命，永贲神休。可追封其父为邾国公，母为邾国宣献夫人。[1]

元仁宗明白指出，孟子虽然有命世亚圣之才，但能得孔子正道，传承道统，究其根源，孟母三迁之教功莫大焉，为表彰孟母之功，故追封孟子父母封号。

这份诏书被刻于石碑，名为《圣诏褒崇孟父孟母封号之碑》，在碑阴有承务郎、同知峄州事吴律撰写的碑记。在碑记中，吴律对追封孟子父母做出了自己的解释：

邹国公奉崇以人君之礼者何？岂非以圣德继道统之传乎？虽曰生有淑质，非母三迁之教能臻斯乎？《春秋》之法，母以子贵，而况于父乎？今其子封以公矣，犹以庶人之礼祭其父母，可乎？《传》曰："父为士，子为大夫，葬以士，祭以大夫。父以大夫，子为士，葬以大夫，祭以士。"此礼也，何况世无闻乎？庙故处为北陬。自邹国公新庙成，适其父母神像于故殿，盖以有年。今既加封，欲创建宫室东南隙地。时未暇，乃即故基而更其制。冠以冕旒，服以五彩。危危峨峨，煌煌烨烨，俨然南面，春秋祭祀一同其子。非止为当世荣观，实邹国公欲报之德，昊天罔极之心也。孝子之事亲，仁人之事天也。父母之心，天地之心也。（《追封邾国公邾国宣献夫人碑阴之记》）[2]

---

1 刘培桂：《孟子林庙历代石刻集》，齐鲁书社，2005年，第49页。

2 刘培桂：《孟子林庙历代石刻集》，齐鲁书社，2005年，第50页。

吴律认为，追封父母，既是因为教育孟子有功，也是礼制规定使然。母以子贵，儿子已是公爵，父母岂能仍以庶人之礼祭祀，故需追封爵号。祭以公爵之礼，方才名正言顺；更重要的是，追封孟子父母也是代孟子报父母养育之恩，合乎儒家孝道。吴律用儒家的礼制、孝道解释朝廷追封父母的行为，显然比元仁宗只是报功的解释，更符合儒家精神以及汉地习俗，升华了追封孟子父母的合理性。

二、优遇孟子后裔

元代追封孟子父母，还只是一种荣誉，而给予孟子后裔优遇则是切实的经济实惠。元成宗时减免了孟子后裔的"差发"，即赋税徭役。

元成宗铁穆耳于元贞三年（1297）下发了关于减免孟子后裔赋税徭役的诏令：

> 皇帝圣旨里（成宗）
>
> 扎鲁火赤也可那演胡都房斡鲁不众扎鲁火赤那演言语：
>
> 今准袭封衍圣公孔囥措申，曲阜县见有宣圣祖庙，其亚圣孙历代并免差发。目今兖国公后见有子孙八家，邹国公后见有子孙二家。事除已行下东平府照会，囶亚圣之后，仰依僧道一体蠲免差发去讫，并不得夹带他族。仰各家子孙准上照会施行。奉到如此。右札付亚圣颜国公、邹国公之后子孙，准此。
>
> 札付兖国公、邹国公子孙事
> 丁酉年十一月二十六日[1]

由于元成宗元贞三年只免除了曲阜县两家孟子子孙的赋税，居住在滕

1　刘培桂：《孟子林庙历代石刻集》，齐鲁书社，2005年，第37页。

县、邹县的其他孟子子孙并没有享受到这一优遇。为此，延祐元年（1314）十一月又下诏（原文见本书第16页），免除了居住在邹县的孟子第四十九代孙孟在的赋税徭役，也免除了居住在滕县的孟子第五十代孙孟信、孟成的税赋。这些税赋徭役包括"奉上系绵、颜色、税石、军役、大小差发"等。诏令明言减免孟子后裔的赋税徭役，完全是因为他们是"亚圣之后"。

第四节　《孟子》官学地位再巩固

在宋代孟子地位升格运动中，《孟子》其书立于学官，成为公立学校的教材，是科举考试的必考内容，其官学地位已经确立，元代以四书取士则使《孟子》的官学地位更加巩固。

一、《孟子》列入国子学教材

尽管儒学在元代官方地位的获得是在元中晚期，但是元代官方一直没有放弃儒家经典，仍以儒家经典作为其学习的重要文化资源则是不争的事实。《孟子》就是元人非常重视的一部经典。

元世祖至元五年（1268）十月，忽必烈就曾让从臣秃忽思等辑录《毛诗》《孟子》《论语》。[1]元初著名政治家廉希宪极其钟爱《孟子》。《元史·廉希宪传》记载：

> 世祖为皇弟，希宪年十九，得入侍，见其容止议论，恩宠殊绝。希宪笃好经史，手不释卷。一日，方读《孟子》，闻召，急怀以进。世祖问其说，遂以性善义利仁暴之旨为对，世祖嘉之，目曰廉孟子，由

1　详见（明）宋濂等撰：《元史》，中华书局，1976年，第120页。

是知名。[1]

廉希宪因为精通《孟子》，而被元世祖称赞为"廉孟子"。元初大儒刘因亦有词赞之：

> 临江仙　廉侯举次儿子
>
> 四海荆州吾所爱，虎贲谁似中郎，子孙今拟唤甘棠，添官前有例，簪笏看堆床。
>
> 明日乃公归旧隐，后园乔木苍苍，青衫竹马雁成行，当年廉孟子，应有读书堂。[2]

元代建立后虽然很长一段时间没有实行科举考试，但是《孟子》其书仍是官学中的重要教材。至元二十四年（1287），元世祖设立国子学，制定了国子学规制，就学生所读之书规定：

> 凡读书必先《孝经》《小学》《论语》《孟子》《大学》《中庸》，次及《诗》《书》《礼记》《周礼》《春秋》《易》。[3]

不仅规定了国子学生应读之书，而且制定了研读顺序。其中，《孟子》是必读书之一，排在《孝经》《论语》之后，位居《大学》《中庸》《诗》《书》《礼记》《周礼》《春秋》《易》之前，可见，在元代官方的规制中，对《孟子》的学习已先于对"五经"的学习。

1　（明）宋濂等撰：《元史》，中华书局，1976年，第3085页。

2　（元）刘因：《静修集》，文渊阁《四库全书》影印本，第1198册，第630页。

3　（明）宋濂等撰：《元史》，中华书局，1976年，第2029页。

二、元代四书取士与《孟子》升为正经

随着元代科举取士的恢复，《孟子》在元代官学地位愈益巩固。这当然与元代科举考试正式将四书列为考试内容有关。

在此之前，朱熹曾有关于科举改革的建议，主张罢诗赋，主要以经、子、史、时务取士，考虑到考生不可能一时尽通这些内容，所以建议分年分科考试：

> 时朱熹尝欲罢诗赋，而分诸经、子、史、时务之年。其《私议》曰："古者大学之教，以格物致知为先，而其考校之法，又以九年知类通达、强立不返为大成。今《乐经》亡而《礼经》阙，二戴之《礼》已非正经，而又废其一。经之为教，已不能备，而治经者类皆舍其所难而就其易，仅窥其一而不及其余。若诸子之学同出于圣人，诸史则该古今兴亡治乱得失之变，皆不可阙者，而学者一旦岂能尽通？若合所当读之书而分之以年，使之各以三年而共通其三四之一。凡《易》《诗》《书》为一科，而子年、午年试之；《周礼》《仪礼》及二《戴记》为一科，而卯年试之；《春秋》及《三传》为一科，而酉年试之；义各二道，诸经皆兼《大学》《论语》《中庸》《孟子》义一道。……"其议虽未上，而天下诵之。[1]

在朱熹的建议中，至关重要的是，他主张考《易》《诗》《书》和三礼时都要兼考"《大学》《论语》《中庸》《孟子》义一道"，将四书作为考查诸经的标配。朱熹的建议只是私议，并没有上奏朝廷，但在当时却有很大影响。然而我们看到在朱熹提出的科举改革建议中，并没有将四书从五经的附庸中独立出来，四书依然是兼经，而非正经。

1　（元）脱脱等撰：《宋史》，中华书局，1985年，第3633—3634页。

元仁宗皇庆二年（1313）恢复科举考试，延祐二年（1315）推行新科举法，其考试程序如下：

> 考试程式：蒙古、色目人，第一场经问五条，《大学》《论语》《孟子》《中庸》内设问，用朱氏章句集注。其义理精明，文辞典雅者为中选。第二场策一道，以时务出题，限五百字以上。汉人、南人，第一场明经经疑二问，《大学》《论语》《孟子》《中庸》内出题，并用朱氏章句集注，复以己意结之，限三百字以上；经义一道，各治一经，《诗》以朱氏为主，《尚书》以蔡氏为主，《周易》以程氏、朱氏为主，已上三经，兼用古注疏，《春秋》许用三传及胡氏传，《礼记》用古注疏，限五百字以上，不拘格律。第二场古赋诏诰章表内科一道，古赋诏诰用古体，章表四六，参用古体。第三场策一道，经史时务内出题，不矜浮藻，惟务直述，限一千字以上成。蒙古、色目人，愿试汉人、南人科目，中选者加一等注授。蒙古、色目人作一榜，汉人、南人作一榜。第一名赐进士及第，从六品，第二名以下及第二甲，皆正七品，第三甲以下，皆正八品，两榜并同。[1]

在元代新科举法中，将蒙古、色目人与汉人、南人分别对待，考试内容的难易程度因之有别，汉人、南人所考内容更难。但无论是蒙古、色目人，还是汉人、南人，四书都是必考的内容。

值得注意的是，元延祐二年推行的新科举法中，四书不仅脱离了五经的附属地位，而且超越五经，成为考试的专门科目。科举考试是非常重要的指挥棒，以四书设科取士，不仅使四书的推广和普及超越前朝，于《孟子》而言，则由此前的兼经升为正经，其官学地位也愈加巩固。

1　（明）宋濂等撰：《元史》，中华书局，1976年，第2019页。

第五节　元代孟学著述多样化

与孟子升圣以及《孟子》其书官学地位巩固同步，元代解读和研究《孟子》者众多，相关著述纷然涌现，不过绝大部分都合于四书之中，单独解说《孟子》的专著不多，详见本书附录一"元代孟学著述简表"（第429页）。从表可见，有元一代学人孟学著述宏富，约有一百三十四位学人的孟学著述一百五十一部（篇），其中四书类孟学著述占主体。

检视现存元代孟学著述，有以下特点：

从元代孟学学人所在地域来看，南方学人所著最多，约占67%，其中尤以江西、浙江、福建学人的著述为多，在南方学人孟学著述中占60%。目前元代撰作孟学著述的学人籍贯可考者，江西学人33位，浙江31位，福建15位，河南6位，显然元代孟学的研究群体主要集中在江西、浙江、福建等南方地区，呈现出鲜明的地域文化特征。

从元代孟学学人明确可考的学派师承来看，朱熹后学有胡炳文、王充耘、解观、包希鲁、程复心、胡一桂、朱公迁、吴迁、卫富益、牟楷、金履祥、许谦、戚崇僧、蒋玄、吴莱、李序、孟林恂、杨维桢、陈普、熊禾、傅定保、黄宽、丘葵、许衡、陈栎、倪士毅、张翼、刘因、安熙、欧阳玄等三十余位，陆九渊后学有邵大椿一位，吕祖谦后学有陈刚一位，叶适后学有林处恭、戴表元、胡一桂三位。显然元代孟学学人中朱熹门人后学是主体。

从解释内容来看，既有关于《孟子》字音、字义、语词、名物典章、史实的考释，也有对孟子思想义理的发挥，还有关于孟子个人生平及其弟子行事的梳理，如吴莱作《孟子弟子列传》，宋濂揭示吴莱作此书原因，是因吴莱认为"孟子乃亚圣之大才，司马迁不当使与邹衍、淳于髡、慎到、荀卿、墨翟、尸佼、长卢同传，因删去诸子，益以万章、公孙丑之徒，作《孟子弟子列传》。[1]

从解释方式来看，在保持传统的以文字解读经典的方式之外，出现了图解的形式，如林处恭的《四书指掌图》、林起宗的《四书图解》、程复心的《孟子章图纂释》，这种附图解经的方式，因其直观形象、简明清晰，可以帮助人们更好地理解和学习《孟子》。

从其著述动因来看，有三大主要原因促成了元代孟学著述的撰作及问世，略述如下：

其一，启蒙幼稚，开其智慧。陈栎曾作《论语训蒙口义》，目的是帮助儿童学习《论语》，"栎沈酣四书三十余年，授徒以来，可读《集注》者固授之。唯谨遇童生钝者，困于口说，乃顺本文推本意，句释笔之。其于《集注》，涵者发、演者约、略者廓，章旨必揭，务简而明。句积月累，以成编。"[2]此书受到元代大儒吴澄高度赞誉。陈普作《孟子纂要》，也是为了儿童学习。陈普认为"《孟子》七篇之书，其大原大本皆从性善流出。……性善之旨，又自明德修道中来，故其为言，多与《中庸》《大学》相表里，所以继往圣、开来学、正人心、破邪说，其功德被于无穷，教化行乎万世，学者有见于此，而后知其性善之本。……然微程朱发明奥旨，则亦孰知斯人之为功，而识乎性之本善也"，故"撮一二要旨，以为蒙训"[3]。

其二，应对科举。一些"经问、经疑体"的著述即是如此，袁俊翁的《四书疑节》、萧镒的《四书待问》、王充耘的《四书经疑贯通》等是此类著作的代表。

其三，辅翼朱熹《孟子集注》，发明朱熹解读《孟子》之义。这是元

1　（清）朱彝尊：《经义考》，中华书局，1998年，第1199页。

2　（清）朱彝尊：《经义考》，中华书局，1998年，第1125页。

3　（元）陈普：《石堂先生遗集》，《续修四库全书》，第1321册，上海古籍出版社，2002年，第469页。

代孟学著述的主体。这些著述,或者补充朱熹《孟子集注》,或者对朱熹《孟子集注》作再阐释。如金履祥作《论语孟子集注考证》,就是因为他认为"朱子《集注》,立言浑然,辞约意广,往往读之者或得其粗,而不能悉究其义。……《集注》有《考证》,则精朱子之义,而孔孟之道章章乎人心矣……古书之有注者必有疏,《考证》即《集注》之疏也"。[1]金履祥《孟子集注考证》实质是为朱熹《孟子集注》作疏,之所以不用"疏"命名,是因为已有赵顺孙之《纂疏》,为与之相别,故不名"疏"。又如,詹道传作《孟子纂笺》十四卷,其目的是解释朱熹的《孟子集注》,所以此书写作体例,不全录《孟子》本经,直取朱子《孟子集注》及《孟子或问》所释《孟子》义有未尽之语,以许衡所定句读,会集近诸儒之笺释参订而成,各注列于本句之下。如"涂有饿莩"(《梁惠王章句上》)一句中的"饿莩",东汉赵岐注曰:

> 饿死者曰莩,《诗》云:"莩有梅。"莩,零落也。[2]

朱熹承赵岐之注曰:

> 莩,饿死人也。[3]

朱熹只释"莩"之意,却未注为何饿死之人曰"莩"。詹道传在《孟子纂笺》中注曰:

> 莩,注音殍,草木枯落也。"三十小"注"饿死"曰"殍",亦作

1 (元)金履祥:《论孟集注考证·原序》,《论孟集注考证》,中华书局,1985年,第1页。

2 (清)阮元校刻:《十三经注疏·孟子注疏》,中华书局,1980年影印本,第2666页。

3 (宋)朱熹:《四书章句集注》,中华书局,2011年,第190页。

"莩"。"十虞莩"注音敷，亦曰"饿死"，皆一义也。则莩，死者，取草木枯落之义也。[1]

詹道传引《广韵》释朱子所未发之语，详尽明了。又如，关于魏与秦楚之战以及迁都大梁之事（见《梁惠王章句上》），朱熹注曰：

> 惠王三十年，齐击魏，破其军，虏太子申。十七年，秦取魏少梁，后魏又数献地于秦。又与楚将昭阳战败，亡其七邑。[2]

朱熹仅陈史实，未言史实出处。詹道传考证曰："《史记·魏世家》：惠王十七年，魏与秦战元里，秦取我少梁……《史记·商君传》：秦孝公使卫鞅将兵伐魏，魏使公子卬将而击之。鞅诈袭，虏公子卬。因攻其军，尽破之。魏惠王恐，使使割河西之地献于秦以和，而魏遂去安邑，徙都大梁。"[3]詹道传指出了朱熹所言史实依据就在《史记》之《魏世家》与《商君传》，证明朱熹之注于史有据，而非虚言。

在此，我们需要特别强调的是，无论是辅翼朱熹的《孟子集注》，还是应对科举、启蒙幼稚，宗主朱熹都是元代孟学著述的基本立场，奉朱熹之说为圭臬是元代孟学的普遍特征，因此元代绝大部分孟学著述，实质是对朱熹孟学的再阐释、发挥，严格来讲，当属朱子学的范畴，然而由于他们又依托《孟子》，所以宽泛而言，也可归入孟学营垒。

1　（元）詹道传：《四书纂笺·孟子纂笺》，文渊阁《四库全书》影印本，第204册，第307页。

2　（宋）朱熹：《四书章句集注》，中华书局，2011年，第191页。

3　（元）詹道传：《四书纂笺·孟子纂笺》，文渊阁《四库全书》影印本，第204册，第308—309页。

小　结

梳理元代有关孟子其人其书以及家人的规制、封赐，具体如下：

元世祖至元五年（1268）十月，令从臣秃忽思等录《孟子》。

元世祖至元二十四年（1287），规定《孟子》为国子学学生必读书之一。

元成宗元贞三年（1297），蠲免两家孟子子孙赋税徭役。

元仁宗皇庆二年（1313），诏定以朱熹《四书章句集注》为科举命题之书。

元仁宗延祐元年（1314），蠲免滕县、鄹县孟子其他子孙赋税徭役。

元仁宗延祐三年（1316），追封孟子父亲为邾国公、孟子母亲为邾公宣献夫人。

元泰定帝泰定五年（1328），拨付孟庙庙田三十顷。

元文宗至顺元年（1330），加封孟子为邹国亚圣公。

元惠宗至正二十六年（1365），拨付孟庙庙户五户。

元代封孟子为亚圣是在1330年，追封孟子父母是在1316年，而在此之前的1297年，《孟子》其书已被定为国子学必读之书；1314年孟子后裔也已享受到朝廷的优遇；1365年，离元代灭亡只剩四年，还为孟庙拨付了庙户。这些都充分说明，对孟子的推尊贯穿有元一代始终。而且在孟学史上，也是元代首次正式封孟子为"亚圣"，首次追封孟子父母，首次拨付孟庙庙田与庙户，首次优礼孟子后裔，免除其赋税徭役。虽然元朝是一个草原游牧民族建立的政权，但是孟子却于此时获得了超越以往的高规格尊崇，孟子在中国历史上的地位因之而更加巩固。元代涌现出的多样化的孟学著述，也证明了孟子在当时地位的稳固。孟子在元代地位的再升格，既体现出儒家文化的强大生命力，也反映了草原民族政权对华夏文化的认同。

第二章

金履祥《孟子集注考证》

　　金履祥（1232—1303），字吉父，婺州兰溪（今浙江金华）人。自幼聪颖，父兄为其授书，辄能成诵。稍长，更为好学，"凡天文、地形、礼乐、田乘、兵谋、阴阳、律历之书，靡不毕究"[1]。师从同郡王柏，后又随王柏学于何基。时逢南宋末年战乱，金履祥虽绝意仕途，却无时不忧心国事。南宋德祐元年（1275），朝廷招其为迪功郎、史馆编校，皆辞而未就。宋亡，金履祥隐居金华仁山，辗转于当地书院，著述讲学，"追逐云月，寄情啸咏，视事故泊如也"，学者称其为"仁山先生"。"元统初，里人吴师道为国子博士，移书学官，祠履祥于乡学。至正中，赐谥文安。"[2]据《元史》载，金履祥著有《大学章句疏义》《论语孟子集注考证》《书表注》[3]等。

　　金履祥作《论语孟子集注考证》的原因，许谦在为此书所作的序中有解释："朱子《集注》，立言浑然，辞约意广，往往读之者或得其粗，而不能悉究其义"[4]，故作《论语孟子集注考证》以申明朱熹之义。古书之有注

1　（明）宋濂等撰：《元史》，中华书局，1976年，第4316页。

2　（明）宋濂等撰：《元史》，中华书局，1976年，第4318页。

3　按：此书又作《书经注》，参见《续修四库全书》。

4　（元）许谦：《论孟集注考证·原序》，金履祥《论孟集注考证》，文渊阁《四库全书》影印本，第202册，第37页。

者必有疏，因已有赵顺孙《孟子纂疏》，故不以"疏"命名。《论语孟子集注考证》注释体例，不录《孟子》本经，只取需注释的文词，考证的重点在朱熹尚未详细考核的史实典故等，所以有补正朱熹《孟子集注》之功。四库馆臣于此有评："其书于朱子未定之说，但折衷归一，于事迹典故考订尤多。盖《集注》以发明理道为主，于此类率沿袭旧文，未遑详核，故履祥拾遗补阙，以弥缝其隙，于朱子深为有功。"[1]

　　虽然金履祥的《论语孟子集注考证》于事迹史实典故考订尤多，但也极其重视对孟子思想的阐释，于孟子的人性论、养气说、王道思想也做出了自己的解读，其《仁山集》中亦可见此类解读。

第一节　孟子论性"欠道一气字出"

　　金履祥赞成孟子的人性本善之说。关于孟子与告子有关杞柳、杯棬和人性的辩论，他的看法是：

　　　　杞柳柔韧，有可为杯棬之性，故揉之可为杯棬；人心本善，有为仁义之性，故可充之为仁义，不必深辟其矫揉之说。盖人为气禀所拘者，谓不资矫揉不可也。[2]

杞柳之所以可制成杯棬，是因杞柳的柔韧之性为编织杯棬提供了可能性；同理，人们可以成就仁义之人，是因为人心本善，人性中本有仁义之性。

<hr>

1　（清）永瑢等撰：《四库全书总目》，中华书局，1965年，第298页。
2　（元）金履祥：《论孟集注考证》，文渊阁《四库全书》影印本，第202册，第136页。

一、人乃理气合一之体

金履祥分析孟子论证人性的方法，指出孟子"道性善，言必称尧舜"的原因，是以尧舜为人性本善的实证。

> 王文宪曰：此孟子大旨。……性善无形影，然凡圣人之所为皆自性分中出，则尧舜即性善之形象也。性既人所同有，则尧舜人皆可为。[1]

金履祥借王文宪之言指出，虽然人性本善，但无形无影，无以为证，而圣人所为一派天然，本自人性，圣人尧舜就是人性本善很好的形象代言，故孟子借尧舜证人性本善。而孟子"言性，则故而已矣"，则是对当时人们讨论人性的方法的总结。

> "言性，则故而已矣。"
>
> 程子谓此章为智而发。王文宪曰：此章本说智，是从原头说来。"则"字非语助，有不足之意。性最难名状，故天下言性者，止说得故而已矣。如言"乃若其情"，情是已发见者，即性之故也。[2]

金履祥认为，孟子说"乃若其情"之情，是性之发见，性之已然之迹；孟子同样也是从"故"论性，即从性之发见指示人性。也就是说，人性难知，孟子由"性之故"指示人性，所以"性之故"是认知人性的关节点。金履祥如此解释孟子"言性，则故"，显然是承袭了朱熹依故求性之说。

孟子曾说：

1　（元）金履祥：《论孟集注考证》，文渊阁《四库全书》影印本，第202册，第116页。

2　（元）金履祥：《论孟集注考证》，文渊阁《四库全书》影印本，第202册，第129页。

　　　　口之于味也，目之于色也，耳之于声也，鼻之于臭也，四肢之于
　　　安佚也，性也，有命焉，君子不谓性也。仁之于父子也，义之于君臣
　　　也，礼之于宾主也，知之于贤者也，圣人之于天道也，命也，有性焉，
　　　君子不谓命也。(《孟子·尽心下》)

对于孟子此语，金履祥既在《孟子集注考证》中做了解读，也在《仁山
集·孟子性命章讲义》中予以分析。金履祥认为孟子所言"口之于味也，
目之于色也，耳之于声也，鼻之于臭也，四肢之于安佚也，性也"，是指
自然欲望，属气质之性；而"仁之于父子也，义之于君臣也，礼之于宾
主也，知之于贤者也，圣人之于天道也，命也，有性焉"，是指"天地之
性"。人性为什么会有天地之性与气质之性之分，因为人是理气合一之体。

　　　　盖理气未始相离，天以阴阳五行化生万物，气以成形而理亦赋焉，
　　　犹命令也。然理则一，而气则有清浊厚薄之不同，所以在人便有智愚
　　　贤否、贵贱贫富之异，而理固一而无不在焉，此皆所谓命也。但"命
　　　也"之命，自其清浊厚薄者言之，则全属气；"有命焉"之命，自其贫
　　　贱富贵之分限言之，则便属理；"命也"之命在前，"有命焉"之命在
　　　后。然方其清浊厚薄，便自有贫富贵贱；才有贫富贵贱，便自有上下
　　　品节，所以总谓之命，但其上一截清浊厚薄全属气，到贫贱富贵各有
　　　品节则属理，此两"命"字所以同、所以异者如此。[1]

人皆禀气成形，所以皆有气质之性，因为气有清浊厚薄之不同，所以人们
的气质之性又有别。对于气质之性与天地之性，要分别对待，要轻看气质
之性，重看"天地之性"。他引王文宪之语说："性也"，是气质之性，要

1　(元)金履祥:《仁山文集》，文渊阁《四库全书》影印本，第1189册，第812页。

轻看。"有性焉"是天地之性，要重看。[1]

二、气质之性使人不善

金履祥认为正是气质之性使人不善，由此他认为孟子对人为不善的认识有误，因为孟子曾以"其势则然"解释人为不善。"其势则然"，指外在力量的影响。在他看来，影响人为不善的因素，除了外在之"势"外，生而有之的气质之性更是不可忽视的因素，所以他认为"孟子宜曰人之可使为不善，是岂人之性哉，其气与习则然也"[2]，是后天之习与气质之性影响人在现实社会的作为，但是孟子并未能指出这一点，所以孟子心性论有不完善之处，在于始终未指出"气"对于人性的影响。在解释"才"时，他说：

> 性发而情自然能为仁义礼智之事者，盖性之所能为，所谓良能也，此才也。惟弗思弗求，所以不能尽其才者众也。王文宪曰：孟子以性不可见，以其情之善知其性之善。至于不善者，罪无归宿，此方微发其机，而终欠道一"气"字出，盖欲人反求于心而自得也。故曰"弗思耳矣"，后面屡言弗思。[3]

金履祥指出，人性中本有之仁义礼智就是人之"良能"，也就是"才"；孟子之所以未"道一气字"，因为孟子另有深意，此深意就是要求人们"反求于心而自得"。金履祥在批评孟子论心性有欠缺的同时，又肯定了孟子的人性论自有其深意，不可轻忽。

以上金履祥对孟子心性论的阐释和批评，基本承袭程朱之说，但亦有发朱熹所未发处，如关于孟子"言必称尧舜"、孟子不道"气"之解。又

1　（元）金履祥：《论孟集注考证》，文渊阁《四库全书》影印本，第202册，第146页。

2　（元）金履祥：《论孟集注考证》，文渊阁《四库全书》影印本，第202册，第136页。

3　（元）金履祥：《论孟集注考证》，文渊阁《四库全书》影印本，第202册，第137页。

如，关于怵惕恻隐、羞恶、辞让、是非的解释，朱熹曰：

> 怵惕，惊动貌。恻，伤之切。隐，痛之深。此即不忍人之心。……
> 羞，耻己之不善也；恶，憎人之不善。辞，解使去己；让，推以与人
> 也。是，知其善而以为是也；非，知其恶而以为非也。[1]

金履祥在朱熹之解的基础上，再作分疏：

> 因上文"怵惕""恻隐"以为训。盖怵是惊，惕是动，则恻隐，作
> 痛伤之深切。若以下文三端例之，则羞是耻己之不善，恶是憎人之不
> 善；辞是解使去己，让是推以与人；是知其善，非知其恶，皆是两面。
> 独"恻隐"是痛伤一面，但稍有浅深耳。[2]

"恻隐""羞恶""辞让""是非"四端，"羞恶""辞让""是非"涵括对立
两面，"恻隐"则只指"痛伤"一面；不仅如此，"恻隐"的地位也与其他
三端不同。

> 按：仁贯四性，则恻隐贯四端，但曰伤痛，不见贯四端之意。昔
> 谢上蔡以该洽自多，程子责之曰："可谓玩物丧志。"谢子面热发赤。程
> 子曰："此恻隐之心也。夫面热发赤者，羞恶之心尔，而以为恻隐。盖
> 四端皆从动处发，恻隐之心兼怵惕而言，则怵惕为惊动，但举恻隐而
> 言，则恻为动，隐为痛。恻是恻然而动，隐是隐然而痛。恻者感于外
> 而动于中，隐者痛于中而发于外。恻则专言之仁之端也，隐则偏言之

1 （宋）朱熹：《四书章句集注》，中华书局，2011年，第221页。

2 （元）金履祥：《论孟集注考证》，文渊阁《四库全书》影印本，第202册，第112页。

仁之端也。此心本静，有感而动，则痛伤、羞恶、辞逊、是非之念发焉，此恻之所以贯四端，而隐之所以为爱也。以此观之，庶得其立言之例，于人心为真切。又智之为性，亦是两节，知与藏也，论其端，则但以知是非而言，此章之说是也。论其全体，则当以知与藏而言。《离娄上》篇之末所谓："知斯二者弗去是也。"王文宪曰：四个界限自分明，亦有随事相连而见。[1]

依金履祥之见，"恻隐"在四端中居于统贯地位，只有一个人有"恻隐"，才有可能"羞恶""辞让""是非"。这一解释，从其主旨来看，既不违背孟子之意，也符合朱熹之说，只是他说"恻是恻然而动，隐是隐然而痛"，又说"恻则专言之仁之端也，隐则偏言之仁之端也"，则与朱熹不同，金履祥从原因揭示"恻隐"，并且认为于"仁之端"而言，"恻""隐"并不在同一平面，"恻"是专指"仁之端"，"隐"是"偏指仁之端"；而朱熹只是从结果解释"恻隐"。显然金履祥于此发朱熹所未发。

金履祥有时会对朱熹《孟子集注》中的观点提出不同意见。如关于孟子"仁之实""义之实"，朱熹曰：

仁义之实

文公尝与吕成公言：实字有对名而言者，谓名实之实；有对理而言者，谓事实之实；有对华而言者，谓华实之实。盖仁之实不过事亲，义之实则是从兄，推广之，爱人利物，忠君弟长，乃是仁义之华采。[2]

朱熹认为"实"当为"华实"之实，即花与果实；"事亲""从兄"是"华

1　（元）金履祥：《论孟集注考证》，文渊阁《四库全书》影印本，第202册，第112页。

2　（元）金履祥：《论孟集注考证》，文渊阁《四库全书》影印本，第202册，第126页。

实之实"，是仁义之果；推而广之及于社会，"爱人""忠君""敬长"则是仁义之华。金履祥做出不同的解释：

> 履祥按：此实当作文实之实，事亲、从兄者，仁义之实；而推之仁民利物，忠君弟长，则皆仁义之文。王文宪曰：此实是根本精实，非可以对虚、对伪而言。[1]

在金履祥看来，"仁义之实"之"实"不是"华实之实"，而是"文实之实"即实质、根本。金履祥还对二程解读孟子的一些看法提出不同意见。如，关于"才"，他说：

> 程子此说才字与孟子本文小异。孟子指性善之才。性之所能为者，人多不能尽，惟圣人能尽其才尔。程子指气禀之才，则其资质固有昏明强弱多寡之不同矣。孟子之望人也切，程子之明理也密。王文宪曰：自性而言，则情与才无不善；自气而言，则情有所循，才有所拘，然后有不善。[2]

他认为二程将才解释为"气禀之才"，不完全符合孟子"才"本意，因为孟子所指为"性善之才"。

金履祥对孟子心性论的解读和分析，在肯定孟子人性本善思想的前提下，指出孟子论说人性既以尧舜为实证，也从情指示人性，这些都是"则故"，从已然之迹论性；孟子所言声色臭味，实是指气质自然欲望，属气质之性；而仁义礼智是指"天地之性"，但孟子始终未能道出"气"字，

1　（元）金履祥：《论孟集注考证》，文渊阁《四库全书》影印本，第202册，第126页。

2　（元）金履祥：《论孟集注考证》，文渊阁《四库全书》影印本，第202册，第137页。

所以孟子心性之说有不完善之处。金履祥的这些分析，无论是其使用的概念，还是分析的角度，以及做出的判断，基本都承自程朱之说，同时也有一些不同于程朱的独见。

第二节　知言集义循环并进

金履祥认为"知言""集义"既是理解孟子"知言养气说"的关键，也是孟子"养浩然之气"的重要关节。

一、知言即是知道

何谓知言？金履祥说：

> 知言，是知道之效。不曰知道，而曰知言，盖因告子"不得于言，勿求于心"之失，而反之也。尽心知性，《集注》是自知言之本说来，则凡天下之言，其得失、是非毫厘疑似之间，无不有以照之，而天下之事无可疑者矣。[1]

金履祥承程朱"心通乎道，然后能辨是非"[2]之说，指出"知言"就是"知道"；孟子之所以不明言"知道"，是针对告子"不得于言，勿求于心"而发。能"知道"，则能对天下之言洞悉入微，其中是非曲直亦能明察秋毫。

如何知言？金履祥有言：

> 知言，即是物格知至之效。缅想孟子格致之初，亦是从言语用工，

1　（元）金履祥：《论孟集注考证》，文渊阁《四库全书》影印本，第202册，第110页。

2　（宋）朱熹：《四书章句集注·孟子集注》，中华书局，2011年，第217页。

本自圣贤之言格来，以知其原；又是天下之言格去，以要其流，章内四目似指异端。盖天下之言足以惑人，最难察识者，惟异端为甚。其粗浅者固易见也，然天下之言不问浅深，亦不出此数端。此章虽不及所以知言之方，然知其所以病，即知言之方也。盖以此理之正，辨其于此理之差，其于是非毫厘之间，如匠石斲鼻端之堊，不容丝发浅深也。大抵人于心中见得有差，决是害事。盖其心术、识见、议论一向如此，为害不细，小差则小害，大差则大害，所谓"生于其心，害于其政"。人见圣贤之辟异端，则曰卫道尔，言论之末尔，殊不知其为救世之大功。如老子之言，其害实则为申、韩，虚则西晋佛氏之言；其害浅则为梁、为南唐，深则真是无父无君、率兽食人。[1]

在金履祥看来，只有格物致知，才能知言。细分又有三条，其一，格圣贤之言，以知其原；其二，格天下之言，以观其流；其三，辨异端之言，以知其病，而避其害。孟子自己就是以格致之功而实现"知言"。金履祥以"格物致知"为孟子"知言"的途径，显然忽视了孟子以意逆志而知人论世的观念，孟子曾批评告子"不得于言，勿求于心"的做法，就是强调对他人之言的认识，不仅要知其世，还需以心逆知其意。

何谓集义？金履祥言：

> 集义，亦是心通乎道，使事皆合义。自慊于中，无所愧怍，自生浩然之气，非是义本在外，从外假义事为名，以虚张其气，而强得其浩然也。[2]

---

1 （元）金履祥：《论孟集注考证》，文渊阁《四库全书》影印本，第202册，第111页。
2 （元）金履祥：《论孟集注考证》，文渊阁《四库全书》影印本，第202册，第110页。

金履祥之意，"集义"就是使行事都合乎义。行事合义，表里相合，内外一致，心无愧怍，则浩然之气自生。"集义"是主体的道德践履，浩然之气则是主体道德践履之效。

二、知言是养气之本

金履祥认为，固然需"集义"，才能使浩然之气自生，但"集义"又须以"知言"为前提，因为只有心无愧怍，浩然之气才能油然自生，而要做到心无愧怍，需集义而行，但要集义而行，须先"知言"，具备辨别是非的能力。他说：

> 朱子曰："孟子之不动心，知言以开其前，故无所疑；养气以培其后，故无所慑。"
>
> 今按：孟子之不动心，本是于心上用工。知言是其要，养气是其助。养气之本，依然是从心上生。如行慊于中，自反常直，集义是也。盖心无愧怍，自然气壮，气壮则又能配此心之道义而助其行。然集义工夫，又自知言来，使其不知义理之所在，何以能事皆合义？此等工夫循环并进。[1]

知言，就知义理，是"集义"的保障。然而"知言"与"集义"又是循环互助，"集义"又可更加提升"知言"的境界。由于"知言"是"集义"的前提，所以是养气之本。

正因知言为养气之本，所以公孙丑虽然只问了孟子"何谓浩然之气"，孟子却在回答公孙丑养气之问时一定要谈"知言"。

---

[1] （元）金履祥：《论孟集注考证》，文渊阁《四库全书》影印本，第202册，第110页。

　　公孙丑兼问孟子与告子不动心之异，孟子言告子之失。而丑又专
问孟子不动心之法，孟子即以知言养气告之。丑当首问知言，而乃首
问养气，虽因论气而遽及，亦是丑之学未能知所先后也。及其问气，
又止问"何谓浩然之气"，而孟子告之即"直养而无害"之说，与夫养
之之本，与其所以养而无害之节度，此是孟子切于教人，倾倒无余也。[1]

金履祥指出，知言养气是孟子不动心之法，孟子自己已将"知言"排在
"浩然之气"之前，可是公孙丑却只问"浩然之气"，而未问"知言"，足
证公孙丑并不清楚孟子知言养气思想的先后主次。正因如此，孟子在解公
孙丑养气之疑后，主动解说"知言"，这既是作为教师的孟子对学生的毫
无保留，也是因为"知言"是养气之本。

　　从金履祥对孟子知言养气论的解读来看，他以知言为养气之本，以知
言为先，并且认为"知言"就是"知道""心通乎道""知理"，等等，这
些都是接用程朱的观点。然而与程朱所关注浩然之气的属性、志气关系等
不同，金履祥关注的重点是知言、集义，也就是养气的工夫，非常注重集
义践行。

第三节　王道行仁政以聚民

　　金履祥称赞孟子王道论是保民之道，认为齐宣王问孟子"桓文之事"，
实际就是兴兵构怨满足称霸诸侯的欲望而已。"齐宣王有欲无志。有欲者，
桓文之事，兴兵构怨、辟土，宰华夷也。"[2]

1　（元）金履祥:《论孟集注考证》，文渊阁《四库全书》影印本，第202册，第110页。

2　（元）金履祥:《论孟集注考证》，文渊阁《四库全书》影印本，第202册，第107页。

一、王道不嗜杀

　　金履祥指出，若以作用优劣而言，自是王道为优。人们都称道管仲辅佐齐桓公成为诸侯霸主，其实管仲只不过是使齐富国强兵而已。如果仅以富国强兵而言，管仲连子路也不如。孔子曾经称赞子路可以统率千乘之国的军队，子路自己也说：一个处于大国夹缝中的千乘之国，战乱、饥荒频仍，如果交给他治理，只需三年时间，他就能让这个国家的人民勇敢而知礼法，令别国不敢小觑。而管仲治理幅员千里的齐国四十余年，不过是做到了富国强兵而已。如果把齐国交给子路治理，其功岂止是富国强兵？可见管仲功业远不及子路。

　　　　以作用之优劣言，则管仲功业远不可望子路，何者？……子路一起而为之，比及三年，仅逾两载，而能使之有勇，则其于富国强兵乎何有？且知方也，则加于富强一等矣。使子路而得千里全齐之地为之，何待三年？何止有勇？其视管仲乘全齐之力，专国四十年之久，而仅仅乃尔，真不足道矣！[1]

金履祥在此称赞子路，而批评管仲，自是申发孟子批判管仲霸道、表彰王道之意。然而他仅凭子路的几句自夸去贬低管仲，显然没有多少说服力。金履祥还分析了人们称道霸业的原因。

　　　　大抵圣贤作用，自是殊绝，绝非常情所可测度。世衰道微，不幸圣贤而不获用。天下世人，但见霸者君臣小小功业，即以为大，竞慕效之。至论孔明诸子，则或但以为循良自守者而已，此真世道之不幸也。[2]

1　（元）金履祥：《论孟集注考证》，文渊阁《四库全书》影印本，第202册，第109页。
2　（元）金履祥：《论孟集注考证》，文渊阁《四库全书》影印本，第202册，第109页。

王道是圣贤之政，非常情能解，当时人们之所以称道霸业，是因为世道衰微，社会没有为王道提供实践的机会，所以人们只能见到霸者之功，虽然只不过是一些小小功业，人们也以为是了不起的伟业，故此竞相追捧仿效，实为天下之不幸。在金履祥看来，王道不只能富国强兵，关键还能让民众"勇而知方"，勇义兼备。

金履祥肯定孟子不嗜杀人者才能定天下的思想。

> 自太古以来，封建非一日之积；自三代之衰至于春秋，封建之弊亦非一日之积。至战国之时，六七大国又更相吞噬。孟子度其势，须合为一然后定，但秦以强力杀人而一之，项亦嗜杀，故皆不能定，至汉遂四百年天下为一。[1]

金履祥指出，只有统一，天下才能安定，这是孟子根据当时形势做出的合理判定。而历史也有力地证明了孟子"不嗜杀者能一之"的正确性，因为秦虽统一天下，却因强力杀人而未能定天下；而项羽也因嗜杀而未能定天下。汉能够统一天下，且有天下四百年，就在于其最终不嗜杀。

二、井田止争夺

对于孟子倡导的井田，金履祥采用朱熹之说，分析了商鞅废除井田的原因。依朱熹之见，井田制形制如下：

> 文公"阡陌辨"曰："陌之为言百也，遂洫从而径涂亦从，则遂间百亩，洫间百夫，而径涂为陌矣。阡之为言千也，沟浍横而畛道亦横，则沟间千亩，浍间千夫，而畛道为阡矣。阡陌之名由此而得。""遂广

---

1 （元）金履祥：《论孟集注考证》，文渊阁《四库全书》影印本，第202册，第106页。

> 三尺，沟四尺，洫八尺，浍二寻，则丈有六尺矣。径容牛马，畛容大车，涂容乘车，一轨道，二轨路，三轨则几二丈矣，此其水陆占地，不得为田者。”[1]

商鞅之所以废除井田，主要有三大原因，一是井田当中有遂、洫、沟、浍、径、涂、畛等大大小小的水渠、道路，在商鞅看来，这些水渠、道路占用了很多的土地资源，实属浪费；二是井田制下，一夫受田只有百亩，人的劳动能力不能全部发挥出来；三是井田授受中，难以避免营私舞弊，所以废除井田，可以更好地尽地力、尽人力。但是商鞅废井田、开阡陌，却将圣人推行井田的精微之意丢弃了。

> 先王所以正经界，止侵争，时蓄泄备水旱为永久之计。商君以刻薄之心，行苟且之政，但见田为阡陌所乘，而耕者限于百亩，则病其人力之不尽；但见阡陌之占地太广，而不得为田者多，则病其地力之有遗。世衰法坏，或归授不免有烦扰欺隐之奸，又必有阴据自私而税不入于公上者，是以一旦奋然不顾，尽开阡陌，悉除禁限，听民兼并买卖以尽人力垦开，弃地悉为田畴，而不使有尺寸之遗以尽地利。使民有田，即为永业，而不复归授以绝烦扰欺隐之奸。使地皆为田，田皆足税，以核阴据自私之幸。而千古圣贤传授精微之意于此尽矣。[2]

金履祥依然采用朱熹之说，指出先王之所以设立井田，主要是通过划定经界，解决土地争夺；而在井田中设置大大小小的水渠、水道，目的在于蓄

1 （元）金履祥:《论孟集注考证》，文渊阁《四库全书》影印本，第202册，第126页。
2 （元）金履祥:《论孟集注考证》，文渊阁《四库全书》影印本，第202册，第126页。

水、泄洪，解决水旱之灾。商鞅废井田，开阡陌，完全不顾先王设立井田的深意，尤其为了尽地利、尽人力，对土地的买卖兼并听之任之。朱熹认为商鞅是"以刻薄之心，行苟且之政"。金履祥在朱熹之说下，未加按语，显然他完全同意朱熹的观点。不过金履祥也指出，井田被废，商鞅并非始作俑者。

> 井田之废，非一日积，至商鞅而后尽变尔，故孟子告齐梁之君皆以制民之产告之，至告滕文公，亦首以经界为说。盖井田之破坏，所在皆然，非一日矣。[1]

诸国当时都有废井田之举，故孟子才劝告诸侯要制民之产、正经界，推行井田，当然孟子继承了先王"正经界，止侵争，时蓄泄备水旱为永久之计"的精微之意。

那么在诸国都有废井田之行的情况下，井田还能继续吗？金履祥做出了肯定的回答：

壤地褊小

> 上文令滕"绝长补短，将五十里"，则是除山川、林麓、城郭而以田计也。以五十里之田而分君子公田、小人私田，君子又有圭田，小人又有余夫，似为难给。然以方田法计之，方十里者为方一里者百，则是百井九百夫矣；方五十里者为方十里者二十五，则是二千五百井，二万二千五百夫矣，亦自不患于不给也。以此知战国之时，诸大国若能修复井田，不为园囿、宫室、污池以废地，能行仁政以聚民，则田

---

1 （元）金履祥：《论孟集注考证》，文渊阁《四库全书》影印本，第202册，第107页。

野不至于不给，人众地大，不患于不可以行王政也。[1]

金履祥用方田法计算，得出结论：即便是小小的滕国，其土地虽然只有五十里，但也可以划出二千五百井，使二万二千五百夫有地可耕；若各大国也修复井田，因为土地辽阔，可以保证更多的人有田可耕，如此，则可以聚拢民众，所以孟子的复井田而行王政，是完全可行的。

从上可见，金履祥肯定孟子王道之说，认为行王道，就是行仁政以聚民、保民；行霸道，不过是满足君王的个人欲望；王道优于霸道；历史充分证明了孟子"不嗜杀人者"方能定天下之说的正确性；先王设立井田，既是解决土地争夺，也是利用井田中的遂、洫、沟、浍、径、涂、畛等蓄洪、泄洪，孟子的复井田之说有其现实性，如诸侯真能修复井田，就能行仁政而聚民。金履祥对孟子王道论的关注点在王霸优劣以及井田是否可行，而对于孟子的民贵君轻论，未有评说。

小　结

金履祥肯定孟子人性本善论，认为孟子"则故"论性，是从情指示人性，孟子所言声色臭味，实是指气质自然欲望，属气质之性；而仁义礼智是指"天地之性"，但孟子始终未能道出"气"字，所以孟子心性之说有不完善之处。金履祥对孟子人性论的解读和分析，其使用的概念和分析的角度以及做出的判断，基本都承自程朱之说，但其恻隐有专指、偏指之分，"仁之实"之"实"是实质根本而非华实、才为性善等说法，则是其独见。

1　（元）金履祥：《论孟集注考证》，文渊阁《四库全书》影印本，第202册，第117页。

金履祥对孟子知言养气论的解读，以知言为养气之本，逻辑次序上，知言为先，并且接用程朱之说，认为"知言"就是"知道""心通乎道""知理"。与程朱论浩然之气不同的是，金履祥关注的重点是知言、集义，即养气的工夫，注重集义践行，程朱所关注的重点在浩然之气的属性、志气关系。

金履祥充分肯定孟子王道之说，认为王道优于霸道，王道是保民之道，霸道无非是满足君王个人的欲望，历史证明了孟子"不嗜杀人者"而定天下之说的正确性；先王设立井田，既为解决土地争夺，也意在利用井田中的遂、洫、沟、浍、径、涂、畛等蓄洪、泄洪，孟子复行井田之说，并非空想。对于孟子的民贵君轻论，金履祥未有评说。

第三章

许谦《读四书丛说·孟子》

许谦（1270—1337），字益之，婺州金华人（今浙江东阳）。幼孤，少从母亲陶氏学《孝经》《论语》，读书勤奋。三十一岁时受业于金履祥，数年尽得其所传。元仁宗时，隐居于东阳八华山，四方学者翕然从之，遂开门讲学。许谦以"白云山人"自号，故世人称其为"白云先生"。其先，何基、王柏及金履祥之学时未大显，至许谦而著，故时人以许谦之学为朱熹之嫡学，称其为"得朱子之传者"。江浙行中书省为许谦建四贤书院，将其列于学官。

据《元史》本传载，许谦著有《读四书丛说》二十卷、《诗集传名物钞》八卷、《书集传丛说》六卷、《治忽几微》、《自省编》等。然今所见《读四书丛说》并无二十卷，四库馆臣分析原因，指出："明钱溥《秘阁书目》尚有《四书丛说》四册，至朱彝尊《经义考》但据《一斋书目》编入其名，而注云'未见'，盖久在若存若亡间矣。此本凡《大学》一卷，《中庸》一卷，《孟子》二卷，《中庸》阙其半，《论语》则已全阙，已非完书。然约计所存犹有十之五六，即益以所阙之帙，亦不能足原目二十卷之数，殆后来已有所合并欤？"[1]四库馆臣的意见是：后来所见《读四书丛说》有

1　（清）永瑢等撰：《四库全书总目》，中华书局，1965年，第299页。

可能是由原来二十卷合并而成。

元人吴师道为许谦《读四书丛说》作序时，揭示了此书的来龙去脉。他指出，此书本为许谦弟子据许谦平时对门徒的讲说记录编纂而成，在刊行前，许谦恐记录有差，曾亲自审定，故为"善本"。吴师道对于此书评价很高，肯定许谦此书传朱学之正。他认为朱熹《四书章句集注》固然是"折衷群言，集厥大成"的大作，朱熹门人高足也不少，但经过一传、再传之后，出现了"不泯没而就微，则畔涣而离真"、"失传授之正"的状况，而许谦"《丛说》之编，其于《章句集注》也，奥者白之，约者畅之，要者提之，异者通之，画图以形其妙，析段以显其义，至于训诂名物之缺，考证补而未备者，又详著焉。其或异义微牾，则曰：'自我言之，则为忠臣；自他人言之，则为谗贼。金先生有是言也。'此可以见其意之所存矣。呜呼，欲通《四书》之旨者，必读朱子之书；欲读朱子之书者，必由许君之说。兹非适道之津梁，示学之标的欤"[1]。吴师道肯定许谦《读四书丛说》是学习朱熹学说的必由之途。《四库全书总目》亦云："书中发挥义理，皆言简义赅。或有难晓，则为图以明之，务使无所凝滞而后已。其于训诂名物，亦颇考证，有足补《章句》所未备，于朱子一家之学，可谓有所发明矣。"[2]周中孚的《郑堂读书笔记》评价许谦的《读四书丛说》："尝以圣贤之心尽在《四书》，《四书》之义修于朱子。顾其立言，辞约义广，读者或不能悉究其义，故作是书。一以朱子为宗，发明义理、考证、训诂，间为之图，使人易晓。其于《章句集注》之书，亦可谓尽心焉耳矣。"[3]显然，许谦《读四书丛说》获得了学人的普遍好评。

许谦《读四书丛说·孟子丛说》的注释体例，不录《孟子》本经，只就《孟子》各章取需注释文词，在其下作注，注中在阐明朱子之孟子说的

---

1 （元）吴师道著，邱居里、邢新欣点校：《吴师道集》，浙江古籍出版社，2012年，第523页。

2 （清）永瑢等撰：《四库全书总目》，中华书局，1965年，第299页。

3 （清）周中孚：《郑堂读书笔记》，《续修四库全书》，第924册，第161页。

同时，也表达了他对孟子思想的看法。

第一节　"循性"当以"利"

对于孟子心性之说，许谦与其师金履祥一样，非常关注孟子考察人性、论说人性的理路逻辑。

一、孟子"则故"即"求其发见之故"

许谦重视孟子"天下之言性，则故而已"的命题。就此命题，他有较为详细的阐释。

> 性是人物所得以生之理，本自难明，求其发见之故，则亦不难明也。然故则以利顺者为本，故之发于逆者则又非性之本矣。求己之故，则恻隐之发，见性之仁；羞恶之发，见性之义；求人之故，则父慈、子孝、君仁、臣忠；求物之故，则鸢飞鱼跃，山峙渊流，皆是也。是皆所谓利也，如下文天与星辰之故，亦只是利而已，能知此性而利以行之，则为智之大。禹之行水，不是比喻，言禹顺水之性，为智之大，以例人循性皆当以利也。知者应物，若行其所无事，则智亦如禹之大矣。"智亦"之"亦"，是亦大禹也。下文又以高远者证故之易见，却不是功用。[1]

如朱子所言，性是人与物所得以生之理，但是性难明，只能从其发见处认识。性之发见，就是孟子所说的"故"，也就是人性在现实社会的种种表

---

[1] （元）许谦著，蒋金德点校：《读四书丛说·读孟子丛说》，浙江古籍出版社，2015年，第350—351页。

现。人性在现实社会的种种表现，可从己求而见，亦可从他人求而见。从己求见，心中有恻隐、羞恶，足见人性仁义；从他人求见，父慈子孝，君仁臣忠，就是人性仁义之实证。如何求"故"？孟子主张要"以利为本"，许谦认为"利"就是"顺"，也就是顺其自然，不能"逆"，只有在自然状态下所表现的"故"，才是真实的人性，就如同认识天文星辰、大禹治水，只能顺其自然。

许谦认为，孟子"以利为本"，以"利"循性，从自然状态下认识人性，是认识人性的正确理路，告子的人性观之所以不正确，就是因为他忽视了从自然状态论人性。《性犹湍水章》云：

> 告子谓性本无善恶，但可以为善，可以为恶，在所引者何如尔，故以水无分东西为喻。孟子亦就其水以喻之，谓性之必善，譬犹水之必下。告子所谓决之者，人为之也，非其自然之性也。若人欲拂水之性，甚至可使逆行，况东西乎？人之为善，顺其本性也；水之就下，顺其本性也。[1]

许谦指出，告子认为人性本无善恶，为善与为恶都缘自后天引导，就如水向东流，还是向西流，都由人开挖决口的方向所定。可是"决之"，已是人为，而非自然，同理，后天所引而为恶也是在非自然状态下的行为表现，当然不是人性本真。

许谦以"利"为顺其自然，符合孟子真义，但是他以"故"为发见之迹则是宗朱之说，而与孟子原意不合，因为孟子"则故"之"故"，是指"本原""本性"。

---

1 （元）许谦著，蒋金德点校：《读四书丛说·读孟子丛说》，浙江古籍出版社，2015年，第354页。

二、气禀致人不善

　　既然人性为善，那么人又为何为恶？孟子认为"富岁，子弟多赖；凶岁，子弟多暴"是其中一个重要原因。就此，许谦在《富岁子弟章》中解释：

　　　　先以岁之丰凶致人之善暴，以明人性本善，有以陷溺则为恶。盖欲得食以养其生者，人之常情，故富岁得顺其心则为善，凶年不足以养其生而逆其心则为恶。次以麰麦为喻，谓人之性本同，当皆极于善，所以不善者养之异，以勉人当尽养之之道也。其下又以形之所好必同，以明心之所好无不同，而圣人之所为，即众人之所本同而当然者。众人当法于圣人以全其善，则当力好如口之悦味可也。[1]

许谦认为孟子在此章揭示了人为不善的客观原因和主观原因。一是以丰年致人善、凶年致人暴为证，说明外在物质环境会对人为善为恶产生重要影响。丰年，物质丰裕，人们心情舒畅，自然向善；凶年，物质匮乏，满足不了人们"养其生"的需要，基本生存难以保证，就会为不善。物质匮乏，外在条件恶劣，是人为不善的客观原因。二是"以麰麦为喻"，说明人性本善，但是之所以会有不善者，是因为人们不养其性。这是人为不善的主观原因。而圣凡同类，本性无别，圣人之所以为圣人，就是因为他们能养其性而"全其善"。不养其性而致其善难以保全，是人为不善的客观原因。许谦在此就孟子此章对人为不善原因的揭示，可谓深得孟子真意。

　　然而关于人为不善的根本原因，许谦宗朱熹之说，以气禀释之，且认为君子、常人先天因气禀有别。在《广土众民章》，他说：

　　　　此章紧要在"君子所性，仁义礼智根于心"一句上，常人固皆有

1　（元）许谦著，蒋金德点校：《读四书丛说·读孟子丛说》，浙江古籍出版社，2015年，第356页。

四者，为气禀昏迷，故物欲蔽隔，四者不能根于心；惟君子则得于天者，全而不曾失，常与心相著，故其发施有下文如此效验，穷达不能加损而忧乐也。"分定"，是分得天之全体。"分"字正指四者。[1]

虽然君子、常人都有仁义礼智之性，但是因为气禀不同，君子得仁义礼智之全体，且未曾失，而常人未得仁义礼智之全体，为物欲所蔽，所以有不善之行。也就是说，人为不善，也有先天气禀的因素。君子、常人因先天气禀决定了"分定"不同，故此君子、常人先天有别。许谦此解，失落了孟子人性平等的意蕴。

孟子曾强调人与生俱有的"四心"只是"四端"，所以提出了"扩而充之"的修养功夫。孟子说：

　　凡有四端于我者，知皆扩而充之矣，若火之始然，泉之始达。苟能充之，足以保四海；苟不充之，不足以事父母。（《孟子·公孙丑上》）

但是孟子未就如何"扩而充之"作解。朱熹注言：

　　扩，推广之意。充，满也。四端在我，随处发见。知皆即此推广，而充满其本然之量，则其日新又新，将有不能自已者矣。能由此而遂充之，则四海虽远，亦吾度内，无难保者；不能充之，则虽事之至近而不能矣。[2]

朱熹指出，"扩而充之"就是于"四端"发见处推广而使之充满。然而朱

1　（元）许谦著，蒋金德点校：《读四书丛说·读孟子丛说》，浙江古籍出版社，2015年，第360页。
2　（宋）朱熹：《四书章句集注·孟子集注》，中华书局，2011年，第221页。

注仍不明晰，许谦补充了朱熹此解。《不忍人章》云：

> "恻隐之心"，即不忍人之心所发。……
>
> "扩而充之"，是日用之间，随四端之发者推广而充满之，积之久，则如火然泉达，其势自有不能已者；既能如此，而又大充广之，方能尽四海之大。两"充"字是两意，上"充"字，每端发处充；下"充"字，就应天下事上充。[1]

在许谦看来，"扩而充之"，不仅要在"四端"发见处推广而充满之，而且不离日用，还须于"应天下之事上充"，也就是要在日用常行与事功实践中推广而充满之。许谦此说，强调了"扩而充之"修养功夫不是苦思冥想、枯坐独思，而是日用践行。不仅补充朱熹之说，而且发孟子所未发。

由上可见，对于孟子心性论，许谦更关注孟子论说的理路，他从孟子论说理路的正确证明孟子心性之说的正确，由此他对孟子"则故"之说给予详细的阐释。许谦关于孟子心性论的解说多深合孟子真意，但也有发孟子所未发之处，如"扩而充之"；而他对孟子"分定"论的解说，认为君子、常人先天有别，则失落了孟子人性论中非常宝贵的平等观念。

第二节　知言为内，集义为外

许谦为孟子"知言养气"论一章命名为"不动心章"。他认为孟子此章本意就是"不动心"，"盖此章本意是说应事不动心故也"[2]。

---

1 （元）许谦著，蒋金德点校：《读四书丛说·读孟子丛说》，浙江古籍出版社，2015年，第338页。
2 （元）许谦著，蒋金德点校：《读四书丛说·读孟子丛说》，浙江古籍出版社，2015年，第331页。

一、疑惧即是动心

何谓孟子所言"动心"？"见得公孙丑之意，非谓孟子加齐之卿相，因爵位、富贵有以淫其心也"[1]。许谦认为孟子与其弟子所说的动心不是因爵位富贵而心志动摇，那么朱熹之注"任大责重，有恐惧疑惑而动其心"[2]是否正确？许谦不完全同意朱熹的解释。他的意见是：

> 疑惧即是动心处，《集注》却言"有所恐惧疑惑而动其心"，似疑惧又在动心之外者。盖心本虚灵静一，能明天下之理者此也，足以应天下之事亦此也。今理有所不能明而疑，事有所不能应而惧，然则疑惧乃动心之目，心因疑惧而动，而疑惧非心之所动也。[3]

许谦认为"疑惧"就是动心，因为理有不明而疑，因为不能应事而惧。应事，即处理事物、应对世事；人不能应事，是因为勇气不够。"疑、惧二字贯一章意。盖知不能明故有疑，勇不能行故有惧，乃动其心"[4]。换言之，动心就是因为不明理、不能应事而疑惧；反之，不动心，就是明理而能勇敢应事，无所畏惧。许谦这一解释在一定程度上继承了赵岐之说，赵岐云："丑问孟子，如使夫子得居齐卿相之位，行其道德，虽用此臣位辅君，行之亦不异于古霸王之君矣。如是，宁动心畏难自恐不能行否耶？丑以此为大道不易，人当畏惧之，不敢欲行也。"[5]

"不动心"有多种方法，"盖贲之勇力足以盖世，故所向无前，自然不必动心，……然则孟贲以力为主而不动心，北宫以必胜为主而不动心，

---

1 （元）许谦著，蒋金德点校：《读四书丛说·读孟子丛说》，浙江古籍出版社，2015年，第333页。

2 （宋）朱熹：《四书章句集注·孟子集注》，中华书局，2011年，第213页。

3 （元）许谦著，蒋金德点校：《读四书丛说·读孟子丛说》，浙江古籍出版社，2015年，第333页。

4 （元）许谦著，蒋金德点校：《读四书丛说·读孟子丛说》，浙江古籍出版社，2015年，第334页。

5 （清）阮元校刻：《十三经注疏·孟子注疏》，中华书局1980年影印本，第2685页。

孟施舍以无惧为主而不动心，曾子以理直为主而不动心"[1]。与孟贲、北宫黝、孟舍、曾子四人"不动心"不同，孟子"四十不动心"，是他"知言养气"，"孟子以知言养气为主而不动心也"。许谦对孟贲、北宫黝、孟施舍、曾子、孟子"不动心"的总结，简洁明了，切中肯綮。

二、浩然之气即仁义之气

许谦肯定"孟子以知言养气为主而不动心也"，自然孟子所养之气是浩然之气。何谓浩然之气？许谦将孟子养气说与告子的观念作比较，说：

> 告子之"勿求于气"，气血之气也；孟子之浩气，仁义之气也。[2]

许谦明确肯定了浩然之气是道德属性的仁义之气，而非生理属性的气血之气。浩然之气源于天，"此气本得于天，故至大至刚"[3]，"'天人一也，更不分别'，只是公字。此气得于天，故能浩然。而道义乃天地间至理，皆是公"[4]。许谦这一思想无疑是承朱熹之说。有学生问朱熹："浩然之气，即是人所受于天地之正气否？"朱熹的回答是："然"。[5]并说："浩然，盛大流行之貌"，盖"浩然之气"乃天地之正气，天地之中本有此浩然之气，它出于宇宙本体之理，如人生而禀气不全，则"气质昏浊颓塌"[6]。

既然天地之中自有浩然正气，人亦禀气而生，为何还须养气？许谦指出，其实并非所有人都须养气：

---

1 （元）许谦著，蒋金德点校：《读四书丛说·读孟子丛说》，浙江古籍出版社，2015年，第327页。

2 （元）许谦著，蒋金德点校：《读四书丛说·读孟子丛说》，浙江古籍出版社，2015年，第329页。

3 （元）许谦著，蒋金德点校：《读四书丛说·读孟子丛说》，浙江古籍出版社，2015年，第329页。

4 （元）许谦著，蒋金德点校：《读四书丛说·读孟子丛说》，浙江古籍出版社，2015年，第335页。

5 详见周淑萍：《两宋孟学研究》，人民出版社，2007年，第282页。

6 （宋）黎靖德：《朱子语类》，中华书局，1986年，第1260页。

> 圣人生知安行，无非直道，不假乎养。众人知不明，自害其刚大，故须直以养之。直即义也。塞天地，言其效也。[1]

圣人生知安行，所行无不合道，浩然之气自然呈现，故无须养气，而"众人"虽亦本有此"浩然之气"，但因为认识不明而害气，故须养气。

三、集义养气为外

养气需集义。何谓集义？集义与"配义与道"的区别何在？许谦说：

> 上言气配义与道，下言养气，只说集义。盖道是总言万事之体，义就每事各裁制其宜。言义则道即在此，如父必慈，子必孝，义也，道在父子者也。君必仁，臣必忠，义也，道在君臣者也。及事之微细处莫不皆然。[2]

许谦分辨了"义"与"道"，指出道为体，义为用；道是总纲，义则是落实到每件事上的行事合宜合度，如父子之道落实在日用行事上，则是父慈子孝；君臣之道落实于君臣相处，就是君仁臣忠。何为集义？

> "集义"之"集"字，不是应事时工夫，应事只是"义"字。应事件件行义，积集得多，方得此心全无愧怍，而气自生。《集注》："乃由事皆合义，自反常直，是以无所愧怍，而此气自然发生于中。""事皆"两字说"集"字，"自反直无愧"是慊也。慊则气盛，不慊则馁。[3]

---

1 （元）许谦著，蒋金德点校：《读四书丛说·读孟子丛说》，浙江古籍出版社，2015年，第329页。
2 （元）许谦著，蒋金德点校：《读四书丛说·读孟子丛说》，浙江古籍出版社，2015年，第330页。
3 （元）许谦著，蒋金德点校：《读四书丛说·读孟子丛说》，浙江古籍出版社，2015年，第330页。

"集"就是"积集"，既要求日用行事桩桩件件都要合义，也要求持之以恒、常行不辍。

　　孟子曾说，养气应"直养而无害"，还说"必有事焉，而勿正，心勿忘，勿助长也"。孟子此语，赵岐、宋人各有其解。就此，许谦一一做出了解释。他说：

> 故须直以养之，直即义也。[1]
>
> "必有事"，是专以集义为事。"勿正"，谓不可因集义便期必气之浩然。"勿忘"，谓未能充大，则惟不懈于有事。"勿助长"，谓不可以私意作为欲充此气，用私意便失义，而愈丧其所集者矣。故曰："集义，养气之节度。"
>
> 有事勿忘是直养，勿正勿助是无害。
>
> 养气，专就行事上说，于应事地头作工夫。直养无害一语，是养之之方。"直"字，则其得于曾子之本原。下文有事"勿忘"，即养字，"正"及"助长"则害之矣。惟私意妄作害义为甚，故发揠苗一段八十五字，专言私意害气之失。[2]

许谦认为，"必有事"是"集义"；"勿忘"是"集义"坚持不懈，不能一日或忘；"勿助长"，是指集义养气不可私意妄作，急求其成；"直养无害"，"直"，即正义；"害"即私意助长。许谦的这些解读，综合了汉宋人的解说，于孟子之意，也极为契合。

　　许谦指出，集义以养气，实乃"养气属事，为外"，而外是末。欲要"不动心"，内才是本。先于孟子而不动心的告子，其"不动心"的方法

---

1 （元）许谦著，蒋金德点校：《读四书丛说·读孟子丛说》，浙江古籍出版社，2015年，第329页。

2 （元）许谦著，蒋金德点校：《读四书丛说·读孟子丛说》，浙江古籍出版社，2015年，第330页。

是："不得于言，勿求于心；不得于心，勿求于气。"孟子批评了告子"不得于言，勿求于言"的做法。许谦分析孟子批评告子的原因：

> 盖告子学者之徒，故孟子且告丑以告子强制其心使之不动，其言之病，心之失，工夫之差处。今将告子之言，但分内外看，两句"心"字，只是一个心。心是内，言与气皆是外。君子之学，当内外交相养。告子外不得于言，则内不深明所不得之理，是内不养外也；内于心有未通之理，则外不用力以学，是外不养内也：两端皆是心不明理。上句是事做不去，心不必明理；下句是心虽有不明，不肯去明理：如此硬捺住心以至不动。孟子言内是本，外是末，末之蔽，因本之蔽也。言不通达，是夫心不明，若不去明其心，则言终不达矣，故曰"不可"。若心不明乎理，则惟持守其心，且不务其末，犹得轻重之伦，故曰"可"。但孟子且就他说心与气上分轻重，而谓不求诸末，则以为可。[1]

许谦指出，"不得于言"，就是不明其言而"言不通达"，不明其言的原因在于心不明理。心不明理，就应努力探究，以明其心，以求明理，而告子却"勿求于心"，"硬捺住心，以至不动"；如此心虽不动，然而却糊涂昏昧之甚，"若不明其心，则言终不达矣"。告子"不得于言，勿求其心"，是未养其内。养内是本，而内之养，又须借助外，内外交相养。

"集义"养气是外，欲要不动心，还须养内。养内之方是"知言"。

> 孟子之学，是知言养气。知言，即知道。知道属心为内，养气属事为外。格物致知以明心，遇事行义以养气。然所以知其义而集之者，

---

1 （元）许谦著，蒋金德点校：《读四书丛说·读孟子丛说》，浙江古籍出版社，2015年，第327—328页。

心也，即志帅之说。至于集义，是要心无愧怍。心既无愧怍，则气自
生，虽有内外之殊，及其至也，只是养此心耳。[1]

　　知言则尽心知性，万理洞然，何所疑惑？[2]

许谦认为孟子之知言，即是"知道"。"知道"，就能明天下是非，洞悉万
事万物之理，而心无所疑。"知道"即是明心，故属心，为内。格物致知
是由"知言"而知道的途径。许谦以"格物致知"说解孟子"知言"，是
以《大学》解《孟子》，其实也是继承朱熹而来。

四、知言养气为内

　　许谦认为，集义以养气属外，知言以明心属内。知言是集义之本。人
有浩然正气，故勇而无畏；人能知言，故明理而不疑。孟子以知言养气而
不动心，正是如此。

　　　　孟子知言固不疑，养气故无惧，自然无所动其心也。知者不惑，
　　仁者不忧，勇者不惧，孟子之言亦不出此三达德。

　　　　养气则不恐惧，知言则不疑惑。道因知言而明，德因养气而立。
　　道明虽因知，然既谓道，则行固在其中；谓之德立，则行道有得于心，
　　而德已成立，此是行道积累而至者。[3]

归其要者，在许谦看来，孟子的知言养气而不动心，不是如告子"硬捺住
心，以至不动"，而是立足践行、涵养德性而至的大无畏之境，与孔子所
言"知者不惑，仁者不忧，勇者不惧"的"三达德"精神一致。

1　（元）许谦著，蒋金德点校：《读四书丛说·读孟子丛说》，浙江古籍出版社，2015年，第329页。
2　（元）许谦著，蒋金德点校：《读四书丛说·读孟子丛说》，浙江古籍出版社，2015年，第329页。
3　（元）许谦著，蒋金德点校：《读四书丛说·读孟子丛说》，浙江古籍出版社，2015年，第334页。

虽然许谦解释孟子知言养气，多本朱熹以及其师金履祥，然而也有一些与他们不一致的独见。如孟子在回答公孙丑关于浩然之气之问后，为何转而大谈知言？朱熹的观点是承上文"论志气"；金履祥的观点是：知言为养气之本，孟子要告知学生养气根本所在。不过，许谦却有另外的看法：

> 孟子先言"知言"，而丑先问"养气"。文公谓承上文方论志气而言。金先生谓当先问"知言"，此亦是丑之学未能知所先后。窃谓《孟子》亦自有此文法，《滕文公下篇》，孟子先言"出疆必载质"，后言"三月无君则吊"，周霄乃先问"三月无君"，后及"载质"，正与此同。[1]

许谦认为这是孟子作文的文法，并指出《孟子·滕文公下》等也是此类方法。又如，关于孟子知言之说，许谦肯定其师金履祥考之甚详。"知言之说，《考证》言之甚详"，但是金履祥认为孟子的知言包括格圣人之言、天下之言、异端之言，许谦则有不同观点：

> 孟子之学，尽物格致知之功，故能明夫道义，而于天下之言，皆能知其是非、邪正而无所疑。然所以致其知者，亦自夫前圣贤之言而得之。故知言虽是致知之效，而致知未始不因言也，所以朱子以尽心知性为知言之本。至于养浩然之气，虽专在于集义，而欲集夫义，必先知义所在然后可，是知言又集义之本也。知言以开其先，养气以培其后。此所以不动心也。然孟子之自言"知言"，却只说知诐、淫、邪、遁，是全说今人之言。[2]

---

1 （元）许谦著，蒋金德点校：《读四书丛说·读孟子丛说》，浙江古籍出版社，2015年，第330—331页。

2 （元）许谦著，蒋金德点校：《读四书丛说·读孟子丛说》，浙江古籍出版社，2015年，第331页。

许谦指出，从孟子自言知言来看，主要针对"诐、淫、邪、遁"之言而发，并且全是今人之言。也就是说，孟子知言养气的重点在于辨别当时极易引起混淆的"诐、淫、邪、遁"之言。许谦此解，更合孟子本意，因为孟子批评的"诐、淫、邪、遁"，实有所指，就是针对当时的"处士横议"。

许谦对孟子知言养气论的解释，以不动心为归宿，视知言养气为达成"不动心"的道德修养工夫；知言与集义之间，知言为内，集义为外；其解释理论既宗奉朱熹之说，也有对金履、赵岐观点的承继和借鉴。而他从《孟子》文本审视朱熹、金履祥之见，也提出了自己不同的看法，如认为孟子知言，针对的对象主要是当时的"诐、淫、邪、遁"之言，等等。

第三节　王道在尽不忍之心

对于孟子王道论，许谦解读的重点，虽主要在于考证典制以及分析孟子宣扬王道的方式，但也有一些思想上的解读。

一、仁民为大

许谦认为，孟子王道核心在于为君者尽其"不忍之心"，君主能尽"不忍之心"，则王道可行。在《齐桓晋文章》中，许谦指出，齐宣王以羊易牛，不过是小事一桩，而孟子却借此谈仁术、仁心，进而谈仁政，这一章的关键字眼在"推"字。

> 此章之要，全在"推"字。始使因爱牛之善端而推之，充扩其良心，以知仁民之为大。于其良心既启，则当先亲亲而推及于仁民，而又及于爱物，谓仁之施。爱物难而仁民易，今既能其难，而又得行之

之术，何于其易者而不能也？仁民之所以易于爱物者，人既与我同类，其好恶不殊，所施者不过以己之所好恶者及之而已。况我亲其亲，人感之亦各亲其亲，其应之速，又不尽待我之推也。其终告以王道之大，亦不过尽不忍之心而已。[1]

王道之所以可行，首先在于人皆有良心，齐宣王"爱牛之善端"就足以证明这一点。其次，在于仁民易，因为民是我的同类；"亲亲而仁民，仁民而爱物"，在亲亲、仁民、爱物三者之中，爱物是难事，而齐宣王见牛恐惧，就恻隐而易牛以羊，足见齐宣王能爱物，能爱非我同类之物，自然能爱与我同类的民。最后，实行仁政，就是将不忍之心推之于政。

　　许谦分析孟子之所以批评梁惠王移粟之举，是因为梁惠王此举亦非善政。

　　　　"涂有饿莩不知发"，应前"移粟"，由此而知所移乃民间之粟，未足以济河内之民，而先已病河东之民矣；况有饿莩不发，犹是吝己之财。"狗彘食人食"，则必征敛无义，而伤民之财矣。[2]

从"涂有饿莩而不知发"来看，梁惠王并没有打开官仓救济灾民，而是调用民间之粟。梁惠王此举不仅难以根本解决河内灾民之困，而且先已伤及河东之民。因为从"狗彘食人食"来看，官府平时对百姓的征敛非常严苛，河东之民的存粮并不富余，此时再调用百姓本就不多的粮食，岂不是先伤河东之民？许谦认为，依孟子王道之政，不仅应让百姓的粮食自足，而且国家须有应对灾荒的预备措施。

1　（元）许谦著，蒋金德点校：《读四书丛说·读孟子丛说》，浙江古籍出版社，2015年，第317页。
2　（元）许谦著，蒋金德点校：《读四书丛说·读孟子丛说》，浙江古籍出版社，2015年，第312—313页。

教之以王政，则民自足食乐义。古者九年耕，必有三年之食，虽有凶荒，不待移粟移民，而民自无饥寒，近者悦而远者来矣，何患不加多哉？[1]

国家提前有准备，就不至于在灾荒发生时移粟移民。许谦在对孟子王道仁政论解读中，也在补进孟子未曾考虑的一些更为细致的仁政举措。

许谦追溯了孟子王道论中"五亩之宅""百亩之田""五十衣帛""七十食肉"等的来源。

《周礼·地官·遂人》："掌邦之野，辨其野之土，上地、中地、下地，以颁田里。上地，夫一廛，田百亩，莱五十亩，余夫亦如之。中地，夫一廛，田百亩，莱百亩，余夫亦如之。下地，夫一廛，田百亩，莱二百亩，余夫亦如之。"注谓："户计一夫一妇而赋之田，其一户有数口者，余夫亦受此田也。廛，城邑之居，孟子所云'五亩之宅，树之以桑'者也。"疏谓："余夫皆有田廛，是备后离居之法。莱，谓休、不耕者也。"

《王制》云："五十始衰，六十非肉不饱，七十非帛不暖。"与此不同，或殷周之制异，或孟子一时之言偶异，大抵年高者衣帛食肉也。[2]

许谦认为孟子的"五亩之宅""百亩之田"之说与《周礼》同，"五十衣帛""七十食肉"与《礼记·王制》同，说明孟子王道论中的土地制度等经济举措并非个人的空想，而是代表了儒家一贯的精神。

1　（元）许谦著，蒋金德点校：《读四书丛说·读孟子丛说》，浙江古籍出版社，2015年，第313页。
2　（元）许谦著，蒋金德点校：《读四书丛说·读孟子丛说》，浙江古籍出版社，2015年，第312页。

二、统天下为一家

许谦继承其师金履祥的观点，也认为孟子统一之说，是孟子根据天下之势做出的理性判断，而不是借"术数谶纬而知之"的未卜先知。不过他认为孟子的统一之制不是三代的封建之制，而是类于秦汉之制。他说：

> "一之"，谓统天下为一家，正如秦汉之制，非谓如三代之王天下而封建也。此孟子见天下之势，而知其必至于此，非以术数谶纬而知之也。盖自太古立为君长，则封建之法行。黄帝置大监，监于万国；夏会诸侯于塗山，执玉帛者亦万国。逮汤受命，其能存者三千余国，时云千八百国；至孟子时，相雄长者止七国尔，余小国盖不足道也。自万国以至于七国，吞并之积，岂一朝一夕之故？今势既合，不可复分，终必又并而为一，举天下而郡县之而后已。至于秦汉，孟子之言即验，但秦犹嗜杀人，故虽一而不能定，至汉然后定也。[1]

许谦认为，孟子之天下统一的观念来自对战国形势的判定，这一论断符合孟子思想实际；但是认为孟子的统一之制，不是三代王天下的"封建"，而是与三代王天下的"封建"之制相对的秦汉之制，自然是郡县制。许谦此说虽是发前人所未发，亦有主观臆断之嫌，因为从目前所见《孟子》文本，未见孟子有任何与秦汉郡县制相关的制度设想。

在许谦看来，孟子为推行王政，冲破了礼制的约束。如齐宣王所问是否"毁明堂"一事，即可证明这一点。明堂，是古代天子宣明政教的地方。许谦认为，毁明堂其实是当时众人的意见，齐宣王本人并不打算毁明堂，因为齐宣王已经称王，他想在此行天子之制；而孟子并未阻止齐宣王

---

1 （元）许谦著，蒋金德点校：《读四书丛说·读孟子丛说》，浙江古籍出版社，2015年，第314—315页。

行天子之制的念头，因为依孟子之见，行王政者，即便不是天子，但也与天子无异。

> 见得宣王之意正是欲不毁尔，盖已称王，即欲行天子之制也。孟子则不禁他不毁，只是教之行王政。盖行王政，则是副王之名，虽行天子之制可也。[1]

许谦此处解说有误。孟子将明堂看作王政的象征，他劝齐宣王勿毁明堂，只是鼓励齐宣王实行王政，并无默认齐宣王可行天子之制的意思。

总之，许谦肯定孟子王道论，认为实行王道，本非难事；因为人皆有良心，爱物尚且可以做到，何况民与我同类，故亲亲而可行仁民之政；从思想源流来看，孟子王道论中的井田、五亩之宅、"五十衣帛""七十食肉"，等等，都是儒家本有精神，许谦的这些解说，契合孟子原意。但是他认为，孟子统一天下之说是要实行秦汉郡县之制；劝齐宣王勿毁明堂，是认可齐宣王行天子之制，则属个人臆见。

小　结

对于孟子心性论，许谦更关注孟子论说的理路，故对孟子"则故"之说给予详细的阐释，其解说多深合孟子真意，但也有发孟子所未发处，如论"扩而充之"，不仅要在"四端"发见处推广而充满之，而且要不离日用，还须于"应天下之事上充"，也就是要在日用常行与事功实践中推广而充满之，强调了"扩而充之"修养功夫不是苦思冥想、枯坐独思，而是

1　（元）许谦著，蒋金德点校：《读四书丛说·读孟子丛说》，浙江古籍出版社，2015年，第319页。

日用践行。不仅补充朱熹之说，而且发孟子所未发。而他认为气禀决定了"分定"不同，故此君子、常人先天有别。许谦此解，失落孟子人性平等的意蕴。

对孟子知言养气论，许谦的解释既宗奉朱熹之说，也有对金履祥、赵岐观点的承继和借鉴。他以不动心为归宿，视知言养气为达成"不动心"的道德修养工夫；知言与集义之间，知言为内，集义为外；而从《孟子》文本审视朱熹、金履祥之见，他也提出了自己不同的看法，如认为孟子知言，针对的对象主要是"今人之言"，即当时的"诐、淫、邪、遁"之言，等等。

对于孟子王道论，许谦予以肯定，认为实行王道，本非难事；因为人皆有良心，良心是仁政的基础；孟子提出的井田、五亩之宅、"五十衣帛""七十食肉"，等等具体举措，都是儒家本有精神。许谦的这些解说，契合孟子原意，但他认为孟子的统一天下之制"正如秦汉之制"；劝齐宣王勿毁明堂，是认可齐宣王行天子之制，则有主观臆断之嫌。

附论 王柏论孟子[1]

宋元之际，以北山四先生为代表的金华学派的学人在当时非常有影响。北山四先生，指何基、王柏、金履祥、许谦师徒四人。由于何基居于金华山北，故被称为北山先生，师徒四人为"北山四先生"。何基师承朱熹弟子黄榦，所以北山学人之学系出朱熹一门。

王柏，字会之，号鲁斋，婺川金华人。据《宋史·王柏传》载：王柏

1　按：王柏生于公元1197年，卒于宋度宗咸淳十年（1274），因与何基、金履祥、许谦并称北山四先生，故将王柏对孟子的评说附于金履祥孟学、许谦孟学之后，以观北山四先生孟学特征。

"少慕诸葛亮为人，自号长啸。年逾三十，始知家学之原，捐去俗学。勇于求道，与其友汪开之著《论语通旨》，至'居处恭，执事敬'，惕然叹曰：'长啸非圣门持敬之道'。亟更以鲁斋"。[1]师从何基，标注点校四书、《通鉴纲目》等，勤奋努力，研精覃思，多有卓识。著有《读易记》《涵古易说》《大象衍义》《涵古图书》《读书记》《书疑》《诗辨说》《读春秋记》《论语衍义》《太极衍义》《伊洛精义》《研几图》《鲁经章句》《论语通旨》《孟子通旨》《书附传》《左氏正传》《续国语》《阐学之书》《文章复古》《文章续古》《濂洛文统》《拟道学志》《朱子指要》《诗可言》《天文考》《地理考》《墨林考》《大尔雅》《六义字原》《正始之音》《帝王历数》《江左渊源》《伊洛精义禩志》《周子》《发遣三昧》《文章指南》《朝华集》《紫阳诗类》《家乘》，文集、著作等身。数次受聘于丽泽、上蔡书院任教，"来学者众"，"乡之耆德"亦持"弟子礼"。宋度宗咸淳十年（1274）卒，年七十八，谥文宪。

一、论孟子其人：真儒有瑕

王柏充分肯定孟子在儒学史上的地位，其四言古诗《畴依》有言：

> 圣道不行，自周公殁。
> 圣学不传，由孟子卒。
> 上无善治，下无真儒。
> 章句训诂，煨烬之余。[2]

诗中盛赞孟子是传承圣学的真儒。王柏认为四书是"经天纬地之具，治世

---

1 （元）脱脱等撰：《宋史》，中华书局，1985年，第12980页。

2 （宋）王柏：《鲁斋集》，文渊阁《四库全书》影印本，第1186册，第7页。

文教之书"，所以要潜心涵泳，但四书各有其主旨，所以学习四书当有不同的方法。

> 每谓后世文章之所以不古者，止不本诸经而已。苟能于《大学》以求其用，于《论语》以求其教，于《孟子》以求其通，于《中庸》以求其原，如是则义理沛然，此文章之元气也。[1]

在王柏看来，"求其通"是学习《孟子》的正确方法。孟子曾提出学习当有自得之见，王柏批评了时人对孟子"自得"之说的误解。

> 孟子之所谓自得，欲自然得于深造之余，而无强探力索之病，非为脱落先儒之说，必有超然独立之见也，举世误认自得之意，纷纷新奇之论，为害不小。[2]

王柏指出，孟子所说的"自得"，是告诉人们求学深造自然会有所得，而不是教人"脱落先儒""强探力索"，牵强附会，凭空造出种种新奇之论。王柏此解得孟子真意，但王柏将"自得"之"自"解为"自然"，这一解读既与程朱不同，也不合孟子原意，因为孟子"自得"之"自"，是指"自己"；"自得"，即自己有心得体会。赵岐注："造，致也。言君子学问之法，欲深致极竟之，以知道意，欲使己得其原本，如性自有之然也。"[3]

关于孟子师承，王柏承前人之说，认为孟子"亲受业子思之门"，但又认为孟子得子思之说尚浅。

---

1 （宋）王柏：《鲁斋集》，文渊阁《四库全书》影印本，第1186册，第129页。

2 （宋）王柏：《鲁斋集》，文渊阁《四库全书》影印本，第1186册，第143页。

3 （清）阮元校刻：《十三经注疏·孟子注疏》，中华书局，1980年影印本，第2726页。

今观七篇之书，述子思子传授之言，自"在下位不获乎上"至"人之道也"而止，乃《中庸》之残章断简也。"动"字之外更无他语发明此诚，以是知孟子之得于子思子者尚浅，而后世之知子思子者尤浅也。韩子知孟子醇乎醇，而不知子思子尤醇乎醇也。[1]

显然王柏非常推崇子思。在王柏看来，孟子尽管也引用了子思《中庸》关于诚明之语，不过却没有得其真意之全部，所以虽然韩愈称赞孟子是"醇乎醇"者，但子思其实是"尤醇乎醇也"；而且与子思文章相比，孟子文章还有瑕疵。

（孟子）其才高气雄，有英词伟论以驾其仁义之具，或抑或扬，奇采振耀，锋芒所向，石裂山摧。虽子朱子亦每叹服其文章何其妙也，然终未能尽涤濯战国之余习，警悟超绝之意多，而和平酝郁之味蠡。其所以异于战国者，犹以师友见闻之懿，而义利王伯之辨甚严，岂可望子思子之文章，自义理根原，正面大体，自然流出，淳粹笃厚，无一点疵颣之可指。[2]

王柏认为孟子才高气雄，文章可谓英词伟论，但锋芒太盛，未脱战国纵横之习，而子思的文章则和平自然，"淳粹笃厚"。王柏对孟子的评价可谓褒贬兼有。

二、论孟子人性论：孟子从情说人性

关于孟子心性论，目前所见《鲁斋集》中，只有王柏的几段散论，归纳可见其大概。

王柏首先肯定孟子性善之说是发前人所未发，是孟子一大贡献。并指出孟子论说人性的方法是从情论性，为什么要从情论性？他说：

> 夫仁义礼智信，性也，皆未发者也，本不可形容。孟子是将情来说，因其见于外，方知内有此理耳，未动之时如何下注脚。[1]

又说：

> 推其命之所有，则有理焉，有气焉。然理非气，无所寓；气非理，无所主，理气未尝相离，亦未尝相杂。盖形而上者谓之道，形而下者谓之器，上下既分，固不得而相杂；然形在乎其中，亦不得而相离也，曰理曰气，形而后知天赋，是理为人之性。有仁有义有礼有智，虽有是四端，不得而见也，推其已然而后知。因其恻隐之发而知其有仁也，因其羞恶之发而知其有义也，因其辞逊之发而知其有礼也，因其是非之别而知其有智也。百行万善，皆从此出。天赋是气为人之形有清有浊、有厚有薄，虽有是四端亦不得而见也。推其已然，而后因其聪明之质而知其得气之清也，因其昏愚之姿而知其得气之浊也，因其富贵而寿而知其得气之厚也，因其贫贱而夭而知其得气之薄也。五福六极，有万不齐，皆从此出。[2]

禀气成人之形，禀理成人之性，仁义礼智就是人性本真。可是人虽有此善性，却"不得而见"，难以证明，那么如何认识人性？王柏认为可以"推其已然而后知"，"恻隐""羞恶""辞逊""是非"是仁义礼智的发用，孟

1 （宋）王柏：《鲁斋集》，文渊阁《四库全书》影印本，第1186册，第250页。
2 （宋）王柏：《鲁斋集》，文渊阁《四库全书》影印本，第1186册，第161页。

子由此四端指示人性，就是"推其已然"，而"恻隐""羞恶""辞逊""是非"实为人之情，所以孟子是从情论性，以情指示人性。王柏对孟子人性论的这些解说与程朱之说无二致。

既然人性本善，为何有恶？在为刘叔崇所写的《充实斋铭》中，王柏有所解释：

> 惟人之性原于一善，欲动情胜，恶然后见。人之好之，我所固有，若存若亡。好未必久，利害可移，外物可改；昔也所好，今也何在？君子为学必有诸己，其所谓信实而已矣！彼乐正子以好善，称从游子敎有不足，论二中四下毫厘不差。其或未实，充无以加；既实而充，于斯为美。虽至圣人，上下一理。孟子之言具有等级，"充实"一关最当用力。万善必备，缺一不可，过此以往，几非在我。[1]

在现实社会中，人们在欲望的驱使下，情感战胜理智，于是就会做出违背人性的恶事。而究其原因，实是人们的修为不够，未能充实本有善性，使其真"有诸己"，所以需当在"充实"上用心用力。

王柏在肯定孟子心性论的基础上，指出了孟子论说心性的方法与理据，认为孟子是从情指示人性，以情论性。王柏的解说明显承袭宋代学人之论，主要取自程朱之说，但在"充实"一说上尚有主见。王柏关于孟子人性论的解说影响了金履祥，金履祥在《孟子集注考证》中多次征引王文宪之言解释《孟子》，王文宪即是王柏。

三、论孟子仁政：行仁政，乡大夫亦有责

王柏忧心于南宋末年以来国穷民弱，尤其关注富国强兵，常就时事发

---

1 （宋）王柏：《鲁斋集》，文渊阁《四库全书》影印本，第1186册，第105—106页。

表他的政治主张。在论说其政治主张时，孟子王道论是王柏引证的重要依据，所以王柏虽没有专门就孟子王道论发表意见，但是在其征引孟子王道为据时，可见对孟子王道论的解读。

王柏对孟子王道论的解读，与当时的时代问题紧密结合。在其《赈济利害书》中，谈到两浙应对灾荒的举措时说：

> ……昔成周之衰，王政不行，莫甚于战国，梁惠王犹能移民、移粟于河东、河内，故孟子之所不取，以今观之，能如惠王之用心者尤鲜。且籴价何为而骤高也？以岁旱而无籴也，是籴价不高于丰稔之地，实高于旱歉之乡，然高价之利不归于旱歉之乡。然高价之利不归于旱歉之乡，实归于丰稔之地。彼歉者既歉矣，而又尽索其家，具积数倍，而仅可易常年之一。彼丰者既丰矣，而又坐享高价，以常年之一而可得数倍之利。是丰者再丰，而歉者再歉，甚非平准之意。[1]

王柏指出，梁惠王应对灾荒，采取的举措是移民移粟，当时两浙等地发生灾荒，官府的应对举措，也与梁惠王如出一辙，即将其丰稔之地的粮食籴运到灾区；然而当时官府却未能如梁惠王那样用心，因为官府并没有平抑物价，以致籴运到灾区的粮价远高于当地原来的价格，加重了灾民的负担。丰稔之地的人愈丰，而歉收的灾民愈歉。虽然梁惠王应对灾荒的举措比起王柏之时的官府要用心许多，可是在战国时期却受到孟子批评，因为在孟子看来，梁惠王未行仁政，没有从根本解决问题。连梁惠王的救灾之举都被孟子批评，何况是当时那些不及梁惠王的救灾之举呢？显然，王柏是以孟子王道政治批评当时官府救助灾民的荒政失当。

王柏还发挥孟子的思想，提出在凶年饥岁、灾荒年成，当以救弱扶困

---

1 （宋）王柏：《鲁斋集》，文渊阁《四库全书》影印本，第1186册，第116页。

为先。他说:

> 不幸凶年饥岁,在上者不得已散财发粟而赈恤之,使之得免于流离沟壑之忧,尚有是可以寓其爱民之心耳。春省耕而补不足,秋省敛而助不给,此王政之所先也。[1]

如要切实解决荒年灾民的问题,就应兴办社仓、义仓以备荒年。

王柏认为,从理论上来看,孟子提出的仁政可行,但现实社会之所以难见仁政之实,官吏奉行不力也是重要原因。他说:

> 孟子曰:"有不忍人之心,斯有不忍人之政。"今执事访求民隐,虚己纳善,孳孳不倦,举行荒政,焦心劳思,此百姓之所共知也,不可谓无不忍人之心矣。然官吏奉行,不足以识执事爱民之盛心,文移旁午而膏泽不下,流移日甚而籴价日昂,或者议其政而并疑其心。愚独以为不然,四方之风土不同,田里之休戚不一,以执事博询群议如此之勤,而应之者泛然唯诺,一无以仰助执事爱民之政,此吾乡士大夫之责也。[2]

王柏认为,孟子仁政主张的人性基础是人皆有"不忍人之心",所以"有不忍人之政";然而虽然有时官府制定了仁民之政,可是下面的官员并不认真执行,或者干脆不执行,导致仁民之政不能产生实际效果。所以仁政不行,有时地方官员也要负有一定的责任。王柏这一思想,是对孟子仁政思想的弥补,因为孟子只是向君主介绍了有关仁政的举措、蓝图,却很少

1　(宋)王柏:《鲁斋集》,文渊阁《四库全书》影印本,第1186册,第115页。

2　(宋)王柏:《鲁斋集》,文渊阁《四库全书》影印本,第1186册,第114页。

谈及仁政实施过程中的执行问题，使其仁政王道说笼罩着浓厚的乌托邦色彩，难以付诸实际。

王柏还以孟子所言商人征税之说反对当时税收政策。他在《婺州都税院记》中指出，古代圣王优厚商人，制定了详细的律法，保护商人经商，如质人之制，就可见一斑；虽然历史上对商人征税首见于《孟子》，但孟子本意并不是打击商人。他说：

> 孟子曰：古之为市者，以其所有易其所无者。有司治之耳，其后有登龙断左右望以罔市利者，人以为贱，故从而征之。盖纪征商之所自始。非若汉武帝穷兵黩武，海内虚耗，始税商贾以充其欲，此非贱其罔利也，而实利其倍息而已。[1]

王柏认为，孟子所言"征商"，是反对某些商人垄断利润，不同于汉武帝向商人课以重税，以满足其穷兵黩武的意愿。王柏以此抨击当时江浙一带针对商人的名目繁多的税收政策。

> 惟婺之征官则异于是，地僻而道左，物琐而利糵，官寒吏瘠，朝夕盼盼于刀锥之赢。岁额虽轻，而课赋常负，官多虚而吏专责矣，故益不可为也。[2]

王柏希望当时官府能效法先王，体恤商贾，"原先王恤商贾之心，利民生日用之需，诚能厚其下，必能安其宅云"。[3]

从上可见，王柏肯定孟子仁政具有可行性，因为孟子这一思想是建立

1　（宋）王柏：《鲁斋集》，文渊阁《四库全书》影印本，第1186册，第77页。

2　（宋）王柏：《鲁斋集》，文渊阁《四库全书》影印本，第1186册，第78页。

3　（宋）王柏：《鲁斋集》，文渊阁《四库全书》影印本，第1186册，第79页。

在正确的人性论基础之上。王柏对于孟子王道论的征引和解读，主要与宋末以来的时代问题相关。针对当时比较突出的荒政、税收等问题，王柏以孟子思想为据，主张行仁政爱民，就应早备义仓以防灾荒，薄税赋以减轻商人负担。结合现实，王柏指出推行仁政，地方官员如不认真执行，也不可能取得实际效果，因为他们是政策的执行者。王柏看到了仁政实施过程中地方官员的作用，弥补了孟子仁政思想的不足。

王柏充分肯定孟子在儒学史上的地位，盛赞孟子是传圣学的真儒。承前人之说，认为孟子"亲受业子思之门"，但又认为孟子得子思之说尚浅，孟子才高气雄，文章可谓英词伟论，但锋芒太盛，未脱战国纵横之习，而子思的文章则和平自然，淳粹笃厚。《孟子》其书有其独特主旨，"求其通"是学习《孟子》的正确方法。

王柏肯定孟子性善之说是发前人所未发，是孟子一大贡献；孟子论说人性的方法是从情论性，因为孟子从恻隐、羞恶、辞逊、是非四端指示人性，而此"四端"实为人之情；现实社会之恶，是因欲望驱使，情感战胜理智，故做出违背人性的恶事，究其原因，是未能充实本有善性，使其真"有诸己"，所以需当在"充实"上用心用力。王柏的解说承袭程朱，然于"充实"一说上亦有主见。

王柏对孟子仁政思想的解读具有强烈的现实关怀色彩。他肯定孟子仁政的可行性，认为孟子仁政论是以正确的人性论为理论基础，针对宋末国穷民弱的现实，王柏强调指出推行仁政，地方官员如不认真执行，也不可能取得实际效果，王柏看到了仁政实施过程中地方官员的作用，弥补了孟子仁政思想的不足。

第四章

许衡、吴澄论孟子

在元代儒学史上，有"南吴北许"之说。吴即吴澄，许即许衡，二人在当时齐名。二人关于孟子的评说散见于其文集中，爬梳其文，可见其孟子观。

第一节　许衡论孟子

元朝在建立过程中，虽网罗了以耶律楚材为首的一批亡金儒士，如王楫、李藻、郭宝玉、李国昌、元好问、郝经、姚枢、杨惟中等，但由于南北声教不通，所以这些北方儒士的学问仍是章句训诂之学。后来忽必烈攻打南宋，将理学老儒赵复掳往北方，理学由此北传。"北方知有程朱之学，自复始。"[1]元代北方理学的代表人物有赵复、刘因、许衡。

赵复、刘因、许衡三人，赵复之功主要是在北方介绍和传播理学，虽然他在太极书院讲学时也主要讲孔孟之道，但并没有关于孟子的专门评说；刘因有《四书集义精要》，而此书是集录朱熹解说四书之语，四库馆

1　（明）宋濂等撰：《元史》，中华书局，1976年，第4314页。

臣指出：

> 朱子为《四书集注》，凡诸人问答与《集注》有异同者，不及订归于一而卒，后卢孝孙因取《语类》《文集》所说，辑为《四书集义》，凡一百卷。读者颇病其繁冗，因乃择其指要，删其复杂，勒成是书。……其书芟削浮词，标举要领，使朱子之说不惑于多歧。苏天爵以简严粹精称之，良非虚美。盖因潜心义理，所得颇深，故去取分明，如别白黑，较徒博尊朱之名，不问已定、未定之说，片言只字无不奉若球图者，固不同矣。[1]

刘因不满卢孝孙《四书集义》芜杂，故重集朱熹解四书之言，编成《四书集义精要》，此书未有刘因解四书之言。许衡作有《孟子标题》，但此书已佚，在其文集中有一些涉及孟子的论说，可见其孟子观。故此我们只就许衡关于孟子的论说作分析，以见北方学人对孟子的认识。

许衡（1209—1281）字仲平，号鲁斋。本为金朝怀州河内（今河南）人。自幼好学，聪颖不凡。因避战乱，往来河洛之间，早年从师学章句，后师从姚枢，始知程朱理学，敬信如神，尽弃章句之学，关注民生日用，注重实践，反对空谈性理。移居苏门（今河南辉县）时，与姚枢、窦默收徒讲学，"凡经传、子史、礼乐、名物、星历、兵刑、食货、水利之类，无所不讲，而慨然以道为己任，曾语人曰：'纲常不可一日而亡于天下，苟在上者无以任之，则在下之任也。'凡丧祭嫁娶，必征于礼，以倡其乡人，学者寝盛。"[2]后受忽必烈赏识，先后任京兆提学、国子祭酒、中书左丞等职，参与元朝朝仪、官制、历法的制定和修订。力主学习汉法，建立

1　（清）永瑢等撰：《四库全书总目》，中华书局，1965年，第299页。

2　（明）宋濂等撰：《元史》，中华书局，1976年，第3717页。

学校，强调以孔孟之道、程朱理学培育人才，使明父子君臣之大伦、治国平天下之要道，对元朝改行汉法以及程朱理学被奉为官方哲学起到至关重要的作用。大德元年（1297），赠荣禄大夫、司徒，谥号曰"文正"。至大二年（1309），又加正学垂宪佐运功臣、太傅、开府仪同三司，封魏国公。皇庆二年（1313）从祀孔庙。延祐初年，元帝又下诏立书院京兆以祀衡，名鲁斋书院。许衡一生著有《小学大义》《读易私言》《四箴说》《中庸说》《语录》等。详见《元史》卷一百五十八列传第四十五、冯从吾《元儒考略》卷一、《鲁斋遗书》。

许衡推崇孟子，认为《孟子》与六经、《论语》都是"子史之折衷"，即阅读子书、史书而断其是非的准则、律令。

> 阅子史必须有所折衷，六经、《语》《孟》乃子史之折衷也。譬如法家之有律令格式，赏功罚罪，合于律令格式者为当，不合于律令格式者为不；诸子百家之言，合于六经、《语》《孟》者为是，不合于六经、《语》《孟》者为非。以此夷考古之人而去取之，鲜有失矣。[1]

许衡以"律令格式"评《孟子》，认为诸子百家之言合于《孟子》者才可断为正确，否则就是错误之见。

许衡认为孟子人性说是史上诸种人性论中最为正确之说。

> 凡立论，必求事之所在，理果如何，不当驰骋文笔，如程试文字，捏合抑扬。且如论性，说孟子，却缴得荀子道性恶，又缴得杨子道善恶混，又缴出性分三品之说。如此等文字，皆文士驰骋笔端，如策士说客，不求真是，只要以利害惑人，若果真见是非之所在，只当主张

---

1 （元）许衡：《鲁斋遗书》，文渊阁《四库全书》影印本，第1198册，第281页。

孟子，不当说许多相缴之语。[1]

他批评以往辩说孟子人性论者，没有抓住根本，总是把孟子人性论与荀子性恶论、扬雄善恶混、性三品论相缠绕，纠缠不清，其实荀、扬人性论并没有见出真正的是非，若要论人性论之是非，只有孟子的人性论才指出人性之"真是"。

许衡肯定孟子看到了人性的实质。他认为，宇宙万象有形而上者，有形而下者。形而上者是物之理，形而下者是物之形迹表象，读书治学不能拘泥于形迹表象，而应透过形迹表象，求形而上者，掌握其理，认识事物的本质。他说：

> 读史传事实文字，皆已往粗迹，但其中亦有理在。圣人观转蓬，便知造车；或观担夫争道，而得运笔意，亦此类也，但不可泥于迹而不知变化。虽浅近事物，亦必有形而上者，但学者能得圣神功用之妙，以观万事万物之理可也。则形而下者，事为之间，皆粗迹而不可废。[2]

孟子正是透过形迹，得人性之本。许衡对性理之学，有自己的认识。他认为心、性、天、理"一以贯之"：

> 或问："心也，性也，天也，一理也，何如？"曰："便是一以贯之。"又问："理出于天，天出于理。"曰："天即理也，有则一时有，本无先后。有是理而后有是物，譬如木生，知其诚有是理，而后成木之一物，表里精粗无不到，如成果实相似。如水之流溢，出东西南北皆

1　（元）许衡：《鲁斋遗书》，文渊阁《四库全书》影印本，第1198册，第281页。

2　（元）许衡：《鲁斋遗书》，文渊阁《四库全书》影印本，第1198册，第275页。

可。体立而用行，积实于中，发见于外，则为恻隐，为羞恶；内无不实，而外自无不应。凡物之生，必得此理而后有是形，无理则无形。孟子所谓妄人者，无此理，何异于禽兽哉？事物必有理，未有无理之物，两件不可离，无物则理何所寓。"[1]

天即理，理即天，天理并在，无有先后。理与万物的关系，有此理，方有此物；万物之理成就万物之形。于物而言，理是物之体，而物又是理的寓所，万物之形则是理之发用。于人而言，天理在人就是性，所以性是体，恻隐之心、羞恶之心是性体之用，是性之发见。无人之性，则无恻隐、羞恶。孟子清楚地看到了这一点，所以他批评那些丧失羞耻之心、不讲礼义之人，就是背弃天理，是"妄人"，与禽兽无异。

许衡赞赏孟子"存心养性"之论：

　　孟子曰："存其心，养其性，所以事天也。"又曰："事孰为大？事亲为大。守孰为大？守身为大。"此孝子仁人之心也，人当知所本，当知所尊敬。[2]

存心养性以事天，首以事亲守身为重，事亲守身正是为人之本。所以孟子人性论无论从形而上关于本质的掌握，还是从形而下对于指导人伦日用，都是"知本"的极精当之说。他将《孟子》与《论语》相比较，说：

　　《论语》说操存涵养处多，《孟子》说体验充扩处多。[3]

1　（元）许衡：《鲁斋遗书》，文渊阁《四库全书》影印本，第1198册，第275页。
2　（元）许衡：《鲁斋遗书》，文渊阁《四库全书》影印本，第1198册，第306页。
3　（元）许衡：《鲁斋遗书》，文渊阁《四库全书》影印本，第1198册，第296页。

许衡非常准确地指出了孟子心性论在道德修养上与孔子思想的不同之处，在于更重视内心反省、自我内在体验。

许衡还特别强调，不能将孟子之说与老子之说混淆。

> 老氏以道德仁义皆失，然后至于礼。礼为"忠信之薄而乱之首"。又谓以智治国，国之贼；不以智治国，国之福。孟子曰"智之实，知斯二者弗去是也"；又谓"禹之行水，行其所无事"，非老氏所见之智也。孟子开口便说仁义，盖不可须臾离也。[1]

孟子所说的"智"，是指德性之智以及顺应自然的大智，与老子所批评的"狡诈""机巧"之"智"有根本不同。

从上可见，许衡认为与荀子、扬雄诸人的人性论相比，孟子看到了人性的实质，所以只有孟子人性论"知本"，指出了人性之"真是"；故也是指导人伦日用的极精当之说；许衡还洞悉到孟子心性论与孔子学说在道德修养上的区别，就是孟子更重视内心反省、自我内在体验。许衡对孟子心性论的解读，虽也以理学天理说为解读的思想依傍，但重人伦日用，少了道学气味。

第二节　吴澄论孟子

吴澄（1249—1333），字幼清，号草庐，学者尊称草庐先生，江西崇仁人。勤奋向学，"九岁从群弟子试乡校，每中前列。既长，于经传皆习

1　（元）许衡:《鲁斋遗书》，文渊阁《四库全书》影印本，第1198册，第283页。

通之，知用力圣贤之学"[1]。元朝初立，程钜夫受命求贤江南，荐吴澄至京师。吴澄先后任江西儒学副提举、国子监丞、司业、翰林学士、经筵讲官等职。然不喜为官，每任官职，都以各种理由婉辞离职。潜心理学，以开门讲学为乐，著作等身。《元史·吴澄传》云："故出登朝署，退归于家，与郡邑之所经由，士大夫皆迎请执业，而四方之士不惮数千里，蹑屩负笈来学山中者，常不下千数百人。少暇，即著书，至将终，犹不置也。于《易》《春秋》《礼记》各有纂言，尽破传注穿凿，以发其蕴，条归纪叙，精明简洁，卓然成一家言。作《学基》《学统》二篇，使人知学之本，与为学之序，尤有得于邵子之学。校定《皇极经世书》，又校正《老子》《庄子》《太玄经》《乐律》，及《八阵图》、郭璞《葬书》。"[2]

一、孟子之学是真儒实学

吴澄自幼熟读《孟子》，据《吴文正集》所载吴澄《行状》，七岁时，"《论语》《孟子》、五经皆成诵"，于孟子其人其说，怀有无上崇敬。在其文集中，我们看到，他不吝笔墨，多次称赞孟子的传道之功，《十贤祠堂记》云：

> 盖吾夫子得尧、舜、禹、汤、文、武、周公之道，而不得天子大臣之位。道不行于天下，而私授其徒，然惟颜子、曾子二人得其传，再传而子思，再传而孟子。孟子殁，而传者无其人，夫子之道泯矣。历千数百年之久，河南二程出，而孟子之传乃续。[3]

他认为孟子其说"醇而不杂"。

---

1 （元）吴澄：《吴文正集》，文渊阁《四库全书》影印本，第1197册，第946页。
2 （明）宋濂等撰：《元史》，中华书局，1976年，第4014页。
3 （元）吴澄：《吴文正集》，文渊阁《四库全书》影印本，第1197册，第436页。

夫子遗言，惟《大学》《论语》《中庸》《孟子》所述醇而不杂，此外传记诸书，所载真伪混淆，殆难尽信，《孝经》亦其一也。[1]

吴澄指出，在后来许多传记孔子之说的书中，真伪杂糅者多，即便是《孝经》，亦不可尽信。唯有《大学》《论语》《中庸》《孟子》传孔子之真意，故其说醇正不杂。将孟子其说与其他儒者之学相比，吴澄认为孟子是真儒者之学。

儒者之学分而三，秦汉以来则然矣，异端不与焉：有记诵之学，汉郑康成、宋刘原父之类是也；有辞章之学，唐韩退之、宋欧阳永叔之类是也；有儒者之学，孟子而下，周、程、张、朱数君子而已。[2]

在他看来，孔子之后有三类儒者之学，一是以汉郑玄、宋刘敞为代表的记诵之学，二是以唐韩愈、宋欧阳修为代表的辞章之学，三是以孟子、周敦颐、二程、张载、朱熹为代表的儒者之学，而"辞章、记诵，华学也，非实学也"[3]，只有以孟子等为代表的儒者之学，才是儒者实学。孟子思想是济世之舟，"如夫子之上圣，孟子之大贤，备全人之能，乃可为济世之舟也"[4]。

吴澄认为孟子之学之所以是儒者实学，正在于其心性之学。

夫学亦多术矣，辞章、记诵，华学也，非实学也。政事、功业，外学也，非内学也。知必真知，行必力行，实矣，内矣。然知其所知，

---

1 （元）吴澄：《吴文正集》，文渊阁《四库全书》影印本，第1197册，第12页。
2 （元）吴澄：《吴文正集》，文渊阁《四库全书》影印本，第1197册，第25页。
3 （元）吴澄：《吴文正集》，文渊阁《四库全书》影印本，第1197册，第94页。
4 （元）吴澄：《吴文正集》，文渊阁《四库全书》影印本，第1197册，第83页。

熟统会之？行其所行，熟主宰之？无所统会，非其要也；无所主宰，非其至也。熟为要？熟为至？心是已。……圣门之教，各因其人，各随其事，虽不言心，无非心也。孟子始直指而言先立乎其大者。[1]

只有真知、力行方为实学，而要真知力行，需心做主宰，但在儒家学者中，是孟子首先直指人心，强调要"先立乎其大者"。而孟子之所以能直指人心，因为他得孔子心印，所以发孔子不传之秘。在评价宁阳县尹孔思则的名字时，他说：

宁阳县尹孔思则，字得之，以予为父之党，而请其说。予曰："大哉，子之名与字乎！思者，作圣之基也。夫子生知安行之圣，未尝不思，思而弗得弗措者。子思所以继圣统也，子思传之孟子，以'心官之能思'，而'先立乎其大'，实发前圣不传之秘。至汝南周氏直指思为圣功之本，有以上接孟氏之传。而关西之张、河南之程，其学不约而同，可见其真得孔圣传心之印。"[2]

吴澄盛赞宁阳县尹孔思则的名与字，因为孔思则的名与字节取了孟子"心之官则思，思则得之"而来，而"思"正是孔门不传之秘和圣传心印。吴澄又说：

心也者，形之主宰，性之郭郭也，此一心也。自尧、舜、禹、汤、文、武、周公传之，以至于孔子，其道同。道之为道，具于心，岂有外心而求道者哉？而孔子教人，未尝直言心体。盖日用事物莫非此心

---

1 （元）吴澄：《吴文正集》，文渊阁《四库全书》影印本，第1197册，第94页。

2 （元）吴澄：《吴文正集》，文渊阁《四库全书》影印本，第1197册，第97页。

之用，于其用处各当其理，而心之体在是矣。操舍存亡，惟心之谓，孔子之言也。其言不见于《论语》之所记，而得之于孟子之传，则知孔子教人非不言心也，一时学者未可与言，而言有所未及尔。孟子传孔子之道。而患学者之失其本心也，于是始明指本心以教人。其言曰："仁，人心也。放其心而不知求，哀哉。"又曰："学问之道无他，求其放心而已矣。"又曰："耳目之官不思，而蔽于物……心之官则思，先立乎其大者，而其小者不能夺也。"呜呼，至矣！[1]

吴澄指出，《论语》不见孔子直言心体，原因有多种，或者是当时学者未有可与言"心者"，或者所言没有涉及心体，但并不能证明孔子不"言心"，孔子教人处事要各当其理，正是要人用心；而见于《孟子》的操舍存亡、"惟心之谓"之言，就是孔子论心之言。孟子对孔子的发展是：把孔子对心体的未尝直言变为明指，诸如孟子所说："仁，人心也。放其心而不知求，哀哉"；"学问之道无他，求其放心而已矣"；"耳目之官不思，而蔽于物……心之官则思"，先立乎其大者，而其小者不能夺也；等等，就是明指本心。吴澄认为孟子论心之言可谓"至矣"，最为高妙。

吴澄批评时人以"本心"为陆九渊独有之说。

　　孟子传孔子之道，而患学者之失其本心也，于是始明指本心，……此陆子之学所从出也。夫孟子言心而谓之本心者，以心为万理之所根，犹草木之有本，而苗茎枝叶皆由是以生也。今人谈陆之学，往往曰：以本心为学。而问其所以，则莫能知。陆子之所以为学者何如？是"本心"二字，徒习闻其名，而未究竟其实也。夫陆子之学，非可以言传也，况可以名求之哉？然此心也，人人所同，有反求诸身，即此而

1　（元）吴澄：《吴文正集》，文渊阁《四库全书》影印本，第1197册，第499—500页。

是。以心而学，非特陆子为然。尧、舜、禹、汤、文、武、周、孔、颜、曾、思、孟，以逮邵、周、张、程诸子，盖莫不然，故独指陆子之学为本心之学者，非知圣人之道者也。[1]

吴澄尊重陆九渊，肯定陆九渊的心学不可言传，更不可"名求"，须用心体悟；然而陆九渊的"本心"论正本自孟子，而孟子"本心"论实是儒门圣传心印，尧、舜、禹、汤、文、武、周、孔、颜、曾、思、孟，以及邵、周、张、程诸子都重本心，所以"独指陆子之学为本心之学者，非知圣人之道"。

二、孟子论性是"从气质中挑出其本然之理"

吴澄不仅肯定孟子心性之学得儒门圣传心印，至为高妙，并且认为孟子所言人性善是从"气质中挑出其本然之理"。他说：

> 人得天地之气而成形，有此气，即有此理，所有之理谓之性。此理在天地，则元亨利贞是也；其在人而为性，则仁义礼智是也。性即天理，岂有不善？但人之生也，受气于父之时，既有或清或浊之不同；成质于母之时，又有或美或恶之不同。气之极清，质之极美者为上圣。盖此理在清气美质之中，本然之真无所污坏，此尧舜之性所以为至善，而孟子之道性善，所以必称尧舜以实之也。其气之至浊，质之至恶者为下愚。上圣以下，下愚以上，或清或浊，或美或恶，分数多寡有万不同。惟其气浊而质恶，则理在其中者被其拘碍沦染，而非复其本然矣。此性之所以不能皆善，而有万不同也。[2]

---

1 （元）吴澄：《吴文正集》，文渊阁《四库全书》影印本，第1197册，第500页。

2 （元）吴澄：《吴文正集》，文渊阁《四库全书》影印本，第1197册，第32页。

吴澄认为性就是天理，所以性为善，但人又是得天地之气而成形，在人们生命形成之时，来自父母所予之气的清浊与质之美恶不同，于是现实人性必然有上圣、下愚以及上圣以下、下愚以上之分。上圣，得父母清气美质，其本然之性没有受到污染、破坏，故为至善之人；下愚之人，则是因为得父母至浊至恶之气，其本性之性受到污坏；上圣以下、下愚之上的人，因有受气之清浊美恶的多寡等种种不同，于是其表现更是万殊。依此而论，孟子人性论既有其正确之处，也有其不备之处。

> 孟子道性善，是就气质中挑出其本然之理而言，然不曾分别性之所以有不善者，因气质之有浊恶而污坏其性也，故虽与告子言，而终不足以解告子之惑。至今人读《孟子》，亦见其未有以折倒告子而使之心服也。盖孟子但论得理之无不同，不曾论到气之有不同处，是其言之不备也。不备者，谓但说得一边，不曾说得一边，不完备也。故曰："论性不论气，不备。"此指孟子之言性而言也。至若荀、扬以性为恶、以性为善恶混，与夫世俗言人性宽、性褊、性缓、性急，皆是指气质之不同者为性，而不知气质中之理谓之性，此其见之不明也。不明者，谓其不晓得性字，故曰："论气不论性，不明。"此指荀、扬世俗之说性者言也。[1]

吴澄指出，孟子人性论的正确之处是：以人性为善，实是从气质中挑出本然之理，以本然之理为性；孟子人性论的不足是：完全没有认识到形成人生命的气有不同，更没有指出人为不善是浊恶气质污坏人性所致，故此与告子辩论，无法折服告子，所以孟子人性论片面，并不完备。当然若与荀子、扬雄以及世俗人性论相比，孟子人性论又高出许多，因为荀子、扬雄

1　（元）吴澄：《吴文正集》，文渊阁《四库全书》影印本，第1197册，第32页。

以及世俗人性之说，都是气质之性，孟子的人性说只是不完备，而荀扬以及世俗之人对人性的认识完全是"不明"。

以上吴澄对孟子人性论的解读和评价，显然承袭自张载、二程之说，所引"论性不论气，不备"与"论气不论性，不明"就是程子之言。吴澄自己就说：

> 程子"性即理也"一语，正是针砭世俗错认性字之非，所以为大有功。张子言："形而后有气质之性，善反之，则天地之性存焉"。故"气质之性，君子有弗性者焉"，此言最分晓。[1]

然而吴澄却也不是全盘复制，也有改变。张载、二程等人认为人为不善，是因为所禀之气遮蔽了性之理所致，但并不能损坏人性，而吴澄却认浊恶气质可以污坏人性。

人为不善，是因气质污坏人性，那么能否恢复天地本然之性？吴澄坚信可以复天地本然之性，方法有二，一是"反之"，二是学。"反之"之"反"，就是孟子所说"汤武，反之"之反。

> 气质虽有不同，而本性之善则一，但气质不清不美者，其本性不免有所污坏，故学者当用反之之功。反之，如"汤武，反之也"之反，谓反之于身而学焉，以至变化其不清不美之气质，则天地之性浑然全备，具存于气质之中，故曰："善反之，则天地之性存焉。"气质之用小，学问之功大。能学，气质可变，而不能污坏吾天地本然之性，而吾性非复如前污坏于气质者矣。故曰："气质之性，君子有弗

1　（元）吴澄：《吴文正集》，文渊阁《四库全书》影印本，第1197册，第32页。

性者焉。"[1]

反之，即反省吾心，认识吾心。然而善反，只是第一步，在此基础上还应学。能学，才能真正变化气质。他说：

> 所谓性理之学，既知得吾之性皆是天地之理，即当用功以知其性，以养其性。能认得四端之发见谓之知，既认得日用之间，随其所发见，保护持守，不可戕贼之谓养。仁之发见莫切于爱其父母、爱其兄弟，于此扩充，则为能孝能弟之人，是谓不戕贼其仁。义、礼、智皆然。有一件不当为之事而为之，是戕贼其义；于所当敬让而不敬让，是戕贼其礼；知得某事之为是，某事之为非，而不讨分晓，仍旧糊涂，是戕贼其智。[2]

吴澄指出，为学之所以可以变化气质，因为只有为学，才能知其性、养其性，而不戕贼其性。那么如何知其性、养其性？何谓不戕贼？吴澄做了进一步解释。依他之见，从四端发见处体认，即可知其性；保护持守四端而不戕贼就是养其性；扩充爱父母、爱兄弟之心，当敬让则敬让；明辨是与非，就是不戕贼。"知其性""扩充"四端，以及反对"戕贼"，等等，都来自孟子。可见，吴澄认为孟子所言"知其性""扩充"四端，以及不"戕贼"，等等，就是变化气质、复归本然天性的重要方法。

吴澄还特别强调，为学要"就身上实学"。

> 今不就身上实学，却就文字上钻刺，言某人言性如何，某人言性

1　（元）吴澄：《吴文正集》，文渊阁《四库全书》影印本，第1197册，第33页。

2　（元）吴澄：《吴文正集》，文渊阁《四库全书》影印本，第1197册，第33页。

如何，非善学者也，孔孟教人之法不如此。如欲去燕京者，观其行程节次，即日雇船买马起程，两月之间可到燕京，则见其宫阙是如何，街道是如何，风沙如何，习俗如何，并皆了然，不待问人。今不求到燕京，却但将曾到人所记录逐一去挨究，参互比较，见他人所记录者有不同，愈添惑乱。盖不亲到其地，而但凭人之言，则愈求而愈不得其真矣。[1]

所谓"就身上实学"，就是亲身实践，而非在文字上计较的空谈。只有"就身上实学"，才能得人性之真，复人性之本；就如要了解燕京人物风情的真实情状，只有亲至燕京，而不能听凭他人之言。吴澄认为"就身上实学"是孔子、孟子教人之法，"应身上实学"，就是不离日用践行。论及孟子"不失其本心"时，他说：

圣人之道，应接酬酢，千变万化，无一而非本心之发见于此，而见天理之当然，是之谓不失其本心。非专离去事物，寂然不动，以固守其心而已也。[2]

显然，吴澄不仅反对空谈性理，也反对为了"不失其心""固守其心"而"寂然不动"，脱离日用实践。这其实是对陆九渊"剥落"功夫要求"安坐瞑目"之说的修正。

吴澄认为孟子之学之所以是儒者实学，正在于其心性之学，吴澄解读孟子心性论，基本观点多承袭程朱，如：孟子人性论以理为性，其不完备之处是未言气质之性，即是如此，但他重视孟子发明本心之论，并认为这

---

1 （元）吴澄：《吴文正集》，文渊阁《四库全书》影印本，第1197册，第33页。
2 （元）吴澄：《吴文正集》，文渊阁《四库全书》影印本，第1197册，第500页。

是传孔子心印，无疑受到陆九渊的影响，因而他对孟子人性论的解读，既和会朱陆，也对朱陆之说有修正。而他以孟子心性之学为儒者实学之说，可谓发前人所未发。

小　结

许衡、吴澄对孟子都怀有无上的崇敬。许衡认为《孟子》与六经、《论语》都是"子史之折衷"，是阅读子书、史书时的评价准则。许衡特别强调，不能将孟子"智"论与老子所批之"智"混淆。吴澄多次称赞孟子有传道之功，称赞孟子其说醇而不杂，孟子之学之是儒者实学。

许衡、吴澄、对孟子学说的关注点主要在孟子心性之学。

许衡认为孟子人性说是史上诸种人性论中最为正确之说。与荀子性恶论、扬雄善恶混、董仲舒性三品论等人性论相比，孟子人性论指出了人性之"真是"。与孔子的道德修养论相比，孟子更重视内心反省、自我内在体验。许衡对孟子心性论的解读，虽也以理学天理说为解读的思想依傍，但少了道气味，更重人伦日用。

吴澄认为孟子之学之所以是儒者实学，正在于其心性之学，他对孟子心性论的解读，其方法和基本观点多承袭宋儒。如：孟子人性论以理为性，孟子人性论不完备之处是未言气质之性，即承自程朱；而认为孟子发明本心之论是传孔子心印，则是因袭陆九渊。吴澄对孟子人性论的解读，有和会朱陆的一面，也对朱陆之说有修正。而他以孟子心性之学为儒者实学之说，可谓发前人所未发。

第五章

胡炳文《四书通·孟子通》

胡炳文（1250—1333），字仲虎，徽州婺源（今江西上饶）人。父祖皆宗朱熹，精研易学。及长，亦潜心朱熹之学，上溯伊洛，以达孔孟，诸子百家、阴阳医卜、星历术数，无不精通。至元二十五年（1288），任江宁（今南京）教谕。大德五年（1301），任信州路（今江西上饶）学录和道一书院山长，后任兰溪州（今浙江兰溪）学正，未赴。"至大间，其族子淀为建明经书院，以处四方来学者，儒风之盛甲于东南。面山而居，碧峰耸秀，尝作诗云：'举头山苍然，一峰立云表。'因自号曰云峰。元统初卒，年八十四，集贤院札谥文通先生。"[1] 著有《易本义通性理通》《朱子启蒙易五赞通释》《大学指掌图》《四书辨疑》《五经会意》《纯正蒙求》《尔雅韵语》《云峰笔记》等，讲议二百篇，文集二十卷。

胡炳文作《四书通》的原因，《元史》有载："余干饶鲁之学，本出于朱熹，而其为说，多与熹抵牾，炳文深正其非，作《四书通》，凡辞异而理同者，合而一之；辞同而旨异者，析而辨之，往往发其未尽之蕴。"[2] 而四库馆臣则评曰："是编以赵顺孙《四书纂疏》、吴真子《四书集成》皆

---

1 （清）顾嗣立编撰：《元诗选》，文渊阁《四库全书》影印本，第1468册，第531页。

2 （明）宋濂等撰：《元史》，卷一百八十九。中华书局，1976年，第4322页。

阐朱子之绪论，而尚有与朱子相戾者，因重为刊削，附以己说，以成此书。"[1]胡炳文作此书，意在发明朱熹之意。虽然朱熹《四书章句集注》对四书的注解以义理为主，但亦兼有文字语词、典制的训释考订，然《四书通》则重在思想义理。

在《四书通·孟子通》中，胡炳文在引宋元时人对朱熹《孟子集注》的解读后，会以"通曰"的形式发表自己对朱熹解孟以及自己对孟子的看法。如：

> 孟子对曰："王何必曰利？亦有仁义而已矣。"（《孟子·梁惠王上》）

朱熹对孟子此语的注解是：

> 仁者，心之德、爱之理。义者，心之制、事之宜也。[2]

在《四书通·孟子通》中胡炳文引朱子《语录》、谢枋得对朱熹这一注解的解释，其后发表自己对朱熹注解孟子此语的看法。

> 通曰：《集注》释仁字兼心性情而言，释义字独指心而言，宜在事，制事在心。大抵"心之德"是体，"爱之理"是用；心之制是体，事之宜是用。孟子所言仁义是包体用而言，故《集注》先体而后用，《论语》所谓"孝悌，行仁之本"，是以仁之用言，故《集注》先用而后体。[3]

1　（清）永瑢等撰：《四库全书总目》，中华书局，1965年，第299页。

2　（宋）朱熹：《四书章句集注》，中华书局，2011年，第187页。

3　（元）胡炳文：《四书通·孟子通》，文渊阁《四库全书》影印本，第203册，第382页。

其中"孟子所言仁义是包体用而言",是胡炳文自己对孟子仁义观的看法,所以固然胡炳文的《四书通》旨在发明朱子之意,但是他自己对孟子有明确的认识,在"通曰"中,我们能看到他对孟子思想的解读。

第一节   孟子之心非空寂无用之心

关于孟子心性论,胡炳文认为性善是孟子思想的关键所在,是认识孟子学说的思想基石。

> 圣贤之所以为圣贤者,无不自性善中推出。《孟子》七篇所以教人为圣为贤者,无不自性善中说来。[1]

要正确认识孟子人性论,胡炳文认为当注意以下问题:

> 孔子亦尝说性善,曰:"继之者善,成之者性。"但善字从造化发育处说,不从人禀受处说。子思曰:"天命之谓性,率性之谓道。"正是从源头说性之本善,但不露出一善字,性善之论自孟子始发之。
> 《集注》释"性者,人所禀于天以生之理也",此一句便辟倒告子所谓"生之谓性"。盖生不是性,生之理是性。天地间岂有不好底道理,故曰:"浑然至善,未尝有恶。"古今只是一个道理。故曰:"人与尧舜初无少异。"孟子道性善,言其理也。称尧舜以实之,言其事也。天下无理外之事,能为尧舜所为之事,便是不失吾所得以生之理。然而人不能皆尧舜者,气质之拘,物欲之蔽也。《集注》言物欲,不言气

---

1 (元)胡炳文:《四书通·孟子通》,文渊阁《四库全书》影印本,第203册,第455页。

质，盖以孟子不曾说到气质之性，故但据孟子之意言之。[1]

其一，从人性论史来看，无疑孟子是始发"性善之论"者，但其说却是承自孔子、子思。孔子说"继之者善，成之者性"；子思说"天命之谓性，率性之谓道"，就有性善之义，只是未露一"善"字，未曾明言"性善"而已。其二，性善，是从"造化发育处"说，是从源头说，就造化发育处言、从源头来看，人皆禀于"天以生之理也"，故无不善。孟子道性善，就是"言其理也"；而孟子"言必称尧舜"，实是以尧舜为实证。其三，孟子没有认识到气质之性，故只能从物欲言人之不善。

如何认识人性之本真？胡炳文同意孟子对告子人性说的批评，因为告子未能认识人性本真。

> 杞柳本非桮棬而为桮棬者，皆人力之使然。人性本有仁义，而所以为仁义者，皆天命之自然。告子即天命之自然者而以为人力之使然者，此孟子所以深辟之也。[2]

认识人性当依天命自然，可是告子却误认天命自然的仁义礼智为人力使然，可谓谬之甚也。胡炳文强调指出，孟子所说"乍见孺子将入井"的"乍见"二字尤能见人性之真实。

> 《集注》与谢氏皆看得"乍见"二字紧。盖惟仓猝忽然而见之时，此心便随所见而发，正是本心发见处，若既见之后，稍涉安排商略，便非本心矣。[3]

1　（元）胡炳文：《四书通·孟子通》，文渊阁《四库全书》影印本，第203册，第455页。

2　（元）胡炳文：《四书通·孟子通》，文渊阁《四库全书》影印本，第203册，第555页。

3　（元）胡炳文：《四书通·孟子通》，文渊阁《四库全书》影印本，第203册，第435页。

"乍见"之时,心随所见而当机呈现者,正是本心;反之,如若稍加思虑,即非本真。而"乍见"所见本心,正是人性自然。

心、性、情三者关系,孟子在《孟子·告子上》有言:

> 乃若其情,则可以为善矣,乃所谓善也。若夫为不善,非才之罪也。

就此,胡炳文释曰:

> 孟子本只是道性善,此则又就情与才说性之本善。盖情者性之动,性本善,故其情但可以为善,而不可以为不善。才者性之能,性本善,故其才但能为善,而不能为不善。[1]

胡炳文认为孟子在论性善时又说"情"与"才",其实"情"与"才"是人性的不同表现,"情"是性在外物影响下的发见,而"才"则是性之能。人性善,故人之"情"与"才"都无不善。

> 性者,心之体,其未发也,本然全具。情者,心之用,其初发也,各有条理。[2]

心、性、情三才,心兼性情,性是体,情是用。

人性既善,人人皆可为尧舜,可是现实社会未见有人真成尧舜,胡炳文认为原因是:

---

1 (元)胡炳文:《四书通·孟子通》,文渊阁《四库全书》影印本,第203册,第560页。

2 (元)胡炳文:《四书通·孟子通》,文渊阁《四库全书》影印本,第203册,第437页。

性之本善，尧舜无异于人，行之不力，人自异于尧舜。[1]

胡炳文指出，就性善而言，尧舜与人无异，但是人们的后天努力不够，所以现实社会未见有真成尧舜者。有的人不努力向善，甚至为恶，失其为人之本，其原因就是孟子所言未能"存心"而致"放心"，乃至"失其心"。

孟子曰："人皆有不忍人之心。"而《集注》必推本于天地生物之心者，以见人皆生于天地。人之本心皆天地生物之心，人皆有之，而不能皆存之，自失其所以为人尔，惜哉！[2]

若要不失其心，关键在"能敬"。

通曰：仁即是人之本心，放心即是人之失其本心。放而求之，非他，有一心以求此心也。只能敬，则本心便不失，而仁即在是，所以程朱教人拳拳于"敬"之一字。程子曰："约之使反覆入身来。"是此心不可为流荡忘反之心，曰"自能寻向上去，下学而上达"。盖必由下学而后上达，则此心又不可为空寂无用之心。《集注》以为其言曲尽孟子之指者，此也。[3]

持敬守心，是保证善心不失的重要手段，但持敬守心，须通过下学上达来实现，所以不是使心沦为空寂无用之心。这是明辨孟子"存心""求放心"与佛教之别。

1　（元）胡炳文：《四书通·孟子通》，文渊阁《四库全书》影印本，第203册，第456页。
2　（元）胡炳文：《四书通·孟子通》，文渊阁《四库全书》影印本，第203册，第434页。
3　（元）胡炳文：《四书通·孟子通》，文渊阁《四库全书》影印本，第203册，第570页。

以上言论，虽是胡炳文在其按语中发表，然而大多亦是本程朱之语，所以仍是程朱一脉，但亦有言程朱所未及言之处。如对《告子篇》"牛山之木"章的解释：

> 通曰：此章以山木喻人心，分作两段，每段皆当分六节看。
>
> 第一节是说牛山之木本来自美，喻仁义之良心本来未尝无。第二节以斧斤之伐喻良心之放。第三节萌蘖之生喻几希二字。言既伐之后，其发至微，此心之存甚不多，如木既伐，萌蘖之生甚不多也。第四节谓萌蘖之生本自不多，而牛羊又牧之，喻夜气之所存者本自不多，而旦昼所为之不善，又梏之也。第五节谓向也犹有萌蘖之生，今则濯濯无复存矣，喻良心向也犹有与人相近者，今则去禽兽不远矣。但木与良心皆有自夜之所息，而木不曰夜气者，木之萌蘖一绝于牛羊，既牧之后无复存者；人之良心，夜之所息者已绝于日之所为，而夜无所为，则其气犹足以存。所谓存者，非谓夜气之存，谓夜气犹足以存其本然之良心也。至于梏之反覆，则虽有夜气亦不足以存矣。第六节谓人但见其濯濯，而不见其初也未尝不美，喻人但见其近于禽兽，而不见其存乎人者未尝无仁义之良心。此即告子之见也。[1]

这里，胡炳文从文章写作的角度细绎孟子人性论说逻辑，指出牛山之木、斧斤之伐、萌蘖之生、牛羊之牧、牛山濯濯、人见牛山濯濯，等等，都是孟子对良心放失过程、后果的形象比喻，以及对于人们对人性误解的生动揭示。胡炳文此解，条分缕析，至为精当，契合《孟子》本意，而朱熹《集注》并无此种解说。

---

1 （元）胡炳文：《四书通·孟子通》，文渊阁《四库全书》影印本，第203册，第565页。

胡炳文对孟子心性论的解说，认为孟子性善论承自孔子、未说气质之性、性体情用、持敬守心等，俱是程朱之见，尤其承自朱熹为多，但解说方式、解说角度有朱熹未及之处。

第二节　知言养气，直养是工夫

胡炳文解释孟子知言养气与许谦在方法上有相似性，也是将孟子"四十而不动心"作为解读的切入点。

胡炳文赞成朱熹以"恐惧"解释"动心"：

> 章首公孙丑问动心，《集注》以为"有所恐惧疑惑"，先惧而后疑者。惧者，心之动；疑者，心之所由以动也。"恐惧"二字于"动"字最切。[1]

"动心"即是因疑而"恐惧"。孟子不动心，就是因为他没有疑惑，没有恐惧。胡炳文指出，孔子"四十而不惑"，孟子"四十而不动心"，孟子的"不动心"实即孔子的"不惑"，孔、孟二人都于四十而达不动心之境，但是他们达于不动心之境的途径却有别。

> 孔子四十而不惑，在三十而立之后，德立而道明，诚而明者也。孟子所以四十不动心者，先知言而后养气，道明而后德立，明而诚者也。[2]
> 公孙丑疑孟子动心，孟子遂极言养气知言之功。公孙丑疑其知言

1　（元）胡炳文：《四书通·孟子通》，文渊阁《四库全书》影印本，第203册，第424页。
2　（元）胡炳文：《四书通·孟子通》，文渊阁《四库全书》影印本，第203册，第419页。

> 养气之既圣，孟子遂极言夫子之圣之盛。要之，夫子之圣不假乎养气
> 知言，孟子之养气知言乃其学而至圣者也。前则深斥告子，辟异端也；
> 后则推尊孔子，承圣道也。前后之言，若不相贯，而实相贯。此程子
> 所以曰：此章学者所宜潜心而玩索也。[1]

孔孟能不动心，是因为他们明道而德立，但孔子是"诚而明"，自然如此；
孟子却是通过知言养气的修养工夫而达成。孔孟都是圣人，但是孔子是天
生圣人，孟子则是学而后成圣。孟子所学就是知言养气。

　　胡炳文继承程朱之说，认为天是浩然之气之根，人禀气而生，自有浩
然之气。

> 　　盖气之至大莫如天，至刚亦莫如天。人禀气于天，天之气即人之
> 气，故《集注》引程子之言曰："天人一也，更不分别。"但在天者本无
> 欠缺，本无间断，在人有不能然者，不能以直养之，或得其所养，又
> 以有所作为以害之尔。[2]

既然人自有浩然之气，为何在很多人身上难以体现，胡炳文认为是他们没
有"直养"，或者因为养气行为不当而"害之"所致。这正是孟子主张养
气的根本原因。孟子欲借养气以复浩然之气。

　　在胡炳文看来，孟子养气的关键在"集义"。

> 　　《集注》于"持志"，谓"守其志"可也。必曰："敬守其志"，添
> 入一"敬"字，最有意。盖孟子养气之功在集义，而所以集义者在持

1　（元）胡炳文：《四书通·孟子通》，文渊阁《四库全书》影印本，第203册，第431页。

2　（元）胡炳文：《四书通·孟子通》，文渊阁《四库全书》影印本，第203册，第424页。

敬，敬义夹持，方为成德之事。[1]

　　《集注》释"集义"，谓事事皆合于义。释"义袭"，偶合于义。释"生"字，谓自然发生于中。释"取"字，谓便可掩袭于外。真假之分、内外之辨较然矣。"集义"即是以直养，"义袭而取之"即是有所作为以害之。[2]

从上可见，胡炳文明确肯定集义即是孟子"养气之功夫"。论孟子集义的方式，他完全采用了朱熹之见，并且特别强调朱熹对孟子"持其志"的解释。他认为朱熹将孟子"持其志"解释为"敬守其志"，最为精当，因为集义者须先有敬，以"敬"扶助"义"，才可能真正成就道德之事。所以孟子虽未明言"敬"，但以"敬"助"义"却是题中应有之义。

　　胡炳文认为，孟子养气的实现，首先要知言，故知言养气，自然是知言为先。

　　　　朱子于四书，言"复其初"者凡三。《论语》"谓人之性，其初本善，学者当明善以复其初"。《大学》谓"人之心，其初本自光明，学者当明之，以复其初"。此言人之气，其初本自盛大流行，惟孟子能善养之以复其初。然非学以复此心、此性之初者，未必能复此气之初也，故孟子养气先之以知言。[3]

朱熹注四书，曾经指出，《论语》《大学》《孟子》都有"复其初"之说，《论语》是要复人性之初以见人性之善，《大学》是要复人心之初以见人心本明，《孟子》是要复人气之初以见浩然正气。胡炳文就此发挥，认为无

1　（元）胡炳文：《四书通·孟子通》，文渊阁《四库全书》影印本，第203册，第422页。

2　（元）胡炳文：《四书通·孟子通》，文渊阁《四库全书》影印本，第203册，第426页。

3　（元）胡炳文：《四书通·孟子通》，文渊阁《四库全书》影印本，第203册，第423页。

论是复此性、复此心，还是复此气，非学无以复，所以孟子在知言与养气之间，必以知言为先。

胡炳文进一步对知言进行了解释，并且分析了孟子知言与孔子知言、告子"不得于言"的区别。以下两条引文，可见其意。

（1）《论语》之终亦曰："不知言，无以知人。"但《论语》为初学而言，故《集注》但曰："言之得失，可以知人之邪正。"孟子则自言也，故《集注》释之比《论语》极详且重。《论语》之知言为知人之端，入德之事；孟子之知言，为养气之本，成德之事。

按：《集成》引《语录》曰：向来以告子"不得于言"，谓是自己之言，非他人之言，然与知言之义不同，此是告子闻他人之言，不得其义理；又如读古人之书，有不得其言之义，皆以为无害事，但心不动足矣。不知言，便不知义，所以外义也。[1]

（2）或疑两"言"字不同，告子"不得于言"，己之言也；孟子知言，天下之言也。愚尝应之曰：理一而已。告子于己之言，且不能反求其理，如何能于天下之言而求其理；孟子于天下之言能究极其理，则于己之言可知也。[2]

胡炳文比较孟子知言与孔子知言，认为孔子"知言"重在知人，是"入德之事"。所谓"入德"，《礼记·中庸》有言："君子之道，淡而不厌，简而文，温而理，知远之近，知风之自，知微之显，可与入德矣。"郑玄注："入德，入圣人之德。"所以孔子"知言"即是即进入圣人道德修养境域的修养工夫；而孟子"知言"是养气之本，是"成德"之事，即成就盛

---

1 （元）胡炳文：《四书通·孟子通》，文渊阁《四库全书》影印本，第203册，第423页。

2 （元）胡炳文：《四书通·孟子通》，文渊阁《四库全书》影印本，第203册，第422页。

德的工夫。孟子知言境界稍低于孔子知言。关于孟子"知言"与告子"不得于言",当时有人认为告子"不得于言"之言是指"己之言",而孟子知言是知"天下之言"。胡炳文不同意这种观点。在他看来,知言就是知理,如不能知理,无论是天下之言,还是己之言,其间是非得失,都不可能有正确的认识;如若知理,无论是天下之言,还是"己之言",其间是非得失自然都能有准确把握;因此孟子自言"知言",即是孟子"知理",故孟子无论是对"天下之言",还是"己言",都能清楚知其委曲;而告子"不得于言",自是不知理,因此不仅不明自己言论之失,对于天下之言更不明其理。

胡炳文追溯孟子"养气"论的思想来源,认为孟子这一思想本自孔子。他说:

鲁斋王氏曰:"朱子曰孟子养气之论,孔子已道了。曰:'内省不疚,夫何忧何惧?'愚谓与此正相表里。自反则内省也,直则不疚矣,虽千万人吾往,不忧不惧也。"[1]

通曰:"孟子养气之论,原于夫子如此。然孟子工夫全在以'直养而无害'上,夫子所谓'自反而缩',但曰以直养;孟子为辟告子,故加以'无害'二字。盖以告子之于气非特不能养之,而且有以害之也。然非公孙丑之问,又不能发孟子之言也。"[2]

《集注》训"慊"字与《大学》同。自慊则心广体胖,不慊则馁。"馁"正与"广"字、"胖"字相反。《集注》训以"直养",则曰"自反而缩"。此则言"自反常直",又言"自反不直",见得孟子所谓养气之论,政自夫子所谓"自反而缩"来也。[3]

1 （元）胡炳文:《四书通·孟子通》,文渊阁《四库全书》影印本,第203册,第421页。
2 （元）胡炳文:《四书通·孟子通》,文渊阁《四库全书》影印本,第203册,第421页。
3 （元）胡炳文:《四书通·孟子通》,文渊阁《四库全书》影印本,第203册,第426页。

胡炳文同意朱熹的观点，认为孟子养气论以直养而至不动心，达于无所畏惧之境，正来自孔子"内省不疚，夫何忧何惧"之说，孟子只是把孔子的"自反而缩""内省不疚"变化为"直养"。而"直养"就是集义。胡炳文由此肯定了孟子的知言养气论与孔子学说是血脉相传。

胡炳文对孟子知言养气论的解读，其解读的切入点是"不动心"，其关注的重点在养气的工夫，故仍以"知言""集义"为解读的重心，并且认为知言先于养气。承程朱之说，胡炳文认为"集义"就是"事事合于义"，"集义"就是"直养"；"知言"就是"知理"。胡炳文有所发挥之处，在于他认为孔子"知言"为"入德之事"，孟子知言为"成德之事"，因此孟子知言在道德修养工夫境界上逊于孔子，且"自反而不缩"的"养气"论实本自孔子"内省不疚"，这与宋代学人一致肯定孟子"养气"论发孔子所未发不同。

第三节　王霸之别在心之诚伪

胡炳文高度称赞孟子王道论，认为孟子王道论是从实处立足，是实论，而非虚言；孟子王道思想的根据，就是古人的王道实践。"古人行王道，步步是实。孟子论王道，句句是实。"[1]孟子看到了百姓在霸者富国强兵中所受到的伤害，所以对"善战者"深恶痛绝。

> 强兵之罪浮于富国，国富有以致民之贫，兵强有以致民之死。自古战非得已，而曰善战焉，其致民之死也多矣，所以其罪之大，一死

1　（元）胡炳文：《四书通·孟子通》，文渊阁《四库全书》影印本，第203册，第387页。

不足以容之也。[1]

霸者富国带来的结果是民穷，霸者强兵带来的结果是民亡，所以越是善战，百姓死亡越多，因此孟子定其罪重。孟子为了将百姓从豪强和贪暴者的欺压下解救出来，为了解决当时的土地兼并，所以提出复修井田和推行仁政。

> 夫均之为民也，而有豪强者焉；有司所以治民也，而有贪暴者焉。豪强得以兼并而天下多游民，贪暴得以多取而天下多穷民，此《集注》所以深叹：夫井田之不修而仁政之不行也。[2]

可见，无论是反对霸者的善战强兵、富国，还是主张井田，孟子都是从百姓所受的苦难出发，解决百姓的实际问题。

胡炳文指出，孟子所说王霸之别，其关键在于执政者"心之诚伪"。

> 万化万事皆生于心，王伯之分只在心之诚伪。伯者本无为仁之心，姑以其国富兵强之力，而假行一二为仁之事。人之服之，非服其仁也，服其力。王者即其心之所得者而推行之，自无往而非仁，人之服之，心悦而诚服也。[3]

万事皆由心主。霸者本无行仁之心，不过是为求国富兵强，假做一两件仁义之事以为掩饰，人们对霸者之服，是服其力；而王者是真心行仁，所行者桩桩件件皆为仁义之事，因而人们心悦诚服。所以王霸之别，关键在于

1　（元）胡炳文：《四书通·孟子通》，文渊阁《四库全书》影印本，第203册，第500页。
2　（元）胡炳文：《四书通·孟子通》，文渊阁《四库全书》影印本，第203册，第461页。
3　（元）胡炳文：《四书通·孟子通》，文渊阁《四库全书》影印本，第203册，第432页。

是真心行仁和假意为仁，也就是"心之诚伪"。

胡炳文相信，王道完全可行，"世安有不能黜霸功而能行王道者哉"[1]，原因就是孟子所说"人皆有不忍人之心"，将不忍人之心推之于政，就是仁政王道。那么，为什么当时并未实行王道？胡炳文归结于君王为功利所夺，"不能推"其不忍人之心。

> 通曰："'先王有不忍人之心，斯有不忍人之政。'今虽有不忍之心，而不能推之以行不忍之政，无他，夺于功利之私也。功利二字，依旧是向霸功上去，入于彼，必出于此。"[2]

而这些君王之所以会困于功利而"不能推"其不忍人之心，是因为他们不是圣人，都是未能挣脱物欲桎梏的"众人"。

> 上文"人皆有不忍人之心"，众人有此，圣人亦有此。有不忍之心，斯有不忍之政，圣人如此，众人不能如此。须看本文一"斯"字，圣人有不忍人之心，便有不忍人之政，有不待于推之者。众人必待于推，然为物欲所害，既不能存，存则亦有不能推者矣，惜哉。[3]

圣人与众人都有不忍人之心，圣人毋须推，自可行不忍人之政；而众人为物欲所害，不忍人之心丧失，当然无法推其不忍人之心而行王道。正如"宋君欲行王政，而宋君臣皆无克己之勇，王政如何能行"？[4]

对于孟子王道论中一些貌似矛盾的观点，诸如：孟子贬斥管仲与孔子

1　（元）胡炳文：《四书通·孟子通》，文渊阁《四库全书》影印本，第203册，第397页。

2　（元）胡炳文：《四书通·孟子通》，文渊阁《四库全书》影印本，第203册，第397页。

3　（元）胡炳文：《四书通·孟子通》，文渊阁《四库全书》影印本，第203册，第434页。

4　（元）胡炳文：《四书通·孟子通》，文渊阁《四库全书》影印本，第203册，第481页。

称赞管仲之间的矛盾；孟子主张以德服人与反对以善服人的矛盾，孟子主张仁政与反对善政之间的矛盾，等等，胡炳文也有解释。

关于孟子贬斥管仲与孔子称赞管仲之功二者矛盾，胡炳文的解释是：

> "夫子罕言利"，而孟子直以为"何必曰利"；夫子犹称管仲之功，而孟子直以为"不足道"，是皆拔本塞源之论。盖其见二君之初，欲先正其心术，所谓"惟大人能格君心之非者也"。[1]

胡炳文认为这是孟子的辩论之法，因为孟子要正君心，必须拔本塞源。

关于孟子主张"以德服人"，又反对"以善服人"而主张"以善养人"的问题，胡炳文的解说是：

> "服"字与"养"字意味迥别。"以善服人"者，借天理以行人，欲使人皆见其有为善之迹。"以善养人"者，即天理以淑人心，而人己之善皆相忘于无迹。或曰：孟子亦尝言"以德服人"，何也？盖"以德服人"对上文"以力服人"而言，因谓王者之服人异乎伯者之服人，犹子禽疑夫子得闻国政有以求之，而子贡答以夫子之求之异乎人之求之也。[2]

胡炳文指出，孟子"以善养人"与"以善服人"之别在于，"以善服人"是以外在美德善行之迹使人敬服，而"以善养人"则是以天理化人于心，主客相忘无迹；孟子"以德服人"只不过是为了与霸者"以力服人"对言，孟子"以德服人"本意也是"以善养人"，二者并无矛盾。

关于孟子主张仁政与轻视善政的问题，胡炳文的解释是：

1　（元）胡炳文：《四书通·孟子通》，文渊阁《四库全书》影印本，第203册，第391页。

2　（元）胡炳文：《四书通·孟子通》，文渊阁《四库全书》影印本，第203册，第516—517页。

孟子之意，盖谓使民畏不如使民爱，得民财不如得民心。[1]

所谓善政，即良好的管理。胡炳文指出，善政使民畏惧，只能得到百姓的财富，并不能得到民心；对于一国之君而言，得民心远比与得民财重要，所以善政与仁政实不可同日而语。

以上胡炳文对孟子王道论的解读，以及对一些容易引起误解的观点的辨析，都与孟子本意深为契合，说明他对孟子王道思想有精深的把握。在胡炳文看来，王霸之别，其关键在于是真心行仁和假意为仁，也就是"心之诚伪"；孟子是站在百姓的立场，申说王道，"句句是实"；孟子王道论完全可行，当时之所以未能实行，是因为战国君王并非圣人，而是困于物欲的"众人"，因而惑于霸者之功利，而不能推其"不忍人之心"。胡炳文很遗憾地说："惜乎齐景能听晏子之言，而齐宣不能受孟子之说也。"[2]胡炳文的解释多继承了程朱的观点，如说孟子王道论是实论，就承自二程，"程子曰：孟子之论王道，不过如此可谓实矣。"[3]如说战国诸王不能"推其不忍人之心"而行仁政，无疑承自朱熹，朱熹有言："齐王非无此心，而夺于功利之私，不能扩充以行仁政。"[4]

小　结

胡炳文《四书通》意在发明朱熹之意，但在注中也往往附以按语发表自己的看法。

1　（元）胡炳文：《四书通·孟子通》，文渊阁《四库全书》影印本，第203册，第597页。

2　（元）胡炳文：《四书通·孟子通》，文渊阁《四库全书》影印本，第203册，第404页。

3　（元）胡炳文：《四书通·孟子通》，文渊阁《四库全书》影印本，第203册，第387页。

4　（宋）朱熹：《四书章句集注·孟子集注》，中华书局，2011年，第197页。

关于孟子心性论，胡炳文认为性善是孟子思想的关键所在，是认识孟子学说的思想基石。从人性论发展历史来看，孟子继承了孔子、子思的人性之说，孔子说："继之者善，成之者性"；子思说："天命之谓性，率性之谓道"，就有性善之义；但明确肯定人性善，是孟子始发性善之论。孟子道性善，实是"言其理也"；由于没有认识到气质之性，故只能从物欲言人之不善。孟子所说"情""才"，其实是人性的不同表现，"情"是性在外物影响下的发见，而"才"则是性之能。人性善，故人之"情"与"才"都无不善。孟子"存心""求放心"，是持敬守心，但须通过下学上达来实现，而不是使心沦为空寂无用之心。这是孟子"存心""求放心"与佛教心说之别。

关于孟子知言养气论，胡炳文解读的切入点是"不动心"，重点在养气工夫，故以知言、集义为解读的重心，承程朱之说，他认为知言先于养气；集义就是"事事合于义"，集义就是"直养"；知言就是"知理"。与宋代学人一致肯定孟子养气论发孔子所未发不同的是：他认为孔子知言为"入德之事"，孟子知言为"成德之事"，孟子"知言"在道德修养工夫境界上逊于孔子，孟子"自反而不缩"的"养气"论实本自孔子"内省不疚"，说明他在承袭程朱之说时，也有自己的思考。

关于孟子王道论，胡炳文辨析了一些容易引起误解的观点，认为王霸之别的关键在于是真心行仁和假意为仁；孟子站在百姓的立场申说王道，"句句是实"；孟子王道论完全可行，战国时之所以未能实行，是因为当时的君王并非圣君，而是困于物欲的"众人"，因而惑于霸者之功利，而不能推其"不忍人之心"。胡炳文这些解释也多继承了程朱的观点。总体而言，胡炳文对孟子王道论的解读，都与孟子本意深为契合，说明他对孟子王道思想有精深的把握。

第六章
陈天祥《四书辨疑·孟子》

元代学人对《孟子》的解读，宗奉朱熹是主流，但驳朱、正朱者亦有之，陈天祥的《四书辨疑·孟子》是其中代表。

陈天祥（1230—1316），字吉甫，祖籍河北宁晋，因兄（祐）仕河南，故徙家洛阳，后居偃师南山。其居近缑氏山，故称缑山先生。历任监察御史、治书侍御史、河北道及山东西道廉访使、河南行台御使，累官至集贤大学士等职。为官耿介，直言敢谏。卒谥文忠，追封赵国公。[1]

关于《四书辨疑》的作者，曾有异说。元代有四人著有《四书辨疑》，分别是云峰胡炳文、偃师陈天祥、黄岩陈绍大和孟长文。陈天祥的《四书辨疑》刊刻时，并未署作者姓名，如何知晓此书作者是陈天祥，而非胡炳文、陈绍大和孟长文呢？朱彝尊的《经义考》有缜密考证："是书专辨《集注》之非。曾见吴中范检讨必英藏本，乃元时旧刻，不著撰人。《姓氏缳注》中语：于'置邮传命'曰：今之传舍曰馆驿，亦曰马站，又曰马铺，步递之舍曰急递铺。中原多事之日，曾三十里置一马铺，大概十里一铺为常。于'鲁平公将出'章，据中原古注本以定南方本传写之误。又曰：自宋氏播迁江表，南北分隔，才一百五六十年，经书文字已有不同云

1　详见（明）宋濂等撰：《元史》，中华书局，1976年，第3941—3950页。

云。成甫、长文并浙人，注辞不类。若云峰《四书通》一宗朱子，不应互异。其为偃师陈氏之书无疑。"[1]朱彝尊认为，此书注解多用中原故实，且以中原古注本为标准本，又批判朱熹之说，由此叮证此书作者是陈天祥，因为四人中只有陈天祥是北方人，而其他三人皆为江浙之人，并不熟悉中原北方人文风物，而胡炳文等又宗朱熹之说，不会有驳朱之论。四库馆臣赞成朱彝尊之说，还补充了一条证据。

> 《四书辨疑》十五卷，不著撰人名氏。书中称自宋氏播迁江表，南北分隔才百五六十年，经书文字已有不同，则元初人所撰矣。苏天爵《安熙行状》云：国初有传朱子《四书集注》至北方者，滹南王公，雅以辨博自负，为说非之。赵郡陈氏，独喜其说，增多至若干言，是书多引王若虚说，殆宁晋陈天祥书也。朱彝尊《经义考》曰："《四书辨疑》，元人凡有四家，云峰胡氏、偃师陈氏、黄岩陈成甫氏、孟长文氏。成甫、长文并浙人，云峰一宗朱子，其为偃师陈氏之书无疑。"所说当矣。[2]

四库馆臣依据苏天爵《安熙行状》所载：朱子《集注》传至北方之时，受到金人王若虚的批评，陈天祥赞同王若虚的意见，而《四书辨疑》恰恰有多处借鉴了王若虚之说，所以四库馆臣确定朱彝尊之说可信，认为此书当是元人陈天祥所作。

《四书辨疑·孟子辨疑》共六卷。其注释体例，不全录《孟子》本经，只节取陈天祥认为朱熹《孟子集注》有问题的《孟子》原文，后列朱熹《孟子集注》注释，陈天祥在其下对朱熹注释作驳正。在陈天祥对朱熹的

---

1 （清）朱彝尊：《经义考》，中华书局，1998年，第1279页。

2 （清）永瑢等撰：《四库全书总目》，中华书局，1997年，第299页。

驳正中，阐明了他对孟子之说、《孟子》文本的认识。

第一节　四端是性非情

关于孟子心性说，陈天祥认为孟子"四心""四端"不是情，正是人性之发端，从而批评朱熹释恻隐、羞恶、辞让、是非为情的观点。

> 端，端绪也。丝之端绪即丝也，麻之端绪即麻也。仁之端便是仁，义之端便是义。今乃分仁、义、礼、智为性，分仁、义、礼、智之端：恻隐、羞恶、辞让、是非之心为情，岂有一体而为两物者哉？《语录》论"乃若其情，则可以为善矣"，与此说互相首尾，亦以四端为情。又说情既发，则有善不善。盖不知恻隐、羞恶、辞让、是非之心，未尝涉于不善也。情有善不善，若指喜、怒、哀、惧、爱、恶、欲七情而言则可，归之四端则不可。四端本只是仁、义、礼、智，不可别指为情也。后篇"恻隐之心，仁也。羞恶之心，义也。恭敬之心，礼也。是非之心，智也"，有此明文，岂容别议？[1]

陈天祥主要从三个方面展开分析，一是词汇学角度，二是形式逻辑，三是情性关系。其一，从词汇学角度来看，陈天祥指出，"端"就是端绪，孟子明言恻隐、羞恶、辞让、是非为仁义礼智之端，故恻隐、羞恶、辞让、是非自然是仁义礼智之端绪。其二，从形式逻辑来看，既然仁义礼智是性，仁义礼智之端自然也是性，否则就如说"丝之端绪"不是丝，"麻之端绪"不是麻，既悖常识，也不合逻辑，是强分"一体而为两物"。其三，

---

[1]（元）陈天祥：《四书辨疑》，文渊阁《四库全书》影印本，第202册，第469页。

从情性关系来看，性情非一，性指"四心""四端"、仁义礼智，情指喜、怒、哀、惧、爱、恶、欲七情，情性并非一物，所以不能释"四心""四端"为情。

虽然陈天祥认为情性非一，却并没将情与性完全剥离，因为他同意朱熹"情"是"性之动"的说法，并且认为性本善，而情则有善、有不善。

> 情，虽性之动。……喜、怒、哀、惧、爱、恶、欲，此皆性之动，而通谓之情者也。[1]

陈天祥认为"情，虽性之动"，但情并不能完全顺性、依性，其动不合理、不中节，故其举止容动，即有不善。这正是现实社会有不善之人、不善之行的原因。

> 情，虽性之动，于性亦依违无常，非能体性而全善也。喜、怒、哀、惧、爱、恶、欲，此皆性之动，而通谓之情者也。其能动皆合理，发皆中节，所举无有不善者，见亦罕矣。但可以为善，不可以为恶，惟性为然，谓为情则非也。[2]

换言之，依陈天祥之见，现实社会不善之人、不善之行，并非是其性不善，而是其情不合节。

既如此，如何解释孟子所说"乃若其情，则可以为善矣，乃所谓善也"？陈天祥的解释是：

1　（元）陈天祥：《四书辨疑》，文渊阁《四库全书》影印本，第202册，第497页。
2　（元）陈天祥：《四书辨疑》，文渊阁《四库全书》影印本，第202册，第497页。

下文"若夫为不善，非才之罪也"。"才"字正继"情"字之文势而言。后又言："或相倍蓰而无算者，不能尽其才者也。"二"才"字与"情"字上下相连，意如贯珠，"情"乃"才"字之误也。才犹材质，性之本体也。"乃若"，发语辞，盖言乃若其性之本体，则可以为善矣，故谓之善也。"若夫为不善"，非性本体之罪也。"仁义礼智，人皆有之"，是为性所固有之善。虽曰"求则得之"，然气质所禀各有不同，而求者用功浅深不一，故其所得亦不能齐。"或相倍蓰"至于"无算"，是皆不能尽其性之本体也。下章"天之降才"之"才"，与此二"才"字、"情"字义又全同。由此观之，则"情"本"才"字，才为性之本体，亦明白矣。[1]

在此，陈天祥从行文文势、语意逻辑进行论证，指出"乃若其情，则可以为善矣，乃所谓善也"；与下文"若夫为不善，非才之罪也"，文意一贯。据文意，"乃若其情"，当为"乃若其才"。由此他认为"情"字是误字，"情"字本当为"才"字，而"才"是性之本体，故孟子在此所言，依然是性善，而非情善。

陈天祥对孟子人性论的解读，对朱熹观点的批评，从语言逻辑上确能发人深省，但亦有错误。例如，他认为以孟子"四端"非"情"的观点，就未能明白孟子正是从情指示人性；而他在解释情性关系说，依然采用了朱熹"情，性之动"，说明他虽驳朱熹，但其实也并未脱离朱熹情性之论。

总观陈天祥对孟子人性论的解释以及对朱熹的批评，大多是从文字、词汇、语意出发。如《孟子·告子上》之言：

饮食之人，则人贱之矣，为其养小以失大也。饮食之人，无有失

1　（元）陈天祥：《四书辨疑》，文渊阁《四库全书》影印本，第202册，第497页。

也，则口腹岂适为尺寸之肤哉？

"养小以失大"中"小"指口腹，"大"指心志。意指养护口腹之欲而丧失心志。对孟子此语，朱熹注曰：

> 饮食之人，专养口腹者也。……此言若使专养口腹，而能不失其大体，则口腹之养，躯命所关，不但为尺寸之肤而已。但养小之人，无不失其大者，故口腹虽所当养，而终不可以小害大、贱害贵也。[1]

陈天祥认为朱熹这两处注解窒碍不通。

> 注文"专"字为窒。前注言："贱而小者，口腹也。贵而大者，心志也。"其说诚是，今云"专养口腹，而能不失其大体"，既已专，定只养其小，如何却能不失其大？又以所养之大归之躯命，义亦不通。躯命有重于太山，有轻于鸿毛，当其所恶有甚于死，理当舍生就义之际，躯命亦所不顾，大人所养正不在此。说者于前后两饮食之人，须当识其意有轻重。彼上文饮食之人，既曰"人贱之"矣，乃是贪嗜饮食之人，固当解为专养口腹矣；此饮食之人方且望其无失于大，却不合说为专养口腹也。[2]

陈天祥指出，朱熹此注关键性的错误有三。错误一，朱熹以"专养口腹者"释"饮食之人"，那么"饮食之人"志在专养口腹，必然只会养其"小体"，而不可能顾及"大体"，如何做到"不失其大"？错误二，朱熹

---

1 （宋）朱熹：《四书章句集注·孟子集注》，中华书局，2011年，第313页。

2 （元）陈天祥：《四书辨疑·孟子》，文渊阁《四库全书》影印本，第202册，第498页。

将"所养之大"归为"躯命",而"躯命"虽有重于泰山者,但在道义面前,道义为重,"躯命"为轻,孟子主张舍生取义,正是此义。错误三,朱熹没有分清孟子两处提到的"饮食之人"在语意上有轻重之别。第一处"饮食之人"是指"专养口腹者",第二处"饮食之人"则是指饮食大众、一般人。因此,陈天祥认为孟子此处所言,其意如下:

> 试通言之:贪嗜饮食之人,则人轻贱之矣,为其专养口腹之小,失其心志之大也。人亦谁不饮食,若使饮食之人无其贪嗜饮食之心,不以专养口腹为事,而于心志之大无有所失,则其口腹所须,岂但为养尺寸肌肤而已哉。盖欲饮食资其一身之康宁,所以保其心志而存道义也。南轩曰:"岂但养尺寸之肤哉,固亦道义之所存也。"[1]

陈天祥认为,孟子此处思想的宗旨是:坚决反对专养口腹之人,希望人们摒弃贪嗜之欲,但在满足饮食口腹之欲时,能不失其道义,那么饮食不仅是生命康宁的保障,也是心志保全、道义保存的重要物质前提。陈天祥清楚地看到,孟子并没有将饮食之欲与"养其大体"截然对立。此处对朱熹的批评,其辩驳的依据是语意逻辑、思想逻辑。陈天祥对朱熹的批评,确实指出了朱熹解说中的罅隙。又如《孟子·尽心上》之言:

> 形色,天性也。惟圣人然后可以践形。

朱熹注曰:

> 人之有形有色,无不各有自然之理,所谓天性也。践,如践言之

---

1 （元）陈天祥:《四书辨疑·孟子》,文渊阁《四库全书》影印本,第202册,第498页。

践。盖众人有是形，而不能尽其理，故无以践其形；惟圣人有是形，而又能尽其理，然后可以践其形而无歉也。[1]

陈天祥批评朱熹此注昏昧不明。他说：

> 注昏。不知指形为何等之形，色为何等之色，何者为自然之理也？形有骨肉躯体之形，亦有动作容貌之形。若指骨肉生成之躯体为说，孟子言："形色，天性也。"人之躯体，果可以为天性乎？后又单说"践形"，于"色"字再不相干，义皆未易可晓。"形色"二字本是一意，通取动作容貌而言。人与事物相接，各有理所当然之容貌随之。居尊，貌必庄严；处卑，貌须恭谨；吊则有忧戚之容，庆则有喜悦之色，如此之类，皆其性中之善。物发于外而见于面，施于四体，为性之用，故言"形色，天性也"。然有色厉内荏，色取仁而行违之，欺杂于其间，在小人则无时而无，于君子亦有时而有。惟圣人之德，表里浑全，心与容貌动皆相应，有庄严形色，有庄严之心；有恭谨之心，有恭谨形色。至诚于心，以实其貌，是之所谓践形也。[2]

陈天祥认为，朱熹此处主要错误有二。其一，错认"形色"为两意，释作"有形有色"。其二，对"形色"之"形"与"色"没有进一步解释，致使文意难晓。因为"形"亦指骨肉躯体之形，若是骨肉躯体之形，显然与孟子"形色，天性"的解释不符。在陈天祥看来，"形色"一意，非指骨肉躯体，而是指"动作容貌"，即庄严、恭谨、忧戚、喜悦等容貌。动作容貌是与外物相接时，心对外界的反应，本自内心，是性之用，所以孟子

1　（宋）朱熹：《四书章句集注·孟子集注》，中华书局，2011年，第338页。

2　（元）陈天祥：《四书辨疑·孟子》，文渊阁《四库全书》影印本，第202册，第506页。

说"形色，天性"。也就是说，"动作容貌"就是人之天性的体现，因此接人待物，既要合其理，也要应其心，有庄严、恭谨、忧戚、喜悦之心，即当有庄严、恭谨、忧戚、喜悦的动作容貌，表里如一，此是"践形"。陈天祥的这一解释补足了朱熹对"形色"之"色"的罅漏，但释"形色"为"动作容貌"却也没有充足依据。不过由于孟子"形色，天性也。惟圣人然后可以践形"一语语意环境狭窄，所以陈天祥此解亦可备一说。

总之，陈天祥不同意朱熹对孟子心性论的注解。他反对朱熹释"四端"为情，认为"四端"是性，性善而情有不善；不合节、不合理之情即为不善。陈天祥没有从个人思想建构解释孟子心性论，解释的方式是文字、词汇、语意逻辑，说明他在力求由此追寻孟子本意，还原孟子原意，这是对宋元时人有意无意忽略《孟子》文本语意，而以心解经的反抗。当然他有些解释并未能把握孟子本意，如说"四端"是性非情，等等。

第二节　知言养气，义本气末

陈天祥对孟子知言养气论的解读，同样是在批判朱熹注解中展开。陈天祥主张对孟子知言养气论的解说，既要符合史实，也要结合孟子本人思想，不能孤立解读。

例如，关于孟子"四十不动心"，朱熹的注解是：

> 四十强仕，君子道明德立之时。孔子四十而不惑，亦不动心之谓。[1]

《礼记·曲礼》有"四十曰强，而仕"之说。显然，朱熹是以此为据，认

---

1 （宋）朱熹：《四书章句集注·孟子集注》，中华书局，2011年，第213页。

为孟子是以"四十"为不动心之年，并且认为孟子"四十不动心"与孔子的"四十不惑"之意相同。陈天祥批评朱熹此解有误。

> 　　果如此说，圣贤之不动心，必须四十，然后能之，颜渊犹为未能也。告子之不动心，既先于孟子，则是在四十以前。此又当作何说也？四十强而仕，止是言其年方强壮，可以入仕之时耳。道明德立，能不动心，非皆必在此时也。孔子自言三十而立，乃是心已立定，不动之道已了，非直事事不惑，然后为不动也。"我四十不动心"，本言自己实然之事，非指年例而言也。此句经文，本不须用注。[1]

陈天祥认为朱熹此解之误表现在：其一，不符合实际，因为依照朱熹之解，圣贤必须在四十岁后方能达"不动心"之境，那么颜渊英年早逝，也属未达不动心之境的人；而告子却先于孟子不动心，说明告子在四十岁以前即已达不动心之境。其二，朱熹以"四十强而仕"为据，解释"四十不动心"，没有说服力。因为"四十强而仕"之"强"，指此时身体强壮、精力旺盛，故可入仕；而个人道德修养，道明德立，而不动心，并非一定在四十岁。其三，朱熹对不动心的认识有误，"不动心"不是指事事不惑，而是指志立心定，孔子自言"三十而立"，所立者，即是心定而不动。陈天祥的结论是：孟子所说"我四十不动心"，是指四十岁时孟子已达"不动心"之境，是孟子实然之事，而非以"四十"为不动心之年。在陈天祥看来，孟子"四十而不动心"，本不难解，可是朱熹的错误注解，反致许多误会。

　　又如，对公孙丑所问"不动心有道乎"的解释，朱熹引程子之言注曰：

1　（元）陈天祥：《四书辨疑·孟子》，文渊阁《四库全书》影印本，第202册，第463—464页。

程子曰："心有主，则能不动矣。"[1]

陈天祥批评道：

> 孟子言不动心，自有许多话说，非只"心有主"三字能尽况。人心所主，有善，有不善。若其心主于不善，岂有不动之理？此处止是公孙丑所问之言，说者但当解其本文不动心之道，且合尽与孟子说。[2]

依陈天祥之见，"心有主"三字不能圆满解释孟子"不动心"，因为"心有主"之"主"有多种指向，也可能主于善，也可能主于不善，如果主于不善，又如何不动心？因此他强调，解读《孟子》，一定要将所解读的文字与孟子学说相结合，不能作孤立解读。

一、义为根本，气为枝叶

陈天祥提出了解读《孟子》的方法原则，本此，他对孟子知言养气论的解读，就与宗奉朱熹的胡炳文等人有所不同，他的观点是义本气末。他说：

> 浩然之气，集义所生。须有是义，则有是气；若无是义，则无是气。但见气须以义为主，未见义须以气为助。[3]

又说：

---

1 （宋）朱熹：《四书章句集注·孟子集注》，中华书局2011年，第213页。

2 （元）陈天祥：《四书辨疑·孟子》，文渊阁《四库全书》影印本，第202册，第464页。

3 （元）陈天祥：《四书辨疑·孟子》，文渊阁《四库全书》影印本，第202册，第466页。

> 义根本也，气枝叶也。义实则气充，义虚则气馁。假虚义以张其气，是犹拔根本以长枝叶也，根本拔则枝叶槁矣。[1]

集义可生浩然之气，但义并不一定要气来相助；义为根本，气为枝叶，义本气末。既然气末义本，因此陈天祥以义为解读孟子知言养气论的关键。

陈天祥以义解读孟子"不动心"，认为"心与言皆合义"，则可"不动心"。如所周知，孟子是在批评告子不动心之道的背景下，提出了知言养气的不动心之道。孟子指出，告子的不动心之道是"不得于言，勿求于心；不得于心，勿求于气"，孟子认为告子这一方法正误参半，故说："不得于心，勿求于气，可；不得于言，勿求于心，不可。"（《孟子·公孙丑上》）朱熹就此注曰：

> 告子谓于言有所不达，则当舍置其言，而不必反求其理于心；于心有所不安，则当力制其心，而不必更求其助于气，此所以固守其心而不动之速也。[2]

陈天祥批评朱熹完全错会了告子与孟子之意，故其注解自相矛盾。

> "不得"，不得于理也。言有所不达，心有所不安，是皆不得理而然也。舍置不达之言，正是心从理之功；力制不安之心，正是气为助之验。舍置，便是心力制，便是气，不求理于心，岂能舍置？不求助于气，如何力制？既言舍置其言，却说不必求其理于心；既言力制其心，却说不必求其助于气，岂不悖哉？[3]

1　（元）陈天祥：《四书辨疑·孟子》，文渊阁《四库全书》影印本，第202册，第468页。

2　（宋）朱熹：《四书章句集注·孟子集注》，中华书局，2011年，第213页。

3　（元）陈天祥：《四书辨疑·孟子》，文渊阁《四库全书》影印本，第202册，第464—465页。

他认为"不得"，就是"不得于理"，即所言不符合理。"言有所不达，心有所不安"，都是因为不明理所致。然而，如果告子因为言有不达而"舍置其言"，这一定是反求于心、经过思考而采取的行动；如果告子力制不安之心，"力制"就显示出实际是在借助于气；且"舍置其言""力制其心"，明明都是动心之举，告子借此又如何"不动心"？故朱熹之解有误。那么告子的本意是什么？孟子批评告子的本意又是什么？陈天祥说：

> "不得于言，勿求于心"，盖谓言有不得于理，事已发见于外，不可求其理于心，改其已然之失，改则动其心矣。"不得于心，勿求于气"，盖谓心有不得于理，事未发见于外，不可求其助于气，成其未然之非，成则亦动其心矣。告子之不动心，用此道也。故孟子言："不得于心，勿求于气"，而不助成心之非，可也；"不得于言，勿求于心"，而不改其言之失，不可也。心之非不可助，言之失必当改。心与言皆合义，然后可以不动矣。[1]

在陈天祥看来，告子"不得于言，勿求于心"之意是：虽然所言不合理，事实也已证明其言之非，但也不反省内心，以纠正其失，因为改正所言之失，就要动心；而告子"不得于心，勿求于气"之意是：心中虽有不合理的想法，但并不求助于气将其变成现实，因为如果将心中不合理的想法变成现实，必然要动心。按照陈天祥的观点，告子的不动心之道是：既不改言之失，也不助心之非；正因为如此，孟子才批评告子"不得于言，勿求于心"，而赞成"不得于心，勿求于气"。言有失，必须改；心有非，则不可助。孟子的不动心之道是："心与言皆合义"。

---

1 （元）陈天祥：《四书辨疑·孟子》，文渊阁《四库全书》影印本，第202册，第465页。

陈天祥认为孟子"持其志，无暴其气"，其核心也在"义"。朱熹对孟子此语的注解是：

> 人固当敬守其志，然亦不可不致养其气，盖其内外本末，交相培养，此则孟子之心所以未尝必其不动，而自然不动之大略也。[1]

陈天祥批评朱熹此注，"只是朦胧说过"，始终没有解释清楚"如何为持其志，如何为无暴其气"，其间起节制作用的又是何物？他说：

> 夫志不当使之自专以妄动，遵义而动皆合宜，是之谓持其志也。气不可使之自恣而妄发，循理而发皆中节，是之谓无暴其气也。节制者，惟义而已。此其内外本末交相培养之道也。[2]

依陈天祥之见，所谓"持其志"，就是不让志"自专"，志当遵义，所行合宜；所谓"无暴其气"，就是不使气"自恣"而妄发，气之发要遵循理且发而中节。总之，志、气都当受义节制。

陈天祥主张志、气都要受义节制，所以认为理解孟子"志壹则动气，气壹则动志"的关键也在于义，由此他反对朱熹将"壹"解为"专一"。他的观点是：

> "壹"虽训"专"，乃专辄自用之意。动者，脆脆不安之意。盖志与气皆不可自有所专，俱当听命于义。志则秉义命以帅其气，气则承志之所至，次之以接于物，则内外相应。发皆中节，各不违宜，无所

1　（宋）朱熹：《四书章句集注·孟子集注》，中华书局，2011年，第214页。

2　（元）陈天祥：《四书辨疑·孟子》，文渊阁《四库全书》影印本，第202册，第465页。

亏失，故气充而无馁，心安而不动也。若志不遵义，而专壹自恣，所行既乱，气必不得自宁。气不循理，而专壹自恣，所行既乱，志亦不能自靖，故曰："志壹则动气，气壹则动志也。"至于颠蹶趋走之际，气又非专在是也，正由素无所养，不能顺序循理而轻率妄发，故其举错失常以至于此。既已颠蹶，其气愈乱，气乱则心自不安也。[1]

陈天祥的意见是：虽然可以释"壹"为"专"，但此"专"非"专一"之意，而是"自专"。无论"志"，还是"气"，都不可"自专"，而须"听命于义"；只有"志"合义、"气"循理，所行举措才会合理，气宁而心安。

二、"配义与道"乃"配义为道"

孟子描写浩然之气："其为气也，配义与道……无是，则馁矣。"何谓"配义与道"？向来解说歧出。

朱熹解为：

> 配者，合而有助之意。义者，人心之裁制。道者，天理之自然。馁，饥乏而气不充体也。言人能养成此气，则其气合乎道义而为之助，使其行之勇决，无所疑惮。若无此气，则其一时所为，虽未必不出于道义，然其体有所不充，则亦不免于疑惧，而不足以有为矣。[2]

陈天祥批评朱熹此解是"过论"，"窒碍尤多"，因为"浩然之气"是集义所生，义本气末，气须义成，但义无须气助；如果所行合乎道义，自反而缩，虽千万人，亦往矣，何来疑惧？

1　（元）陈天祥：《四书辨疑·孟子》，文渊阁《四库全书》影印本，第202册，第465—466页。

2　（宋）朱熹：《四书章句集注·孟子集注》，中华书局，2011年，第215页。

陈天祥认为要正确理解孟子"配义与道",一是要对"道""义"有正确认识,二是要对"配义与道"的"配""与"有正确的判断。

> 夫道本无物可指。统而言之,乃其事物相交所由道路之总称,义乃道中之物也。分而言之,事事物物各有其道义,亦自有义之道。若以道义兼言则可,义与道对言则不可。经言"配义与道","与"字界在义、道之间,乃是配义而又配道,义与道何可分邪?注文分义为人心之裁制,分道为天理之自然,此又不察义亦无非天理之自然,与道亦无可分之理也。然其气合乎道义之一句中,撤去"与"字不用,而以义道兼言,亦由见"与"字有窒故也。又观前后经文,前言以"直养而无害",后言是"集义所生",皆说以义养气之事。惟此中间一节,却说气助义道,与前后意义亦不相合。"配"止当训"合","与"当作"为"。"其为气也,配义为道,无是,馁也。"如此读之,义乃可通。恐经文"与"字为误,不然终无可通之理。[1]

陈天祥指出,从词义的角度来看,"道"与"义",其意义相同,"义"是"道中之物",可以统言"道义",不能将"义"与"道"对言,也就是不能将"义"与"道"当作两种不同的概念对举。"义""道"既同,那么"配义与道",就是"配义与配义",其义显然重复。于是此处"与"的理解就至为重要,朱熹在解释时略去"与"字不解,说明他看到"与"在此处"有窒"难解。陈天祥认为从前后文意来看,前言"直养而无害",后言"集义所生",都是讲"以义养气之事",依朱熹之解,"配义与道",却是"气助义道",前后文意不相合。陈天祥的意见是:"配"不能训"助",而应训作"合";"与"是误字,本当作"为";"配义与道",就是

1　(元)陈天祥:《四书辨疑·孟子》,文渊阁《四库全书》影印本,第202册,第466—467页。

"合义为道"。也就是说，孟子说："其为气也，配义与道"，当解作"其为气也，合义为道"，即"浩然之气"的养成，"合义"是其道，道指方法。

陈天祥从词义、文意、文本校勘三个角度入手解决"配义与道"，化解了朱熹注的窒涩，做出的解释也与孟子知言养气思想相合，但是他说"与"字是"为"字之误，却没有提出版本的依据，有主观臆断之嫌。

三、气不可专意养，义不可专意集

陈天祥对集义的解释也与朱熹持不同意见。他认为朱熹注言"养气者，必以集义为事"，就是专为养气而集义，但在他看来，孟子所说集义，并非此意。

> 君子行义，知此义为己所当为而为之，日往月来，义乃自集，以渐至于事皆合宜，则俯仰无所愧怍，浩然之气自成。义不可有意于集，气不可专意于养，惟能真实行义，则义自有集，气自有养，是之谓善养气者也。彼专为养气而集义者，其心本不在义，特欲假此义为养气之资，所集之义非真实之义也。义既无实，气亦岂能浩然哉？[1]

陈天祥认为，浩然之气虽是"集义所生"，有是义，则有是气；若无是义，则无是气，但不可专意养气，也不可专意集义，因为专为养气而集义，其心在养气而不在义，必不能真实行义；义无实，如何养成浩然之气？所以孟子所说集义，其意是指：平日所为，遵义而行，当为则为，日积月累，行事合义，俯仰无愧，则浩然之气自成。义不专意集，气不可专意养，"善养气者"，自然行义，浩然之气自成。陈天祥强调浩然之气的自然养成，反对专意而为。

---

1 （元）陈天祥：《四书辨疑·孟子》，文渊阁《四库全书》影印本，第202册，第468页。

宗奉朱熹的元代学人都以知言为养气之本，可是陈天祥却对知言解说极略。而且他反对朱熹将孟子知言解说为："尽心知性，于凡天下之言，无不有以究极其理，而识其是非得失之所以然也。"因为虽能尽知天下之言的是非得失，可天下之言无关自己行事，所以知天下之言，也不能达成"不动心"。他认为孟子之知言是："知其言之诐、淫、邪、遁之病，不使有之于己，则言公事，直心无愧怍而不动矣。"[1]

四、行仁义，"必有事"则事功成

孟子知言养气论中如下之语很难解，解者莫衷一是。此语是：

> 必有事焉而勿正心勿忘勿助长也。

赵岐将"必有事"之"事"解作"福"。他说：

> 言人行仁义之事，必有福在其中，而勿正，但以为福。故为义也，但心勿忘其为福，而亦勿汲汲助长其福也。汲汲则似宋人也。……天下人行善者，皆欲速得其福，恬然者少也。以为福禄在天，求之无益，舍置仁义，不求为善，是由农夫任天，不复耘治其苗也。其邀福欲急得之者，由此揠苗人也，非徒无益于苗，乃反害之。言告子外义，常恐其行义，欲急得其福，故为丑言人之行，当内治善，不当急求其福，亦若此揠苗者矣。[2]

赵岐认为，孟子坚信养气行仁，定会有福报，但是孟子担心人们急于求

1　（元）陈天祥：《四书辨疑·孟子》，文渊阁《四库全书》影印本，第202册，第466页。

2　（清）阮元校刻：《十三经注疏·孟子注疏》，中华书局，1980年影印本，第2686页。

福，而拔苗助长；也担心人们认为福禄在天，与仁义无关，因而不求为仁行善，所以孟子说"必有福焉"。

朱熹对此语的注解是："事"，即"有所事"，具体而言就是"集义"；正，预期。因此按照朱熹的意见，孟子此语的意思是：

> 必有事焉，有所事也。……正，预期也。……此言养气者，必以集义为事，而勿预期其效。其或未充，则但当勿忘其所有事，而不可作为以助其长，乃集义养气之节度也。[1]

《朱子语类》卷五十二记载朱熹对"正"的进一步解释："正则有所待，盖必之之意。"也就是说，"正"有期待、必定之义。陈天祥不同意朱熹的解读。

首先，陈天祥认为"正"不能解作"期待""预期"。

> 既以"正"为期待，又以期待为必之之意，迁就甚矣。"必""期"二字，义实不同。"必"是必定不移之意，"期"是期望未定之意，如言期于必取，期于必得，须有"必"字乃为定意。单用"期"字与"必"同说，非也。战不正胜，若解为战不期胜，连《春秋传》也说不通。正胜乃必胜之意，如楚子玉所谓今日必无晋矣者是也。不正胜者，谓其不可有准定必胜之意也。至于期望之心，何可无也？孔子行三军，亦必好谋而成者，是与未尝不望有成也。由是言之，以"正"为"期"，误亦明矣。[2]

陈天祥指出，朱熹既解释"正"为"期待""预期"，又解作"必之"，其

1　（宋）朱熹：《四书章句集注·孟子集注》，中华书局，2011年，第216页。

2　（元）陈天祥：《四书辨疑·孟子》，文渊阁《四库全书》影印本，第202册，第467页。

错误非常明显。其一，从词义来看，"预期"与"必定"并不同义；其二，不符合常情，人们做事，总是希望取得预期的效果。如作战，希望取胜，是正常心理，所以《春秋传》"战不正胜"，就不能解作"作战不预期获胜"。同样，养气，也不可能不希望取得预期成效。他说："既以集义为事，却不期望其成效，世间岂有为其事而不望其事之成者乎？"[1]他的意见是："正"，意为"正在"。

其次，陈天祥认为"必有事"之"事"，指事功，朱熹解作"有所事"，所指不明，致义不可晓。他说：

> 必有事焉，而勿正，亦勿忘，勿助长也者。事，指义所成之事功而言。盖言行义，则必有所成之事功在焉，然其心当正在行义，不可正在事功，亦不可忘此事功。[2]

遵义而行，必会产生相应的社会影响，甚至也会取得相应的功绩、功业，事功是遵义而行的自然而然的结果，可是遵义而行者的目标不能只在事功，如果为追求事功而行义守义，那么就是有私意，就是在助长。他说：

> 予尝推衍此论，义极该广，非但养气而已。凡其己所当为之善，为之于己，皆有及物之事功随之。"明明德"，则有"新民"之事功随之；正心修身，则有治国、平天下之事功随之。然其心当正在明己明德、正心修身，不当正在新民、治国平天下之事功，亦不当忘此事功，而无及物之心也。正，便有助长之意；勿正，则自不至于助长矣。前古圣贤凡说道义，必与成物之事功兼言。"君子笃于亲"，其下便说民

1　（元）陈天祥：《四书辨疑·孟子》，文渊阁《四库全书》影印本，第202册，第468页。
2　（元）陈天祥：《四书辨疑·孟子》，文渊阁《四库全书》影印本，第202册，第468页。

"兴于仁";"慎终追远",其下便说"民德归厚";"人人亲其亲、长其长",其下便说"天下平"。如此之类,不能遍举。其心虽不正在事功,亦未尝忘其事功也。董仲舒言"明其道,不计其功",此乃勿正而忘之也。惟孟子勿正、勿忘之言妙尽其理,非后人所能及也。[1]

陈天祥认为,遵义、守义而行,会有深远而广泛的影响,不只是养成浩然之气,还一定会有事功相随。他结合《大学》加以阐释,"明明德",一定会有"新民"之事功;"正心修身",一定会有治国平天下之事功;陈天祥还根据古代圣贤论说"道义"惯例,指出古代圣贤倡言"道义",其后一定要说"事功",以此证明"道义"的效用。"新民""治国平天下"是人们的理想,但是不能只为"新民"才"明明德";也不能只为治国平天下才"正心修身"。人们只须遵义而行,至于结果如何,不必挂怀;这就是董仲舒所说的"明其道不计其功","孟子勿正、勿忘"之说正是此意。所以"事",只能是"事功";"正"是"正在",即"只在"。

对孟子"必有事焉,而勿正,心勿忘",陈天祥做出了在自己看来合理的解释,但是他也看到此种解释孤立看来似能成立,可是却与前文之意不相接,因此他怀疑这里有文本错误,一是脱简,一是字误。他说:

> 此一节与上段文不相接,"必有事焉",上疑有脱简,今不可考。[2]

还说:

> 若依近世之说,改"心"字属上文,"勿正心"三字不成文理。王

---

1 （元）陈天祥:《四书辨疑·孟子》,文渊阁《四库全书》影印本,第202册,第468页。

2 （元）陈天祥:《四书辨疑·孟子》,文渊阁《四库全书》影印本,第202册,第468页。

濂南曰："或以心字属上句，或以属下句，以文势观之，语皆不安。中间或有脱误，未可为断然之说也。"此论甚善。"勿正""勿忘"之间，难容更有"心"字，"勿忘"上只当有一"亦"字，"心"字盖"亦"字之误。[1]

他认为"必有事"之语前面有脱简，"心勿忘"的"心"当作"亦"。

陈天祥不仅怀疑"必有事，而勿正，心勿忘"有脱简、讹字之误，而且怀疑"我于辞命，则不能也"一语也有阙文。他说：

孟子本言"我知言"，非谓我能言也。今因"我知言"之一语，遂以为兼言语而有之，非也。此段疑有阙文，不可强解。[2]

因为孟子只是说自己"知言"，并未说自己"能言"，可是公孙丑提的问题却是孟子能言、善于辞令，"夫子既圣矣乎?"文意不相属，故此可能有"阙文"，因此不能强解。

综上可见，关于孟子知言养气论，陈天祥通过批评朱熹的解读，发表了自己的看法。他认为孟子知言养气论的中心是义，义本气末。由于以义为本，所以他的解读中心既不在知言，也不在浩然之气本身，而是以义为中心解释孟子养气论。他认为志、气都当受义节制；不可专意养气，也不专意集义，平日所为，遵义而行，行事合义，俯仰无愧，则浩然之气自成。陈天祥从词义、文意、文本校勘三个角度入手，解析"配义与道"，分析"必有事，而勿正，心勿忘"，等等，提出了与朱熹不同的意见。认为"配义与道"当是"配义为道"；"必有事"之"事"不是朱熹所说的

1　（元）陈天祥：《四书辨疑·孟子》，文渊阁《四库全书》影印本，第202册，第467页。

2　（元）陈天祥：《四书辨疑·孟子》，文渊阁《四库全书》影印本，第202册，第469页。

"集义",而是指"事功";"而勿正"之"正"也非"预期",而是"正在";"心勿忘"之"心",当作"亦";而且他怀疑"必有事""我于辞命"一语,可能有阙文、脱简,故其文意难晓。陈天祥的解读化解了朱熹注的窒涩,做出的解释与孟子知言养气思想基本相合,但是他对于此处文本错讹、阙文的怀疑,虽不失为一说,却没有提出相应的版本依据,亦有主观臆断之嫌。陈天祥对孟子知言养气论的解读,其宗旨在于澄清他所认为的朱熹解读错误之处,从而准确认识孟子知言养气思想。他在解读过程中,对"事功"的强调,或许与他本人长年的仕宦经历有极大关系。

第三节　王政以安人利民为本

陈天祥对孟子王道论的解读,同样也见于他对朱熹的批评之中。

一、王政之本在安人利民

陈天祥认为孟子王道论的宗旨是以安人利民为本。孟子在《孟子·尽心上》中曾说:"王者之民,皥皥如也。杀之而不怨,利之而不庸,民日迁善而不知为之者。"意思是:圣王的功德浩浩荡荡,百姓心情舒畅。百姓被杀了,也不怨恨;得到好处,也不认为该酬谢;每日向好的方面发展,也不知道谁使他如此。孟子此语称赞圣王德化天下,化民于无形。其中"杀之而不怨,利之而不庸"比较难解。朱熹对这两句的注解是:

> 庸,功也。丰氏曰:"因民之所恶,而去之,非有心于杀之也,何怨之有?因民之所利而利之,非有心于利之也,何庸之有?"[1]

---

[1] (宋)朱熹:《四书章句集注·孟子集注》,中华书局,2011年,第330页。

陈天祥认为朱熹借用丰氏之说对孟子此语的注解正误参半，对于民"非有心于杀之"正确，但"非有心于利之"，则是错误的解读。他说：

> 非有心于杀之者是，非有心于利之者非。圣人以博施济众为心，王政以安人利民为本。……无利民之心，非圣人之徒也。丰氏之说，杀之与利之，同谓之无心，岂不缪哉？庸，功也。利之而不庸者，不以利己者为有功，而无知感欢虞之心也。盖王者之民，生长于雍熙盛化中，未尝见衰世之事，视国家字民之道谊以为常。惟知利泽，己所当得；安豫，己所固有，帝力何有于我哉？此其睢睢然自得之心，利之而不以为功也。[1]

陈天祥指出，王政是以安人利民为本，因为圣人以"博施济众为心"，"博施济众"就是利民。正因为圣人以利民为心，所以他们才"命羲和之官，历象授时；察璇玑玉衡，以齐七政；平治水土，播时百谷，敬敷五教，顺理庶工"；而孟子所说"尧以不得舜为己忧，舜以不得禹、皋陶为己忧"[2]，也是思济斯民，一心为民解决纷难，"何尝无心于利民哉"？王政利人安民，因此王道社会物质丰裕，百姓安豫快乐，因为未见衰世之乱亡，以为生活本当如此，不认为这是帝王君主之功；他们怡然自得地生活，无须为此向谁感恩戴德。这正是孟子王道理想社会的美好所在。

　　陈天祥指出，正因为王政以安人利民为本，所以梁惠王虽然移民移粟，也依然被孟子批评，因为只是移民移粟，并无安人利民之实。梁惠王自称"愿比死者一洒之"，孟子亦说梁惠王"好战"，为了土地而"糜烂其民而战之"，说明梁惠王好战，穷兵嗜杀。移民移粟，说明重惜民命，

1 （元）陈天祥：《四书辨疑》，文渊阁《四库全书》影印本，第202册，第503页。

2 （元）陈天祥：《四书辨疑》，文渊阁《四库全书》影印本，第202册，第503页。

是仁义之举；然而好战残民，则是不仁。爱惜民命，与好战残民，二者如水火，不可能并存。那么如何解释梁惠王移民移粟？陈天祥说：

> 今梁惠内实好战，外邀仁声，汲汲然望其民之多于邻国。原其本情，盖欲诱集众力以为战斗之资，其为不仁也甚矣！孟子首以"王好战"为对者，盖所以明其穷兵嗜杀，暴弃民众，与邻国无异，移民移粟，非有仁爱之实心也。下文五十步、百步之喻，正谓此也。[1]

又说：

> 盖梁惠王移粟之意，止是欲张声誉，邀结人心，非有恤民之实念。……彼以告孟子之意，盖以移民移粟为己盛德，宜为远人所归，户口增多于邻国也。既而恨其竟不加多，止是怨恨邻国之民不来归己，何关于岁之丰凶哉？[2]

在陈天祥看来，梁惠王好战，移民移粟，只是为了借此吸引民众来归，其目的是为战争集合更多兵力，并非为了安人利民，无仁爱之实心，所以必然遭到孟子批评。

孟子力斥霸道，然而陈天祥显然对霸道有自己的看法。在解释"霸者之民欢虞如也"时，他说：

> "虞"与"娱"同，古字通用。五霸之术无他，以力假仁而已，造为干誉，皆不必言，致人欢虞，乃其假仁之效也。大抵昏虐之世，民

1　（元）陈天祥：《四书辨疑》，文渊阁《四库全书》影印本，第202册，第448页。
2　（元）陈天祥：《四书辨疑》，文渊阁《四库全书》影印本，第202册，第450页。

　　雕残暴甚于倒悬，幸有肯假仁义之君，使民得蒙一时之惠，如"饥者
　　甘食，渴者甘饮"，欢虞之情盖以此也。[1]

尽管霸道是假仁而行，假仁不过是称霸者借以博取声誉的手段，但与虐民
的暴政相比，假仁而行的霸政，也能给民一时之惠，这如同给饥饿之人一
碗饭，给干渴之人一碗水，可解一时之困。这也正是百姓"欢虞如"的原
因，所以霸政虽不及仁政，但强于暴政。陈天祥认为霸政并非完全一无是
处，这是他与孟子的不同。

　　为反对诸侯争霸，孟子主张对"辟草莱，任土地者"也要处以刑罚。
何谓"辟草莱，任土地"，朱熹注曰：

　　　　辟，开垦也。任土地，谓分土授民，使任耕稼之责，如李悝尽地
　　力、商鞅开阡陌之类也。[2]

陈天祥批评朱熹此注十分荒谬。因为开垦田地，分土授民，本是先王养民
的良制，可是朱熹却将其与李悝"尽地利"、商鞅"开阡陌"等同视之，
并且还要"相次伏罪，岂不冤哉"，他认为：

　　　　盖草莱指边鄙荒废之地而言，"辟草莱"谓开拓边疆也。"任土地"
　　谓务广土地也。侵夺邻境，益己疆土。以此加罪，宜无辞矣。[3]

在陈天祥看来，"辟草莱"就是开垦边远荒地，开拓边疆；"任土地"，就
是侵占邻国田地，扩大疆域。与朱熹之注相比，陈天祥此解，虽非无懈可

1　（元）陈天祥：《四书辨疑》，文渊阁《四库全书》影印本，第202册，第502—503页。
2　（宋）朱熹：《四书章句集注·孟子集注》，中华书局，2011年，第265页。
3　（元）陈天祥：《四书辨疑》，文渊阁《四库全书》影印本，第202册，第483页。

击，亦可备一说。

二、王道之臣当力正君心之非

陈天祥指出，孟子王道论中的仁君是能"自责己"之君。孟子曾对梁惠王说：

> 王无罪岁，斯天下之民至焉。（《孟子·梁惠王上》）

陈天祥认为孟子之意，不是"欲使梁惠王真不罪岁"，而是要求君王"不以罪岁之心为心也"。"不以罪岁之心为心"，就是"不专责人而自责己"，唯其如此，才能"改修善政施实德于民"。[1]

陈天祥认为孟子王道论中的臣是能正君、格君心之非之臣。孟子在《孟子·离娄上》中曾说：

> 人不足与适也，政不足间也。

朱熹于此注曰：

> 人君用人之非，不足过谪；行政之失，不足非间。惟有大人之德，则能格其君心之不正以归于正，而国无不治矣。[2]

陈天祥批评朱熹此注"误事不浅"。他认为朱熹此注之误有二，其一，若依朱熹之见，必将给现实政治带来极大危害。因为人君用人，事关国家

1 （元）陈天祥：《四书辨疑》，文渊阁《四库全书》影印本，第202册，第451页。
2 （宋）朱熹：《四书章句集注·孟子集注》，中华书局，2011年，第267页。

得失、天下利害，明知其非，却置之不理，不闻不问，只能使大奸巨猾日进，暴官污吏日盛，令政事颠倒，生民涂炭。其二，与朱熹下文所注矛盾，朱熹自己注说："惟有大人之德，则能格其君心之不正以归于正"。既要格君心之不正，君王用人有失，治政有非，就是君心不正所到处，不在此处格，又于何处格？他说：

> 人君之职惟在慎择宰相，宰相择用百官，百官分行庶政。由此观之，天下之治与不治，系在人君一心之正与不正之间耳。人君之心，天下之本也。其本乱而末治者否矣，故大人如伊、傅、周、召之为相，未尝不以格君心之非为其所先之切务也。格，正也。格君心，正其君心之不正也。[1]

陈天祥认为，君心乃天下之本，天下之治与不治都系于君心之正与不正，所以"格君心"是为臣重要职责。然而"格君心之非"，并非要事事亲身自为。首先，要防患于未然，从君为太子以至登基，就为其选择德高望重的严师、直言敢谏的诤臣，环绕其左右者都是正人君子，平素"讲明道义，考论古今，资益其见闻，辅养其德性，不使非心有可萌之隙"[2]。其次，在错误发生以后，台谏诸官就要同心协力，随事规戒，直到君王纠正错误为止。这就是"古制正君之明法"。因此，孟子"人不足与适也，政不足间也"的本意，当作如下解：

> 人不足与谪，非谓人君用人之非不足谪也，言其不可专以过谪受官已用之人也；政不足间，非谓人君行政之失不足间也，言其不可专以非间诸人已行之政也。谓当端本清源，务先正其君心之不正。君正

1　（元）陈天祥：《四书辨疑》，文渊阁《四库全书》影印本，第202册，第485页。

2　（元）陈天祥：《四书辨疑》，文渊阁《四库全书》影印本，第202册，第485页。

则朝廷正，朝廷正则内外百官皆得其人，天下无有不治也。[1]

陈天祥认为孟子此语之意，不是不严责君王用人、行政之失，是指不要只是责备君王已经任用的官员，只是谴责官员的政事不当，而要找到本源所在，本源即是君心。他又结合当时的社会政治现实，指出：

> 近代以来，往往不先于本而齐其末。内虽有宪台察院，外虽设廉访、采访、观察、按察之类，专务弹劾奸恶，纠按非违，谪去一人，十人复至；间去一事，十事复来。舍其源而清其流，不亦难乎？孟子言"一正君而国定"，诚为万世之格言也。[2]

陈天祥对孟子此语的解读，强调臣正君、格君心之非，符合孟子思想实际，但也明显带有陈天祥个人政治实践的印记。我们知道，陈天祥曾经担任过监察御史、治书侍御史、河北道及山东西道廉访使、河南行台御使等职，向君进言是其职守，而他为官也以耿介、直言敢谏著称，所以陈天祥于此所注，既是他个人出仕原则的夫子自道，也是他对当时社会政治现实的批判。

三、井田以及三代税率

关于井田以及夏商周税收，孟子说：

> 夏后氏五十而贡，殷人七十而助，周人百亩而彻，其实皆什一也。（《孟子·滕文公上》）

---

1 （元）陈天祥：《四书辨疑》，文渊阁《四库全书》影印本，第202册，第485页。

2 （元）陈天祥：《四书辨疑》，文渊阁《四库全书》影印本，第202册，第485—486页。

对此，朱熹注曰：

> 夏时一夫受田五十亩，而每夫计其五亩之入以为贡。商人始为井田之制，以六百三十亩之地，画为九区，区七十亩。中为公田，其外八家各授一区，但借其力以助耕公田。……其实皆什一者，贡法固以十分之一为常数，惟助法乃是九一，而商制不可考。周制则公田百亩，中以二十亩为庐舍，一夫所耕公田实计十亩。通私田百亩，为十一分而取其一，盖又轻于什一矣。窃料商制亦当似此，而以十四亩为庐舍，一夫实耕公田七亩，是亦不过什一也。[1]

朱熹认为，夏代并未实行井田制，一夫授田五十亩，每夫从五十亩的收成中取出五亩的收成缴纳赋税，五亩与五十亩之比恰为十分之一。而周代在郊野实行了井田制，八家同井，一夫授田百亩，公田亦为百亩。百亩公田分作二十亩与八十亩两部分，二十亩用于修建庐舍，八十亩由八家农户共同耕作，用于缴纳赋税。这样，平均每家耕种十亩公田。于是每家实际耕作土地为一百亩私田与十亩公田，共一百一十亩。十亩与一百一十亩之比为十一分之一，也就是十一分中抽一。商代税制的计算方法亦类此，即八家同井，一井为六百三十亩，六百三十亩划为九区，一区七十亩，八家各分得一区，也即各得七十亩，中心区为公田，公田七十亩也分作两部分，十四亩用于修建房舍，五十六亩分给八家农民助耕，平均助耕七亩，每家实种七十七亩，七十七亩与七亩之比也为十一分之一。朱熹认为公田之中有一部分为庐舍，这是言孟子所未言，但却是承赵岐之说。而田地经过朱熹如此安排，税率仍然不为十分之一，而为十一分之一。说明朱熹既不同意孟子所说的九分之一税率说，也不同意夏商周都为十分之一的税率说，

---

[1]（宋）朱熹：《四书章句集注·孟子集注》，中华书局，2011年，第237页。

而是轻于十分抽一的十一分抽一的税率。然而，由于朱熹此说也无实证，所以他用了"盖""窃料"表示不确定性的词来修饰限制所要表达的语意。

陈天祥批评朱熹对孟子井田税收的解说"既多与经相违，又多自相窒碍"。他说：

> 若商人始为井田之制，则夏后氏未有井田也，田既不井，不知贡法如何分画？商人井田之制，既已备说在前，继而却言商制不可考；前言惟助法乃是九一，后说周制为十一分取一，窃料商制亦当似此；所言前后不一。除贡法之外，皆与什一之数各不相合。《论语集注》解"盍彻乎"，言周制大率民得其九，公取其一，亦与此周制十一分取一之说不同。助法九一之说，想亦别无所据。盖指后文"请野，九一而助"为言。[1]

陈天祥认为，关于井田制出现的时代，夏商周税率到底是九分之一，还是十分之一，朱熹的解释前后不一，可见朱熹对此并没有清楚的认识。陈天祥自己的意见是：如果孟子确实认为殷制为九分之一，必然与孟子所说"皆什一"相违，因此九一之制有可能是"一时之权宜，非殷人之旧制也"。在他看来，三代田制本无明文可考，孟子所言也是大概，何况宋元离三代已经一千七八百年，要想备举周代以前夏、殷田制，必是徒劳。陈天祥赞成南宋张栻（号南轩）的看法。

> 南轩曰："夏、商、周皆以什一，盖五十亩者以五亩为贡，七十亩者以七亩为助，百亩者以十亩为彻。"此说本分。[2]

1 （元）陈天祥：《四书辨疑》，文渊阁《四库全书》影印本，第202册，第476页。
2 （元）陈天祥：《四书辨疑》，文渊阁《四库全书》影印本，第202册，第477页。

也就是说，陈天祥认为夏商周田制税率都是十分之一，差别只在三朝抽税的田地数量。陈天祥对朱熹的批评，确实指出了朱熹注解中的模糊之处，但是这种模糊恰是朱熹的审慎，因为三代田制实已无法详考，因此只能模糊处理，其中"窃料"二字即是朱熹告知这只是他的推测。因此陈天祥批评朱熹此解，说明他未能深悟朱熹之深意。

总之，陈天祥对孟子王道仁政的解读，既是在批评朱熹中展开，也是结合自己政治实践的申发。他认为，孟子王道仁政以安人利民为本，与先圣以"博施济众为心"精神一致；孟子王道社会，百姓拥有丰裕的财物，生活安豫快乐；孟子王道论中的仁君，是能"自责己"之君；孟子王道论中之臣当以"格君心"为重要职责。"格君心之非"，既要防患于未然，不使君"非心有可萌之隙"[1]，也要在错误发生以后，台谏诸官同心协力，随事规戒，直至君王纠正错误为止。陈天祥这些解读契合孟子王道之旨，也有他政治实践的痕迹。对于霸道，陈天祥并不完全否定，他认为尽管霸道是假仁而行，但也强于虐民的暴政。陈天祥这一解说显然与孟子本意相背。关于井田制出现的时代、夏商周税率，以及"辟草莱，任土地者"的本意，等等，陈天祥做出了与朱熹不同的解释，虽非无懈可击，但也可促人深省。

小　结

在以宗奉朱熹为孟学主流的元代，陈天祥特立独行，驳正朱熹。在《四书辨疑·孟子辨疑》中，批驳了他认为朱熹《孟子集注》所存在的种种问题，当然他自己对《孟子》的认识也在批驳朱熹《孟子集注》的过程中展现出来。

1　（元）陈天祥：《四书辨疑》，文渊阁《四库全书》影印本，第202册，第485页。

关于孟子心性论，陈天祥不同意朱熹的注解，反对朱熹释"四端"为情，认为孟子之"四端"是性，性善而情有不善；不合节、不合理之情即为不善。但是他认为孟子之"四端"非"情"，其实未能明白孟子正是从情指示人性，且他在解释情性关系说，依然采用了朱熹"情，性之动"，说明他虽驳朱熹，其实也并未脱离朱熹情性之论。

关于孟子知言养气论，陈天祥认为孟子知言养气论的中心是"义"，义本气末，所以他以义为中心解释孟子养气论，认为志、气都当受义节制；不可专意养气，也不专意集义，平日所为，遵义而行，行事合义，俯仰无愧，则浩然之气自成。陈天祥对孟子养气论解读，注重"事功"，这或许与他本人长年仕宦的经历有极大关系。

关于孟子王道论，陈天祥认为孟子王道仁政中以安人利民为本，体现了先圣以"博施济众为心"精神；孟子王道社会，物质丰裕，百姓安豫快乐；君是能"自责己"之仁君，臣能规谏、"格君心之非"。陈天祥这些解读契合孟子王道之旨，其实也有他政治实践的痕迹。与孟子极力反对霸道不同，陈天祥认为尽管霸道是假仁而行，但也强于虐民的暴政。关于井田制出现的时代、夏商周税率，以及"辟草莱""任土地者"的本意，等等，陈天祥做出了与朱熹不同的解释，虽非无懈可击，但也可促人深省。

陈天祥在《孟子辨疑》中多从词义、文意、文本校勘三个角度入手，分析朱熹《孟子集注》存在的问题，提出自己关于《孟子》其文其说的认识，陈天祥的有些解读化解了朱熹注解的窒涩。他对于《孟子》文本错讹、阙文的怀疑，虽不失为一说，却大多没有提出相应的版本依据，故亦有主观臆断之嫌。陈天祥并不是从思想建构解析孟子思想，而是注重《孟子》文本的文字、词汇、语意逻辑，说明他在力求由此追寻孟子本意，还原孟子原意，这是对宋元时期有意无意忽略《孟子》文本语意而以心解经的反抗。

结语

元代孟学发展演进特征

与大家辈出、精彩绝伦的宋代孟学相比，元代孟学虽稍有逊色，但也有其独到之处，不能忽略。

其一，孟子在元代获得了超越以往的高规格尊崇，地位再次升格。元代朝廷正式赐封孟子为亚圣，从此亚圣逐渐成为孟子的专称；元代朝廷首次为孟子庙拨付庙田、庙户，孟子庙获得官方制度化保障；元代朝廷优礼孟子父母，赐封孟子父亲为邾国公、孟子母亲为邾公宣献夫人；元代朝廷优遇孟子后裔，蠲免滕县、邹县孟子子孙赋税。元代朝廷加封孟子为邹国亚圣公，是在元文宗至顺元年（1330），而在此之前的元代初年，即1297年《孟子》已被定为国子学的教科书；在元朝灭亡前的1365年，还为孟庙拨付了庙户，可见孟子在元代受到的尊崇贯穿有元一代始终。

其二，元代孟学研究呈现出阶段性特征。从目前可考的元代孟学学人生活年代来看，中期以及中期以前的孟学学人占据主导地位，有元一代的孟学研究在中期以后呈断崖式下跌。不仅如此，具有杰出成就的孟学学人也主要集中在中期以前。

其三，元代孟学研究具有鲜明的地域文化特征。元代出现了众多孟学著述，约计有134位学人的孟学著述151部。从元代学人的籍贯郡望来看，大部分为南方江西、浙江、福建的学人，占60%。由于元代孟学的研究群体主要集中在江西、浙江、福建等南方地区，所以使元代孟学呈现出鲜明的地域文化特征。

其四，元代孟学学者的学术立场，虽以宗奉程朱为主，尤其是朱熹之说更是被奉若圭臬。无论是北方的理学家许衡，还是南方的理学家金履祥、许谦、胡炳文、吴澄等，程朱之说都是他们解读孟子思想的理论依据。主要原因有二，一是朱熹学说在南宋以后具有至高地位，二是他们相当一部分是朱熹后学。但是这些宗奉程朱的孟学学人，并非完全复制程朱之说，也提出了一些与程朱不同的解读。在众多孟学研究者宗奉朱熹之说的同时，也有个别学者持相反态度，对朱熹解《孟》提出了批评，陈天祥就是其中的代表。无论是宗奉程朱的学人，还是批评朱熹的陈天祥，他们对孟子学说的解读，虽然并非全都无懈可击，但也在一定程度上弥补了朱熹解《孟》的不明之处以及罅隙，为后人提供了解读《孟子》更宽广的视角。

其五，元代孟学学人对《孟子》的解读，思想义理是主体，但名物考据也占有相当分量。与宋代学人不同的是，元代孟学学人对孟子思想的解读，不是以孟子思想作为建构自己思想体系的理论基石，从而抗衡佛老，他们重视的是如何准确认识孟子思想的本意以及日用践行，因而重在分析孟子心性思想的逻辑理路，讨论孟子知言养气论的修养功夫核心所在，探讨孟子王道论可行性的原因；在解读方法上，除了思想义理的逻辑推衍，他们也注意《孟子》的文本结构、文法特点、文章本意、语词本意，因而名物考据、文本校勘、文法写作受到元代孟学学人的重视，反映出元代学人努力追寻《孟子》原意的新取向。

其六，元代学人对孟子思想的解读和阐释具体特征：

1.对孟子心性论的解读和阐释

元代学人一致肯定孟子性善论的正确性，认为这是孟子承传孔门心印。吴澄甚至认为孟子心性之学为儒者实学之说。元代学人解释孟子心性论的理论依据主要是宋代程朱之论，尤其是朱熹之说，故大多仍释孟子性善之说为性之理，认为孟子心性论在理论建构上的不足，是没有揭示气质之性，所以不能很好地解释现实社会之不善。由于元代以程朱之说为解读孟子心性论的思想凭借，所以程朱思想核心范畴，诸如心、性、情、天、理、气等，成为元代学人解读孟子心性论时的常用概念。

虽然多宗奉朱熹之说，但元代学人解读孟子的心性论也有发朱熹未言之处。如金履祥解释怵惕、恻隐，指出："怵是惊，惕是动。则恻隐，作痛伤之深切。"又说：恻隐、羞恶、辞让、是非四端，羞恶、辞让、是非涵括对立两面，恻隐则只指"痛伤"一面；这些解释都是朱熹所未言。元代学人也有人批评朱熹对孟子心性论的解读，陈天祥就反对朱熹释四端为情，认为四端是性，性本善，而情有不善；"践形"之形非"有形有色"，而是指动作容貌，等等。元代这些发朱熹所发，或批评朱熹之说者，在一定程度上弥补了朱熹解说之不足，其解说亦有能发人深省之处。

元代学人解读孟子心性论的重心在于如何正确认识孟子心性论，因而探讨的重点在孟子论说心性论的逻辑理路，于是孟子"道性善，言必称尧舜"，"言性，则故"，"杞柳杯棬"之说受到元代学人的关注，认为孟子是依故求性，"故"即"已然"之迹，恻隐、"羞恶、辞逊"、是非就是人性已然之迹，而恻隐、羞恶、辞逊、"是非"俱是人情，所以孟子是从情指示人性。

重视心性修养，强调人伦日用。如许谦强调"扩而充之"，不仅要在四端发见处推广而充满之，还须于"应天下之事上充"；"扩而充之"不是苦思冥想、枯坐独思，而是日用践行。许衡对孟子心性论的解读，同样重在人伦日用。

元代学人对孟子心性的解读和阐释是在宋人开拓的道路上前行，但解说方式上有新的变化，尤其值得注意的是，如陈天祥等从语言词汇、语意逻辑入手解读孟子心性论，胡炳文从文章写作的角度细绎孟子人性论说逻辑。

2.元代学人对孟子知言养气论的解读与阐释

宗奉朱熹的元代学人共同认为天是浩然之气的根源，但因为禀气之故，致人有别，故须养气以复其初；反对朱熹的陈天祥则认为浩然之气是因平日行义而自然生成。

元代学人不再讨论浩然之气的属性，而将解读的重心放在不动心、集义，共同认为不动心是养气达到的崇高道德境界，故此强调道德践行。知言与集义之间，宗奉朱熹的元代学人认为知言为本、知言为先，集义就是事事合义；而反对朱熹的陈天祥则对知言论之甚少，而以集义为重，提出了义本气末的观点，强调集义不可专意集，养气亦不可专意养。

关于知言，元代学人一般认为知言就是知理，但也有分歧。在金履祥看来，只有格物致知，才能知言，需格圣贤之言、格天下之言、辨异端之言；许谦认为孟子知言针对的对象，主要是"诐、淫、邪、遁"之言；而胡炳文将孟子知言与孔子知言相比，认为孔子知言为"入德之事"，孟子知言为"成德之事"，所以在道德修养工夫境界上逊于孔子。

由于元代学人注意从《孟子》文意、文势、文本校勘入手，因而提出孟子知言养气论中的一些难解之语，如"必有事而勿正""心勿忘""配义与道"等，因此怀疑极有可能有存在误字、阙文、脱简等，因此不能强解。这也是元代疑经学风在《孟子》解读中的反映。

3.元代学人对孟子王道仁政论的解读和阐释

一致肯定王道，贬斥霸道。认为孟子王道是真心行仁，旨在保民、利民、安民；霸道是假意行仁，满足君王的个人欲望；所以王道优于霸道。共同肯定王道仁政可行，认为孟子这一思想是建立在正确的人性论基础之上。胡炳文认为孟子王道"句句是实"，完全可行。孟子思想在当时之所以未能实行，是因为战国君王困于物欲，惑于霸者之功利，而不能推其"不忍人之心"。

大多认为孟子井田之说体现了儒家济民利民的精神。金履祥认为先王设立井田就是为了解决土地争夺，以及利用井田中的遂、洫、沟、浍、径、涂、畛等蓄洪、泄洪，孟子复行井田，并非空想。

元人对孟子王道论的解读，常常融入了关于所在时代现实问题的思考。如陈天祥对孟子臣以格君心之非为职责的解说，明显反映出其长期担任御史的心思轨迹。

元代学人对孟子王道论的解读，在阐明孟子原意的同时，有一些溢出孟子本意之外的解说。如许谦认为，孟子统一天下之说，其统一天下之制，"正如秦汉之制"；劝齐宣王勿毁明堂，是认可齐宣王行天子之制，等等；而陈天祥认为霸道虽不及王道，但也胜于虐民的暴政，则与孟子本意相背。

对于孟子民贵君轻论，元代学人选择了集体屏蔽。

总之，元代孟学发展历程与元代儒学发展一致，元中晚期以后，随着以程朱理学为代表的儒学成为官方哲学，孟子的地位在元代更加巩固。孟子在元代地位的再升格，既体现出儒家文化的强大生命力，也反映了草原民族政权对华夏文化的认同。元代学人对《孟子》的解读和阐释，是在宋人开拓的道路上前行，有继承，有反省，有驳正，也有创见。元代孟学上承宋代孟学，下启明代孟学，在中国孟学史上有其特定地位。

下 编　　明代孟学

第一章
明代孟子地位的沉浮

　　元代末年，社会在政治、民族、文化等各方面矛盾丛生，局面动荡，各地武装反元起事风起云涌，群雄逐鹿，最终的胜利者朱元璋于元顺帝至正二十八年（1368）正月在应天府称帝，自此一个统治中国近三百年的重要朝代——大明王朝登上了历史舞台。明朝出现了资本主义萌芽，社会由传统向近代过渡；中外交往空前频繁，出现了从未有过的新气象；中期以后，社会转型，层出的各种弊端，以及愈演愈烈的农民武装反抗，刺激学人思考时代问题，涌现出了许多思想家、文学家、军事家、政治家。明朝文化因之呈现出多层多元化发展，民间文化更是空前繁荣。从明朝的历史来看，"经历了传统社会与从传统社会向近代社会过渡的前后两个历史阶段。按照这样的理解，我们也可以将明代的文化分为前后两个截然不同的时期。它的前期突出表现了传统文化的成熟，具体说来便是文化专制的空前发展。它的后期则表现为传统文化的变异，具体来说便是多层多元文化的发展与主文化的转换"。[1]正如黄宗羲在《明儒学案》中所言："有明事功文章，未必能越前代，至于讲学，余妄谓过之。诸先生学不一途，师门宗

1　商传：《明代文化史》，东方出版中心，2007年，第24页。

旨，或析之为数家，终身学术，每久之而一变。"[1]

与明代文化发展的路径相应，孟学在明代的演进，既经历了早期文化专制下的贬抑、低迷，也经历了后来多元化的发展演变。

孟子在明初遭受的贬抑主要表现有三：其一，朱元璋罢孟子配享；其二，朱元璋授意刘三吾删节《孟子》；其三，官方对孟庙保护滞后。与之相对，士人知识分子以及官绅士大夫则极力维护孟子的地位，钱唐为卫护孟子甚至以死相谏，游义生为此献出了生命；而在邹县，在官方孟庙保护滞后的情况下，当地官绅士大夫自发捐资修缮孟庙，并在孟庙留下了大量咏赞孟子的诗文。明代学人也写出了大量注解《孟子》之作，有丰富的孟学著述问世。

第一节　朱元璋罢孟子配享

朱元璋出身寒微，曾出家为僧，还曾游方乞讨，然而却能在元末群雄中脱颖而出，成为最后的胜者，并华丽转身而为万万人之上的一国之君，创立明朝。为此史家给予朱元璋很高评价，称其"得国之正，皆非汉唐宋所及"[2]。著名明史专家孟森也说："中国自三代以后，得国最正者，惟汉与明。匹夫起事，无凭借威柄之嫌；为民除暴，无预窥神器之意。世或言明太祖曾奉韩林儿龙凤年号，为其后来所讳言，此不考史实而度以小人之心者也。明祖有国，当元尽紊法度之后，一切准古酌今，扫除更始，所定制度，遂奠二百数十年之国基。渐废弛则国祚渐衰，至万历之末而纪纲尽坏，国事亦遂不可为。"[3]史家认为朱元璋"乾纲独揽，主持制定了明朝政治、军事、经济、法律、文化等方面的各项制度。明太祖本人对制度建设

1　（清）黄宗羲：《明儒学案》，中华书局，2008年，第7页。

2　（明）解缙：《大庖西封事》，《明经世文编》卷十一，明崇祯平露堂刻本。

3　孟森：《明史讲义》，北京理工大学出版社，2016年，第15页。

工作也极为重视，投入了大量精力，反复切磋，为子孙后代留下了大批成文典制。这些制度在明朝都被作为'祖制'，产生了深远的影响，其中很多内容一直影响到清朝"。[1]然而朱元璋治国却是重典峻法，表现在文化方面，就是厉行文化专制，制造了一系列恐怖的文字狱。

《明史·儒林列传》记载，朱元璋对于儒家似乎很尊重。

> 明太祖起布衣，定天下，当干戈抢攘之时，所至征召耆儒，讲论道德，修明治术，兴起教化，焕乎成一代之宏规。虽天亶英姿，而诸儒之功不为无助也。制科取士，一以经义为先，网罗硕学。嗣世承平，文教特盛，大臣以文学登用者，林立朝右。[2]

网罗耆儒硕学，讲论道德，以兴文教，这是朱元璋在文化方面的一些举措。《明史》虽然有美化的成分，但基本属实，然而他止天下通祀孔子，罢孟子配享，又让我们看到了他对儒家的另一面，那就是他对儒家的疏离。

一、朱元璋罢孟子配享

洪武二年（1369），朱元璋止天下通祀孔子。朱元璋"诏孔庙春秋释奠止行于曲阜，天下不必通祀"[3]。朱元璋命令只在曲阜孔庙祭奠孔子，取消天下通祀。诏令下发，天下士人多噤若寒蝉，但也有勇敢上书直谏者。刑部尚书钱唐与刑部侍郎程徐即上疏劝谏。钱唐伏阙上疏言："孔子垂教万世，天下共尊其教，故天下得通祀孔子，报本之礼不可废。"[4]刑部侍郎程徐亦言："孔子以道设教，天下祀之，非祀其人，祀其教也，祀其道也。

1　张岂之主编：《中国历史》（元明清卷），高等教育出版社，2001年，第114页。

2　（清）张廷玉等撰：《明史》，中华书局，1974年，第7221页。

3　（清）张廷玉等撰：《明史》，中华书局，1974年，第3981页。

4　（清）张廷玉等撰：《明史》，中华书局，1974年，第3981页。

今使天下之人读其书，由其教，行其道，而不得举其祀，非所以维人心，扶世教也。"[1]钱、程二人上疏指出，孔子之教可以维系人心、扶助教化，祀孔，不是祭祀孔子本人，而是表达对孔子之教、孔子之道的崇敬，乃报本之礼。钱、陈二人上疏，一方面是要消除朱元璋的疑虑，一方面力陈孔子学说的重要作用，可谓煞费苦心。之所以如此，应当是他们看到了朱元璋对儒家的猜忌，但是二人上疏劝谏的结果是：朱元璋"皆不听"，朱元璋当时并没有被二人的劝说打动，只是"久之，乃用其言"。所以止天下通祀孔子，是旋止旋废，并没有成为定制，但是"久之，乃用其言"，足以说明朱元璋对儒家的态度和取舍。

朱元璋虽然最终没有废止天下通祀孔子，但罢孟子配享孔庙却非常坚决。事情的起因，《明史·钱唐传》有载：

> 帝尝览《孟子》，至"草芥""寇仇"语，谓非臣子所宜言，议罢其配享，诏有谏者以大不敬论。[2]

显然朱元璋罢孟子配享，是孟子申张臣子尊严的君臣观触动了他敏感的神经，朱元璋要树立君王的绝对权威，孟子如此言语无疑是向君王的威权挑战，焉能不怒？故而愤然罢孟子配享孔庙，并严令：敢有上疏劝谏者，以大不敬惩处。可见，朱元璋对孟子愤恨至极，于是撤除了孟子配享之位。朱元璋欲罢孟子配享，天下士人静默无语，还是钱唐勇敢地站出来，"抗疏入谏曰：臣为孟轲死，死有余荣"[3]钱唐为保孟子配享孔庙之位，将个人生死置之度外，冒着生命危险上疏谏争。不过，钱唐的勇敢上疏是否取得实际效果，《明史》没有记载。

---

1 （清）张廷玉等撰：《明史》，中华书局，1974年，第3982页。

2 （清）张廷玉等撰：《明史》，中华书局，1974年，第3982页。

3 （清）张廷玉等撰：《明史》，中华书局，1974年，第3982页。

孟子配享地位的恢复，《明史》载："五年罢孟子配享。逾年，帝曰：'孟子辨异端，辟邪说，发明孔子之道，配享如故。'"[1]据此来看，朱元璋在罢孟子配享的第二年，就主动恢复了孟子的配享地位，但是他此举非常明确的原因是：孟子"发明孔子之道"，有弘扬孔子学说之功，而非孟子激进的君臣之论。

综上，依据《明史》，朱元璋不满孟子不利君权的言论，在洪武五年（1372）罢孟子配享，在第二年又主动恢复了孟子配享地位，而恢复孟子配享地位，是因为朱元璋认为孟子传承孔子之道而有功于儒学。

需要强调的是，朱元璋罢孟子配享之事，《明太祖实录》并无记载。

二、罢孟子配享的相关争议考辩

关于朱元璋罢孟子配享，明代其他史料提供了另一种说法。初稿完成于嘉靖年间的《三迁志》对此事的记载是：

> 皇明洪武二年（原注：一作五年），罢孟子配享，旋复之（原注：一作逾年而复）。太祖览《孟子》"土芥""寇仇"，谓非臣子所宜言，诏去其配享，有谏者以不敬论，且命金吾射之。钱唐抗疏入谏，舆榇自随，袒胸受箭，且曰："臣得为孟轲死，死有余荣。"太祖览其情词剀切，为之动，遂复孟子祭，仍命太医院疗唐箭疮焉。[2]

据《三迁志》，钱唐上疏时，引棺上疏，袒胸受箭，大义凛然；朱元璋被钱唐感动，不仅终止了罢孟子配享，还命太医为钱唐疗伤。可见不是朱元璋主动恢复孟子配享地位，是钱唐的勇敢上疏改变了朱元璋的想法，所以

---

1 （清）张廷玉等撰：《明史》，中华书局，1974年，第1296页。

2 （明）吕元善撰，吕兆祥、吕逢时续撰：《三迁志》，《四库全书存目丛书》，齐鲁书社，1996年，第325页。

孟子配享地位的恢复，钱唐有着重要贡献。然而"舆榇自随，袒胸受箭"，"太祖览其情词剀切，为之动"，"命太医院疗唐箭疮"，显然有着浓重的小说家言的痕迹。

由于《明太祖实录》并未记载朱元璋罢孟子配享，《三迁志》又有小说家言的痕迹，因而罢孟子配享一事引起争议。争议的焦点有二，一是朱元璋是否真罢孟子配享，二是钱唐是否谏阻朱元璋罢孟子配享。明末清初的谈迁、朱彝尊、万斯选，以及今人朱鸿林等，就有不同的说法。

朱彝尊不相信朱元璋会罢孟子配享。他在《邹县重修亚圣孟子庙碑》中说：

> 明之太祖颁其书于学官，当吴元年，即谕许存仁曰："孟子专言仁义，使当时有贤君用其言，天下岂不定于一乎？"又敕文学之士曰："朕闻孔孟于世利济之心，虑恐不及。"谕桂彦良曰："孔孟一圣一贤，自汉唐以来称之。"谕赵晋曰："孔孟之道，卿幼学壮履，大哉！"王言必孔孟并举，其命刘三吾节文者，为发题试士，恐启诸生讪上之端尔，乃无稽之言。谓帝欲废孟子，钱唐进谏以腹受箭，野史近诬，不足信。[1]

朱彝尊认为，朱元璋早年经常孔孟并提，且十分肯定孟子的贡献，不可能有罢孟子配享之举；钱唐谏争之事是野史、近诬，不足取信。我们认为，朱彝尊此说并无说服力，因为以朱元璋多疑猜忌、反复无常、强势而易怒的性格，天下祀孔都曾打算取消，一怒而罢孟子配享之事，极有可能发生。

与朱彝尊不同，谈迁、万斯选等人相信朱元璋罢孟子配享是真，但钱唐谏争之事可疑。

谈迁是明末遗老，著有记载明朝史事的编年体史书《国榷》。书中有

---

1 （清）朱彝尊：《曝书亭集》，文渊阁《四库全书》影印本，第1317册，第423页。

许多非常有价值的史料。《国榷》载洪武五年（1372）十二月有如下之言：

> 命仍祀孟子。是年国子监请释奠，命罢祀孟子。至是上曰："孟子辨异端，辟邪说，发明先圣之道，其复之。"[1]

在这条史料下，谈迁对此事有考辨：

> 《宁波府新志》："洪武二十三年，令儒臣修《孟子节文》。上览《孟子》'土芥''寇仇'之说，谓非臣子所宜言。议欲去其配享，诏敢谏者罪以不敬，且命金吾射之。刑部尚书象山钱唐抗疏入谏，舆榇自随，袒胸当箭，曰：'臣得为孟轲死，有余荣。'上见其诚恳，命太医院疗治。孟子配享得不废。"
>
> 　按：唐以洪武三年谪寿州，四年卒，而配享之说乃在五年，安得相及。至于《孟子节文》修在二十七年，谓唐之谏在于是时，尤谬。今考《宁波旧志》止载唐谏释奠一事，不及孟子。袒胸受箭之说，出自野史，岂好事者为之耶？[2]

谈迁认为《宁波府新志》记载此事有误，原因有三：其一，时间有误。《宁波府新志》所载修《孟子节文》的时间为洪武二十三年（1390），而实际刘三吾修《孟子节文》是在洪武二十七年（1394）；《宁波府新志》记载罢孟子配享之事也在洪武二十三年，实际此事发生在洪武五年。其二，与钱唐生平不合。钱唐在洪武三年贬谪寿州，洪武四年卒，不可能在洪武五年上疏劝谏。其三，《宁波府新志》所载与成书时间更早的《宁波旧志》

1　（明）谈迁：《国榷》，中华书局，1958年，第478页。

2　（明）谈迁：《国榷》，中华书局，1958年，第478页。

所载不合。《宁波旧志》没有记载钱唐谏罢享孟子之事，所以"祖胸受箭"之事纯为野史夸张。谈迁的考辨方法是核史实、验生平、核以更早的文献，显然更加论之有据。

明末遗臣万斯选也认为钱唐谏争罢享之事不可信，全祖望的《鲒埼亭集》记录了万斯选的怀疑：

> 《南太常寺志》及《翰林故牍》载：洪武五年，国子监将丁祭，上曰："孟子不必配享。"其年腊月，上曰："孟子有功先圣，今后仍复之。"是孟子固尝罢配享，然不因公言而复，一疑也。《典故辑遗》载：上读《孟子》，怪其对君不逊，怒曰："使此老在，今日宁得免耶？"时将丁祭，遂命罢配享。明日，司天奏文星暗，上曰："殆孟子故耶？"命复之。是孟子几至罢享，亦不因公言而复，二疑也。《实录》命修《孟子节文》在洪武二十七年，嘉靖《宁波府志》载之二十三年，即果如《府志》之年，而公以四年卒于寿州，亦不及修《节文》之事，三疑也。成化《府志》不载，至嘉靖《府志》始见之，四疑也。[1]

万斯选对钱唐谏争罢享有四疑：一疑，据《南太常寺志》，朱元璋确曾罢孟子配享，但旋即认识到孟子有功于先圣，所以很快主动恢复孟子配享。二疑，以《翰林故牍》为据，朱元璋确曾命罢孟子配享，但因第二天司天官奏天文变故，所以又命恢复孟子配享。所以据《南太常寺志》和《翰林故牍》，朱元璋复孟子配享，是主动为之，与钱唐无关。三疑，明确指出记载此事的《宁波府志》，既把修《孟子节文》的时间记错，又与钱唐生平不合，因为钱唐已于洪武四年（1371）卒，不可能对发生在其死后的孟子罢享以及《孟子节文》有任何作为。四疑，认为记载此事的嘉靖年《宁

---

1 （清）全祖望：《鲒埼亭集》，《续修四库全书》，第1429册，上海古籍出版社，2002年，第291页。

波府志》系晚出史料，更早的成化时期的《宁波府志》并未有载。万斯选的质疑，与谈迁所疑基本一致，且方法也一致，只是补充了朱元璋主动恢复孟子配享的原因。

全祖望反驳了万斯选对钱唐谏罢孟子配享的质疑：

> 万氏所疑如此，则尚书事宜若不足信者。然是说也，成化杨氏之志不载，而天顺黄氏之志则载之，黄氏集中且有诗以纪其烈，故其孙作《闲中今古录》亦载之。黄氏生洪武，是犹去尚书不远，且成化《府志》虽不特载公传，而未尝不载黄氏之诗，则亦自可互见。李氏《四明文献志》亦载之，是皆出于嘉靖张氏志之前，未可尽以为诬也。以吾考之，罢配享与修《节文》原属两事，罢配享在二年，卧棺绝粒以争之者，公也；修《节文》在二十七年，力诋刘三吾为佞臣以争之者，连江孙芝也。天顺黄氏之志系公事于二年是已，而并修《节文》亦连举之，是混后事于前事；嘉靖《志》则以罢配享属之二十三年，是混前事于后事，不知两案之为两人也。《太常志》诸书以二十年为五年，犹嘉靖《志》以二十七年为二十三年也。诸书不载公谏，犹孙芝之事亦仅见于《国史惟疑》，而他书不载也。盖史事固有当参考而始完者，若竟以为无有，则黄氏非欺人者，至若太祖之武断，则不必讳，亦非后人所能讳也。近见钱氏家传，谓公卒于二十七年，意欲与实录相应，则又误矣。[1]

针对万斯选的怀疑，全祖望一一做了反驳。

其一，针对万斯选以成化《宁波府志》未载钱唐谏争之事为由，质疑此事的真实性；全祖望用更早的文献反驳。全祖望指出，虽然早于嘉靖《宁波

1　（清）全祖望：《鲒埼亭集》，《续修四库全书》，第1429册，上海古籍出版社，2002年，第291页。

府志》的成化《宁波府志》没有记载此事，但是更早的天顺《宁波府志》却有相关记载，而天顺《府志》的作者黄润玉生于洪武朝，与钱唐是同时代人，记载更为可信。全祖望还提出了两个旁证，一是黄润玉之孙黄溥在其《闲中今古录》记载此事。今考黄溥《闲中今古录》关于此事的记载如下：

> 国初象山人钱唐貌魁梧，善饮食。元末天下大乱，隐而不见。年将陆旬，见四海定于一，赴京敷陈王道。……大明洪武元年……明年己酉条《孟子节文》，欲去其配享，即上疏。先是有旨，来谏者当〔常〕射杀之。唐果置棺，袒胸当箭。上见其谏甚切，命太医院疗其箭疮，配享得不废。成化初，我先大父南山先生作《四月八咏》有《钱丈奇勋》之诗曰："引棺绝粒箭当胸，拼死扶持亚圣公。仁义七篇文莫蠹，冕旒千载绘仍龙。批鳞既奋回天力，没齿终成卫道功。那得洪恩偏寰宇，泮宫东畔置祠宫。"[1]

黄润玉、黄溥祖孙二人有关钱唐的记载，描述了钱唐体貌特征和个人嗜好、仕宦经历，也记载了钱唐谏孟子罢享时的细节，诸如引棺、绝粒、袒胸受箭、朱元璋命御医疗伤等，而"绝粒"一节《三迁志》无载；更重要的是，黄溥所记朱元璋罢孟子配享的时间是在洪武二年，而非洪武五年。全祖望提出的第二个旁证是：比《嘉靖志》早的李堂《四明文献志》也有相关记载。

其二，针对万斯选以钱唐卒于洪武四年为由，推断钱唐不可能谏净《孟子节文》以及罢孟子配享。全祖望的辩驳是：一是记载有误，是当时人误将《孟子节文》与罢孟子配享牵连在一起，所以对钱唐谏净《孟子节文》的质疑是正确的，但因此否定钱唐谏罢孟子配享就错了，因为朱元璋罢孟子配享是在洪武二年，而非洪武五年，卒于洪武四年的钱唐完全有可

---

1 （明）黄溥：《闲中今古录摘抄》，《丛书集成初编》本，商务印书馆，1937年，第12页。

能对发生在洪武二年的罢孟子配享提出抗疏。

其三，万斯选质疑钱唐谏争罢孟子配享，还有一个重要依据，就是当时《南太常寺志》《翰林故牍》虽记朱元璋罢孟子配享，却于钱唐谏净无任何记载。就此，全祖望的辩驳是：不记载，不等于不存在。就如同孙芝坚决反对刘三吾删《孟子》而编《孟子节文》，世所共知，可是明代著名史学家黄景昉的《国史唯疑》并未载此事。

全祖望的辩驳，有理有据，非常有说服力，可谓将谈迁、万斯选等人之疑一一化解。当然历史的真相只能有一个。笔者认为，关于钱唐谏罢孟子配享能否成立的关节点在于以下两点：

其一，钱唐有无谏净争的可能性。史籍关于钱唐卒年的记载都无异说，俱为洪武四年，那么只有朱元璋在洪武四年以前罢孟子配享，钱唐才有可能谏净，可是史籍所载朱元璋罢孟子配享之事却有五年说、二年说。若是五年，钱唐实无可能谏净。目前涉及此事最早的史料是黄润玉的记载，据黄润玉所记，朱元璋罢孟子配享是在洪武二年，其后《三迁志》所记也为"二年"，但《三迁志》成于嘉靖，系晚出资料；而同样编撰于嘉靖时的《南太常寺志》《典故辑疑》却记为"洪武五年"，所以黄润玉所记二年说似乎就成了孤证，而孤证不可完全信从。稍晚于黄润玉的黄瑜，在其《双槐岁钞》"尊孔卫孟"条下也记录了钱唐谏罢孟子配享事：

> 上尝览《孟子》，至"土芥寇仇"之说，大不然之，谓非臣子所宜言，议欲去其配享。诏有谏者以不敬论，且命金吾射之。唐抗疏入谏，舆榇自随，袒胸受箭。曰："臣得为孟轲死，死有余荣。"
> 上见其剀切出于至诚，命太医院疗其箭疮。孟子配飨得不废。[1]

---

[1] 详见（明）黄瑜:《双槐岁钞》,《四库全书存目丛书》，第239册，齐鲁书社，1995年，第434—435页。

黄瑜书中所记与黄溥虽然文字不同，但情节一致。黄瑜此书乃搜罗群籍、辑集诸家杂说而成。他在序中明确说：

> 今予此书，得诸朝野舆言，必证以陈编确论；采诸郡乘文集，必质以广座端人；如其新且异也，可疑者阙之，可厌者削之。[1]

说明黄瑜书中的史料，都是经过严格考辨，有确凿证据方才采用。依此而论，黄瑜的《双槐岁钞》既记有此事，可佐证黄润玉祖孙二人所言不虚。由此也可证，钱唐谏孟子配享一事，并非空穴来风，当实有其事。

其二，钱唐谏争罢孟子配享，以朱元璋的性情，是否真能听从钱唐的意见而停止罢孟子配享。我们看到，依黄润玉祖孙所言，据黄瑜的《双槐岁钞》《三迁志》、成化《宁波府志》等所记，朱元璋是被钱唐感动而复孟子配享，在称赞钱唐尊孔卫孟而不惜性命的同时，又赞美朱元璋能感臣之诚真而采纳谏言。依此类记载，朱元璋在此事中的作为，足以证明他是一位有情有义、闻善则改的圣主。正如《三迁志》所说："太祖闻唐言，而从若圆转，主圣臣直。呜呼休哉！"[2]于是，罢孟子配享一事不仅不能证明朱元璋有污，反而成为讴歌朱元璋的绝佳材料。可是，如此绝佳材料，《南太常寺志》《翰林故牍》却不采用，只言朱元璋因天文之变、思孟子有功于圣道，故主动复孟子配享。而如此复孟子配享，显然完全出于政治功利。两相比较，我们认为《南太常寺志》《翰林故牍》所记或许更近于真实。

综上，朱元璋因不满孟子君臣论，确曾罢孟子配享。钱唐谏诤，亦非空穴来风。至于复孟子配享，是钱唐谏诤的结果，还是朱元璋主动为之，尚存疑。朱元璋借帝王之尊罢孟子配享，这是孟子自宋代地位升格以来，

---

1 （明）黄瑜：《双槐岁钞》，《四库全书存目丛书》，第239册，齐鲁书社，1995年，第424页。

2 （明）吕元善撰，吕兆祥、吕逢时续撰：《三迁志》，第79册，齐鲁书社，1996年，第325页。

首次遭遇最为严厉的贬黜。而黄润玉、黄瑜等人热情传颂钱唐谏诤之事，尊钱唐为卫护孟子的勇士，亦见孟子在士人知识分子心中的地位实已根深蒂固。

明以前，孔子已封至圣，孟子已封亚圣，天下祀孔已是通例，孟子配享孔庙已为常制，朱元璋可以藐视前朝通例、常制，欲废天下祀孔，罢孟子配享，虽最终未废止天下祀孔，但罢孟子配享却是事实。朱元璋对孔孟的这些行为，足以证明他虽也笼络儒学，但其实并非完全出于尊孔重儒，主要还是一种政治策略。

第二节　刘三吾《孟子节文》

尽管洪武初年罢孟子配享，旋废旋复，看似成了闹剧，对孟子地位未造成实质影响。然而随着朱元璋对孟子学说了解的深入，以及晚年政局的变化，他对孟子的不满不仅没有消除，反而愈加严重，最终酿成洪武二十七年节删《孟子》、编纂《孟子节文》之事。《孟子节文》的出现，让我们看到孟子在明初地位的尴尬。

一、《孟子节文》编撰始末

《孟子节文》成于洪武二十七年，由翰林学士刘三吾负责完成。

刘三吾，湖南茶陵人，元末任静江路（今广西桂林）儒学副提举。"洪武十八年以茹瑺荐召至，年七十三矣，奏对称旨，授左赞善，累迁翰林学士。"[1]《明史》对他评价很高，称其"为人慷慨，不设城府，自号坦坦翁。至临大节，屹乎不可夺"[2]。虽然刘三吾入朝为官时已年逾古稀，但显

1　（清）张廷玉等撰：《明史》，中华书局，1974年，第3941页。

2　（清）张廷玉等撰：《明史》，中华书局，1974年，第3942页。

然很让朱元璋满意。朱元璋满意刘三吾，一方面是因为刘三吾博学，善属文，有才学；另一方面则是因为刘三吾对朱元璋的真心归服与诚心合作。

我们知道，由于朱元璋以重典治国，治政威猛，后又频兴大案，如胡惟庸案、蓝玉案、郭桓案、空印案等，株连杀戮多达数万人，"无几时无变之法，无一无过之人。……祸不止于一身，刑必延乎亲友"[1]。导致士大夫对出仕为官充满恐惧，称为"作虎穴游"。广信府（今江西上饶）贵溪县儒士夏伯启叔侄为逃避入朝为官，自截手指。朱元璋得知后，命锁拿京师亲审，判令枭首，籍没其家。当时如夏伯启叔侄类的士大夫不在少数，朱元璋对"士大夫们究竟能与他合作到什么程度，感到心中无数，认为如果他们不肯与新朝合作，则必然会成为一种危及新朝的势力"[2]。

与这些不肯合作的士人相比，古稀宿儒刘三吾的到来，确实令朱元璋欣喜。《明史》载："时天下初平，典章阙略。帝锐意制作，宿儒凋谢，得三吾晚，悦之。"[3]朱元璋对刘三吾委以重任，"帝制《大诰》及《洪范注》成，皆命为序。敕修《省躬录》《书传会选》《寰宇通志》《礼制集要》诸书，皆总其事，赐赍甚厚"[4]。朱元璋对《孟子》一书耿耿于怀，刘三吾自然要承朱元璋之意，解朱元璋之忧，于是删削《孟子》，一部千古奇书《孟子节文》便出现了。

刘三吾在《孟子节文题辞》中说明了其删节《孟子》的理由和具体做法。

　　《孟子》七篇，圣贤扶持名教之书。但其生于战国之世，其时诸侯方务合从连横，以功利为尚，不复知有仁义。唯魏惠王首以礼聘至

1　（清）程敏政：《明文衡》，文渊阁《四库全书》影印本，第312册，第557—559页。

2　商传：《明代文化史》，东方出版中心，2007年，第61页。

3　（清）张廷玉等撰：《明史》，中华书局，1974年，第3941—3942页。

4　（清）张廷玉等撰：《明史》，中华书局，1974年，第3942页。

其国。彼其介于齐、楚、秦三大国之间，事多龃龉。故一见孟子即问何以利便其国，非财利之利也。孟子恐利源一开，非但有害仁义，且将有弑夺之祸。仁义，正论也；所答非所问矣。是以所如不合，终莫能听纳其说。及其欲为死者雪耻，非兵连祸结不可也。乃谓能行仁政，可使制梃以挞秦楚之坚甲利兵，则益迂且远矣。台池鸟兽之乐，引文王灵台之事，善矣。《汤誓》"时日害丧"之喻，岂不太甚哉！雪宫之乐，谓贤者有此乐，宜矣；谓人不得即有非议其上之心，又岂不太甚哉？其他或将朝而闻命中止；或相待如"草芥"，而见报施以仇雠；或以谏大过不听而易位；或以诸侯危社稷则变置其君；或所就三，所去三，而不轻其去就于时君，固其崇高节抗浮云之素志。抑斯类也，在当时列国诸侯可也。若夫天下一君，四海一国，人人同一尊君亲上之心，学者或不得其扶持名教之本意，于所不当言、不当施者概以言焉，概以施焉，则学非所学，而用非所用矣。……又《孟子》一书，中间词气之间抑扬大过者八十五条，其余一百七十余条，悉颁之中外校官。俾读是书者，知所本旨。自今八十五条之内，课试不以命题，科举不以取士。壹以圣贤中正之学为本，则高不至于抗，卑不至于诌矣。抑《孟子》一书，其有关于名教之大，如孔子贤于尧舜，后人因其推尊尧舜，而益知尊孔子之道。诸侯之礼吾未之学，而知其所学者周天子盛时之礼，非列国诸侯所僭之礼，皆所谓扩前圣所未发者。其关世教，讵小补哉。[1]

从上可见，刘三吾显然也是一位尊孟者，他高度肯定了孟子在历史上的地位，称赞《孟子》七篇是扶持名教之书，孟子所言"仁义"也是正论，但是《孟子》书中有些"迂且远""太甚"、抑扬大过之言，以及一些在战国

---

[1]　刘培桂主编:《孟子志》，山东人民出版社，2009年，第169—170页。

合宜却不宜于统一的大明王朝之言，担心学者不明孟子本意，"学非所学，用非所之用"，而产生不良后果，所以删去此类言辞，成《孟子节文》，以此作为学生学习用书、科举考试的标准本。

《孟子节文》只留《孟子》原书一百七十余条，洪武二十七年十月完成。

二、《孟子节文》节删《孟子》内容特点

刘三吾在《题辞》中说从《孟子》中删除了"八十五条"，但经考证，可能由于章节划分的不同，所删章节数量也有不同说法，有学者提出"八十八条"之说。笔者依朱熹《孟子集注》和杨伯峻《孟子译注》核对《孟子节文》（北京图书馆藏明洪武二十七年刻本）之篇章，结果如下：

《梁惠王篇》共二十三章，刘三吾删十七章，分别为1.1，1.2，1.4—1.7，2.1，2.2，2.4—2.8，2.10—2.12，2.16；《孟子节文》此篇凡六章。

《公孙丑篇》共二十三章，刘三吾删十一章，分别为3.1—3.4，3.9，4.2，4.5，4.6，4.11—4.13（本篇第九章，《节文》分为两章，实一章；故本篇非十三章，而仅十二章）；《孟子节文》此篇凡十二章。

《滕文公篇》共十五章，刘三吾删七章，分别为5.3，6.4—6.8，6.10；《孟子节文》此篇凡八章。

《离娄篇》共六十一章，刘三吾删节二十一章。分别为7.1—7.3，7.5—7.9，7.13，7.14，7.16，7.20，8.3—8.5，8.9，8.17，8.22，8.24，8.32，8.33。《孟子节文》此篇凡四十章。

《万章篇》共十八章，刘三吾删节十章，分别为9.2，9.3，9.5，9.6，10.1，10.3，10.4，10.6，10.7，10.9（本签标为七章，实为八章）。

《告子篇》共三十六章。刘三吾删节五章，分别为11.9，12.4，12.8，12.9，12.14。《孟子节文》此篇凡三十一章。

《尽心篇》共八十四章。刘三吾删节十七章，分别为13.8，13.31，13.35，13.43，14.1，14.4，14.7，14.8，14.11—14.14，14.20，14.27，14.28，

14.30，14.34。[1]《孟子节文》此篇凡六十七章。

从上可见，刘三吾所删内容，《孟子》七篇无一幸免。所删内容特征，容肇祖、姜国柱、贾乃谦[2]、秦燕[3]、张佳佳等当代研究者都有总结。容肇祖在其《明太祖的〈孟子节文〉》中将所删内容概括为十一个"不许"：一、不许说人民有尊贵的地位和权利；二、不许说人民对于暴君污吏报复的话；三、不许说人民有革命和反抗暴君的权利；四、不许说人民应有生存的权利；五、不许说统治者的坏话；六、不许说反对征兵征实同时并举；七、不许说反对捐税的话；八、不许说反对内战；九、不许说官僚黑暗的政治；十、不许说行仁政、救人民；十一、不许说君主要善良，及主要承担败坏风俗的责任。[4]姜国柱认为刘三吾编《孟子节文》时所删条目主要涉及四方面内容，即实行井田安定民心、征霸之战不得人心、以民为本与民同乐、君主违天必易其位。[5]核以《孟子节文》，这些学者的总结，所强调的方面虽有不同，但都符合其实。略举几例：

《梁惠王篇》1.7、《公孙丑篇》3.1、《滕文公》6.5、《离娄篇》7.9等，都是孟子集中宣示仁政思想、批评不行仁政的罔民之君的重要章节。如《梁惠王篇》1.7如下之语：

> 无恒产而有恒心者，惟士为能。若民，则无恒产，因无恒心。苟无恒心，放辟邪侈，无不为已。及陷于罪，然后从而刑之，是罔民也。焉有仁人在位罔民而可为也？……七十者衣帛食肉，黎民不饥不寒，然而不王者，未之有也。

1　按：这里采用的序号依据杨伯峻《孟子译注》，中华书局，2010年。

2　贾乃谦：《从〈孟子节文〉到〈潜书〉》，《东北师大学报》，1987年第2期。

3　秦燕：《〈孟子节文〉与朱元璋的专制思想》，《陕西师范大学学报》，1995年第2期。

4　容肇祖：《容肇祖集》，齐鲁书社，1989年，第174—182页。

5　详见姜国柱：《文化专制的一例——朱元璋的〈孟子节文〉》，《辽宁大学学报》，1981年第3期。

《公孙丑篇》3.1如下之言：

> 地不改辟矣，民不改聚矣，行仁政而王，莫之能御也。且王者之
> 不作，未有疏于此时者也；民之憔悴于虐政，未有甚于此时者也。……
> 当今之时，万乘之国行仁政，民之悦之，犹解倒悬也。故事半古之人，
> 功必倍之，惟此时为然。

《滕文公篇》6.5所说：

> 不行王政云尔；苟行王政，四海之内皆举首而望之，欲以为君；
> 齐楚虽大，何畏焉？

《离娄篇》7.9所说：

> 桀纣之失天下也，失其民也；失其民者，失其心也。得天下有道：
> 得其民，斯得天下矣；得其民有道：得其心，斯得民矣；得其心有道：
> 所欲与之聚之，所恶勿施，尔也。民之归仁也，犹水之就下、兽之走
> 圹也。

以上《孟子》之文，刘三吾都将其删除。《离娄篇》8.3所言如下：

> 君之视臣如手足，则臣视君如腹心；君之视臣如犬马，则臣视君
> 如国人；君之视臣如土芥，则臣视君如寇雠。

此语曾让朱元璋大为恼火，斥为"非臣所宜言"，因为孟子此语强调的
是君臣有义，主张君臣对等，反对君以臣为奴仆，随意驱遣；而朱元璋

所要树立的是君主的绝对权威，所要维护的是王权的绝对专制，所以此语自然不能保存，相似之语当然也要去除，于是不仅"民贵君轻"之言被删，凡是孟子申张臣民尊严的话语，一条都不能在《孟子节文》中出现。如：

> 《离娄篇》8.4：无罪而杀士，则大夫可以去；无罪而戮民，则士可以徙。
>
> 《尽心篇》14.12：不信仁贤，则国空虚；无礼义，则上下乱；无政事，则财用不足。
>
> 《尽心篇》14.34：孟子曰："说大人，则藐之，勿视其巍巍然。堂高数仞，榱题数尺，我得志，弗为也。食前方丈，侍妾数百人，我得志，弗为也。般乐饮酒，驱骋田猎，后车千乘，我得志，弗为也。在彼者，皆我所不为也；在我者，皆古之制也。吾何畏彼哉？"

综括刘三吾所删《孟子》之文，我们看到这些所删内容主要涉及孟子以下思想观点：其一，孟子民本仁政论，诸如民贵君轻，省刑罚，薄税敛，与民同乐；其二，孟子君臣观，诸如君臣有义，尊贤用贤，"大有为之君，必有所不召之臣"，"责难于君""格君心之非"等；其三，孟子权力转移说，诸如放伐暴君论、尧舜禅让、得民心得天下，等等。

三、《孟子节文》编撰动因

刘三吾迎合朱元璋之意编《孟子节文》，主要原因正如学者所言，是为维护皇权，加强君主专制，巩固朱家新王朝。事实上，朱元璋当时所行，无一不是为此。朱元璋来自底层草莽，历尽千难万险，方登上皇帝宝座。平民出身，以及皇位得来的不易，心中的恐惧、紧张难以言表，为了子孙万世基业，为了维护皇帝尊严，如有胆敢违逆皇帝之意，或者触犯皇帝威严者,那一定杀无赦,实行重刑酷法,于是连坐、抄家、灭族以至文字狱等严刑酷法成为他巩固朱家天下的武器,一案动辄株连几万人。"太祖时,士大夫初以声绩著,而后不免因事诛死者,就《列传》所载,其人已夥,专辑之可成一宗类案。其以功臣典兵有威望,遭忌而致死者,尚不在其列。亦每有发为忠言,触怒而被戮者,如李仕鲁以辟佛,命武士捽搏之,立死阶下;陈汶辉亦以此忤旨,惧罪投金水桥下死;叶伯巨以言诸王分封太侈,死狱中;王朴以与帝辨是非不肯屈,戮死。如此之类亦多。"[1]朱元璋这种酷刑滥杀对臣民造成极大恐怖,使他们战战兢兢,如履薄冰。朱元璋通过实施一系列严刑峻法,使其皇权得到了空前加强。而朱元璋的这些行为和举措显然与孟子思想格格不入。在朱元璋看来,《孟子》中的这些内容不仅无助于朱家王朝的皇权专制,反而会引发士人与朝廷对抗,对此《三迁志》有清楚认识,故说:"太祖谓非人臣所宜言,则又凛凛乎杜万世乱逆之萌矣。"[2]于是,刘三吾顺应朱元璋之意,将《孟子》中看起来不利于皇权巩固与专制的内容删除。所以删《孟子》、编《孟子节文》是朱元璋厉行文化专制的典型体现。"《孟子节文》是君主专制绝对化的理论表现。"[3]商传说:"所删者全系孟说之精神所在,而节文本则尽失原貌,再无丝毫民主痕迹。通过这次删节《孟子》所表现出来的文化专制,实在是达到了空前的程度。"[4]

　　除此而外,我们认为编《孟子节文》还有一个直接的诱因,就是太子朱标早逝,而皇太孙朱允炆年幼,朱元璋要为皇太孙朱允炆未来执政扫除来自思想舆论的威胁。因为《孟子节文》的编纂时间是洪武二十七年,是

1　孟森:《明史讲义》,北京理工大学出版社,2016年,第55页。

2　(明)吕元善撰,吕兆祥、吕逢时续撰:《三迁志》,《四库全书存目丛书》,第79册,齐鲁书社,1996年,第325页。

3　贾乃谦:《从〈孟子节文〉到〈潜书〉》,《东北师大学报》,1987年第2期。

4　商传:《明代文化史》,东方出版中心,2007年,第76页。

太子朱标死后的第二年，这是一个非常重要的时间节点。

如前所言，朱元璋洪武初年就因对孟子"草芥寇仇"之语不满，而罢孟子配享，但未见朱元璋命人删《孟子》；自此以后，也未见他对《孟子》有不满言辞，反而我们看到他对孟子后裔十分关照。《明史·太祖本纪》载：

> （十八年）十月甲辰诏曰："孟子传道，有功名教，历年既久，子孙甚微。近有以罪输作者，岂礼先贤之意哉，其加意询访，凡圣贤后裔输作者，皆免之。"[1]

洪武十八年（1385），朱元璋还称赞孟子有功名教，故不能让孟子后裔受苦。

而朱元璋立朝后所定制度也有厚民生、与民休息的政策。洪武元年正月，各地府州县官来朝，朱元璋当面郑重告诫他们："天下初定，百姓财力俱困，譬犹初飞之鸟，不可拔其羽；新植之木，不可摇其根，要在赡养生息之而已。"[2]经过"明朝初期几十年的休养生息，全国户口也有显著的增加。洪武十四年（1381）统计，全国户口就已达到户一千零六十五万四千三百六十二，口五千九百八十七万三千三百零五。洪武二十六年（1393）统计，户一千六百零五万二千八百六十，口六千零五十四万五千八百十二。与元代全盛时期相比，户增加四百四十多万，口增加近七百万"。[3]可见朱元璋厚民生的政策与孟子的仁政思想并不矛盾。

朱元璋对《孟子》书中一些言论的不满由来已久，但是在他执政的早期、中期都没有令人删《孟子》之举，恰恰在洪武二十七年却授意刘三吾删《孟子》，直接诱因应是太子朱标早逝，皇太孙朱允炆此时年仅十五岁，实在年幼，而朱元璋本人已老迈。朱元璋为了让儿孙顺利接掌政权，可以

1　（清）张廷玉：《明史》，中华书局，1974年，第42页。

2　（清）谷应泰：《明史纪事本末》，中华书局，2015年，第195页。

3　汤纲、南炳文：《明史》，上海人民出版社，1985年，第156页。

大杀功臣，甚至昔年好友都不放过，更何况《孟子》书中那些在他看来非臣所宜言的君臣之论、放伐暴君论、王权禅让论呢？正如刘三吾在《孟子节文题辞》中所言："学者或不得其扶持名教之本意，于所不当言不当施者概以言焉，概以施焉，则学非所学，用非所用矣。"同时，我们也注意到，朱标去世后，刘三吾是支持立朱允炆为皇太孙的大臣之一，故其删《孟子》、编《孟子节文》，当也是真心诚意为朱允炆考虑。而刘三吾承朱元璋之意，不仅将孟子君臣之论、放伐暴君论、王权禅让论删除，甚至连孟子仁民、惠民之论也删除，可见对《孟子》忌惮到何种程度。

从《孟子节文题辞》来看，刘三吾其实并不认为孟子思想有错[1]，但是认为对于统一后的当时明朝却并不合宜，尤其是对朱元璋巩固皇权、实行文化专制不合宜，所以冒天下之大不韪，删节《孟子》。刘三吾删《孟子》，编撰《孟子节文》，既是为迎合明太祖加强专制的政治需要，但也是当时政局变化所致。

四、《孟子节文》废止

《孟子节文》成于洪武二十七年十月，废于永乐九年（1411），共使用了十七年。史料记载，洪武十年因不满蔡沈所作《尚书》传，洪武二十七年四月令刘三吾等撰修《书传会选》，九月编成此书。

> 考《明太祖实录》，与群臣论《蔡传》之失在洪武十年三月，其诏修是书则在二十七年四月丙戌而成书。

---

1 按：刘三吾等人奉命编修《书传会选》，在《书传会选》中引《孟子》之言解释《尚书》者不乏其例。这些《孟子》之言，有些正是他从《孟子》删除的条目，如《书传会选》卷二："每岁孟春，遒人以木铎徇于路，官师相规，工执艺事以谏，其或不恭，邦有常刑略也。"其下注曰："孟子曰：'责难于君谓之恭。'官师百工不能规谏是谓不恭，不恭之罪犹有常刑，何况于畔官离次，俶扰天纪者乎？"（文渊阁《四库全书》影印本，第63册，第61页。）

《书传会选》当是由群臣一起编纂而成。"二十七年四月丙戌，诏征儒臣定正宋儒蔡氏《书传》"[1]。《书传会选》完成于九月，《孟子节文》完成于十月，时间相距非常近。现在没有资料证明《孟子节文》是由刘三吾独自完成，还是有其他人参与，但是刘三吾编《孟子节文》应当不是秘密进行，可是我们注意到，无论是在刘三吾在编《孟子节文》期间，还是在刘三吾向朝廷呈报《孟子节文》，当时朝中诸儒无一人提出异议，天下士林也是一片沉默。《孟子》一书自宋代以来就已立为兼经，朱熹又将其合进四书，元代确立了四书科举地位，《孟子》升为正经，所以大多数士人都是饱读《孟子》之书之人，可是刘三吾删节《孟子》，没有一个人站出来反对，足见朱元璋文化专制高压之下士人们的恐惧心态。

直至洪武二十八年（1395），准备将《孟子节文》推向全国作为考试用书时，才有以御史游义生为首的十余人上疏反对。《福建通志》中《游义生传》记载游义生：

> 连江人，洪武戊辰进士，选庶常，擢山东道御史。太祖览《孟子》至草芥寇仇之论，谓非臣子所宜言，撤亚圣配享。寻谕词臣节《孟子》文，义生与同谏十余人，言词愤切，忤旨系狱。一日太祖披谏章，思义生言，召之，狱吏以死告。太祖曰："噫，戆哉！"因尽释囚系诸臣，事旋止。年仅二十有七。[2]

《连江县志》的《游义生传》所记大致相同：

> 游义生，字伯方，生有异质，五岁授《毛诗》，能辨大义。十九

---

[1]　（清）朱彝尊：《经义考》，中华书局，1998年，第477页。
[2]　（清）郝玉麟监修，谢道承等编纂：《福建通志》，文渊阁《四库全书》影印本，第529册，第451页。

领洪武十七年乡荐，明年成进士，选翰林庶吉士。二十二年，上简吉士中风采范俗者解缙等二十八人，义生与焉，旋赐山东御史印。上览《孟子》至"土芥""寇仇"之论，谓非臣子所宜言，撤亚圣配享。义生与台中十余人继钱唐入谏，言词愤切，触上怒，并下之。理既而上，披谏章，思义生言，召之，犴吏以死告。上曰："噫，懿哉！"因尽释同系诸臣，孟子之祀卒不废。[1]

《连江县志》的《游义生传》后有小注云：

> （游义生）及系狱，饵金叶，死时为乙亥九月二十六日，年仅二十七。[2]

游义生等人的上疏劝谏，触怒了朱元璋，十余人都被捕入狱。游义生在狱中吞金而亡，以死明志。为维护《孟子》全本，游义生付出了生命的代价，但并未能令朱元璋改变心意。

此后，《孟子节文》成为明朝通行本，是士人科考的标准本。十七年后，即永乐九年（1411），游义生的同乡孙芝再次冒死上疏，建议废除《孟子节文》，恢复《孟子》全本。董应举在《连江孙公芝传》中详尽记载了这一事件的始末：

> 少参孙公名芝，字廷秀，永贵里东岱人也。以洪武二十八年贡入太学，历事都台，授庆都令，转茂州守，俱有声，以忧去职，永乐辛卯，起复。选植天寿山树异他植者，上见而悦之，勒于所树地曰："孙

1　曹刚修，丘景雍纂：《连江县志》，卷二十三，1927年铅印本。

2　曹刚修，丘景雍纂：《连江县志》，卷二十三，1927年铅印本。

芝树。"改督温宁等郡粮运，运饩至，补守沔阳，未行。奏复《孟子》全书。先是，洪武庚午因读《孟子》视君寇仇等语，谓非所以为训，诏削孟子配飨，废其书。有尚书钱唐者，舆榇受箭死谏，得不废。犹命学士刘三吾节其书八十五条，课试不以命题，科举不以取士。至是公乃奏复之，其略云：

先儒谓孟子与人君言皆所以扩充其善心而格其非心，不止就事论事，若使人臣论事每如此，岂不能尧舜其君乎？臣读逆臣刘三吾所驳，如"魏惠王问何以利吾国，孟子答以仁义，所答非所问，是以所如不合"，不知仁义即利也。《易》曰"利者义之和"，程子谓"拔本塞源而救其弊"者。三吾又谓"惠王欲雪耻，非兴兵构怨不可，孟子制梃以挞之论益迂且远矣"，不知魏间齐、秦、楚三大国之间，力不足而兴兵构怨，是蹙其灭亡矣，孰若对以仁义，使民乐于效死，夫岂迂哉！甚至削去八十五条，如《养气章》，程子所谓"扩前圣所未发，大有功于世教"者亦概削之，则谬妄益甚。乞下部议，收复全书，庶使万世知所诵慕云。

公疏草，年久为虫鼠所蚀，不能详，然《孟子》书以公言复全。都御史李庆、吏部侍郎苏遹皆先后荐公留京师督造琉璃瓦砖，又留采木。宣德丙午擢为山西参议，谢恩日特赐致仕，时公年仅六十二。人争绘图赠公，题曰"林下一人"。公居官谨身，率下以爱民为本，刚方果决，吏服其明，人不敢欺。归里，勤于治生，喜种植，赒恤宗族。其卒也，邑人翰林赵公恢挽之，吴公实志其墓。郑友松为之记曰：

余少时闻孙公为林下一人矣。正德辛未，掌教龙先生以吾连先达策诸生，因答未备，次日录示一款云"风节孙芝"。余未详其风节事。越二年，有游耆民璇者语余曰："我曾叔祖义生公为御史，因事下狱，孙公起复到京，包碗饭，置鱼菜。少许自提击登闻鼓奏曰：'臣孙芝与游义生少同学，今义生坐事，臣远来，愿进一饭尽友谊。'上许之。至则御史以吞金死矣。余乃知龙先生重公盖有以。"

今观奏复《孟子》疏，直斥刘三吾为逆臣，其风节凛凛可知。前辈修志，荐入乡贤祠，顾以其子孙衰微不见录。余故为之论著，以愧夫依阿相援荐者。

愚按：友松，论笃君子也，观其所慨孙公以子孙之微不得祠学宫，当时犹然，况今日乎？世之读《孟子》者，宁复知有孙公？其功可但贤于乡邑而已耶？然微友松，孙公之功几泯。[1]

《连江孙公芝传》作者董应举（1557—1639），字崇相，福建闽县人，万历二十六年（1598）进士，《明史》有传。根据这篇传记，首先为孙芝作传之人，是正德时的郑有松。董应举的《连江孙公芝传》基本上采纳了郑有松所写孙芝事迹。郑有松是孙芝的同乡，所记孙芝事迹应当可信。从传记可知，孙芝与游义生本是同学好友，游义生下狱，孙芝送饭探望，可是游氏已吞金身亡。好友已死，但是好友未尽之事，孙芝没有忘记。永乐九年，孙芝上疏恢复《孟子》全本，对刘三吾删节《孟子》提出了激烈批评。

幸运的是，上疏被采纳，孙芝最终以自己的努力完成了好友游义生未竟之事，《孟子节文》被废止。自此，《孟子节文》问世十七年之后，全本《孟子》再次在社会传播。

需要强调的是，永乐九年虽然恢复了《孟子》全本，但并不代表永乐帝朱棣不忌讳孟子思想中的那些轻君之论，我们从明代科举会试试题可见一斑。会试是每三年会集各省新旧举人于京城参加的竞取殿试资格的考试，是全国性考试，处于明代科举考试体系的第三层次，是至为重要的考试，会试中式者即可参加殿试。会试考官由皇帝钦命，考官中的帘内官负责出题、阅卷和取士。

1　（明）董应举撰：《崇相集》，《四库禁毁书丛刊》，第103册，北京出版社，2005年，第63—65页。

明洪武、建文、永乐三朝会试试题简表[1]

序号	年科	考官	试题	试题出处
1	洪武四年辛亥科	陶凯、潘庭坚	唯天下至圣（章）	《大学》
2	洪武十八年乙丑科	朱善、聂铉	天下有道（子出）	《论语·卫灵公》
			见其礼而	《孟子·公孙丑上》
3	洪武二十一年戊辰科	苏伯衡、李叔荆	君使臣以（二句）	《论语·八佾》
4	洪武二十四年辛未科	钱宰	尧舜帅天（二句）	《大学》
			及其闻一（四句）	《孟子·尽心上》
5	洪武二十七年甲戌科	刘三吾	颜渊问为（章）	《论语·卫灵公》
6	洪武三十年丁丑科	刘三吾、白信蹈	物有本末（节）	《大学》
			君子不可（受也）	《论语·卫灵公》
			知者无不（为务）	《孟子·尽心上》
7	建文二年庚辰科	高逊志、董伦	天下有道（子出）	《论语·季氏》
			孔子之谓（三句）	《孟子·万章下》）
8	永乐二年甲申科	解缙、黄淮	君子有大（足矣）	《大学》
			禹吾无间（章）	《论语·泰伯》
9	永乐四年丙戌科	王达、杨溥	大学之道（至善）	《大学》
			克己复礼（仁焉）	《论语·颜渊》
			致中和天（节）	《中庸》
10	永乐七年己丑科	邹辑、徐善述	武王缵太（保之）	《中庸》
11	永乐十年壬辰科	杨士奇、金幼孜	诗云邦（节）	《大学》
			天下之达（节）	《中庸》
12	永乐十三年乙未科	梁潜、王洪	老者安之（三句）	《论语·公冶长》
			中也者天（育焉）	《中庸》
			故君子不（知天）	《中庸》
13	永乐十六年戊戌科	曾棨、王英	定公问君	《论语·八佾》
14	永乐十九年辛丑科	杨士奇、周述	子路问政（章）	《论语·子路》
			博厚所以（无疆）	《中庸》
15	永乐二十二年甲辰科	曾棨、余鼎	质胜文则（章）	《论语·雍也》
			中也者天（道也）	《中庸》
			仲尼祖述（节）	《中庸》

1　按：此表依据黄崇兰辑：《明贡举考略》，鲁小俊、江俊伟：《贡举志五种》，武汉大学出版社，2009年，第939—952页。

朱元璋时科举考试尚未定制，所以考试时间并不固定。从上表可见，朱元璋洪武四年（1371）至朱允炆建文二年（1400）共举行会试七科。在这七科会试中，从《论语》出试题五道，从《大学》出试题三道，从《孟子》出试题四道，未从《中庸》出题。可见，朱元璋尽管对《孟子》不满，但是并没有将《孟子》剔除在全国性科举考试的命题范围之外。永乐朝，科举已成定制，举行会试八科，共从《论语》出试题六道，从《大学》出试题三道，从《中庸》出试题八道，未从《孟子》出题。其后，除宣德五年（1430）等少数几科会试外，从宣德到崇祯年间的明朝会试，大多都会从《孟子》出题[1]。科举考试的试题往往折射出时代风向，反映了官方对士人举子们的引导方向。朱棣一朝科举会试不从《孟子》出题，说明尽管永乐九年恢复了《孟子》全本，但并没有在非常重要的会试这一全国性科举考试中给予《孟子》应有的地位。

第三节　官方对孟庙保护滞后与民间对孟庙的维护

孟庙是孟子精神的物化以及孟子本人的象征。从宋代以来，朝廷为保护孟庙都从人力和物力上给予了支持。宋神宗元丰年间至徽宗政和五年（1123），由朝廷赐钱，孟庙经过增建和搬迁，庙宇由原来简陋的七间扩充至恢宏的四十二间；元代蒙古民族入主中原，虽然十分依赖其固有文化，然而最终也认识到孔孟儒家思想对于维系王朝稳定的重要作用，因而尊崇儒学成为他们的必然选择。元文宗以崇儒著称，他对儒家代表人物都赠予了新的封号，孟子被封为邹国亚圣公，并三次扩建孟子庙，拨田三十顷与

1　详见黄崇兰辑：《明贡举考略》，鲁小俊、江俊伟：《贡举志五种》，武汉大学出版社，2009年，第952—1049页。

孟子庙，使孟庙的日常维护和修缮有了制度的保障。

一、明代官方对孟庙制度性保障的缺失

如前所言，元朝孟庙保护已经制度化，然而明朝立朝后长达一百多年的时间里，朝廷没有对孟庙进行任何修缮，也很少派官员前往祭奠，更没有制度性的保障措施，孟庙的保护和维修完全由邹县地方官员自作自为。在立朝一百多年之后，明朝中央政府偶尔也下令对孟庙进行修缮和保护，对孟子后裔也有一些褒奖，但这更似碍于皇家脸面不得已而为之。

明朝政府对孟庙的第一次修缮，已是弘治十年（1497），距明朝立朝已过了一百二十九年。朝廷之所以发起此次修缮，修缮完成后的碑记有言：

> 邹，孟子故乡，故有庙专祀之……由正统迄今，岁久复敝。五十七代孙、翰林院世袭五经博士元以为言。我圣天子方弘文治于天下，特下有司命修之。……夫孟子之道明，则孔子之道益尊；孔子之道尊，则尧、舜、禹、汤、文、武、周公、孔子之传为有在矣。故自有宋迄今四百余年，诵孟子之书、仰孟子之道者通于天下，而祀庙亦随之。以是言之，则孟子之祀盖有非一乡一邑可得而专者。然事必先其本，而物各有其源。先贤之乡邑，乃其流风余韵之所自，专祀之庙岂可阙焉而不重哉！[1]

显然，在当时朝廷看来，孟子是孔子之道的捍卫者、儒家道统的传递者，又是天下读书人的精神依归，所以孟子的专祀之庙，既不能由一乡一邑专祀，也不能靠一乡一邑完成修缮，皇家在此不能缺位，"不可阙而不重"。可见，此次修缮，虽然是朝廷主动下诏，但也是迫于孟庙长期由乡邑官绅

---

1 刘培桂：《孟子林庙历代石刻集》，齐鲁书社，2005年，第174—175页。

民间修缮，朝廷要给天下读书人一个交代，要为尊孟做出一个姿态而不得不做。当然由于修缮由朝廷负责，所以此次重修完全改变了此前小修小补的格局。"弘治丙辰二月，明年丁巳三月工乃讫。庙址拓于旧，其广三十弓，纵百十五弓有奇。中为殿寝、东西庑。殿祀孟子，以乐正克配。庑以祀他弟子公孙丑以下。左为殿寝，祀邾国公。右孟氏之家庙，致严有堂，庖廪有舍。以及便户重门，凡为楹六十有四，俱仍旧规易以新之，而轮奂壮丽有加焉。"[1]弘治年间的重修，扩大了孟庙的规模，整齐了庙制，使孟庙焕然一新。

明朝朝廷有时会下诏保护孟庙，但这同样也是迫于形势使然。在明代历史上，由于朝廷缺乏制度性保护，所以孟庙不仅要承受雨雪风霜的剥蚀，还不时受到社会和不法官吏的袭扰，只有孟子后裔等上诏请求保护时，朝廷才会出面予以保护。万历年间，孟庙的庙户、佃户、门役、礼生等因受到里书地方、保甲人等的科诈，而"逃窜，不愿供庙"，导致粢盛不供，祭祀无法进行，孟子后裔与邹县县令特请朝廷出面解决，朝廷批准了他们的请求，批示说：

> 蒙此，该本县知县胡，看得庙户、百姓各有本管差徭。今佃庙人户、礼生，既以一身供庙，又加民间差徭，一身难应两役乎。况考《三迁志》书旧例，除豁差税确有证据者也。合无申乞俯赐定夺。准将庙户、礼生照旧优免杂差，令其颛事洒扫。庶先贤无失祭之虞，庙户无重累之苦。合候详允，行令里书保甲人等，免攀杂差。仍勒石垂后，永远遵守施行等因。呈详本院。蒙批，准如议行缴。[2]

---

1 刘培桂：《孟子林庙历代石刻集》，齐鲁书社，2005年，第175页。

2 刘培桂：《孟子林庙历代石刻集》，齐鲁书社，2005年，第280页。

诏令去除强加给孟庙庙户、佃户、门役、礼生的徭役。

在孟子林庙的清代石刻中，有九篇出自清代帝王，或为御制碑文，或为致祭文，或为赞文，等等。而在孟子林庙的明代石刻碑文中，只有一篇出自皇帝之手，就是明崇祯皇帝在天启三年（1623）祭祀孟子后裔孟承光一家为明朝殉难的祭文。天启二年（1622），山东南部白莲、闻香等教起事，教军先后占领了郓城、邹县、滕县、峰县等地，并攻打兖州、曲阜、郯城等城池。战事历时五个多月，孟子故里邹县是教军较早攻占并最后陷落的主要据点。在战斗中，孟子后裔孟承光率众抵抗，孟氏族人三人死难，家丁席天寿等人也因此丧生，孟府被焚劫一空，夷为平地。为此，崇祯撰文祭典，其文如下：

> 维天启三年五月初十日，皇帝遣太常寺少卿魏应嘉，谕祭亚圣孟夫子暨博士赠太仆寺少卿孟承光、母赠贞淑恭人孔氏、子应袭赠太常寺寺丞孟弘略之灵曰：
>
> 朕惟我朝追崇贤圣，恤及后昆，所以维世道觉人心也。惟尔孟夫子七篇卫道，心长万古，报功典重。岂意鲁林遗树，鸟不敢巢；邹谷丛兰，兽何忍剪？尔胤孙博士孟承光一门殉难，吾道奇穷。朕每览守臣奏状，殊切怆怀。是用遣官，敬陈笾豆，式念羹墙。暨孟承光母子起尔哀魂，歆兹渥典。岩岩未谢，上妥亚圣在天之灵；烈烈如生，下慰博士九原之痛。于戏！天之未丧斯文，妖氛立殄。泽之不斩，君子奕叶弥昌。岂徒恩贲一时，庶冀光昭百代。尚飨！ [1]

很明显，崇祯撰文，主要褒奖孟子后裔在危难之际能够舍生取义，尽忠朝廷，对于孟子，只是顺带提及其卫道之功。

---

[1] 刘培桂：《孟子林庙历代石刻集》，齐鲁书社，2005年，第298页。

从上可见，对孟庙的修缮、保护，以及对孟子后裔的褒奖，明代中央朝廷都是在一种不得已的情况下采取的措施和行动，不是制度性的主动作为。

二、民间对孟庙的自发维护

在官方对孟庙保护滞后的情况下，民间力量是保护孟庙的主体，孟子林庙石刻可以证明这一点。

孟子林庙石刻的主要内容是庙记和拜谒的题记、题咏。庙记、题记、题咏的主角或作者大部分是明代官员士大夫。这些官员士大夫大致可分为两类，一类是孟子故里的地方官绅，一类是在山东公干或途经山东的官员，这一类官员大部分都是上层要员。非常明显的是，明代官绅士大夫对孟子怀有深厚的感情，他们成为明代尊崇和维护孟子的主体力量。

元末战乱，孟庙年久失修，破败不堪。洪武元年，当明代邹县第一任县令桂孟奉命前往上任时，他看到孟庙“庙宇藁创，隘陋弗称”[1]。可是如前所言，明朝在立朝后一百多年的时间里，朝廷对残破的孟庙不闻不问，孟庙的修缮几乎没有从官方获得任何资助，与邻近的孔庙相比，判若宵壤。洪武七年（1374），济宁知府方去矜就说：“故鲁曲阜先圣所居，林庙岿然，俨如一日。孟氏邹人也，故有庙，近毁于兵。”[2]在孟庙石刻碑文中，多有描写孟庙残破景象之语，如“然堂宇之创，病于湫隘，凌于风雨。像塑之设，掩于尘坌，久则剥落”[3]，等等。

在此背景下，明代官绅士大夫成为孟庙的守护者，他们自发维护和修缮孟庙。因没有朝廷应允，不能动用国家财政，捐俸和向社会募资是维修孟庙经费的主要来源。我们看到，在邹县的历任官员中，包括县令、县

---

1 刘培桂：《孟子林庙历代石刻集》，齐鲁书社，2005年，第85页。

2 刘培桂：《孟子林庙历代石刻集》，齐鲁书社，2005年，第105页。

3 （明）史鹗、费增编：《三迁志》卷六，明嘉靖三十一年刻本。

丞、主簿、书吏、儒学训导等，绝大多数都捐出了自己的一部分薪俸用
于孟庙维修。如洪武六年（1373），邹县主簿宜阳到任，前去谒庙，他说：
"予到官之明年七月，公行回邑，拜亚圣庙，睹厥殿宇未完。乃谋诸同寅，
命工协力，以成前人之功。逾月落成。"[1] 又如洪武二十四年（1391）夏，邑
令赵允升下车谒庙，"慨然有修葺志。值更造版籍，倥偬未遑。越二年春，
与邑丞王敬实议允合，于是捐己俸兴造。桌之倾者直之，桷之腐者易之，
垣之缺者补之。仍涂壁茨，加以丹艧饰。壮丽东鲁，令人瞻仰起敬。"[2] 又
如永乐元年（1403），新任邹邑县令朱楚善在谒孟庙后，感慨孟庙因"世
代沿革，累逢兵燹，土圮木毁，罄无遗矣"，虽后经修缮，然"惟两庑旧
基风凌雨震，日辉月霍"，于是"慨然有兴复之志，率诸僚属暨校庠生，
各捐己资，创置两庑，重修寝殿，垣之倾圮，一更新之，不数月而成"[3]。
在县令的带领下，邹县各界人士加入到了这次孟庙两庑修缮的行列中。此
次重修孟庙两庑之事被勒于碑石，"碑阴题铭"中记录了捐资者，他们是：

> 税课局大使黄宗远
>
> 邾城驿丞岳弘
>
> 医学训科孙瑛
>
> 阴阳训述王庸
>
> 医士公圭
>
> 儒士公本
>
> 廪膳生员：孙壳、张佽、李讷、高岂、刘鼎、邻兴、程克恭、王
> 居敬、刘敏、冯善、张确、刘雍、王衍、黄缜、陈斐、许琰、朱颍、
> 卜凡、刘谌、张谨

1　刘培桂：《孟子林庙历代石刻集》，齐鲁书社，2005年，第103页。

2　（明）史鹗、费增编：《三迁志》卷五，明嘉靖三十一年刻本。

3　刘培桂：《孟子林庙历代石刻集》，齐鲁书社，2005年，第125页。

□□

孔礼、甄政、徐朴、鲁琏、姜靖、扈顾、刘昙、黄钺、刘澄、赵茂、袁和、李钦、王义、刘敏、王泽、李洁、宋英、徐敬、刘恕、高恺

增广生员：霍然、□□、李泽

武埜、任洧、张峄、杜恕、郝麟、张翔、陈迪、陈朴、卢橘、韩英、孙通、梁材、王琏、刘溥、孙涣、程鹏、王让、葛海、□宣、付弼、□澂、□骥、姚昇、□□、王幼颖、袁焘、张仲举、焦安、王贞、李宪、刑政、彭进、陈纪、付闰、门嗣宗、孟春、吕畴、王瀛[1]

显然这是一支非常壮观的队伍，不仅有各级官员，还有在校学生、医生等。

由于官绅士大夫个人的薪俸有限，所以他们不可能进行大规模修缮或重建，只能是小范围局部维修或修建。从明朝建立到明末，官员士大夫陆续维修或重建了承圣门、两庑、致严堂、孟母祠、两庑仪门、亚圣享堂、亚圣祖妣祠堂等。虽然规模小，但是如果没有这些官员士大夫的自发维护，孟庙或许早已倾圮倒塌，成为一片瓦砾。

在明代孟庙的修缮以及拜祭活动中，朝廷长期缺位，明代官员士大夫修缮孟子庙、拜祭孟子都是个人自为，不代表朝廷意志。虽然他们的动机、目的或有不同，如邹县县令或许出于保护地方文化以及个人政绩，但更主要的原因是在宋元以来尊孟已是思想大趋势下，尤其《孟子》合为四书，成为考科之目，他们中的许多人自幼熟读《孟子》，《孟子》不仅成为他们弋取功名的敲门砖，而且孟子思想也铸就了他们的精神品格以及思想范式，他们对孟子有发自内心的崇敬，也是明代尊孟的主体。

1　刘培桂：《孟子林庙历代石刻集》，齐鲁书社，2005年，第127—128页。

第四节　明代孟学著述[1]宏富

与元代相比，明代孟学著述更为宏富，不仅明人文集中存有丰富的单篇散论，著作类的孟学著述也远超元代，粗略统计有二百八十余部，不过著作类孟学著述主要集中在中后期以后，中期以前比较少。

明朝历史分期，学术界一般以正统十四年（1449）、万历九年（1581）为分期的时间节点，正统十四年以前为前期，正统十四年至万历九年为中期，万历九年为后期。"正统十四年（1449），明朝与瓦剌打了一仗，明朝皇帝英宗在土木堡做了瓦剌的俘虏。这件大事，一般将之看作明代中期的开端。万历九年（1581），张居正在全国推行一条鞭法，进行了中国赋役制度史上的一次大改革。这次改革，一般看作是明代中期的下限。"[2]

一、明前期学人孟学著述

明前期，时间为洪武元年至正统十三年（1448），历明太祖朱元璋、明惠帝朱允炆、明成祖朱棣、明仁宗朱高炽、明宣宗朱瞻基、明英宗朱祁镇六朝，历时八十一年。

承元余绪，明朝依然采用程朱理学为官方学问，"令学者非五经孔孟之书不读，非濂洛关闽之学不讲"[3]。明代科举考试也承元制，以四书五经为考试内容，朱元璋下诏专取四书五经命题取士论文，程朱对四书五经的注释是答题的标准；永乐时期，明成祖朱棣亲自下令编撰了《五经大全》《四书大全》《性理大全》。这三部大全大多抄掇他书之文汇编而成，同样是以程朱注解为标准。三部大全的完成，进一步确定了程朱理学的官

1　明代孟学著述见文末附录二《明代孟学著述简表》。

2　汤纲、南炳文：《明史》，上海人民出版社，1985年，第206页。

3　（清）陈鼎：《东林列传》，文渊阁《四库全书》影印本，第458册，第199页。

方地位。永乐之后，《四书大全》《五经大全》《性理大全》成为天下治学之宗。

在此思想语境下，以程朱思想解《孟》是明前期孟学著述共同特点，因此明前期孟学研究具有浓厚的程朱理学气息。明前期没有单行的孟学著述，有关《孟子》的著述都见于四书类。[1]

据统计，明前期八十余年，四书类孟学著述约有二十六部，无单行的《孟子》著述。在明前期文人文集中，虽也有讨论《孟子》的散论，如永乐时名臣王直《抑菴文集》中有三条讲述《孟子》的讲义文字，但多是孟子学说的敷演。而刘三吾所编《孟子节文》，只是《孟子》的删节本。

明前期孟学著述少，成就不高，主要原因有二：一是承元余绪。元朝实行民族分化和压迫政策，汉人地位低下，极少有入仕机会，所谓九儒十丐，仕进的艰难消磨了知识分子读书的热情，所以元后期解读四书的著述锐减，明初这一境况并没有得到彻底改变。二是明初思想控制。朱元璋执政的三十四年中，严酷的思想专制，妄加诛杀的文字狱祸，窒息了人们的思想，也抑制了人们著述作文的热情。科举考试虽以四书五经命题，却只能以朱熹《四书章句集注》为依据，阐释发挥不能越雷池一步，不能有自己的见解。读书人无须自己著述，只需领会朱熹之说；以上因素导致明朝前期四书类孟学著述减少。

从目前所见明前期仅存的几部四书类孟学著述，解读主要以义理为主，宗朱是基本立场，解说方式也单一。值得注意的是，在明前期四书类著述中，《四书大全·孟子大全》对于明代孟学发展具有重要的导向性作用。

永乐十二年（1414），朱棣诏命胡广、杨荣、金幼孜等编成《四书大全》，并梓行天下。朱棣组织编纂《四书大全》的原因和目的在御制序中

---

1 详见文末附录。

有明白表示，其目的主要有三：其一，承接圣王之道。朱棣昭告天下，圣王之所以"善治"，是因为他们有治理天下之道。此道在伏羲、神农、黄帝、尧、舜、禹、汤、文、武间递相传承，秦汉以后诸朝，或背弃，"或行之而不纯"，致使圣王之道的传承断裂。身为大明王朝的掌舵人，承接圣王之道，义不容辞。值得注意的是，朱棣在这里只列出了圣王对道的授受传承，而未列周公、孔孟等，显然意在强调圣王传道、弘道之功，而朱棣本人则要超越前朝诸王，赓续圣王授受之统。足见朱棣要将君统、道统一肩挑，从而在权力王国与道德王国树立自己的至上性和权威性。其二，穷理明道。圣王已逝，但圣王之道载于六经，发明于四书，辅翼于程朱诸儒，因此要穷圣人之理，明圣人之道，需借助四书五经以及程朱诸儒之说。其三，正人心，移风俗。达到"国不异政，家不异俗"。而要实现以上目的，就必须有统一的标准文本以及标准解说。所以朱棣组织编纂《四书大全》《五经大全》《性理大全》，根本目的是要为天下读书人确立标准，从而统一思想，以"正人心""移风俗"。

《四书大全》有其明确体例，《四书集注大全凡例》有言：

> 《四书大全》，集朱子集注诸家之说，分行小书。凡《集成》《辑释》所取诸儒之说，有相发明者采附其下，其背戾者不取。凡诸家语录文集内有发明经注，而《集成》《辑释》遗漏者，今悉增入。注文下凡训释一二字或二三句者，多取新安陈氏之说。[1]

由此可知，《四书大全》的编纂体例是：先列四书正文，次列朱熹《集注》，再取其他先儒之说列于其下。先儒之说，主要取自元代倪士毅的《四书辑释》和吴真子的《四书集成》。由于《四书辑释》是删削合并其师

1　（明）胡广等纂修，周群、王玉琴校注：《四书大全校注》，武汉大学出版社，2009年，第9页。

陈栎的《四书发明》与胡炳文的《四书通》而成，所以《四书大全》所取先儒之说尤以新安陈栎之说为多。

需要强调的是，《四书大全》取其他先儒之说，不是解释《四书》本文之义，而是发明朱熹《四书集注》注文的含义，其中多取新安陈氏之说，就是因为陈栎是元代宿儒，其学即以朱子为宗。所取其他先儒，也多是程朱一系。《四书大全》卷首所列先儒有：

> 朱熹、郑玄、孔颖达、周敦颐、程颢、程颐、张载、邵雍、吕大临、尹焞、谢良佐、游酢、侯师圣、杨时、胡瑗、范祖禹、苏轼、林之奇、胡寅、罗从彦、程迥、李侗、陆九渊、吕祖谦、张栻、陈傅良、李衡、陆佃、陈淳、黄幹、辅广、潘柄、蔡渊、蔡沈、蔡模、陈孔硕、赵氏、陈埴、胡泳、郑南升、叶贺孙、黄士毅、赵顺孙、洪兴祖、张九成、邓名亚、真德秀、叶梦得、邵甲、郭忠厚、袁甫、张庭坚、项安世、徽庵程氏、倪雪川、顾元常、李道传、东窗李氏、陵阳李氏、陈知柔、陈用之、谭惟寅、何梦贵、晏氏、潘时举、郑汝谐、郑舜举、王炎、永嘉薛氏、欧阳谦之、诸葛泰、朱祖义、朱伸、胡次焱、张彭老、黄渊、汪廷直、张好古、张玉渊、王回、饶鲁、卢孝孙、程若庸、程达原、刘彭寿、王侗、沈贵瑶、谢枋得、齐梦龙、邢昺、方逢辰、金履祥、冯椅、黄仲元、熊禾、吴浩、吴仲迂、李靖翁、邹季友、汪炎昶、许衡、吴澄、欧阳元、胡炳文、陈栎、张存中、倪士毅、许谦[1]

由上可见，《四书大全》所引先儒，汉唐只有郑玄、孔颖达两位，其他皆为宋元之儒，且以宋儒程朱一系为多，80%都是程朱学派中人。虽有

1　详见《四书大全·大学章句大全》，文渊阁《四库全书》影印本，第205册，第6—8页。

一些后来已不知名讳，但大多在当时都是极有影响的学人。编纂者将如此众多学人之说收列其中，说明他们确实欲将先儒之说搜集齐全，综汇众说而成一统，使《四书大全》名副其"大全"之实。《四书大全》由于收集了宋元众多治四书学的学人的观点，甚至将一些已不知其名讳的学人的观点都收录其中，从这一角度而言，《四书大全》可谓宋元四书学集大成之作；又由于是官定教科书，影响有明一代二百余年思想学术的发展；因此无论是研究宋元明的四书学，还是探讨明代思想学术，都不能忽视《四书大全》，"《四书大全》堪称是宋元明清《四书》学的集大成之作，是今天我们研究《四书》的重要津梁与文献渊薮，也是研究元明思想文化史的重要历史文献。"[1]

就《孟子》而言，《四书大全·孟子集注大全》的编成，不仅保证了《孟子》全本的通行，而且再一次以官方力量规定了学习和接受《孟子》的评判标准是以朱熹思想为核心的理学。

《四书大全·孟子集注大全》注解内容，遵循朱熹《集注》，以义理为主，亦不废训诂。如所周知，在宋代学人普遍"大心"解经、不重名物训诂的语境中，朱熹《四书章句集注》的特别之处，就是思想义理、名物训诂并重。朱熹自己在六十八岁时曾说："某所解《语》《孟》和训诂注在下面，要人精粗本末，字字为咀嚼过。此书，某自三十岁便下工夫，到而今改犹未了，不是草草看者，且归子细。"[2]朱熹明白固然不能泥于文辞而以文害辞，但文字训诂也是通往经典的必由之途，是理解圣人之意的关键，所以对于字音、语义以及名物的考辨，他都十分重视，或标反切，或明训诂，但解释极为简约、精练，朱熹希望以简驭繁，以《孟子集注》为读者架起一座通往《孟子》的桥梁。《四书大全·孟子集注大全》的内容注解，

---

1 周群：《〈四书大全〉平议》，《华夏文化》，2013年，第12期。
2 （宋）黎靖德编，王星贤点校：《朱子语类》，中华书局，1986年，第2799页。

谨依朱子，既以思想义理解释为其解释的主体，也重视名物训诂的注解。当然《孟子集注大全》所解释者都是朱熹《孟子集注》中的思想义理和名物语词。如孟子仁政主张的如下内容：

> 数罟不入洿池，鱼鳖不可胜食也。（《孟子·梁惠王上》）

《四书大全·孟子集注大全》注曰：

> 数，密也。罟，网也。洿，窊_{乌瓜反}下之地，水所聚也。古者网罟必用四寸之目，鱼不满尺，市不得粥_{余六反}，人不得食。山林川泽与民共之，而有厉禁。

上面大字部分是朱熹对"数罟不入洿池，鱼鳖不可胜食也"的注解，小字则是《四书大全》编者对朱熹注中"窊""粥"的注音。在朱熹注下，引《周礼》、胡炳文之说，申明、阐发朱熹之意。

> 《周礼·地官司徒》："山虞，掌山林之政令，物为之厉而为之守禁。仲冬斩阳木，仲夏斩阴木。"或谓阳木生山南者，阴木生山北者，凡服耜斩季材，以时入之。服，牝服，车之材也。季犹穉也。服与耜，宜用穉材，尚柔韧也。令万民时斩材，有期日。"泽虞，掌国泽之政令，为之厉禁，使其地之人守其材物，以时入之于王府，颁其余于万民。云峰胡氏曰：文王治岐，泽梁无禁，此所谓'山林川泽，与民共之'，即是泽梁无禁。无禁者，王者爱民之仁也。虽无禁而有厉禁，又王者爱物之仁也。《周礼》'山虞，掌山林之政令，物为之厉而为之守禁。'注：物为之厉，每物有藩界也。为之守禁，为守者设禁令也。守者，谓其地之民，占伐林木者也。郑司农云：'厉，遮列守之也。'以是

观之，泽梁无禁者，不禁民之取，而有厉禁者，禁民之不以时取也。"[1]

《大全》引《周礼》之言，申明朱熹"山林川泽与民共之，有厉禁"之说，与《周礼》相合，并非凿空之论。又引胡炳文之言，解释朱熹所言"有厉禁"与"文王治岐，泽梁无禁"并不矛盾。胡炳文以《周礼》及郑玄注为据，指出"泽梁无禁"，是不禁民取于山林川泽，是"与民共之"，体现了文王爱民之仁；而"有厉禁"，则是当取之以时，"禁民不以时举"，体现了文王爱物之仁，所以朱熹之解既合古代典制，也与文王治岐之仁政相符。《大全》以《周礼》、胡炳文之言进一步阐明朱熹之意，制度考释与思想义理的解释都兼而有之。

当然《孟子集注大全》有其关注的重点，其重点就在朱熹解释孟子思想时所揭橥的一些重要概念范畴，诸如：心、性、天、尽心、知性、存心、养性、事天、物格、知至、穷理等，不仅一再引朱熹其他著作相关之言予以阐明，而且广引陈栎、辅广、陵阳李氏、陈埴、蔡渊、胡炳文等其他诸儒之说以为辅翼。如《孟子·尽心章句上》：

尽其心者，知其性也。知其性，则知天矣。

在其下，朱熹注曰：

心者，人之神明，所以具众万理而应万事者也。

在朱熹注后，《大全》引新安陈氏曰：

1　（明）胡广等纂修，周群、王玉琴校注：《四书大全校注》，武汉大学出版社，2009年，第769页。

　　　　心者，神明之舍；"具众理"，心之体也；"应万事"，心之用也。
《大学章句》释"明德"，《或问》释"致知"之"知"字，此释"心"
字，大概三处互相发云。[1]

随后又引朱熹自己的五段文字、勿斋程氏、辅广、陵阳李氏之言详加解释。

　　由于《四书大全·孟子集注大全》以朱子之学为中心，又征引程朱一
系诸儒之说以为辅翼，所以《四书大全·孟子集注大全》实际上是宋元朱
子学派的孟学观念的集中展现，无疑是我们了解宋元诸儒孟学的一个重要
参考。

二、明中期学人孟学著述

　　明中期，时间为正统十四年（1449）至万历九年（1581），历明代宗
朱祁钰、明英宗朱祁镇、明宪宗朱见深、明孝宗朱佑樘、明武宗朱厚照、
明世宗朱厚熜、明穆宗朱载垕、明神宗朱翊钧八朝，历时一百三十三年。

　　明初，由于朱元璋、朱棣等实行了与民休息、整顿吏治等一系列措
施，明初社会经济有了较为稳定的发展，明中期经济的变化是商品经济突
破种种限制发展起来，甚至出现了走私贸易。明中期皇帝大多庸碌无为，
有的又纵情声色犬马，不理朝政，导致内阁和宦官专权，政治日趋腐败，
社会上各种矛盾逐渐激化。而正统十四年的"土木之变"，瓦剌部打败明
军，俘虏英宗，明朝国势衰颓由此开启。

　　明中期的思想学术，程朱理学依然占据独尊地位，家诵户弦。然而物
极必反，由于缺乏论敌的诘难，程朱理学逐渐失去自我更新的活力。与此
同时，由于商品经济发展，社会财富急剧增长，人们沉湎于利益的追逐与

1　（明）胡广等纂修，周群、王玉琴校注：《四书大全校注》，武汉大学出版社，2009年，第
　　1021—1022页。

生活享乐的满足，与程朱理学"存天理，灭人欲"的道德伦理和价值观念形成剧烈冲突，程朱理学濒临消解的危险；加之其烦琐支离的治学弊端，使人们由尊信程朱而至产生怀疑。在这种背景下，明中期学人也由宗朱转而疑朱、驳朱，进而转向心学，由此明代学术进入一个新的历史时期。

明中期有关《孟子》的著述依然主要见于四书类，但也出现了单行的孟学著述，著述解读形式多样。

与明前期相比，明中期孟学著述数量远超明前期，约计有一百三十一位学人的一百四十三部（篇）著述，较明前期孟学著述多了五倍多。明中期出现如此多的孟学著述，主要是因应于科举考试的需要，因为其中有相当一部分是科举考试的时文。自永乐时起，明代科举考试程式基本固定，而永乐、宣德开始实行的一些科举录取以及人才选拔的制度，如永乐二年（1404）开始在二、三甲进士中选拔庶吉士，宣德时开始实行各省直乡试依定额录取，会试分地区按比例录取，先分南、北卷，后改为南、北、中卷等制度，"保证了全国包括边远落后地区的人才源源不断地进入到官员队伍乃至统治高层中来，不仅对实现各地区人才的优势互补从而提高统治效能具有重要意义，而且持续推进了各地区尤其是边远落后地区教育文化的发展，对提高各地区对朝廷的向心力、巩固统一起到了不可替代的重要作用"[1]。由于四书是科举考试的重要内容，为应对科举考试而作的时文也就大量出现。

从目前可考的明中期学人籍贯、郡望来看，明中期孟学著述的作者仍以福建、江西、浙江地区的学人为主。从解读方式来看，就目前可见的孟学著述而言，义理解读仍是主体，但考据著述的比重也在增大。字音、字义、史实、人物、典章等都是考释对象。有的着重考释字音，李果、周

1　张希清、毛佩琦、李世愉主编，郭培桂著：《中国科举制度通史》（明代卷），上海人民出版社，2017年，第1页。

宾、周寅三人都写有《四书音考》；有的着重考释人物、名物，如薛应旂的《四书人物考》、陈禹谟的《四书名物考》《三迁志》等就是其中代表。

薛应旂的《四书人物考》援引经史子集四部之书，全面考察了四书中所出现的人物，体例仿宋王当的《春秋臣传》，分为纪三卷、传三十七卷，并在纪传后还加以论赞。《四书人物考》比较全面地考察了《孟子》中出现的所有人物的事迹，卷十是梁惠王、齐宣王、邹穆公、燕子哙、子之、滕定公的传记，卷十七是孟子及其门人的专门传记。有些人物由于在其他文献无载，所以多是节取《孟子》原文为证，如卷三十关于庄暴、景丑、孔距心、胡龁、沈同、陈贾、时子、尹士、陈戴、然友、储子、毕战等人的考证即是如此。薛应旂对这些人物的评价是：

> 战国之士见于《孟子》书者，唯田齐之国为多，然皆碌碌庸人，不足以为士也，他不经见，奚怪哉？其间如孔距心、蚳蛙闻言而悟，犹庶几焉。滕之臣虽不多见，而然友、毕战犹能任丧礼、井田之事，则滕文之贤亦因可知矣，惜也，国小不王，故曰："虽有知慧，不如乘势。"又曰："势轻重也，岂势固不可少哉？"[1]

薛应旂总结《孟子》书中所载人物，齐国人最多，然多庸碌之辈，所载滕国臣子虽少，但"然友、毕战犹能任丧礼、井田之事"，足证其贤，而臣子之贤可证君主之贤。从薛应旂对这些人物的评价中，可以看出他对《孟子》史料价值的肯定。薛应旂《四书人物考》对《孟子》人物的考证以及所写传记为后世研究《孟子》中的人物提供了资料和思路。

陈禹谟的《四书名物考》则专门致力于四书的名物训诂，其卷十三至二十四考证了《孟子》中的名物典制，内容涉及人物、地理、动物、植

1　（明）薛应旂：《四书人物考》，《四库全书存目丛书》，157册，齐鲁书社，1997年，第205页。

物、器具、典制等方面，《四书全书总目》认为其书"多疏舛"[1]。

《三迁志》原本是嘉靖时期史鹗所撰，万历时期胡继先加以疏订，改名《孟志》。天启年间吕元善在史鹗、胡继先两家旧本基础上加以订补，可惜书未脱稿即病逝，后由其子吕兆祥、其孙吕逢时续撰完成。《三迁志》汇集了孟子生平事迹、历代官方对孟子的推崇与封赐、历代名儒对孟子的评价、《孟子》其书佚文等资料，还对孟子的家世、生卒、受业、出游等都做了考证，内容十分丰富。

在明中期考据学著述中，陈士元的《孟子杂记》属于比较有参考价值的著作[2]。

在明中期孟学著述中，文学评点式解读也时有所见，如《四书评》赞美《孟子》其文"绝妙""的真神品""千古无两""生龙活虎""字字真情，不作诳语"等，称道："此等文字，真如慈父母之为子，大有功于世教。孟子，大圣人也！"[3]

从解读立场而言，明中期孟学学人有宗朱者，也有驳朱者。宗朱的学者认为"孔子、朱子遗言俱在，何劳费一词"[4]，因而此亦一述朱，彼亦一述朱，对《孟子》的解读株守朱熹，乏有新意；但有一些学人虽宗朱，但也不盲目崇拜，蔡清的《四书蒙引》就是如此，"在明代疏解《四书》义理的系列著作中，《四书蒙引》可以称得上少有的佳作，因此颇受有识之士的推重，风行一时，所谓'梓学官而行天下，四方学士宗之曰虚斋说也'（《虚斋文集序》)"[5]。在明中期宗奉朱学走向僵化之时，一部分学人开始转向心学，陈献章、罗汝芳等是其中的代表；还有一部分学人大胆驳正朱熹，如

1　（清）永瑢等撰：《钦定四库全书总目》（整理本），中华书局，1997年，第487页。

2　详见本编第十章。

3　（明）李贽：《四书评》，上海人民出版社，1975年，第189页。

4　（明）李维桢《四书浅说·序》，（明）陈琛《四书浅说》，《四库全书未收书辑刊》，北京出版社，1998年，第7辑，第39页。

5　董洪利：《孟子研究》，江苏古籍出版社，1997年，第285页。

　　高拱的《四书辩问录》针对朱熹的《四书章句集注》中有疑问之处逐条辩驳，提出不少创见，清人称其书"确有所见，足以备参考而广见闻"[1]。

　　明中期的孟学著述，还出现了图谱式叙事的孟学著述。如蔡清的《四书图史合考》、季本的《孔孟事迹图谱》。季本参考《史记》《资治通鉴》《皇极经世》《大事记》《通鉴前编》《孔子通记》，证以《春秋》《礼记》《战国策》《孔子家语》等，著成《孔孟事迹图谱》，以时间为序，勾勒孔子、孟子一生行事，相当于孔子、孟子的年表，只是内容更为丰富。

　　总之，明中期孟学著述较明前期大增，且著述形式多样，有思想阐释、名物考据、音义考释、文学评点、资料汇编等，学人的思想也由宗朱变而疑朱、驳朱，进而转向心学。

三、明后期学人孟学著述

　　明后期，时间为万历十年（1582）至崇祯十七年（1644），历明神宗朱翊钧、明光宗朱常洛、明熹宗朱由校、明毅宗朱由检四朝，时长六十三年。

　　明后期在全球贸易的刺激下，商品经济繁荣发展，传统的农耕经济模式受到冲击。经济领域的改变引起思想意识的变革，明后期出现的各种思潮都与之有着密不可分的联系。受官方为思想统一而采取的种种措施的影响，明代思想文化更加制度化、世俗化，思想亦日趋僵化。与此同时，明后期学者意识到思想僵化以及思想的同一性带来的危机，"由于汉族与异族、皇权与绅权、都市生活与乡村生活、市民与士绅之间的种种冲突，社会生活在王阳明生活的正德、嘉靖时代起已经发生了巨大变化。可是，在社会生活的同一性在逐渐丧失的时候，思想的同一性却依然存在，那么，思想将如何有效地响应和疗救这种危机与变化？这就是当时士人普遍的紧

1　（清）永瑢等撰：《钦定四库全书总目》，中华书局，1997年，第474页。

张与焦虑"。[1]在这种危机下，明后期的学术界出现了一些新的趋势，主要有以下三个方面：

其一，王学兴盛与分化。明后期思想派别林立，但占据主导地位的是王学。现代学人嵇文甫说："晚明是个心宗盛行的时代。"[2]王阳明死后，其后学形成了学术风格各异的派别。"心学明代中后期以后传播广泛，在经历了一百多年的发展以后，逐渐分化为几个新学派，也就是王学后学。"[3]黄宗羲的《明儒学案》将王门后学从地域上划分为浙中王门、江右王门、南中王门、楚中王门、北方王门、粤闽王门六个派别，其中浙中王门、江右王门影响力最大。虽然王门后学都继承了王阳明心学的主要观点，但由于对阳明学说宗旨的理解不同，于是出现了许多分歧，"良知宗说，同门虽不敢有违，然未免各以其性之所近拟议掺和"[4]。比如，浙中王门代表王畿强调良知的现成自足，反对刻意的后天学习，而同为浙中王门的钱德洪则认为王畿的观点流于虚玄，故注重工夫上的后天修养。江右王学代表邹守益承认良知自足，但也重视通过日常修养以扩充良知。聂豹提出"归寂论"，认为主宰本体寂然不动，须从"寂"上用工夫以回复本体良知。由于观点不同，王门学者争论不休，王学由此逐渐分化和转型。

其二，实学思潮兴起。明后期社会矛盾丛生，冲突激烈，新兴商品经济发展，催生出新的社会思潮，思想文化领域出现了"由虚反实"的思想倾向。学界对明后期兴起的"由虚反实"的思想给予了很高的评价，称之为"早期启蒙主义思潮""经世致用思潮""人文主义思潮"。陈鼓应、辛冠洁、葛荣晋主编的《明清实学思潮史》称之为"实学思潮"，总结"明清实学思潮的基本特征是'崇实黜虚'。所谓'崇实黜虚'，就是鄙弃理

1　葛兆光：《中国思想史》（第二卷），复旦大学出版社，2010年，第292页。
2　嵇文甫：《晚明思想史论》，东方出版社，1996年，第144页。
3　张岂之主编：《中国思想学说史》（明清卷），广西师范大学出版社，2008年，第2页。
4　（清）黄宗羲：《明儒学案》，中华书局，2008年，第240页。

学末流的空谈心性，而在一切社会文化领域提倡'崇实'，如'实体''实践''实行''实功''实心''实念''实言''实才''实政''实事''实风'，等等"[1]；并认为"崇实黜虚"是明清时代精神的集中表现。明后期有一批学者，他们关心政事、实务，敢于批评现实政治中的腐败，强调思想立足于现实，这种批判精神和经世思想正是实学思潮的重要体现。在思想领域，这些学者反思和批评程朱、阳明后学空谈蹈虚带来的社会流弊，提倡学行一致。顾宪成、高攀龙等人极力批判当时只讲不行的空谈，高攀龙说："讲学者，讲其所行者也，不行则是讲而已矣，非学也。"[2]他们以求实致用的思想评价孟子，认为孟子既注重学，也注重用。

　　逐渐兴起的考据学是明后期实学思潮的一个重要支流。为了纠正明中后期以来的空疏学风，明代的一些学者治学开始转向训诂考据之学。明中期杨慎就反对"学而无实""学而无用"的空疏学风，强调治学要力行实践，致力于考据训诂，写出了多部训诂考据著作，开明代考据风气之先。明后期实学进一步推动了考据学的发展，这一时期出现了不少颇具价值的考据著作，如王世贞的《史乘考误》、焦竑的《焦氏笔乘》等。

　　其三，"三教合一"。"三教合一"的趋势早在隋唐时期就已经出现，宋代进一步发展，但明确提出"三教合一"却是在明代。在三教合一观念影响下，明末许多学者治学兼取三教，或援释入儒，或援道入儒。明后期的泰州学派就大谈禅门之说，以禅释王阳明之说，也以禅释孟，黄宗羲就此有评："泰州、龙溪时时不满其师说，益启瞿昙之秘而归之师，盖跻阳明而为禅矣。"[3]葛寅亮在《四书湖南讲》谈论孟子的性善论时说：

　　　　葛孟真问："才说善，毕竟在继静而动时候，乃落作用一边了，若

1　陈鼓应、辛冠洁、葛荣晋：《明清实学思潮史》，齐鲁书社，1989年，第1—2页。

2　（明）高攀龙撰、陈龙正编：《高子遗书》，文渊阁《四库全书》影印本，第1292册，第343页。

3　（清）黄宗羲：《明儒学案》，中华书局，2008年，第703页。

本体原来清净，如何着得个善？"

答曰："舍了作用，更于何处觅本体？孟子也没奈何，只得从情与才上指点，即如佛氏教人慈悲、教人布施、教人忍辱、六度万行种种作用，只向善一边去。"[1]

他认为孟子从情和才上指示性善而引导人们向善，这与佛家教人慈悲、布施、忍辱、六度万行等相同。葛寅亮显然是以佛释孟。可见，在明末"三教合一"思想影响下，包括孟学在内的儒学研究都受到相应的影响，这也是明末学术日趋融合统一的体现。

明朝后期有关《孟子》的著述依然主要见于四书类，虽有单行的孟学著述，但数量有限，不过著述解读形式多样。明后期约有一百二十四位学人一百六十余部（篇）著述。从目前可考的明后期孟学著述学人的籍贯来看，明后期孟学学者仍然集中在浙江、江苏、福建等地，但河北一地的人数比明中期明显增加，几与福建持平。

义理研究仍是明后期孟子研究的主要方式。受实学思潮的影响，这一时期学者开始摆脱空疏学风，而对《孟子》作名物、训诂、考据的研究。不仅如此，明后期一些孟子考据研究成果的质量也受到学界肯定，如焦竑的《孟子非受业子思》[2]、郝敬的《孟子遗事》、谭贞默的《孟子编年略》等。可见，经过前期和中期的发展，明后期的孟子考据学研究达到了高潮，也为清代考据学奠定了基础。

然而，明后期考据学研究也有一些不尽如人意之作，如陈仁锡的《四书人物备考》，是"因薛应旂《四书人物考》而广之"[3]，其卷十九至卷二十八中逐章对《孟子》进行考证，既有人物的考证，又有名物典故的训

---

1 （明）葛寅亮：《四书湖南讲》，《四库全书存目丛书》，第162册，齐鲁书社，1997年，第499页。

2 （明）焦竑：《焦氏笔乘》，《四库全书存目丛书》，齐鲁书社，1996年，第21页。

3 （清）永瑢等撰：《四库全书总目》，中华书局，1965年，第313页。

诂。董洪利指出:"陈仁锡《四书人物备考》几乎全抄《四书图史合考》,从体例到内容完全相同。其中《孟子》部分比《四书图史合考》多列了一百三十七个条目,这多出的部分,有的是把《四书图史合考》的条目一分为二,有的是从薛应旂的《四书人物考》中移植过来的。《四书图史合考》的资料已不十分可靠,这抄袭成书的《四书人物备考》就更不可靠了。"[1]

明后期的不少孟学著述都兼具了义理和考据两种研究方法。考据性孟学著述中有义理阐发,很多以义理阐释为主的孟学著述也有不少音韵训诂、名物度数的考据。这种现象是明后期经典注释义理考据并行的突出体现。其实几乎所有孟学著述都很难将其截然划归于义理研究或考据研究,因为许多著作阐释义理时,也会用考据为其助力,而考证《孟子》语词、名物、典制时也有对孟子思想的分析。

总体而言,明后期的孟学著述宏富,成果众多。

小　结

明朝初立,由于孟子的民贵君轻论、君臣对等论、放伐暴君论等思想主张,不利于朱元璋推行文化专制、实行君主集权,因而罢孟子配享,又示意刘三吾删节《孟子》,导致孟子官方地位在明初下降。虽然孟子配享地位很快恢复,《孟子节文》在通行十七年后被废止,恢复了《孟子》全本,但是明代朝廷始终表现出对孟子的疏离,对孟庙的保护严重滞后就可见一斑。尽管如此,明代学人却始终对孟子充满崇敬,所以他们自发修缮孟庙,虔诚拜谒孟子,并写下了数量惊人的孟学著述。钱唐为维护孟子配

1　董洪利:《孟子研究》,江苏古籍出版社,1997年,第286页。

享地位，抱着必死之心上疏朱元璋；游义生为保护《孟子》的完整，献出了自己的生命。正是因为明代学人积极维护孟子，所以在经历了明代初年的贬黜之后，孟子在明代的尊崇地位就再未动摇。

　　明代孟学著述，前期较少，中期、后期大增。由于大多是为科举应试而作，所以明代虽有单行的孟学著述，但明代孟学著述主要见于四书类。明代孟学著述的学人多来自江浙、福建、江西地区，其次为河北地区。明代孟学著述方式多样化，图谱类有之，年表类亦有之。明代孟学著述内容，以思想诠释为主，受实学思潮影响，明后期学者亦注重对《孟子》进行名物训诂考据研究，使明后期的孟子考据学研究达到了高潮，为清代孟子考据学奠定了基础。除此而外，明代孟学著述还有一些是从文学评点的角度观照《孟子》。明代孟学著述立场，前期、中期宗奉朱熹，但自中期开始，由于宗奉朱熹造成思想僵化，故也有辨朱、驳朱者，后来转向陆学，王学兴起后，对《孟子》的心学化解读成为明后期孟学的基本特征。

第二章

薛瑄论孟子

如前所述，明前期八十年间，无单行的孟学专门著述，四书类的著述也非常少，约有二十部，且大多亡佚。由于明前期无单行的孟学著述，目前只能在明前期文人文集中见到一些评述孟子其人其说的散论。我们以"孟子""孟轲"为搜索词检索明前期文人文集，检索结果显示这两个词在薛瑄的《读书录》《敬轩文集》共出现一百五十二次，在胡居仁的《易像钞》《居业录》《胡文敬集》中共出现一百一十六次，在吴与弼的《康斋集》中出现十三次，在曹端的文集中出现十六次。无疑，开河东之学的薛瑄是明前期散论式评说孟子最具代表性的学人。

有鉴于此，关于明前期孟学，我们以薛瑄论孟子为考察视点。

薛瑄（1389—1464），字德温，号敬轩，山西河津人。幼随父习四书五经，长师魏纯、范汝舟学濂学、洛学。永乐十九年（1421）登进士第，官至监察御史。为学以复性为宗、濂洛为鹄。

薛瑄非常推崇孟子，称赞："孟子之言光明俊伟，如'答景春大丈夫章'，读之再三，直使人有壁立万仞气象，如濯江汉而暴秋阳也，快哉！快哉！"[1]薛瑄曾到孟庙拜祭孟子，有诗为证，诗名《孟子祠》：

---

1 （明）薛瑄撰，孙浦桓点校：《读书录》，凤凰出版社，2017年，第134页。

邹国丛祠古道边，满林松柏带苍烟。

远同阙里千年祀，近接宣尼百世传。

独引唐虞谈善性，力排杨墨绝狂言。

功成不让湮洪水，万古人思命世贤。[1]

薛瑄在诗中称赞孟子"谈善性""排杨墨"而传承孔学之功，认为孟子此功堪比禹平治洪水以安万民。薛瑄肯定韩愈在孟学发展史上的重要地位，说："韩子之时，异端显行，百家并倡，孰知尧、舜、禹、汤、文、武、周公、孔子、孟轲为相传之正统？又孰知孟轲氏没而不得其传？又孰知仁、义、道、德合而言之？又孰知性有五而情有七？又孰知尊孟氏之功不在禹下？"[2]

薛瑄虽无专门的孟学著述，但在其《读书录》及《续录》中有很多关于孟子思想的评说。

第一节　《孟子》体要在性善

对于孟子心性论，薛瑄有如下之解。

薛瑄指出，圣贤之书都有其"体要"。所谓"体要"，就是以"一理而足以该万殊也"。四书之中，《大学》的"体要"是"明德"，《中庸》的"体要"是"诚"，《孟子》的"体要"就是"性善"。薛瑄说：

孟子言性善，于道之大本大原见之至明矣。故其一言一理皆自此

1　（明）薛瑄：《敬轩文集》，文渊阁《四库全书》影印本，第1243册，第198页。

2　（明）薛瑄撰，孙浦桓点校：《读书录》，凤凰出版社，2017年，第58页。

出。荀、杨诸子，不明道之本原，虽多言，愈支矣。

圣人之言性与天道，虽曰不可得而闻，然与诸弟子言仁义、孝弟、忠信、天命、仁圣之类，与凡不言之教，何莫非性与天道之妙哉？[1]

薛瑄认为，从思想认识来看，孟子"性善"直指"道之大本大原"，既是《孟子》体要，又得道之本原。相较而言，荀、杨诸子，其论固然精奇，其学也很广博，然而因为缺乏"体要"，未得道之本原，故其说偏驳支离，自然不能与孟子媲美。

承宋人之说，薛瑄认为孟子所言仁义礼智是性，而恻隐之心、羞恶之心、辞让之心、是非之心"四心"是情。他说：

孟子言仁、义、礼、智之性，恻隐、羞恶、辞让、是非之情，道之体用全具，古今天下之理，不外乎此。[2]

薛瑄解释孟子"知其性，则知天矣"时说："天者，性之所自出，即天命之性也。"也就是说，在薛瑄看来，孟子"知天"之"天"是指"天命之性"，仁义礼智就是天命之性，性善是天命至善。

"性善"既是道之本原，又是《孟子》"体要"，所以薛瑄强调要认真体认和努力践行。所谓"性虽无物不有，无时不然，然或心有不存，则不能体是性而与之相违矣，故道虽不可离，而存养省察之功不可间也"。[3]

如何体认性善？薛瑄指出，孟子的"学问之道无他，求其放心而已矣"与"取其左右逢其原"，已道出了其中奥秘。

薛瑄认为，孟子"学问之道无他，求其放心而已矣"，就是告诉人们，

---

1 （明）薛瑄撰，孙浦桓点校：《读书录·续录》，凤凰出版社，2017年，第320页。

2 （明）薛瑄撰，孙浦桓点校：《读书录·续录》，凤凰出版社，2017年，第299页。

3 （明）薛瑄撰，孙浦桓点校：《读书录·续录》，凤凰出版社，2017年，第299页。

为学是体认性善的第一途径，"为学之要在于知性善，知性善，则知所用力矣"[1]；通过为学"知性善"，须明白先贤所言真义，那么就要明辨经书文本字词义的用法，因为"经书中有字同而义异者"。

> 经书中有字同而义异者。如《易·泰卦》，"泰"乃亨泰之义；《论语》"君子泰而不骄"，"泰"乃舒泰之义；《大学》"骄泰以失之"，"泰"，侈肆之义。又如《书》言"有忍乃济"，"忍"乃容忍之义；《论语》言"忍"，乃忍于为恶之义；《孟子》言"不忍人之心"，乃仁心发见之义。经书字如此类者，字同而义异，读者当各即其义而观之，不可以字泥也。[2]

薛瑄指出，字同义异很常见，同一"泰"字，同一"忍"字，在不同的典籍以及语境中，其义常常不同，因此要仔细体认，不能"以辞害志"。为学最为重要者，则在于立心，他说："为学第一工夫，立心为本。"[3]

薛瑄认为，孟子"取之左右逢其原"，就是告诉人们体认性善的第二途径，是见诸于日用常行，随事随处，从行中见真义。因为仁义礼智之性在日常生活中"无时无处不发见"，只不过人们自己没有深切体察而已。

> 日用间身心切要道理，只是仁、义、礼、智之性，发而为恻隐、羞恶、辞让、是非之情，随事随处必体认得了了分明，方为见道，而无形不著、习不察之患矣。[4]

---

1 （明）薛瑄撰，孙浦桓点校：《读书录·续录》，凤凰出版社，2017年，第331页。

2 （明）薛瑄撰，孙浦桓点校：《读书录·续录》，凤凰出版社，2017年，第314页。

3 （明）薛瑄撰，孙浦桓点校：《读书录》，凤凰出版社，2017年，第205页。

4 （明）薛瑄撰，孙浦桓点校：《读书录》，凤凰出版社，2017年，第140页。

体认性善，不是玄想沉思，更不是远离人世，而是随事随处于日用常行中见真义，孟子"取之左右逢其原"就是此义。

> 孟子言"取之左右逢其原"。"原"，即天命之性也。性无时不发见于日用之间，故"取之左右逢其原"。"原"，如水之有来处。[1]

薛瑄还说：

> 善即性也，为善即所以尽性也，为不善则失其性矣。性之一字，无所不包，当时时体认而力行之。孟子所谓"左右逢其源"者，即此性也。[2]

在薛瑄看来，"取之左右逢其原"的"原"，就是指大本大原，"取之左右"就是随事随处。以"取之左右逢其原"为孟子体认性善的途径，可谓薛瑄的自得之见。因为薛瑄此解明显与朱熹不同，虽也借用了赵岐之解，赵岐说："左右取之在所逢遇，皆知其原本也。"[3]但赵岐是在解释学问之法，而非指示体认性善之途。

在肯定孟子性善直指道之本原的同时，薛瑄继承程朱之说，认为孟子人性论也有不足，具体表现就是：孟子只论性，未论气。他说：

> "论性，不论气，不备。"言孟子论性善，固得性之本原，然不论气，则不知有清浊、昏明之异，故未备。"论气，不论性，不明。"言告子以知觉运动之气为性，而不知性之善，故不明。"论性不论气"，此"气"字指气质之性而言；"论气不论性"，此"气"字指告子以知

1　（明）薛瑄撰，孙浦桓点校：《读书录·续录》，凤凰出版社，2017年，第343页。

2　（明）薛瑄撰，孙浦桓点校：《读书录·续录》，凤凰出版社，2017年，第299页。

3　（清）阮元校刻：《十三经注疏·孟子注疏》，中华书局，1980年，第2727页。

觉运动之气而言。盖告子论气，亦不知有清浊、昏明、气质之性也。"二之，则不是。"言性不离气，气不离性，分性气为二，则不是。[1]

> 性如水，水本清，被泥沙浊了，便浊了，也只得谓之水。性本善，被气质夹杂恶了，便恶了，也只得谓之性。故程子曰"恶亦不可不谓之性"者，此也。[2]

人由气禀而成，气禀有清浊昏明之异，导致现实人性千差万别，这就是气质之性，气质之性亦是人性。孟子论性不论气，既不能很好地解释现实人性之别，也将气质之性排除在人性之外，但是与告子相比，孟子的人性论只是"不备"，也就是不完善，而告子人性论则完全是"不明"。

第二节　浩然之气塞天地而贯金石

关于浩然之气性质的界定，薛瑄继承了程朱之说，同样认为浩然之气是实有而来自天地之正气。他说：

> 孟子言浩然之气至大至刚。至大，则大而六合，细而一尘，无非此气之充周。至刚，则贯崖石而草木生，透金铁而锈涩出。人之气即天地之正气也，能直养而无害，则塞天地，贯金石，至大至刚者可见矣。[3]

在薛瑄看来，浩然之气，至大可以弥漫六合，至小可见于细尘，至刚可以贯金石，草木之生正因为有天地正气在其中。由此可见，薛瑄所体认的浩

1　（明）薛瑄撰，孙浦桓点校：《读书录·续录》，凤凰出版社，2017年，第356页。

2　（明）薛瑄撰，孙浦桓点校：《读书录》，凤凰出版社，2017年，第194页。

3　（明）薛瑄撰，孙浦桓点校：《读书录》，凤凰出版社，2017年，第8页。

然之气，非精神属性，而是具有物质属性的实有之物。

如何养气，薛瑄认为知言、持志、集义、无忘、无助长都是孟子养气之法。"曰'持其志，无暴其气'，曰'知言'，曰'集义'，曰'无忘'，曰'无助长'，皆养气之法。"[1]但这些养气之法，并不在同一层面，既有次序先后之别，也有功用之异。

> 其序则先知言，而后能持志集义，若勿暴其气，勿忘、勿助长，皆养气之节制。[2]

在以上诸种养气法中，知言为先，持志、集义在后；而"勿暴其气""无忘""无助长"则是对知言、持志、集义的节制。知言为先，因为只有知言，才能知是非贤否，才能为其后的修养功夫确立正确方向，"惟不知言，为异端惑，为小人罔，为俗学眩。知言皆无此失矣。"[3]

如何实现知言？薛瑄认为"尽心知性"、格物致知是实现的工夫。所谓"知言者，尽心知性，物格知至之功"，"孟子之知言，即《大学》之物格知至也"[4]。可见在薛瑄看来，实现知言有两种途径，一是认知主体自我内在省察，也就是认知主体内在德性涵养；二是认知主体的外在格物致知，即"观人读书"等学习体验。格物致知，则能"明天理"，所谓"物格知至，是明得天理尽也"。关于外在学习、格物致知，薛瑄提出当以程朱之言作为评判的标准。

> 以世儒之论，折衷于程朱之言，其是非一见而判然矣。观人之文

1 （明）薛瑄撰，孙浦桓点校：《读书录·续录》，凤凰出版社，2017年，第276页。

2 （明）薛瑄撰，孙浦桓点校：《读书录·续录》，凤凰出版社，2017年，第276页。

3 （明）薛瑄撰，孙浦桓点校：《读书录·续录》，凤凰出版社，2017年，第303页。

4 （明）薛瑄撰，孙浦桓点校：《读书录·续录》，凤凰出版社，2017年，第277页。

章，即知其学术之邪正，《孟子》所谓知言也。不知言而读天下之书，何以知其是非邪正哉？[1]

显然，薛瑄是以程朱之是非为是非了。

何谓"勿忘""勿助长"，薛瑄采用了朱熹之说。下面两条可以为证。

> 必有事焉而勿正心，与"正其谊不谋其利"、"明其道不计其功"之语略同，但董子就事言，孟子就理言。[2]
> 理义之心不可少有间断，孟子所谓"勿忘"是也。[3]

虽然他借用了董仲舒之言来说明，但是意思很明确，"而勿正"之意就是"勿预等待"，只须付出努力，至于结果，则顺其自然；"而勿忘"，就是勿忘"集义"。比较朱熹之语：

> "勿忘、勿助长"，本连上文"集义"而言，故勿忘谓勿忘集义也。一言一动之间，皆要合义，故勿忘。助长，谓不待其充，而强作之使充也。如今人未能无惧，却强作之，道我不惧；未能无惑，却强作之，道我不惑，是助长也。有事，有事于集义也。勿正，谓勿预等待他，听其自充也。[4]

显然，薛瑄只是将朱熹之意用更加简略之言表达出来。

薛瑄认为浩然之气源自天地正气，知言、持志、集义、无忘、无助长

1　（明）薛瑄撰，孙浦桓点校：《读书录·续录》，凤凰出版社，2017年，第302—303页。

2　（明）薛瑄撰，孙浦桓点校：《读书录》，凤凰出版社，2017年，第17页。

3　（明）薛瑄撰，孙浦桓点校：《读书录》，凤凰出版社，2017年，第166页。

4　（宋）黎靖德编，王星贤点校：《朱子语类》，中华书局，1986年，第1266页。

等，俱是养气工夫，但知言为先。非常明显，薛瑄对孟子知言养气论的阐释，多宗朱熹。

第三节　王道在扩天理而遏人欲

薛瑄盛赞《孟子》之书，认为《孟子》一书所言都是从仁义礼智中流淌出来，所以其言是圣贤之言，其政是王道，而"孟子论王政，大要不出乎教养二端"[1]。

薛瑄主张，评判王道政治必须遵守一条基本标准，就是看是否"真实爱民如子"。观诸孟子政治思想，他认为孟子确实"真实爱民如子"，孟子的言行已充分证明了这一点。首先孟子明确主张"老吾老以及人之老，幼吾幼以及人之幼"。执政者如能"老吾老以及人之老，幼吾幼以及人之幼"，那就是"真实爱民如子"。圣人行仁政的基础就在"老吾老以及人之老，幼吾幼以及人之幼"。他说：

> 所谓王道者，真实爱民如子，《孟子》所谓"老吾老以及人之老，幼吾幼以及人之幼"。上以是施之，则民爱之如父母者，有必然矣。
>
> 《孟子》一书，皆从仁义礼知中流出，所以为圣贤之言，所以为王者之道。[2]

又说：

---

[1]（明）薛瑄撰，孙浦桓点校：《读书録》，凤凰出版社，2017年，第135页。

[2]（明）薛瑄撰，孙浦桓点校：《读书録·续录》，凤凰出版社，2017年，第289页。

"老吾老以及人之老，幼吾幼以及人之幼"。圣人之仁政皆自此推之。[1]

还说：

孟子"老吾老以及人之老，幼吾幼以及人之幼"，王道、仁政皆自此出。有一夫之不获其所，圣人之心为之戚然不宁。[2]

薛瑄指出，孟子不仅主张"老吾老以及人之老，幼吾幼以及人之幼"，而且孟子自己在战国时的行为也体现出孟子表里如一，是一心行仁者，因为在战国时代，很多人都以善谋战、善用兵迎合诸侯开疆拓土的欲望，只有孟子，"处战国之时不言兵，其仁心大矣"。[3]

关于王霸之别，薛瑄指出，孟子所言"以力假仁者霸，以德行仁者王"，就已非常清楚地说明了二者的区别。王道是以德行仁，是真仁真义；霸道是以力假仁，是假仁假义。除此而外，在薛瑄看来，王道与霸道，还是天理人欲之分。王道是天理，霸道是人欲。他说：

行王道则黜伯功，行伯道则弃王道。后世有王伯并用之说，非矣！

王道，天理也；伯功，人欲也。天理、人欲，未有并立者也。

老子"多藏必厚亡"之言，曲尽事理。自古以来，黩货厚积以取颠覆者多矣，而犹不知戒，何邪？

利者，人心之同欲，而欲专之，可乎？

孟子深辨王霸之诚伪，所以扩天理、遏人欲也。

---

[1]（明）薛瑄撰，孙浦桓点校：《读书录·续录》，凤凰出版社，2017年，第353页。

[2]（明）薛瑄撰，孙浦桓点校：《读书录·续录》，凤凰出版社，2017年，第312页。

[3]（明）薛瑄撰，孙浦桓点校：《读书录·续录》，凤凰出版社，2017年，第335页。

千古圣贤之学，惟欲人存天理、遏人欲而已。[1]

薛瑄认为，孟子尊王道而贬霸道，就是要"扩天理"，而"遏人欲"。薛瑄主张，只有王道才是唯一正确为政之道，王霸并用之说是谬论。薛瑄用天理、人欲分辨王霸，显然也是用朱熹之见。

小　结

薛瑄对孟子学说的解读有以下特点：

其一，认为孟子"性善"之说是"一理而足以该万殊"之体要；孟子所言仁义礼智是性，而恻隐之心、羞恶之心、辞让之心、是非之心"四心"是情；为学是体认性善的第一途径；"取之左右逢其原"是体认性善的第二途径，也就是随事随处、从行中见真义。孟子人性论也有不足，具体表现是：只论性，未论气；但与告子相比，孟子的人性论只有"不备"，而告子人性论则完全是"不明"。

其二，认为浩然之气源自天地正气，知言、持志、集义、无忘、无助长等，俱是养气工夫，但知言为先。

其三，用天理、人欲分辨王霸，认为王道是以德行仁，是真行仁义；霸道是以力假仁，是假行仁义；王道是天理，霸道是人欲。孟子尊王道而贬霸道，就是要"扩天理"，而"遏人欲"。薛瑄主张，只有王道才是唯一正确为政之道，王霸并用之说是谬论。

薛瑄对孟子思想的解读，基本是承程朱而来，但薛瑄更强调体认力行，且在关于如何体认、力行性善，也有自得之见。

---

1 （明）薛瑄撰，孙浦桓点校:《读书录·续录》，凤凰出版社，2017年，第316页。

第三章

蔡清《四书蒙引·孟子》

　　蔡清（1453—1508），字介夫，福建晋江人，明宪宗成化二十年（1484）进士。历南京文选郎中、江西提学副使等职，后迁国子监祭酒，但"甫闻命而卒"。著有《易经蒙引》《四书蒙引》《四书图史合考》《虚斋集》等。其事迹见《明史·儒林传》等。

　　蔡清对孟子的研究见于《四书蒙引》《四书图史合考》。其所著《易经蒙引》多引孟子之言作为论说的依据，但关于孟子思想的阐释主要见于《四书蒙引》。《四书蒙引》成书可谓一波三折。蔡清先编有稿本，后稿本丢失，故重新缀录；后复得原稿，于是将原稿与新编参合比对，删繁去重，而成此书。蔡清《四书蒙引》的基本立场虽然仍是宗奉朱熹，但并不盲从，有自己真切、独到之见，剖析入微，四库馆臣给予很高评价，称："清人品端粹、学术亦醇。此书虽为科举而作，特以明代崇尚时文，不得不尔。至其体认真切，阐发深至，犹有宋人讲经讲学之遗。未可以体近讲章，遂视为揣摩弋获之书也。"[1]又说："刁包称朱注为四书功臣，《蒙引》又朱注功臣。陆之辅称：说四书者不下百种，未有过于此者，其为学人推重

1　（清）永瑢等撰：《四库全书总目》，中华书局，1965年，第302页。

如此。与后来之剽掇儒先剩语以为讲章者，相去固霄壤矣。"[1]《四书蒙引》在明代解说四书的同类著述中，堪称佳作，深受时人推重。黄宗羲说："其释经书，至今人奉之如金科玉律。"[2]

蔡清《四书蒙引》卷九至卷十五是对《孟子》的解说，解说体例是：选择《孟子》中需解释的一些思想命题和语句，在其下列举朱熹等人之说，再加蔡清个人按语。解说内容既有关于孟子生平、《孟子》中名物度数的考辨，也有文学评点，更有思想阐释。

如关于孟子是否受业子思，蔡清做了考证。在《受业子思之门人》中说：

> 依吴氏程注，孟子游齐梁时，距孔子时一百六十余岁云云，见得不是亲受业。《少微鉴》载："孟轲尝问牧民之道何先？子思曰：'先利之。'孟子曰：'君子所以教民，亦仁义而已矣，何必曰利？'子思曰：'仁义固所以利之也。'云云。"此大抵后人所为，欲凑成思孟一段授受者耳。今断从子思之门人，若得亲受业于子思，不应七篇全无所述，而曰"私淑诸人"，如此轻他。如颜子则曰"夫子循循"云云，曾子亦屡曰"吾闻诸夫子"。[3]

蔡清从两个方面推断孟子没有受业子思，其一，从时间看，孟子离孔子之时已过一百六十余岁，孟子不可能与子思相见；其二，《孟子》七篇从未述及孟子师承子思之言，孟子明确说自己"私淑诸人"，虽然《少微鉴》等载孟子曾面见子思问"牧民之道"，但这都是后人杜撰，只不过是"欲

1　（清）纪昀等撰：《四书蒙引·提要》，（明）蔡清《四书蒙引》，文渊阁《四库全书》影印本，206册，第1页。

2　（清）黄宗羲：《明儒学案》，中华书局，2008年，第1094页。

3　（明）蔡清：《四书蒙引·孟子》，文渊阁《四库全书》影印本，第206册，第402页。

凑成思孟一段授受者耳"，并不可信。

对《孟子·梁惠王》"王如施仁政于民，省刑罚，薄税敛"一语，蔡清的评说是：

> 王如施仁政于民，省刑罚，薄税敛，此二者仁政之大目也，仁政又不止此二者，此特其大者耳。仁政是统言纲领字也，省刑、薄敛是仁政里面事。[1]

蔡清从文法的角度说明当如何读懂孟子仁政。又如《齐桓晋文之事章》，蔡清说：

> 此章当叠叠看，劈初出一"王"字。究其所以，王者无他，保民而王耳；又究其所以，保民者无他，"是心足以王矣"。"是心足以王"如何？反其所以及禽兽者，而以序行之，"老吾老以及人之老，幼吾幼以及人之幼，天下可运于掌也"。老幼吾老幼以及人之老幼，而天下可运于掌者如何？五亩之宅可以衣帛，百亩之田可以无饥，鸡豚之畜可以食肉，庠序孝弟，颁白不负戴，然而不王者未之有也。盖其胸中王道素具，特随时酬应而觅路以开导之耳。吁！若使为人臣者论事皆如此，假遇愿治之君，岂有不能尧舜其君？[2]

蔡清分析了这一章的文意脉络，指示读者如何去读《齐桓晋文之事章》。

相比于考据与文学评点，对孟子思想的阐释是《四书蒙引·孟子》的主体内容，其要如下。

1　（明）蔡清：《四书蒙引·孟子》，文渊阁《四库全书》影印本，第206册，第418页。
2　（明）蔡清：《四书蒙引·孟子》，文渊阁《四库全书》影印本，第206册，第420页。

第一节　孟子论性善，其辨甚力

对于孟子心性论，蔡清的评价是：孟子论性善，其辨甚力。

蔡清肯定孟子性善之说，认为这既是孟子对前贤思想的继承，也来自对天地生物的体察。蔡清指出，正确辨识人性至关重要，尧、舜、商汤之所以成为圣君，就是因为他们对人性有清楚的认识，故能顺应人性而治政。

> 孟子之论性善，其辨甚力。盖此一字差，则天下之事皆废矣。尧舜之"精一执中"，亦只是性善上事。成汤云："惟皇上帝，降衷于下民，若有恒性"，即"天命之谓性也"。性善之说有自来矣。此性既是善，然后君师之道可举以赏善而罚恶，抑邪而扶正，而天下之事可从而理矣。[1]

尧舜言"精一执中"，成汤言民有恒性，说明他们都共同认识到人性为善，并据以治天下，赏善罚恶，抑邪扶正，使天下大治。可见性善之说渊源久远，孟子力辨人性，主性善之说，正是对先圣之说的继承。孟子以人有"不忍人之心"证明人性为善，蔡清肯定孟子这一认识的正确性。在"人皆有不忍人之心"下注云：

> 天地以生物为心，……天地别无勾当，只是生物而已，则其所主宰者在此，此便有心之道。
> 春生夏长，秋收冬藏，四者若作阴阳对看，则春夏主生，秋冬主杀，复所谓复见天地之心者也。若生意流行，则春夏主生，秋冬主成，

---

1 （明）蔡清：《四书蒙引·孟子》，文渊阁《四库全书》影印本，第206册，第631页。

同归于生物也。所谓"维天之命，于穆不已"者也，天地生物之心，只是元亨利贞。[1]

蔡清认为人之所以能有不忍人之心，是因为人之本在天地，而天地以生物为心，人心正是本天地生物之心而来，所以人心自有仁心。孟子对此有深刻体察，故谓人性善。蔡清深通易学，在这里，他显然是以《易传・系辞》"生生之谓易"解释孟子人性善。在《易传》"生生之谓易"条下，蔡清释曰："大凡天地人物，一阴一阳，都是此句最说得广，不只谓显仁藏用也。"[2]很明显，蔡清解说孟子"人皆有不忍人之心"之言，是其解《易》之言的推衍。

蔡清认为孟子考辩人性，不仅深刻认识到人性就是"生之理"，而且非常正确地区别了人、物之不同。天地不仅是人之本，也是万物之本，为什么只有人有不忍人之心，蔡清承朱熹之说，认为是因为人禀承了天之"生之理"。他说：

> 性者，人所禀于天以生之理也，此所谓天地以生物为心。而所生之物，因各得夫天地生物之心以为心，所以人皆有不忍人之心。不忍人之心，即所谓仁而义礼智信皆在其中矣。性之所以为善者，岂有外于此哉？[3]

人得天地生物之心为心，这就是其仁心之源。有仁心，才会有义、礼、智、信。这正是人性善的根本原因。

针对告子以"生之谓性"反驳孟子人性论。在"生之谓性"条下，蔡

1　（明）蔡清：《四书蒙引・孟子》，文渊阁《四库全书》，影印本，第206册，第486—487页。
2　（明）蔡清：《易经蒙引》，文渊阁《四库全书》影印本，第206册，第607页。
3　（明）蔡清：《四书蒙引・孟子》，文渊阁《四库全书》影印本，第206册，第510页。

清说：

> "生，指人物之所以知觉运动者而言。"盖生则有知觉运动，无知
> 觉运动则死矣。依大文讲可，且未露出人物字。生之谓性，告子此句
> 是以生字贴性字，欲性字有归着也。朱子曰："生之谓气，生之理之谓
> 性。"此句直剖，断得简切。虽孟子复生，不复斯言矣。[1]

蔡清指出，告子"生之谓性"，是以"生字贴性字"，告子所谓性是指人
之"知觉运动"。而人之"知觉运动"，实际是生之气，而非"生之理"。
依朱子之言，只有"生之理"决定人性，生之气决定人之"知觉运动"，
所以"生之理"才是人性。蔡清认为朱熹"生之谓气，生之理之谓性"是
对孟子人性论至为简切的解析，孟子人性善正是指生之理。"以气言，因
无善恶之分；若以理言，则人之性惟有善而无恶矣"[2]，所以孟子人性论至
为允当，告子以生之气为人性就谬矣。蔡清认为告子论人性还误在他没有
区别人性与物性。

> 愚谓：生之谓气，无不同也；生之理之谓性，则有不同矣。然要
> 之，人与物气有不同，性因有异。告子谓"生之谓性"，是混人、物
> 在其中，而不及省夫人、物之不同处，孟子一闻其说，便觉人、物自
> 是不同，如此说不得，胸中便自有"犬之性犹牛之性""牛之性犹人之
> 性"一段说话了。[3]

人性与物性有别，因为成就人与物的"生之理"不同，而孟子清醒地认识

1　（明）蔡清：《四书蒙引·孟子》，文渊阁《四库全书》影印本，第206册，第633页。

2　（明）蔡清：《四书蒙引·孟子》，文渊阁《四库全书》影印本，第206册，第638页。

3　（明）蔡清：《四书蒙引·孟子》，文渊阁《四库全书》影印本，第206册，第633页。

到人性不同于物性，这也是孟子人性论值得肯定之处。

关于性、情、心三者关系，蔡清认为孟子之意是"心统性情"。在"恻隐之心，仁之端"条下，他说：

> 因情以见性也，性无而情有。心统性情者也。承上文言：恻隐、羞恶、辞让、是非，情也。仁义礼智，性也。心则统性情者也。心既统性情，故恻隐、羞恶之属亦曰心也。[1]

性无法感知，情是性之发见，所以见情即可识性。恻隐、羞恶、辞让、是非之心是情，仁义礼智是人之性。由恻隐、羞恶、辞让、是非之情，可见人性之仁义礼智。心、性、情三者，心统性情。显然蔡清是据朱熹之论解孟子之心、性、情，因为朱熹曾明确说：

> 仁义礼智，性也。且言有此理，至恻隐、羞恶、辞逊、是非始谓之心。恻隐、羞恶、辞让、是非，情也。仁义礼智，性也，心统情性者也。端，绪也。因情之发露而后性之本然者可得而见。四端本诸人心皆因所寓而后发见。[2]

朱熹认为，恻隐、羞恶、辞逊、是非是性之显露，是情，也是心；既本诸人性、人心，又寓于人心，性情不离心，而且出于心，所以说心统性情。当然，朱熹此处所说之心实际是道德之心，是形而上者；而"统"实际就是"兼"之意，心统性情，实即心兼性情。

蔡清深入剖析孟子的性、才、情的区分，批评了一些人误将不善归诸

1　（明）蔡清：《四书蒙引·孟子》，文渊阁《四库全书》影印本，第206册，第488页。

2　（宋）黎靖德编，王星贤点校：《朱子语类》，中华书局，1986年，第1285页。

于才。因为孟子本意，人为不善的根本原因，是"物欲陷溺"，与"才"无关。在"若夫为不善，非才之罪也"条下，他说：

> 才犹材质，人之能也。注须看"犹"字，如耳目有聪明之德，手足有运动之妙，时乎仁也而能兼爱，时乎义也而能裁制，时乎礼也而能敬让，时乎智也而能分别，此皆所谓才也。才其有不善者乎？其有不善者，用才者之罪也，失其本然之才也。或问情与才如何分？曰性之发为情，性之能为才，以"良能"字来解"才"字最切。[1]

依蔡清之见，性本善，恻隐、羞恶、辞让、是非之心是性之情，但使人能仁爱、裁制合宜、礼敬辞让、辨别是非者，则是才，才是性之能，所以性、情、才三者的关系是"性之发为情，性之能为才"。蔡清之辨精细，也深合孟子之意。

蔡清分析孟子力辨人性的原因，认为其中有两个原因至为重要，一是当时关于人性的认识混乱，二是孟子欲正人心，而使人"相率以入尧舜之道"。在"富岁，子弟多赖"条下，他说：

> 盖孟子言性善，虽公都子之徒不能无疑，则后世之信其说者寡矣，故孟子于此反复譬喻而极言之，无非欲使世人晓然无疑于性善之说，而相率以入于尧舜之道也。以下数章皆同此意，圣贤之畏天命也如此。[2]

在"圣人与我同类"条下说：

---

[1]（明）蔡清：《四书蒙引·孟子》，文渊阁《四库全书》影印本，第206册，第639—640页。
[2]（明）蔡清：《四书蒙引·孟子》，文渊阁《四库全书》影印本，第206册，第641—642页。

直是言其性之无不同也，应上文"非天之降才尔殊也"。此比前章"何以异于人哉""尧舜与人同耳"，其意更显。"今夫麰麦"至"圣人与我同类"者，是即物类之同以见人类之同。"故龙子曰"以下至"犹刍豢之悦我口"，是即人身之所同以见人心之所同，如此则人性皆善，而可以为尧舜矣。此孟子立言之意也。[1]

蔡清分析《孟子》中"圣人与我同类"一段文字的写作逻辑，指出正是因为孟子弟子公都子等人都对人性善表示怀疑，后世怀疑者更多，所以孟子才不厌其烦，反复辩说，通过物类之同证人类之同、人身之同，进而证人心之同，其目的就是要使人们正确认识自身，见人性之善，相信自己"可以为尧舜"。人皆"可以为尧舜"，正是孟子辨人性、立言之意，是"圣贤畏天命"的体现。

蔡清对孟子心性论的解说，确实是以朱熹之说为解读的理论依据，如性为"生之谓气""生之理之谓性""心统性情"等，但是蔡清自己的体认也清晰昭然，如关于情、性、才、心的辨析，以及称孟子辨人性的立意是"圣贤畏天命"等。

第二节　养气是行，知言是知

在《四书蒙引》卷二，蔡清用了大量篇幅对孟子知言养气论进行了深入细致的剖析。

蔡清指出，"不动心"是理解孟子知言养气论的关键。孟子以"不动心"自豪，告子也能不动心，然而二者有着根本区别。孟子不动心是自然

1　（明）蔡清：《四书蒙引·孟子》，文渊阁《四库全书》影印本，第206册，第642页。

不动，告子不动心是强制不动。导致二人"不动心"有别的原因是：孟子知言养气，告子未能知言养气。

蔡清认为孟子知言养气论，虽继承了孔子养大勇、曾子养勇说，但是自有其发展，有许多孔子、曾子未曾言及的"节目"。在"孟施舍之守气又不如曾子之守约"条下，他说：

> 盖谓孟子之不动心在集义以养浩然之气，而孔子此言正以直养气之说也，是孟子得之于曾子，曾子得之于孔子者也，故曰其原盖出于此。然孟子之不动心，实兼知言养气，而养气中许多节目皆未及也。[1]

蔡清特别强调，孟子之不动心，"兼知言养气"。

那么，何谓气？在"夫志，气之帅也"条下，蔡清言：

> 如目视而耳听，手持而足行等，皆一气之寓也。一惟心所役运，非"志为气之帅"乎？目之视人，但知其为目之视，而不知其所以视者，心实使之也。耳之听，人但知其为耳之听，而不知其所以听者，心实使之也。……气，体之充也。气自是气，体自是体。自手至足都是体，气则行乎体之中。体无气则馁，而不能运动矣。故曰："气，体之充也。"气贯乎一身之间而主于一心上。[2]

气是充于体之物，自手至足贯于一身。气行于体，体不馁，手足才能运动，否则就无法运动。只不过如何运动，须听心使唤，所以说志为气之帅。可见蔡清认为孟子养气之气，是具有生命属性指征的血气，实为物质

1　（明）蔡清：《四书蒙引·孟子》，文渊阁《四库全书》影印本，第206册，第464页。

2　（明）蔡清：《四书蒙引·孟子》，文渊阁《四库全书》影印本，第206册，第465—466页。

属性之气。

蔡清指出，其实人人本有浩然之气。在"我善养吾浩然之气"条下，他说：

> 谓之浩然之气，则是气本浩然也。……浩然，盛大流行之貌。……气即所谓体之充者。……盖恐人以浩然之气为非体之充之气，故如此解耳。其实体之充之气，本自浩然也。
>
> 告子之学与此正相反。（注）孟子知言，而告子曰"不得于言，勿求于心"，则亦冥然无觉而已。……告子曰"不得于心，勿求于气"，则亦悍然不顾而已。……问他书不说养气，只孟子言之何故？朱子曰："这源流便在那个'心广体胖'，'内省不疚，夫何忧何惧'处来。"[1]

充于体之气，本自浩然，但能否本然呈现，却要知言。孟子知言养气，内省不疚，无忧无惧，心广体胖，浩然之气自然发于中，本然呈现，所以他可以自豪地称"浩然之气"是其所长。换言之，生命中本有的浩然之气，需要德性的涵养，否则，就不能透显出来。所谓"自反常直，而此气自然发生于中者也"。[2]

如何养气？蔡清强调，"善养者，亦顺而不害之谓耳；非谓必善养，然后浩然也。"[3]

因为人本有浩然之气，所以"善养"，就是"顺而不害"，也就是孟子之"直养而无害"。"盖养气工夫只在直上，不在养上。"如何做到"直""顺而不害"，须在义上做工夫，而不是在气上用力。在义上做工夫，就是"集义"。

1　（明）蔡清：《四书蒙引·孟子》，文渊阁《四库全书》影印本，第206册，第468—469页。

2　（明）蔡清：《四书蒙引·孟子》，文渊阁《四库全书》影印本，第206册，第468页。

3　（明）蔡清：《四书蒙引·孟子》，文渊阁《四库全书》影印本，第206册，第468页。

谓之集义，则是事事皆合义；谓之"义袭"，则只是一二事合义而已。盖养气者，只要在义上做工夫，不要于气上着力。[1]

"集义"就是"益集其义""集义到底"，所行事事合义。"浩然之气"发于中，需集义，所以"养气，行也"[2]。养气是行，也即是主体的道德践履，"我善养吾浩然之气，即存心养性所成就也"[3]。

蔡清指出，孟子所言"集义"，与《大学》"所谓诚意正心修身"同，与"《论语》所谓约礼"一致，与"尧舜所谓惟一"相合，也是孟子自己"所谓存心养性"。也就是说，"集义"一词虽首出孟子，但其精神意蕴，儒家先贤所言早已有之，孟子是承儒家先贤之意而来。

养气当防"三病"，即正、忘、助长。

言养气者，但当以集义为事，而勿预期其效，久之当自然有效。设或久之不见效，则恐是集义之功犹有所未至，故但当勿忘其所有事，只管益集其义，切不可作为以助其长也。助长之害，视之忘其有事者尤甚也。忘与助长皆生于正之不得。正、忘、助长三病亦相因而至。盖有忘而不助者，助则无不忘矣。[4]

所谓"正"，蔡清承朱熹之说，认为就是"预期其效"。预期其效，就存有私意。"正""忘""助长"三病，"正"是根源，三者又是互为因果。"正""助长"，已是在气上用力，而不在义上用工夫。

关于知言，当时有知己言与知天下之言之争。在分析告子"不得于

---

1 （明）蔡清：《四书蒙引·孟子》，文渊阁《四库全书》影印本，第206册，第471页。

2 （明）蔡清：《四书蒙引·孟子》，文渊阁《四库全书》影印本，第206册，第468页。

3 （明）蔡清：《四书蒙引·孟子》，文渊阁《四库全书》影印本，第206册，第468页。

4 （明）蔡清：《四书蒙引·孟子》，文渊阁《四库全书》影印本，第206册，第472页。

言"时，蔡清列举当时诸种有代表性观点。

> 愚始"以不得于言"之言为告子自己言，后以"知言"一节，《集注》云："彼告子不得于言，而不肯求于心，则又以为他人之言为疑。"今观云峰胡氏注云："或疑两言字不同，告子不得于言，己之言也。孟子知言，天下之言也。应之曰：理一而已。告子于己之言且不能反求其理，如何能于天下之言而求其理？孟子于天下之言能究极其理，则于己之言可知也。"以此证之，则告子"不得于言"，为己之言益信，而与孟子知言者相反，亦自不相妨矣。[1]

显然，蔡清自己起初认为告子"不得于言"之言是告子自己之言，但朱熹认为是他人之言，胡炳文认为无论知己言，还是知他人言，甚至知天下言，其实都要知理，不知理，无论是己言，还是天下言，都不可能知。依此而论，蔡清认为对于告子"不得于言"，实是告子不知己言之失，而孟子知言，则是不仅知他人言，更知己言。

蔡清指出，知言的实质是知心，何谓知言？"据孟子所言，非知言，乃知心也。不知其心，不足为知言。因言以知心，心总是言之源头也。"[2]言为心声，心是言的源头。但要知言，需认知主体尽心知性，才能做到。也就是决定于认知主体自身的学识以及德性品质，"我知言，此是尽心知性时事"[3]。

如果说"养气"要"集义"，那么"尽心知性"而"知言"就要"精义"，也就是能精晓义之理。

1　（明）蔡清：《四书蒙引·孟子》，文渊阁《四库全书》影印本，第206册，第464页。

2　（明）蔡清：《四书蒙引·孟子》，文渊阁《四库全书》影印本，第206册，第472—474页。

3　（明）蔡清：《四书蒙引·孟子》，文渊阁《四库全书》影印本，第206册，第468页。

　　　　精义故能知言，集义故能养气。[1]

蔡清还认为，"精义"就是《大学》的"格物致知"、《论语》的"博学于文"、尧舜的"惟精惟一"。

　　蔡清还特别强调，读书论理，切勿拘泥，对孟子"知言"说的认识，同样不能泥于文辞。

　　　　知言只说"诐辞知其所蔽"等，都是自不好者一边说，然言之病者既知其所以然，则言之不病者亦知其所以然，必矣。岂可谓恕只是推不好者于人，知言只是知那不好者之言哉？近时学者读书论理，此等执泥不可不说破。[2]

虽然孟子论知言时，只就诐辞、淫辞、邪辞、遁辞等"不好者之言"论，因为知此四病之言，与之相对的不病之言，也就不言自明，孟子"知言"并不是要人"只是知那不好者之言"，实要人于天下之言，都要究其理。

　　总之，在蔡清看来，知言就是知理、知心，需尽心知性而"精义"，方能实现，所以"知言，知也"，是思想认识；养气需"存心养性"而集义，且要"集义到底"，所以"养气"是行，是道德践履。

　　　　故曰知言者，尽心知性，于凡天下之言无不有以究极其理而识其是非得失之所以然也。理者，事物之理也。惟于理有所不达，故其言有所不究知也。知言，知也。养气，行也。知言、浩然，举成功言其用，功则在精义、集义上。孟子一生受用，只是精义、集义二者。精义故能知

1　（明）蔡清：《四书蒙引·孟子》，文渊阁《四库全书》影印本，第206册，第468页。

2　（明）蔡清：《四书蒙引·孟子》，文渊阁《四库全书》影印本，第206册，第467—468页。

言，集义故能养气。……由此而往，则为齐家、治国、平天下矣。[1]

认识孟子养气论的关键，就在于能否看到孟子的"精义""集义"。孟子"知言养气"，不只是个人的独善，而是关乎家国的修齐治平。

蔡清对孟子知言养气的解析，固然有对前人解说的继承，但是显然也有个人源于生活的体察。他曾用实际生活中的例证说明知言养气的重要性，他说：

> 亦有理直而气不能配之者，今有兄弟两人同是一项事，同为人所诬，其一气弱者，只是此理而发不透彻，只伸说得三五分；其一有气者，亦只是此理，发便十分透彻，自是能动人之听，则气之合乎道义而有助，亦可见其大意矣。[2]

如同两兄弟因为同样的事情被人所诬，理直又有正气相助者，其辩说自然能打动人、说服人，另一人，己虽有理，但无正气相助，其辩说无力，也就不能打动人。可见，蔡清的解说，并非只是就理论阐释，亦紧密联系生活实际。

第三节　王道以得民心为本

蔡清对孟子的王道论给予非常高的评价，称赞孟子王道论"真有大功于天下万世"。

---

1 （明）蔡清：《四书蒙引·孟子》，文渊阁《四库全书》影印本，第206册，第468页。
2 （明）蔡清：《四书蒙引·孟子》，文渊阁《四库全书》影印本，第206册，第470页。

蔡清主张读《孟子》书，一定要读出孟子的"用心"。他指出，战国时期"满天下是治功利之学者"，君无利不求于下，臣无利不献于上，士人无利不出于众；父兄教子弟，朋友相传授，无非功利。在唯利是求的时代，"独有孟子一人汲汲焉，皇皇焉，力以尧舜之道、孔子之教为说，必欲一扫功利之芜秽，以还先王之大道，此是何等用心，何等气力？真有大功于天下万世也，故曰孟子之功不在禹下"[1]。与宋元时人相同，蔡清认为孟子弘扬王道，实有大功，其功"不在禹下"，不输于禹平治洪水以救苍生。

一、王霸之辨只是诚伪之分

关于王霸之辨，蔡清采用张九成、朱熹、胡炳文等人的观点，认为就在"诚"与"伪"之间，也即行仁的动机，王者真心行仁，霸者假意为仁。在"以力假仁者霸"条下，他说：

> 此章论王霸之辨最为深切而著明。盖王霸之辨只是诚伪之分。王者，霸者，其操术固有诚与伪之异，而人之应之者亦随其所感而异。
> 然则天下之理，其得失可以坐判，而有世道之责者宜知所自责矣。[2]

王霸之别在"诚"与"伪"，天理自在人心，人们应当对其有明确的认识。

由于王霸为仁，一真心，一假意，所以其功效自是不同，"孟子不言霸而言王道，然其功效更万万于霸也"[3]。行王道，自有其功效，王道之功，霸者难望其项背。在"无以，则王乎"条下，他说：

> 甚矣，孟子之善言也。梁惠所问在利，孟子不言利而言仁义，然

1 （明）蔡清：《四书蒙引·孟子》，文渊阁《四库全书》影印本，第206册，第455页。
2 （明）蔡清：《四书蒙引·孟子》，文渊阁《四库全书》影印本，第206册，第481页。
3 （明）蔡清：《四书蒙引·孟子》，文渊阁《四库全书》影印本，第206册，第426页。

> 仁义自无不利也。齐宣所问在霸，孟子不言霸而言王道，然其功效更万万于霸也。[1]

王道的功效"万万"于霸道。历史经验证明，霸者也会行仁以粉饰自己称霸的行为，"无其仁，则亦何以能霸哉"；然而不过是行仁以邀买人心，由于不是出于真心，并无公信力，故须借力而行，须以强大的国家、雄厚的军事实力为依托，如同齐桓公"救邢存卫""定襄王"之类，所行也属仁义之举，可是如果齐桓公没有军事实力，他就不可能纠合众诸侯戮力同心，所以齐桓公是"以力行仁"，因为齐桓公"其心不信于人，故以须以力驱之耳"。

> 孟子意谓人有恒言曰王霸，究其所以为王霸者何也？如本非有为仁之真心，乃以其土地甲兵之力，而借事以为仁者，斯则霸矣。然霸者必有大国，苟非大国则无其力，无其力则亦无其仁也，无其仁则亦何以能霸哉？[2]

相反，王者行仁真心诚意，一言一行都合于仁，所行都是济人利物的实事，无须凭借外力，天下自然心悦诚服，商汤与周文王就是典型代表。他说：

> 若夫理得于心之谓德，自吾之得于心者推之，无往而非仁，凿凿乎皆济人利物之实事也，斯则王矣！王者之仁，只自胸中流出，无假于外，故王不待乎大国矣，如汤以七十里而王，文王以百里而王，何

---

1 （明）蔡清：《四书蒙引·孟子》，文渊阁《四库全书》影印本，第206册，第421页。

2 （明）蔡清：《四书蒙引·孟子》，文渊阁《四库全书》影印本，第206册，第481页。

待于大战？[1]

显然，蔡清非常认同孟子的道德理想主义情怀。而他对孟子所说霸者"以力行仁"的解读，打破以往解读的陈说，新颖而精辟。

蔡清强调指出，所谓"以力服人者，谓以力得人之服也。非谓用这力去服那人也"[2]。也就是说，"以力服人"，并非是用强悍的实力压服他人，而是因为其强大实力令人畏惧而不得不服。同理，"以德服人"，也不是用自己的德行有意让他人服，而是因为德高，而天下受其感化而自服。蔡清非常赞赏孟子用孔子为例，生动有力地说明了"以德服人"与"以力服人"之别。孔子不过是一布衣，无权、无势、无名，漂泊困顿，可是七十子却心甘情愿追随左右，颠沛流离以至饥饿，都无人离开，其原因就是孔子巨大的人格魅力。而孔子并非有意要感化七十子，是七十子发自内心的佩服，这就是以德服人。蔡清非常同意朱熹对孟子用孔子说明以德服人的称赞。他说：

> 故朱子曰："七十子之服孔子，至于流离饥饿而不去，又非有名位势力以驱之也。孟子真可谓长于譬喻矣！"[3]

在蔡清看来，霸者以力服人者，因为力强，而天下不得不服，但是是服其力，并非心服；以德服人者，因为德高，天下人也不得不服，但是是服其德，是由内而外的真心诚服。

1　（明）蔡清:《四书蒙引·孟子》，文渊阁《四库全书》影印本，第206册，第481页。
2　（明）蔡清:《四书蒙引·孟子》，文渊阁《四库全书》影印本，第206册，第482页。
3　（明）蔡清:《四书蒙引·孟子》，文渊阁《四库全书》影印本，第206册，第482页。

二、王道以得民心为本

蔡清批评了视孟子王道仁政"迂阔"的观点，认为这是没有经过认真思考的谬说。他指出，孟子王道以得民心为本，故遂民所欲，与民所需，使其养生丧死无憾。即便在尚未建立完善的制度之前，也要照顾百姓基本的生存需求，如此方能收摄民心。他说：

> 王道以得民心为本。（注）得民心有道，"所欲与之聚之"，既能令其养生丧死皆无憾，则民心自不能舍是而他适。此亦应前面"加多"之意。当法制未备之时，且要安插吾民，使得将就生理，所以收摄民心，使无至于涣散，所以为王道之始。[1]

满足百姓基本的生存需求，于梁惠王而言，不仅要开仓济贫以解燃眉之急，而且要从根本上消除虐政。"兴一利，不如除一害"，当时为政之大害，就是虐政，所以孟子见梁惠王，反复申说要"不违农时""数罟不入洿池""斧斤以时入山林"，不能"不知涂有饿莩"等，希望梁惠王能除此害，"凡害之除，亦利之兴"。虐政除，百姓的生存境遇必然大为改观。可是，有些人并没有体察孟子深意。他说：

> 或者不察，只谓劈初头便是"不违农时""数罟不入洿池""斧斤以时入山林""不知涂有饿莩"，如何济得？反是迂远而阔于事情，且是时通变宜民，虽使数罟入洿池，斧斤不以时入山林，亦可也。[2]

蔡清指出，那些批评孟子之说迂阔的人，认为孟子不知"通变宜民"，告

1　（明）蔡清：《四书蒙引·孟子》，文渊阁《四库全书》影印本，第206册，第414页。
2　（明）蔡清：《四书蒙引·孟子》，文渊阁《四库全书》影印本，第206册，第416页。

诚梁惠王之语根本不可能被采用，在当时情况下，即便民用数罟入洿池，斧斤不以时入山林，有何不可？显然这些人是站在梁惠王的角度而不是百姓的角度考虑问题。

蔡清强调，孟子仁政最为重要的大目有二：一是省刑罚，二是薄税敛。在"王如施仁政于民"条下，他说：

> 省刑罚，薄税敛，此二者，仁政之大目也。（注）仁政又不止此二者，此特其大者耳。仁政是统言纲领字也，省刑、薄敛是仁政里面事，故曰目。然仁政先于养民，而其事莫有大于此二者，又当时切务也，故曰大目。如"关市讥而不征""泽梁无禁""罪人不孥"之类，与凡《周礼》一书所载，大抵皆仁政也。惠王当时病痛之切者最是严刑重敛，故孟子告之以此。观其厚敛于民以养禽兽，则自不得不严刑罚以督促之，不然不能办矣。此汉武帝之所以不得不用酷吏。[1]

蔡清认为，"仁政"两字是纲，孟子的仁政有具体举措，尤为重要者是省刑罚、薄赋敛，当时之所以会"违农时"、斧斤不以时入林，甚至"夺其民时"，就是因为严刑重敛。重敛所攫取的财物往往是为满足君主之欲，而重敛的完成，必然辅以重刑，于是就不得不用酷吏。蔡清以史证《孟》，认为历史上的汉武帝就是任用酷吏助其完成厚敛。重刑、厚敛、酷吏，无疑是百姓可怕的梦魇，所以"省刑罚，薄税敛"实是孟子仁政大目。而孟子所言"关市讥而不征""泽梁无禁""罪人不孥"，与《周礼》所载制度一致，都是仁政举措。蔡清肯定了孟子仁政与《周礼》制度的同一性。

蔡清认为要正确认识仁政，需要注意孟子仁政施行重点。在"文王发政施仁，必先斯四者"下，他说：

---

1 （明）蔡清：《四书蒙引·孟子》，文渊阁《四库全书》影印本，第206册，第418页。

或谓"发政施仁"，指上文"耕者九一"至"罪人不孥"，非也。"发政施仁"是虚字。先之者，重之也。亦非先恤穷民，而后行九一世禄之法也。人君不发政施仁则已，一行仁政，便是此数者，尤在所宜留意耳。故曰尤宜怜恤，必以为先也。此"先"字，亦如后义先利之"先"字，不可拘以时之先后为言也。凡民之老幼，文王则导其妻子，使养其老而恤其幼，鳏寡孤独之人则无父母妻子之养，而官养之者也。[1]

蔡清强调，孟子仁政不仅有大目，施政也有重点，其中关注鳏寡孤独、帮扶穷民老幼等弱势群体是其实行仁政的重中之重，由于"鳏寡孤独之人"无父母妻子之养，所以政府当负责其生养死葬，所谓"官养之者也"。

蔡清还以"时""理""势"解释王道仁政是否能得以实现。在"不嗜杀人者能一之"条下，他说：

此亦观其时何如？在战国决然如此，汤武若不遇桀纣，终身只是诸侯，故周公不有天下。[2]

同为德高者，汤武因为遇到桀纣，故除暴安天下而为王；周公生逢太平，所以只能为臣；因为他们所遇之时不同。战国之时，天下厌战，期盼和平，所以"不嗜杀人者能一天下"。王道仁政的实现不仅有其时，亦有"理""势"因素的左右。在"子力行之，亦以新子之国"条下，他说：

盖天下之事，有理有势。如齐，如梁，有其势者也。若行仁政，

1　（明）蔡清:《四书蒙引·孟子》，文渊阁《四库全书》影印本，第206册，第440页。
2　（明）蔡清:《四书蒙引·孟子》，文渊阁《四库全书》影印本，第206册，第419页。

则理势俱到矣，故曰："然而不王者，未之有也。"若滕，未有其势者也。苟行仁政，亦仅有其理，而势不足辅之，故止曰："是为王者师"，"亦以新子之国"而已矣。大抵理势之间，学者所当默识。孟子他日论"天下有道""无道"云云，以为皆天也，"顺天者存，逆天者亡"，则圣贤于世故可谓审矣。[1]

"理"赋予王道仁政的实现正当性，但理须以势辅助。战国时期，天下一统，行王道仁政，是百姓共同心愿，这就是实行王道仁政之理，但就其势而言，只有齐、梁才有其势，滕国则不具备其势，所以孟子对齐、梁寄予很高期望，而对于弱小的滕国，则只能勉励其大臣说："是为王者师……亦以新子之国。"蔡清此解，以时、理、势论，深刻地解释了孟子王道仁政论在当时未能实现的原因，也"为孟子洗刷了'迂远而阔于事情'（《史记·孟子荀卿列传》）的污名"。[2]

在称赞孟子仁政的同时，蔡清也对孟子的一些具体政治观点提出了不同意见。如孟子曾提出：

> 善政不如善教之得民也。善政，民畏之；善教，民爱之。善政得民财，善教得民心。（《孟子·尽心上》）

蔡清认为，不能简单将"得民财"与"民畏之"，还有"得民心"与"民爱之"相联系。"善政，得民财"，取之有道，用之有节，正是"百姓足而君无不足也"；"善教，得民心"，也不只是教民爱君，教民孝弟忠信，"入以事其父兄，出以事其长上，或忘其劳，或忘其死，风俗淳厚，教化大行

1 （明）蔡清：《四书蒙引·孟子》，文渊阁《四库全书》影印本，第206册，第521—522页。
2 孙宝山：《论蔡清的四书学诠释》，《中国哲学史》，2016年，第4期，第55页。

之类"，也属得民心之类。他还提出一个观点：

> 王者之道固使民爱，亦未尝不使民畏；固以得民心为本，亦未尝
> 不欲得民财也。但论二者得效之浅深，则彼不若此耳。或者因是遂贬
> 善政之不足为，大误。[1]

蔡清提倡"善政"，固然出于现实治政需要，即治国要有周密的政治举措。
但他说：王道"未尝不使民畏"之说，不仅与孟子思想不合，且已完全违
背孟子王道本意。因为孟子曾说："王者之民，皞皞如也。"(《孟子·尽
心上》)

三、"井田"是"受田之制"

针对莫衷一是的"井田"之说，蔡清有自己的逻辑推理，他的论证逻
辑基于土地地势的实情，他说：

> 愚尝考之，孟子所谓野九一者，乃受田之制；国中什一者，乃取
> 民之制。盖助有公田，故其数必拘于九，八居四旁为私，而一居其中
> 为公，是为九夫多与少皆不可行。若贡则无公田，孟子之什一，特言
> 其取之数。……行助法之地，必须以平地之田，分画作九夫，中为公
> 田，而八夫之私田环之，列如井字，整如棋局。所谓沟洫者，直欲限
> 田之多少而为之疆界。行贡法之地，则无问高原下隰，截长补短，每
> 夫授之百亩。所谓沟洫者，不过随地之高下而为之蓄泄，此二法之所
> 以异也。……盖以平原旷野之地，画九夫之田以为井，各自其九以至
> 于同，其间所谓遂沟洫者，狭则不足以蓄水，而广则又至于妨田，故

必有一定之尺寸不可逾也。[1]

在孟子井田说中，有一处易引起混乱，即"请野，九一而助；国中什一使自赋"。朱熹对此的解释是：

> 此分田制禄之常法，所以治野人使养君子也。野，郊外都鄙之地也，九一而助，为公田而行助法也。国中，郊门之内，乡遂之地也，田不井授，但为沟洫，使什而自赋其一，盖用贡法也。周所谓彻法者盖如此，以此推之，当时非惟助法不行，其贡亦不止什一矣。[2]

依朱熹之见，孟子此处所言指两种田制、两种税率，一是在郊外都鄙之地推行井田制，实行助耕公田的"九一而助"之法；一是在王畿内的乡遂之地实行什一自赋的贡法。受朱熹的影响，蔡清也认为这是两种田制和两种税率，但他又有与朱熹不同的看法。与朱熹相同的是，蔡清认为"九一而助"是受田之制，也就是实行井田，授民私田，使民助耕公田以完成应交的赋税，所以必是九夫之田，不能多也不能少；而"国中什一"者，实是采用贡法的"取民之制"。与朱熹不同的是，蔡清并不认为受田制的"九一而助"只在郊外都鄙实行，"取民之制"的"什一自赋"只在王畿、乡遂实行，他认为应是根据具体地势来定，而不是固定在特定地区，因为助耕公田的井田制只有平原旷野之地才有可能推行，高低不平、宽窄不一的高原、下隰等土地，根本不可能划出如棋局般整齐、环列如井的井田，也就无法使民助耕公田，只能以贡法向民征税。所以孟子的"九一而助"是在平原地区采取助耕公田的井田之制，实为受田之制；而"什一自赋"，

1　（明）蔡清：《四书蒙引·孟子》，文渊阁《四库全书》影印本，第206册，第516页。
2　（宋）朱熹：《四书章句集注·孟子集注》，中华书局，2011年，第239页。

也就是让民自行缴税的贡法，实质是"取民之制"。换言之，在蔡清看来，孟子实际主张两种赋税制度，在可实行井田的平原旷野之处，实行九一而助的税法；在宽窄不一、高低不平的高原低谷，包括"国中"，实行"什一自赋"的贡法。蔡清此说既继承了朱熹之说，又弥合了孟子井田之说难与现实接轨之处。

然而我们看到，孟子曾引用时人龙子之语说："治地莫善于助，莫不善于贡"。因为贡法是制定纳税的常数，无论年岁丰欠，都要以此征税，有很多弊端，所以孟子反对贡法。就此蔡清采用《四书大全》的说法反驳孟子。他说：

> 按周制，乡遂用贡法，亦有司稼之官巡野观稼，视年之上下以出敛法，则其蔽未至如龙子之言，乃当时诸侯用贡法之弊耳。[1]

根据周制，古人在实行贡法时，安排司稼官巡视庄稼长势，并根据具体情况做出调整，所以并不存在龙子所说的弊端。只不过战国时诸侯采用贡法，死板教条，所以才出现了弊端。所以"国中什一"之制为贡法，也不为不合宜。

蔡清认为孟子在井田、税制上的认识，其实并不十分清楚。他同意朱熹之说：

> 朱子曰："尝疑孟子所谓夏后氏五十而贡，殷人七十而助，周人百亩而彻，恐不解如此。先王疆理天下之初，做许多畎浍沟洫之类，大段是费人力了。若是自五十而增为七十，自七十而增为百亩，则田间

许多疆理，孟子当时未必亲见，只是传闻如此，恐亦难尽信也。"[1]

蔡清反对人们动辄就以《周礼》与孟子之说比对：

> 今动辄以《周礼》律之，盖孟子不见《周礼》，《王制》又汉儒剌
> 六经为之者，故读《孟子》者，只用孟子大意，不必过求强合，益纷
> 纭而不相入矣。但其所以异处，亦当考而知之，庶几其于古法，默有
> 权度而得师其意，以见诸用耳。[2]

蔡清认为孟子并没有见过《周礼》，而《王制》是汉儒所作，所以不能全用《周礼》证孟子所言井田之制。

显然，蔡清并不完全赞成孟子的井田说，当然也反对因此就否定《孟子》书中所载史事的可靠性，故主张读《孟子》当读大意，不必过求强合，否则只能带来困扰。当然读《孟子》，用其大意，"得师其意"，主要还是要见诸实用。即将孟子王道仁政、养民安民之意落到实处。

四、孟子君臣论：可以告君，不可语臣

对于孟子激进的君臣观，蔡清非常明显地进行了曲为修饰。

孟子在《离娄下》曾说："君之视臣如手足，则臣视君如腹心；君之视臣如犬马，则臣视君如国人；君之视臣如土芥，臣之视如君如寇仇。"就此，蔡清解曰：若君待臣如手足，那么于臣有恩义，故臣甘愿为之驱遣；但是若待臣如犬马，则只有豢养之恩，已无礼貌之施；若待臣如土芥，那就是践踏和凌辱，既如此，臣当拂袖离去，为何要受君王豢养，甘

1　（明）蔡清：《四书蒙引·孟子》，文渊阁《四库全书》影印本，第206册，第518页。

2　（明）蔡清：《四书蒙引·孟子》，文渊阁《四库全书》影印本，第206册，第524页。

受其轻贱，以致成为仇敌呢？他说：

> 君之视臣如犬马，君固卑矣；而臣视君如国人，臣亦卑焉；如寇仇者愈卑矣。盖君既视我如此，我便可拂袂去矣，何乃徒靡其廪养而受其轻贱；以国人视其君，甚至为之土芥而不辞，至视之如寇仇也哉？此见孟子之言，可以告其君，而不可以语其臣，且又有未尽当处。潜室曰："是说大都报应如此，若忠臣孝子不当以此自处，当知天下无不是底君父。"[1]

很显然，蔡清没有将批判的矛头对准君王，而是首先对准大臣，指责大臣明知君待之如犬马、土芥，却不离开；同时蔡清又强调，孟子此言，只可以告君，使其警醒；而不能语臣，忠臣孝子更不当以此自处，因为"天下无不是底君父"。

蔡清还以真德秀之言为据指出，孟子自己的行为证明孟子本人并不视君如寇仇。在"此之谓寇仇"下，他说：

> 此以君之待臣言，何不云如土芥，曰君之视臣如土芥，则便是臣之寇仇矣。杨氏曰："若君子之自处，则岂处其薄乎？孟子曰：'王庶几改之，予日望之。'孟子之言固如此。"真氏曰："孟子为齐王言则然，而所以自处则不然，三宿出昼，未尝有悻悻之心，曷尝以寇仇视其君。"[2]

孟子离开齐王时，"三宿而出昼"，期盼齐王能有所改变，既未有"悻悻之心"，更未视其寇仇。可见孟子也未践行自己提出的君臣相处之道。

1　（明）蔡清：《四书蒙引·孟子》，文渊阁《四库全书》影印本，第206册，第573—574页。

2　（明）蔡清：《四书蒙引·孟子》，文渊阁《四库全书》影印本，第206册，第575页。

蔡清还明确表示不理解孟子提出的君待臣之"三有礼"中的某些内容，比如孟子提出如果臣子前往他国，贤君应"又先于其所往"，即君主主动派人先到臣子要去的国家游说，说明其贤能，使其能很快得到任用。蔡清认为孟子这一要求令人不解。他说：

> "又先于其所往"，称道其贤，欲其收用之也。此一节，清尝疑之。彼既去我，我既不能用，则任其所之可矣，又焉用为之说乎？且我既为人道其贤而欲用之，我何故不以为贤而自用之乎？若他国以此问，则我何以答？……谨识所疑，遇高明君子当有请焉。导之出疆，防剽掠也，从其志而虞其害也。

在蔡清看来，孟子这一要求不合情理。他认为，臣既然执意要弃君离去，不能为君所用，任其所之即可，无须再为其预作游说；因为如果要到臣要去的国家游说，说明其贤能，那如此贤明之人，为什么要放他离开而自己不用，所以这种游说显然没有任何效用，而且"导之出疆，又不遂收其田里，而犹望其归"，已经仁至义尽，"礼亦近厚矣，纵不先于所往而称道其贤，似亦未为薄"[1]。

显然，在蔡清思想中，"天下无不是底君父"的观念根深蒂固，所以他近乎本能地要维护君主威严，对孟子的君臣相对论持审慎态度，主张臣子不应以孟子的君臣观自处，但是君主当以此自警。孟子君臣论，可以告君，但不能语臣。

---

1 （明）蔡清：《四书蒙引·孟子》，文渊阁《四库全书》影印本，第206册，第575页。

小　结

蔡清《四书蒙引·孟子》从名物度数的考辨、文章结构的评点、思想阐释等方面对《孟子》进行了全面注解，其中思想阐释是主体。

蔡清据朱熹之说解读孟子心性论，如"生之谓气"，"生之理之谓性"，解心、性、情关系为"心统性情"等，俱是用朱熹之说，但蔡清也有自己的体认，如认为恻隐、羞恶、辞让、是非之心是性之情，但使人能仁爱、裁制合宜、礼敬辞让、辨别是非者，则是"才"；"才"是性之能，性、情、才三者的关系是"性之发为情，性之能为才"；而孟子力辨人性，则是"圣贤畏天命"之意。蔡清对孟子心性论的剖析可谓精细入微。

蔡清认为孟子养气之气，是具有生命属性指征的血气，实为物质属性之气；生命中本有浩然之气，经过德性涵养，即能朗然顿现。德性的涵养方式就是"顺而不害"，也就是"集义"。而知言就是知理、知心。蔡清对孟子知言养气的解析，固然有承袭前人的因素，但是有个人源于生活的体察。

蔡清称赞孟子王道论"真有大功于天下万世"，其功不输于禹平治洪水以救苍生；承前人之说，他也认为王霸之别就在"诚"与"伪"之间，王者真心行仁，霸者假意为仁；在孟子仁政具体举措中，尤为重要者是省刑罚、薄赋敛。实现王道仁政不仅要有其时，亦有"理""势"因素的左右。蔡以时、理、势解释了孟子王道仁政论在当时未能实现的原因，也"为孟子洗刷了'迂远而阔于事情'（《史记·孟子荀卿列传》）的污名"。[1]与此同时，蔡清认为孟子对井田、税制的认识并不十分清楚和准确；对孟子君臣相对论，蔡清持审慎态度，认为君可以之自警，忠臣孝子则不能以此自处，体现了蔡清的忠君观。

1　孙宝山：《论蔡清的四书学诠释》，《中国哲学史》，2016年，第4期。

第四章

王阳明论孟子

王阳明（1472—1529），名守仁，字伯安，号阳明，浙江余姚人。出生于官宦之家，祖父王伦，官至翰林编修；父亲王华，官至南京兵部尚书。王阳明自小顽皮淘气，成年后狂放不羁，不守常规。然自小就有大志，十一岁立誓以"读书学圣贤"为人生"第一等事"。弘治十二年（1499），考中进士，赐官正工部，督造威宁伯王越墓。弘治十七年（1504），被聘主考山东乡试。弘治十八年（1505），是王阳明人生的转折点。是年，明孝宗病死，十五岁的朱厚照即位，改元正德，是为武宗。武宗年幼，宠信宦官刘瑾。南京户科给事中戴铣等得罪刘瑾，被杖入狱。王阳明上疏为戴铣等申辩，触怒刘瑾，被杖四十，贬为贵州龙场驿驿丞。龙场地处荒蛮，荆棘丛生，蛇虺魍魉横行，蛊毒瘴疠遍布，王阳明自誓"吾惟俟命而已"，泰然处之。后在附近龙岗山上觅得一洞，遂迁居洞中，起名"阳明洞"。龙场环境艰苦，"从者皆病，自析薪取水作糜饲之；又恐其怀抑郁，则与歌诗；又不悦，复调越曲，杂以诙笑，始能忘其为疾病夷狄患难也，因念：'圣人处此，更有何道？'忽中夜大悟格物致知之旨，寤寐中若有人语之者，不觉呼跃，从者皆惊。始知圣人之道，吾性自足，向之求理于事物者误也"[1]。这就

---

1 （明）王守仁撰，吴光、钱明、董平、姚延福编校：《王阳明全集》，浙江古籍出版社，2011年，第1354页。

是著名的龙场悟道。刘瑾伏诛后，王阳明被朝廷起用，后历官庐陵知县、南京刑部主事、南京太仆寺少卿、鸿胪卿等职，官至兵部尚书。正德四年（1509）之后，将近20年间，王阳明凭借其杰出军事才能，多次平定民变与宗室叛乱，还击溃了一些拥兵割据的地方武装势力，其间也在越地讲学六年。然而，明中期政治腐败，帮派林立，王阳明狂放的性格以及不凡的建树，招致了桂萼、杨一清等人的疾恨和排挤。嘉靖七年（1528）十月，王阳明带病出征，次年去世。卒后三十八年，隆庆元年（1567），追赠新建侯，谥"文成"。王阳明是中国历史上屈指可数的集政治家、军事家、思想家、教育家于一身的杰出人物。

王阳明学术思想的形成和发展经历了一个曲折的演变过程。关于其学术思想历程的总结，众多学者都有过论述，著名的有"五溺"说、"学凡三变"说。湛若水在《阳明先生墓志铭》中谈到"五溺"："初溺于任侠之习；再溺于骑射之习；三溺于辞章之习；四溺于神仙之习；五溺与佛氏之习。正德丙寅，始归正于圣贤之学。"[1]湛若水的这一论述基本上是根据王阳明好友黄绾的《阳明先生行状》。黄宗羲在《明儒学案》中也论述了王阳明思想发展的心路历程，他说：

> 先生之学，始泛滥于辞章，既而遍读考亭之书，循序格物，顾物理吾心终判为二，无所得入。于是出入于佛、老者久之。及至居夷处困，动心忍性，因念圣人处此更有何道？忽悟格物致知之旨，圣人之道，吾性自足，不假外求。其学凡三变而始得其门。自此以后，尽去枝叶，一意本原，以默坐澄心为学的。有未发之中，始能有发而中节之和，视听言动，大率以收敛为主，发散是不得已。江右以后，专提

---

1 （明）王守仁撰，吴光、钱明、董平、姚延福编校：《王阳明全集》，浙江古籍出版社，2011年，第1538—1539页。

"致良知"三字，默不假坐，心不待澄，不习不虑，出之自有天则。盖
良知即是未发之中，此知之前更无未发；良知即是中节之和，此知之
后便无已发。此知自能收敛，不须更主于收敛；此知自能发散，不须
更期于发散。收敛者，感之体，静而动也；发散者，寂之用，动而静
也。知之真切笃实处即是行，行之明觉精察处即是知，无有二也。居
越以后，所操益熟，所得益化，时时知是知非，时时无是无非，开口
即得本心，更无假借凑泊，如赤日当空而万象毕照。是学成之后又有
此三变也。[1]

黄宗羲以"龙场悟道"为界，将王阳明学术思想形成演变过程分为"三
变"。第一变，泛滥于辞章。为应付科举考试而钻研八股文，专注于科举
考试，同时学习和践履程朱理学。第二变，出入于佛老。在对程朱理学
失望之后，王阳明试图从佛老中求得修身治国之方，后又觉佛老太过虚
幻，在与湛若水定交后，昌明圣学，完全回到儒学立场。第三变，"龙场
悟道"。身处龙场，日夜端居静默，以静求一，忽然大彻大悟格物之旨，
认识到圣人处世在于自足其性，而不在向外求理。自此，王阳明的心学思
想初步形成。"王学形成之后，又经历了'以默坐澄心为学'，专提'致良
知'三字，'所操益熟，所得益化'的变化过程；由'一意本原'到'致
良知'，进而'开口即得本心'，其心学思想不断发展，不断成熟，不断
深化。"[2]

　　明前期至明中期，程朱理学独步天下，然亦逐渐僵化。王阳明继承发
展陆九渊之心学，吸收江门之学及佛老的思想观念，针对明中期极度腐败
的政治和程朱理学逐渐僵化的现实，建构起以"致良知""心即理"和"知

1　（清）黄宗羲:《明儒学案》，中华书局，2008年，第188页。
2　姜林祥主编，苗润田著:《中国儒学史·明清卷》，广东教育出版社，1998年，第66页。

行合一"为特色的心学思想体系，其思想在整体上是对程朱理学的反动。

王阳明思想与孟子有非常紧密的联系，学界早有共识。明人黄绾上疏论王阳明之学时即明言："其学之大要有三：一曰'致良知'，实本先民之言；盖致知出于孔氏，而良知出于孟轲性善之论。……是守仁之学，弗诡于圣，弗畔于道，乃孔门之正传也。可以终废其学乎？"[1]黄绾断定，孟子性善之论是王阳明"良知"说的直接来源。清人黄宗羲也说："试以孔孟之言证之，致吾良知于事物，事物皆得其理，非所谓人能弘道乎？若在事物，则是道能弘人矣。告子之外义，岂灭义而不顾乎？亦于事物之间求其义而合之，正如世儒之所谓穷理也。孟子胡以不许之，而四端必归之心哉！嗟乎，糠秕眯目，四方易位，而后先生可疑也。"[2]黄宗羲指明了王学与孟学的联系。今人吴光认为：王阳明"其学上承孟子，中继象山，而形成为风靡明代中后期并与程朱理学分庭抗礼的阳明心学"。[3]

王阳明在《答罗整庵少宰书》中，详细剖析了自己与朱学分道扬镳的心路历程，自述他抛却朱学，并不是病狂丧心，故意标新立异，而是出于天下公道、公学、公言；另一方面也是效法孟子辟杨墨。他认为杨朱、墨翟其实也是当时贤者，如果二人与孟子生活在同一个时代，孟子未必不会认为他们是贤者；杨、墨之误在于"墨子兼爱行仁而过耳，杨子为我行义而过耳"[4]，二人之说未必有多么"灭理乱常"，但是其流弊却足以扰乱天下，所以孟子才会比之于禽兽食人，所谓"以学术杀天下后世也"。王阳明指出，他所在的时代，学术的严重弊端就是迷信朱学。他说：

1　（明）王守仁撰，吴光、钱明、董平、姚延福编校：《王阳明全集》，上海古籍出版社，2011年，第1465页。

2　（清）黄宗羲：《明儒学案》，中华书局，2008年，第181页。

3　吴光：《王阳明全集·编校说明》，（明）王守仁撰，吴光、钱明、董平、姚延福编校《王阳明全集》，上海古籍出版社，2011年，第1页。

4　（明）王守仁撰，吴光、钱明、董平、姚延福编校：《王阳明全集》，上海古籍出版社，2011年，第87页。

今世学术之弊，其谓之学仁而过者乎？谓之学义而过者乎？抑谓之学不仁不义而过者乎？吾不知其于洪水猛兽何如也！孟子云："予岂好辩哉？予不得已也！"杨、墨之道塞天下，孟子之时，天下之尊信杨、墨，当不下于今日之崇尚朱说，而孟子独以一人呶呶于其间，噫，可哀矣！韩氏云："佛、老之害甚于杨、墨。"韩愈之贤不及孟子，孟子不能救之于未坏之先，而韩愈乃欲全之于已坏之后，其亦不量其力，且见其身之危，莫之救以死也矣。……平生于朱子之说，如神明蓍龟，一旦与之背驰，心诚有所未忍，故不得已而为此。"知我者，谓我心忧；不知我者，谓我何求。"盖不忍抵牾朱子者，其本心也；不得已而与之抵牾者，道固如是，不直则道不见也。[1]

孟子为消除杨墨流弊，不得已而辩；韩愈为消除佛老之害，奋起排击，不顾身家性命；王阳明自己本心不愿抵牾朱子，但道是天下公道，学是天下公学，孔子不可得而私，朱子也不可得而私；朱子之学既有其非，自然不能盲从。当然，王阳明强调朱子之过是"君子之过"。王阳明一方面将孟子作为自己抵牾朱子的精神标杆，另一方面其实也在为孟子辟杨黑巧妙辩护。

毫无疑问，王阳明心学与孟子有着血脉相承的关系。虽然王阳明有《大学问》《五经臆说》，并无专门解说《孟子》之作，然而我们在今传《王阳明全集》中看到，他常常是借解说孟子的心性之说等阐明自己的观念。据此，以管窥豹，我们可见王阳明的孟子观。

---

1 （明）王守仁撰，吴光、钱明、董平、姚延福编校：《王阳明全集》，上海古籍出版社，2011年，第87—88页。

第一节　孟子从源头说性，但只见得大概

对于争论不休的心、性、天道诸问题，王阳明有自己明确的认识。关于心，王阳明说：

> 心不是一块血肉，凡知觉处便是心，如耳目之知视听，手足之知痛痒，此知觉便是心也。[1]

又说：

> 耳、目、口、鼻、四肢，身也，非心安能视、听、言、动？心欲视、听、言、动，无耳、目、口、鼻、四肢亦不能。故无心则无身，无身则无心。但指其充塞处言之谓之身，指其主宰处言之谓之心。[2]

显然王阳明所说的"心"，不是人体内物质实体的血肉之心，而是具有思维能动性的主宰之心。人之所以可以视听言动，皆因此心在主宰，然而此心之所以可以主宰人的视听言动，其根源却在性。他说：

> 所谓汝心，亦不专是那一团血肉。若是那一团血肉，如今已死的人，那一团血肉还在，缘何不能视听言动？所谓汝心，却是那能视听言动的，这个便是性，便是天理。有这个性，才能生这性之生理，便

1　（明）王守仁撰，吴光、钱明、董平、姚延福编校：《王阳明全集》，上海古籍出版社，2011年，第138页。

2　（明）王守仁撰，吴光、钱明、董平、姚延福编校：《王阳明全集》，上海古籍出版社，2011年，第103页。

谓之仁。这性之生理，发在目便会视，发在耳便会听，发在口便会言，发在四肢便会动，都只是那天理发生，以其主宰一身，故谓之心。这心之本体，原只是个天理，原无非礼。这个便是汝之真己。这个真己，是躯壳的主宰。若无真己，便无躯壳，真是有之即生，无之即死。[1]

天予人性生之理。正是人性的生之理决定了心可以主宰人的视动言动；人死，血肉之心仍在，却不能视听言动，因为死者已无生理。所以心虽是躯体的主宰，但使心具有主宰之能的却是人性的生之理，所以心与性，性是"心之本体"。心性不是二物，心性同一。

心、性、天、理之间的关系又如何？他说：

至善者性也。性元无一毫之恶，故曰至善。[2]

性是心之体，天是性之原，尽心即是尽性。[3]

夫心主于身，性具于心，善原于性，孟子之言性善是也。[4]

心之体，性也，性即理也。……理岂外于吾心耶？[5]

爱问："至善只求诸心，恐于天下事理有不能尽"。先生曰："心即理也。天下又有心外之事，心外之理乎？"[6]

---

1 （明）王守仁撰，吴光、钱明、董平、姚延福编校：《王阳明全集》，上海古籍出版社，2011年，第41页。

2 （明）王守仁撰，吴光、钱明、董平、姚延福编校：《王阳明全集》，上海古籍出版社，2011年，第29页。

3 （明）王守仁撰，吴光、钱明、董平、姚延福编校：《王阳明全集》，上海古籍出版社，2011年，第6页。

4 （明）王守仁撰，吴光、钱明、董平、姚延福编校：《王阳明全集》，上海古籍出版社，2011年，第175页。

5 （明）王守仁撰，吴光、钱明、董平、姚延福编校：《王阳明全集》，上海古籍出版社，2011年，第48页。

6 （明）王守仁撰，吴光、钱明、董平、姚延福编校：《王阳明全集》，上海古籍出版社，2011年，第2页。

在王阳明看来，性即天理，性至善；天是人性本原，性是心的本体，却又具于心，所以天理在心，心外无理，心即理。王阳明把程朱"性即理"的命题"扩充成比陆九渊更富主观色彩的心即理"[1]。

人们论及心性，总是以善恶来评判。王阳明也说："至善者，性也。"何谓善？王阳明说：

> 善即吾之性，无形体可指，无方所可定，夫岂自为一物，可从何处得来者乎？……夫在物为理，处物为义，在性为善，因所指而异其名，实皆吾之心也。心外无物，心外无事，心外无理，心外无义，心外无善。吾心之处事物，纯乎理而无人伪之杂，谓之善，非在事物有定所之可求也。处物为义，是吾心之得其宜也，义非在外可袭而取也。格者，格此也；致者，致此也。必曰事事物物上求个至善，是离而二之也。[2]

善不是外于心而存在的具体实物，而是指人心之纯乎理、一派天然而无丝毫人伪，善在心，心外无善，因此不能离心求善于外物。何谓恶？

> 问："先生尝谓'善恶只是一物'。善恶两端，如冰炭相反，如何谓只一物？"
>
> 先生曰："至善者，心之本体。本体上才过当些子便是恶了，不是有一个善，却又有一个恶来相对也，故善恶只是一物。"[3]

1　侯外庐、邱汉生、张岂之：《宋明理学史》，人民出版社，1997年，第211页。
2　（明）王守仁撰，吴光、钱明、董平、姚延福编校：《王阳明全集》，上海古籍出版社，2011年，第175页。
3　（明）王守仁撰，吴光、钱明、董平、姚延福编校：《王阳明全集》，上海古籍出版社，2011年，第110页。

人心本无恶，世上原也不存在恶，恶只是善的过和不及；是私欲、私意的障碍，致使善有过和不及；善的过和不及，使人认识有偏、思想扭曲，所以有残忍、恶毒、阴险等行事，于是在王阳明看来，恶是善的失常、失度、失中，"善恶只是一物"。然而人心本无恶，如何会有私欲障碍？王阳明其实并没有做出圆满的回答。

王阳明以其心性论审视孟子心性之说，于是他的结论是：孟子性善之说虽正确，但只见得大概。其原因有二：

原因之一，王阳明认为孟子只看到了心之本体，从源头说性，却忽视了性之发用、流弊。他说：

> 夫心主于身，性具于心，善原于性，孟子之言性善是也。善即吾之性。[1]

问："古人论性，各有异同，何者乃为定论？"

先生曰："性无定体，论亦无定体，有自本体上说者，有自发用上说者，有自源头上说者，有自流弊处说者。总而言之，只是一个性，但所见有浅深尔。若执定一边，便不是了。性之本体原是无善无恶的，发用上也原是可以为善、可以为不善的，其流弊也原是一定善一定恶的。譬如眼有喜时的眼，有怒时的眼，直视就是看的眼，微视就是觑的眼。总而言之，只是这个眼，若见得怒时眼，就说未尝有喜的眼，见得看时眼，就说未尝有觑的眼，皆是执定，就知是错。孟子说性，直从源头上说来，亦是说个大概如此。荀子性恶之说，是从流弊上说来，也未可尽说他不是，只是见得未精耳。众人则失了心之本体。"

---

1 （明）王守仁撰，吴光、钱明、董平、姚延福编校：《王阳明全集》，上海古籍出版社，2011年，第175页。

问："孟子从源头上说性，要人用功在源头上明彻；荀子从流弊说性，功夫只在末流上救正，便费力了。"先生曰："然。"[1]

考察历史上各种不同人性论，王阳明认为孟子的人性论之所以与众不同，是因为孟子从源头说性。因为从本原上来看，人性本无一毫之恶，善之原在性，所以孟子人性善论可谓触及了人性本体。然而王阳明又说"性之本体无善无恶"，但其发用则可能有善有恶，荀子持人性恶论，是从性之发用所产生的流弊说人性，虽没有抓住人性本体，但不能完全否定。与荀子相比，孟子虽触及人性本体，但他忽视人性发用后的流弊，说明孟子的人性论也有欠缺，只识得人性之大概。可见王阳明对孟子人性论并不完全赞同。可是"性之本体原是无善无恶的"，显然不仅与王阳明自己所言的"至善者，性也"不相契合；而且既然性之本体"无善无恶"，何以证明孟子人性论是正确的呢？王阳明这一说法在后世引起争议，刘宗周、黄宗羲等都做出了不同解说。笔者以为，这里的善不是道德法则、伦理观念的善，而是类于胡宏所言，是"叹美之辞"。正如蔡仁厚所言："这纯善的心体，是未经分划的那个本源的原始之绝对（绝对善，善本身）。究极地说，它是不能用任何名相（善与恶皆是名相）加以指述的。一用名相指述，便限定了它，它便成为相对的，而不是超越的绝对的本体了。性体是超越的绝对，无善恶之对待。此义，胡五峰在其《知言》书中已先说到。他说：'善不足以言之，况恶乎哉？'又说：'孟子之道性善，叹美之辞，不与恶对也。'"[2]

原因之二，王阳明认为孟子从本原说性，忽视了气。比较孟子与告子人性之说，王阳明有如下之言：

1　（明）王守仁撰，吴光、钱明、董平、姚延福编校：《王阳明全集》，上海古籍出版社，2011年，第130—131页。

2　蔡仁厚：《王阳明哲学》，九州出版社，2012年，第104页。

　　"生之谓性"，"生"字即是"气"字，犹言"气即是性"也。气即是性，"人生而静以上不容说"，才说"气即是性"，即已落在一边，不是性之本原矣。孟子"性善"，是从本原上说。然性善之端须在气上始见得，若无气亦无可见矣。恻隐、羞恶、辞让、是非即是气，程子谓："论性不论气，不备；论气不论性，不明。"亦是为学者各认一边，只得如此说。若见得自性明白时，气即是性，性即是气，原无性气之可分也。[1]

王阳明指出，告子"生之谓性"说，其"生"是指"气"，指明了"气即是性"。在王阳明看来，气性原不可分，因为离开气，性就无从表现；只有即气，才能识性，所以告子"生之谓性"并无错误。虽然气即是性，不能离气识性，但也不能"专在气质上说"。

　　夫子说"性相近"，即孟子说"性善"，不可专在气质上说。若说气质，如刚与柔对，如何相近得？惟性善则同耳。人生初时，善原是同的。但刚的习于善则为刚善，习于恶则为刚恶；柔的习于善则为柔善，习于恶则为柔恶，便日相远了。[2]

王阳明认为孟子性善说与孔子性相近说实无分别，现实社会人之不同，是后天之习造成，并非先天人性如此。如若专在气质上说人性，就看不到人性的真实。告子的错误就在于他只以气为性，"只认得一边"，而且没有看到"性之本原""不晓得头脑"。

1　（明）王守仁撰，吴光、钱明、董平、姚延福编校：《王阳明全集》，上海古籍出版社，2011年，第68—69页。

2　（明）王守仁撰，吴光、钱明、董平、姚延福编校：《王阳明全集》，上海古籍出版社，2011年，第140页。

问:"'生之谓性',告子亦说得是,孟子如何非之?"先生曰:"固是性,但告子认得一边去了,不晓得头脑,若晓得头脑,如此说亦是。"[1]

与告子相比,孟子虽看到了人性之本原,但是却否定告子"生之谓性",也就否定了"气即是性"。在王阳明看来,孟子所说恻隐、羞恶、辞让、是非实际就是气;孟子所说"'形色天性也',这也是指气说"[2];然而孟子并没有认识到这一点。王阳明将孟子所说恻隐、羞恶、辞让、是非断定为气,这是王阳明对孟子心性学说的改变,因为孟子本意是以恻隐、羞恶、辞让、是非为道德意识、心理情感,并不认为这四者是气。王阳明作如此改变,在宋明理学史具有转折性意义,因为程朱认为是气禀致人生恶,予以气消极的评判,而王阳明却认定气即性,对气做出较为积极的评价。"这些说法,反映了在明代理学中,理(性)与气的距离日益缩小,理和气不再被看成具有对峙的紧张的关系。阳明思想中已露出'性即气质之性'的苗头,而'性即气质之性'在中晚明至明清之际几乎成了哲学家们的普遍看法了。"[3]

综上可见,总体而言,王阳明对孟子心性论的评价高于荀子、告子人性说,认为孟子心性论是从本原、源头说性,触及了性之本体,但是孟子却否定了气,没能认识到气性"不可分",也不重视性之发用必然产生的流弊,所以孟子心性论只是见到心性之大概,并不完备。而王阳明也正是在自己所认为的孟子心性论的不精细处弥补,继承和发挥孟子心性之学,

1 (明)王守仁撰,吴光、钱明、董平、姚延福编校:《王阳明全集》,上海古籍出版社,2011年,第114页。

2 (明)王守仁撰,吴光、钱明、董平、姚延福编校:《王阳明全集》,上海古籍出版社,2011年,第114页。

3 陈来:《有无之境　王阳明哲学的精神》,人民出版社,1991年,第89页。

成就了自己的阳明心学。

第二节 "是非之心"是良知

"致良知"，是王阳明的为学宗旨。他在写给继子正宪的信中，强调"吾平生讲学，只是'致良知'三字"[1]。他断定"致良知"是孔孟精髓，是孔孟的正法眼藏，在《寄薛尚谦》中说："但知得轻傲处，便是良知；致此良知，除却轻傲，便是格物。致知二字，是千古圣学之秘。……此是孔门正法眼藏，从前儒者多不曾悟到，故其说卒入于支离。"[2]王阳明宣称"致良知"之学在孔孟之后已失传"几千百年"，他自己"赖天之灵，偶复衬见"，而自己能复见千古绝学，"诚千古之一快"。

诚如王阳明所言，"致良知"是他一生讲学的核心和目的，是其为学的最终旨趣。而"致良知"说的提出，也标志着阳明心学思想的成熟。

王阳明所说的良知是"德性之知"，而非"见闻之知"。"所谓德性之知，即是发于性体之知，亦即'知爱知敬、知是知非，当恻隐自然恻隐，当羞恶自然羞恶，当辞让自然辞让'之知"[3]。儒家之学是内圣之学，是成德之教，希圣、希贤是理想追求，王阳明曾义气豪迈地说："人胸中各有个圣人"，每个人"胸中原是个圣人"。王阳明与于中等人有一段著名的对话：

　　在虔，与于中、谦之同侍。先生曰："人胸中各有个圣人，只自信

---

1 （明）王守仁撰，吴光、钱明、董平、姚延福编校：《王阳明全集》，上海古籍出版社，2011年，第1091页。

2 （明）王守仁撰，吴光、钱明、董平、姚延福编校：《王阳明全集》，上海古籍出版社，2011年，第222—223页。

3 蔡仁厚：《王阳明哲学》，九州出版社，2013年，第49页。

不及，都自埋倒了。"因顾于中曰："尔胸中原是圣人。"于中起不敢当。
先生曰："此是尔自家有的，如何要推？"于中又曰："不敢。"先生曰：
"众人皆有之，况在于中？却何故谦起来？谦亦不得。"于中乃笑受。
又论："良知在人，随你如何，不能泯灭，虽盗贼，亦自知不当为盗，唤
他作贼，他还忸怩。"于中曰："只是物欲遮蔽，良心在内，自不会失，
如云自蔽日，日何尝失了！"先生曰："于中如此聪明，他人见不及此。"[1]

王阳明不仅称于中胸中原是圣人，而且称众人胸中原都有个圣人，其原因
就是每个人心中有良知，而且良知永不泯灭，只是会因物欲而遮蔽而不
显，如浮云蔽日，虽不见日，但日并没有消亡。王阳明称每个人胸中都有
个圣人，肯定了人的道德主体性和道德主体的本来完满性以及普遍性。

然而王阳明的良知说的思想源头却在孟子。孟子说：

> 人之所不学而能者，其良能也。所不虑而知者，其良知也。孩提之
> 童，无不爱其亲者，及其长也，无不知敬其兄也。（《孟子·尽心上》）

所谓"不学而能"，是不待习染、毋须教化而本然具有；"不虑而知"，是
指毋须思考而本然直觉。但人不待习染、毋须教化而本然具有、毋须思考
而本然直觉的实际只有爱亲、敬长而已。所以孟子所说的"良知"是指人
先天本然具有的道德意识与道德情感。

孟子提出了"良知"说，也提出了"四端"说：

> 恻隐之心，仁之端也；羞恶之心，义之端也；辞让之心，礼之端

---

[1]（明）王守仁撰，吴光、钱明、董平、姚延福编校：《王阳明全集》，上海古籍出版社，2011年，第105页。

也；是非之心，智之端也。（《孟子·公孙丑上》）

孟子以人有四端证人性为善。在"四端"中，孟子更强调"恻隐之心"，以人乍见孺子入井而恻隐之心当下顿然呈现，证明人本然具有恻隐之心，并以"恻隐之心"统率其他三端。但孟子并没有明确把"良知"与"四端"系联。

对于孟子良知之说，王阳明做出了自己的解释。王阳明认为"心自然会知，见父自然知孝，见兄自然知弟，见孺子入井自然知恻隐，此便是良知"[1]。这样就明确把良知与四端系联起来，"阳明言良知，本于孟子，而且把孟子仁义礼智四端之心一起收摄于良知，而真诚恻怛便是良知的本体"[2]。而且在四端中，王阳明认为"是非之心"就是良知。他多次说：

"良知只是个是非之心。是非只是个好恶，只好恶就尽了是非，只是非就尽了万事万变。"又曰："是非两字，是个大规矩，巧处则存乎其人。"[3]

孟子云："是非之心，知也。""是非之心，人皆有之"，即所谓良知也。孰无是良知乎？但不能致之耳。[4]

夫良知者，即所谓"是非之心，人皆有之"，不待学而有，不待虑而得者也。[5]

1 （明）王守仁撰，吴光、钱明、董平、姚延福编校：《王阳明全集》，上海古籍出版社，2011年，第7页。

2 蔡仁厚：《中国哲学史大纲》，吉林出版集团有限责任公司，2009年，第220页。

3 （明）王守仁撰，吴光、钱明、董平、姚延福编校：《王阳明全集》，上海古籍出版社，2011年，第126页。

4 （明）王守仁撰，吴光、钱明、董平、姚延福编校：《王阳明全集》，上海古籍出版社，2011年，第211页。

5 （明）王守仁撰，吴光、钱明、董平、姚延福编校：《王阳明全集》，上海古籍出版社，2011年，第311页。

在《大学问》中，王阳明又说：

> 良知者，孟子所谓"是非之心，人皆有之"者也。是非之心，不待虑而知，不待学而能，是故谓之良知。是乃天命之性，吾心之本体，自然灵昭明觉者也。凡意念之发，吾心之良知无有不自知者。其善欤，惟吾心之良知自知之；其不善欤，亦惟吾心之良知自知之；是皆无所与于他人者也。[1]

从上可见，王阳明在四端中特别突出是非之心，以是非之心为良知的本质规定。王阳明不仅以是非之心为良知，还赋予了良知新内涵。良知，不仅是道德意识、道德情感的统一，还是道德判断和道德评价的理性原则，良知监督、提醒和指导着人们的意念活动，使人们能够自觉、自主、自律地是其所是而恶其当恶。这些都是王阳明对孟子思想的发展。"因此，阳明以是非之心为主要内容的良知说的提出，标志着孟子哲学的进一步发展"[2]。王阳明对是非之心的强调，不仅与传统儒家强调恻隐之心不同，也与西方伦理学强调"羞恶之心"意义的良心不同。

第三节　"致良知"则浩然之气朗现

王阳明对孟子养气论所言不多，虽偶有所及，但也明显地体现出其"致良知"的为学宗旨。

王阳明认为不动心是养浩然之气的关键。分析孟子"不动心"与告子

1　（明）王守仁撰，吴光、钱明、董平、姚延福编校：《王阳明全集》，上海古籍出版社，2011年，第1070页。

2　陈来：《有无之境　王阳明哲学的精神》，人民出版社，1991年，第167页。

"不动心"之别，王阳明的认识与程朱等宋元诸儒一致，认为二者相差仅在毫厘之间，孟子不动心是自然不动，告子不动心是"硬把捉着此心要他不动"。

> 尚谦问："孟子之'不动心'与告子异？"
> 先生日："告子是硬把捉着此心，要他不动；孟子却是集义到自然不动。"[1]

孟子之所以能自然不动心，是因为孟子一心集义，且只集义，不问结果；由于所行无不合义，此心自然不动。

> 心之本体原自不动，心之本体即是性，性即是理，性元不动，理元不动。集义是复其心之本体。[2]

在王阳明看来，心之本体本不动，心之本体就是性，就是理，也就是仁义礼智。孟子集义，就是复归心之本体。心之本体本不动，故孟子"不动心"是其心自然不动。此心自然不动，则浩然之气朗现。而告子"硬把捉着此心，要他不动"，了无生气，且无道义为根柢，未能复归心之本，自然也不可见其有浩然正气。

> 若告子只要此心不动，便是把捉此心，将他生生不息之根反阻挠了，此非徒无益，而又害之。孟子"集义"工夫，自是养得充满，并

---

1 （明）王守仁撰，吴光、钱明、董平、姚延福编校：《王阳明全集》，上海古籍出版社，2011年，第28页。

2 （明）王守仁撰，吴光、钱明、董平、姚延福编校：《王阳明全集》，上海古籍出版社，2011年，第28页。

　　　　无馁歉；自是纵横自在，活泼泼地：此便是浩然之气。[1]

集义而至不动心，则浩然之气生，王阳明这一说法与孟子并无不同，但是他认为心之本体原自不动，集义是"复其心之本体"，则是其新见。

　　对于孟子养气论中"必有事"，前人多有歧见。赵岐将"事"解作"福"，"必有事"，就是养成浩然之气则"必有福"；朱熹的注解是："事"，即"有所事"；"有所事"即集义，即集义以养成浩然之气；陈天祥解作"事功"，认为养成浩然之气则有事功成。王阳明与他们不同。

　　　　问："先儒谓'鸢飞鱼跃'与'必有事焉'同一活泼泼地。"先生曰："亦是天地间活泼泼地，无非此理，便是吾良知的流行不息，致良知便是'必有事'的功夫。此理非惟不可离，实亦不得而离也。无往而非道，无往而非功夫。"[2]

在王阳明看来，孟子所言"必有事"，非是功利性的有福或事功，而是"致良知"，是养成浩然之气的工夫。虽然良知每个人先天固有、本然天成，但是并非每个人都能体认明晓，也就不能本然呈现，因而不能下贯到事事物物之中。

　　　　所说工夫，就道通分上也只是如此用，然未免有出入在。凡人为学，终身只为这一事，自少至老，自朝至暮，不论有事无事，只是做得这一件，所谓"必有事焉"者也。若说"宁不了事，不可不加培

1　（明）王守仁撰，吴光、钱明、董平、姚延福编校：《王阳明全集》，上海古籍出版社，2011年，第121页。
2　（明）王守仁撰，吴光、钱明、董平、姚延福编校：《王阳明全集》，上海古籍出版社，2011年，第139—140页。

养"，却是尚为两事也。"必有事焉而勿忘勿助"，事物之来，但尽吾心之良知以应之，所谓"忠恕违道不远"矣。[1]

王阳明明确指出，"必有事"是功夫，是道德涵养的践履，无论有事无事，无时无刻，不仅要扩充良知，且要下贯、落实到事事物物之中。由此可见，依王阳明之见，浩然之气的养成，实是"必有事"而"致良知"的必然结果。

第四节　孟子不道桓文之事，是孔门心法

儒家主张内圣外王，外王即是事功。明中期政治极度腐败，各种矛盾冲突频发，不仅统治者内部、统治者与百姓之间冲突激烈，而且中央朝廷与边疆少数民族之间也有矛盾，政治环境十分险恶。就在这样险恶的政治环境中，王阳明却凭借其杰出的政治智慧和军事才能屡立奇功，平定了闽、赣、粤交界的农民暴动；正德十四年（1519），江西宁王朱宸濠叛乱，王阳明率兵平叛，仅三十五天、三战就生擒了朱宸濠，将一场震动朝野、声势浩大的宗室叛乱迅速消灭。可以说，王阳明所建事功，王阳明在儒家提倡的外王方面所取的成就，在古今儒者中绝无仅有。

王道仁政就是孟子所提倡的外王，虽然王阳明没有就此有专门讨论，但在回答学生问题时也有涉及。比如，有学生问：为什么孔子在《春秋》中只写"弑某君""伐某国"，却不详述弑君、伐国的具体过程。王阳明在回答时，就孟子所言孔门"无道桓文之事"以及王霸之辨

做出了解释。

> 爱曰："伊川亦云：'传是案，经是断。'如书弑某君、伐某国，若不明其事，恐亦难断。"[1]

就此，王阳明的回答是：程伊川只是承旧说，并没有理解圣人作经之意。他认为，孔子整理《春秋》，对于臣弑君、擅自攻打别国等事，不详述其过程细节，但用"弑""伐"字，表示褒贬，孔子的态度和立场已非常鲜明地体现出来；孔子之所以不详述弑君、伐国之事，是因为圣人之意在正人心、存天理而去人欲。

> 先生曰："……圣人述《六经》，只是要正人心，只是要存天理、去人欲，于存天理、去人欲之事，则尝言之；或因人请问，各随分量而说，亦不肯多道，恐人专求之言语，故曰'予欲无言'。若是一切纵人欲、灭天理的事，又安肯详以示人？是长乱导奸也。故孟子云：'仲尼之门，无道桓、文之事者，是以后世无传焉。'此便是孔门家法。世儒只讲得一个伯者的学问，所以要知得许多阴谋诡计，纯是一片功利的心，与圣人作经的意思正相反，如何思量得通？"因叹曰："此非达天德者，未易与言此也！"[2]

王阳明认为，王霸之别在于：王道是存天理而灭人欲，而霸者实是从人欲而弃天理，"霸者之徒，窃取先王之近似者，假之于外，以内济其私己之

1　（明）王守仁撰，吴光、钱明、董平、姚延福编校：《王阳明全集》，上海古籍出版社，2011年，第10页。

2　（明）王守仁撰，吴光、钱明、董平、姚延福编校：《王阳明全集》，上海古籍出版社，2011年，第10页。

欲"[1]。霸者为了满足私欲，一心求利，为此耍弄阴谋诡计，无所不用其极。孔子编《春秋》，只言有弑君伐国之事，而不详述弑君、伐国具体过程，就是防止"长乱导奸"，所以孟子说"仲尼之门无道桓文之事者，是以后世无传焉"，并非信口胡言，罔顾事实，恰恰是道出了孔门心法。

王阳明反对霸道，抨击三代之后"王道熄而霸术炽"，认为自孔孟之后，"后世儒者许多讲来讲去只是讲得个伯术"[2]，因而人们都以霸道为高，日求富强，以济个人私欲，相互倾诈、攻伐、争夺，人伦尽丧。王阳明认为孔孟之后，之所以人人以霸道为高，以霸者为事业，一个重要原因就在于人们所追求的学术以及治学方式出了严重问题，学者们沉迷于辞章训诂之学，不求圣人之学，以致圣学日远日晦。他说：

> 世之儒者，慨然悲伤，蒐猎先圣王之典章法制，而掇拾修补于烬燼之余；盖其为心，良亦欲以挽回先王之道。圣学既远，霸术之传积渍已深，虽在贤知，皆不免于习染，其所以讲明修饰，以求宣畅光复于世者，仅可以增霸者之藩篱，而圣学之门墙遂不复可睹。于是乎有训诂之学，而传之以为名；有记诵之学，而言之以为博；有辞章之学，而侈之以为丽。若是者纷纷籍籍，群起角立于天下，又不知其几家，万径千蹊，莫知所适。世之学者，如入百戏之场，欢谑跳踉，骋奇斗巧，献笑争妍者，四面而竞出，前瞻后盼，应接不遑，而耳目眩瞀，精神恍惑，日夜遨游淹息其间，如病狂丧心之人，莫自知其家业之所归。时君世主亦皆昏迷颠倒于其说，而终身从事于无用之虚文，莫自知所谓。间有觉其空疏谬妄，支离牵滞，而卓然自奋，欲以见

诸行事之实者，极其所抵，亦不过为富强功利五霸之事业而止。圣人之学日远日晦，而功利之习愈趋愈下。……故不能其事，则不得以兼其官；不通其说，则不可以要其誉；记诵之广，适以长其敖也；知识之多，适以行其恶也；闻见之博，适以肆其辨也；辞章之富，适以饰其伪也！[1]

显然，王阳明视训诂之学、记诵之学、辞章之学支离牵滞、空疏谬妄，认为这些学问的重心不在阐明经典大义，不在砥砺人格，不是成德之教，导致人们竞相以此为炫耀之资，故只能助长功利之心，轻视圣人之教如赘疣枘凿，其结果是"增霸者之藩篱"而王道不兴。他感叹说：

呜呼！以若是之积染，以若是之心志，而又讲之以若是之学术，宜其闻吾圣人之教，而视之以为赘疣枘凿，则其以良知为未足，而谓圣人之学为无所用，亦其势有所必至矣。[2]

王阳明认为圣学应当是致良知且下贯于事事物物的实学，而不是徒腾口说。

后世专心于名物考据的学者指责王阳明心学空疏，认为明朝灭亡，固然有多重原因，但王阳明心学也难辞其咎；而在此之前，王阳明从经世致用、王道济世的角度，抨击辞章、训诂为空疏"无用之虚文"，不能解决现实社会功利争夺等种种问题，王道消而霸道兴，也与人们沉溺一辞章、名物考据有关。显然批评王阳明的学人与王阳明本人都不认为学问只是关乎个人的成长，实与天下治平紧密相联。

---

1 （明）王守仁撰，吴光、钱明、董平、姚延福编校：《王阳明全集》，上海古籍出版社，2011年，第62—63页。

2 （明）王守仁撰，吴光、钱明、董平、姚延福编校：《王阳明全集》，上海古籍出版社，2011年，第63—64页。

由上可见，王阳明为孟子所言"仲尼之徒无道桓文之事"进行了辩护，认为这是孔门心法，因为孔子编《春秋》，为了不"长乱助奸"，确实只写弑君、伐国之事，而不详述其过程，孟子所言正是圣人之意。王阳明认为王霸之别在于：是存天理，还是从人欲而求功利，虽然他使用了宋元诸儒惯用的概念做出评判，但与孟子精神实质并不相背；而他将"王道熄而霸道炽"归罪名物训诂、辞章之学，这既是因应于其所在时代的学术流弊，也与王阳明主张学问旨趣有关，王阳明的治学旨趣在"致良知"而希贤、希圣，当然这也是承孟子"学问之道，求其放心"而来。

小　结

王阳明远绍孟子，近承陆九渊，建构了自己的心学体系。他以自己心学思想审视孟子心性之说，认为孟子性善之说虽正确，但只见得大概，因为孟子虽从源头说性，却忽视了性之发用、流弊，还忽视了气，没能认识到气、性"不可分"，所以孟子心性论并不完备。

王阳明著名的"良知"说出自孟子，但在孟子"四端"中，他特别强调"是非之心"，以"是非之心"为"良知"的本质规定，还发展孟子思想，赋予"良知"新内涵。良知，不仅是道德意识、道德情感的统一，还是道德判断和道德评价的理性原则，良知监督、提醒和指导着人们的意念活动，使人们能够自觉、自主、自律地是其所是而恶其当恶。

王阳明对于孟子浩然之气所论不多，认为不动心是养浩然之气的关键，"致良知"是"必有事"的工夫，"浩然之气"的养成，实是"致良知"所致的必然结果。

王阳明认为，王霸之别在于：王道是存天理而灭人欲，而霸者是从人欲而弃天理；孟子所言"仲尼之门无道桓文之事者"，并非信口胡言，而是孔门心法。认为名物训诂、辞章之学重心不在阐明经典大义，不在"致良知"，人们不过以此为炫耀之资，故只能助长功利之心，导致"王道熄而霸道炽"。王阳明将王霸的此消彼长与学术联系在一起，认为圣学应当是"致良知"且下贯于事事物物的实学，经世济用，而不是徒腾口说，王阳明的治学旨趣在"致良知"而希贤、希圣，修齐治平，知行合一。

第五章
吕柟《四书因问·孟子因问》

在明中期王阳明心学大盛之时，被称为"张载之后关学集大成者"的吕柟，依然恪守程朱之学，坚持躬行实践，受到后人赞誉。"时天下言学者，不归王守仁，则归湛若水，独守程朱不变者，惟柟与罗钦顺云。"[1]关于孟子学说，吕柟在其《四书因问·孟子因问》中有专门解说。

吕柟（1479—1542），字仲木，学者称泾野先生，陕西高陵人。正德三年（1508）进士，授翰林修撰。因得罪宦官刘瑾，不为所容，遂托疾辞归。刘瑾伏诛后，吕柟复官。历官尚宝司卿、南京太常寺少卿、国子监祭酒、南京礼部右侍郎等职。为政持正敢言，两袖清风，勤于政事。所至各地，常设坛讲学，江南江北门生众多，几与王阳明平分秋色。

> 关学世有渊源，皆以躬行礼教为本，而泾野先生实集其大成。观其出处言动，无一不规于道，极之心术隐微，无毫发可疑，卓然闵、冉之徒，无疑也。异时阳明先生讲良知之学，本以重躬行，而学者误之，反遗行而言知。得先生尚行之旨以救之，可谓一发千钧。时先生

---

1 （清）张廷玉等撰：《明史》卷二百八十二，《吕柟传》，中华书局，1974年，第7244页。

讲席，几与阳明中分其盛，一时笃行自好之士，多出先生之门。[1]

卒时，高陵人罢市三日祭之，四方学者皆设位持心丧，"上辍朝一日，赐祭葬"[2]，谥号简。

吕柟曾师从薛敬之。薛敬之乃薛瑄三传弟子，因而吕柟的思想实是由薛敬之而上承薛瑄，注重日用人伦，强调下学功夫。吕柟著有《四书因问》《周易说翼》《尚书说要》《毛诗说序》《礼问内外篇》《春秋说志》《史约》《小学释寒暑》《经图解》《史馆献纳》《宋四子钞说》《泾野子内篇》《泾野诗文集》等。可见吕柟在五经经学、四书学、诗文写作等方面都很有建树。

在吕柟所有著述中，四库馆臣唯独给予《四书因问》特别肯定，对吕柟其他著述则颇多微词。四库馆臣称赞《四书因问》曰："多因四书之义，推而证诸躬行，见诸实事，……开示亲切，不徒为训诂空谈。"又说："柟文集佶屈聱牙，纯为伪体，而其解四书平正笃实乃如此。盖其文章染李梦阳之派，而学问则宗法薛瑄，二事渊源各别，故一人而如出两手也。"[3]

《四书因问》卷五、卷六为《孟子因问》，体式是答问体，即吕柟回答其门人等关于《孟子》问题的记录。其编撰体例是：不录《孟子》原文，只录吕柟门人所问问题与吕柟的回答。编排则依《孟子》篇章顺序。《孟子因问》主要围绕孟子思想展开，此外也有关于孟子行文逻辑、引经之法等的问答，如有门人问：《灵台》之诗并未讲民乐，孟子却引以说明当与民同乐；《汤誓》所言与台池鸟兽无关，孟子却引以回答梁惠王有关鸿雁麋鹿之问，当如何理解？吕柟的回答是：

1　（清）黄宗羲：《明儒学案》，中华书局，2008年，第11页。

2　（清）张廷玉等撰：《明史》，中华书局，1974年，第7243页。

3　（清）永瑢等撰：《四库全书总目》，中华书局，1965年，第302页。

此孟子读《诗》《书》之法也，乃可谓以意逆志矣。文王不能使民遂生养之性，其能使子来以成台池，而又乐其所有乎？若《书》既言"偕亡"，天下且不可得，而况有此台池鸟兽哉？呜呼！惠王可以警惧矣。[1]

吕柟认为这是孟子以意逆志的读书法，其目的是为了警醒和告诫梁惠王当与民同乐。又如，有门人问：孟子论性善，"言必称尧舜"，引尧舜已足以证明，为何又引成覵、颜渊、周公之言？吕柟答曰：

成覵时人也，其言犹可疑；颜渊大贤也，其言不可疑；周公大圣也，其言益不可疑也。[2]

成覵只是当时的普通人，其言可信度不高，颜渊是大贤，周公是大圣，二人之言的可信度高，故引此再证。这些讨论都涉及《孟子》行文逻辑。

需要特别指出的是，孟子在元代已受封亚圣，地位高于颜渊，成为儒家的第二位代表人物。然而，吕柟却认为孟子其实不及颜渊。他说：

颜子自不迁怒，进而上之，就是孔子不尤人的地位。至于孟子则曰"于禽兽又奚择焉"，亦未免有计较的意思，故说孟子不及颜子，此去处亦略见些。[3]

还说：

1　（明）吕柟：《四书因问·孟子因问》，文渊阁《四库全书》影印本，第206册，第917页。
2　（明）吕柟：《四书因问·孟子因问》，文渊阁《四库全书》影印本，第206册，第924页。
3　（明）吕柟：《四书因问·孟子因问》，文渊阁《四库全书》影印本，第206册，第838页。

> 颜子犹从事于斯，若孔子便浑化无待于从事矣。且如桓魋要已，便
> 曰："其如予何？"司败讥其党君，遂以闻过为喜。问于孟子之三反如何？
> 曰：孟子犹以为妄人，甚至比之"禽兽何难"？孟子之于颜又粗矣。[1]

颜渊能够不迁怒，孟子却指责那些不思改变的无礼之人为"妄人"，甚至
斥为"禽兽"，足见孟子为人计较，胸怀不够宽广，修养尚粗，所以孟子
不及颜渊。可见，在吕柟心中，仍然是颜高于孟。

对于孟子其说，吕柟与其门人讨论最多的依然是孟子心性论、知言养
气论、王道论等。

第一节 孟子言气字，即有性字

一、孟子论性不离气

吕柟肯定孟子性善论，并且认为追溯孟子人性说的来源，实是本自
孔子。

> 先生曰："孔子系《易》言：'一阴一阳之谓道，继之者善，成之者
> 性。'是性则善，便在前；孟子道性善，便在后，却源流于孔子。"[2]

吕柟以《易》为证，指出孔子在《易传》所言"一阴一阳之谓道，继之者
善，成之者性"，就是性善之意，孟子是在孔子之后明确说出了性善，所
以从思想发展来看，孔子人性论是源，孟子人性说是流，孟子人性说与孔

---

1 （明）吕柟：《四书因问·论语因问》，文渊阁《四库全书》影印本，第206册，第838页。

2 （明）吕柟：《四书因问·论语因问》，文渊阁《四库全书》影印本，第206册，第933页。

子人性论一脉相承。

视孔子人性论为孟子人性说之本原，吕柟此说与张载、程朱等理学家并无不同，然而对于程朱所谓孟子性善是理、孔子言性是兼气质之说，吕柟却并不赞同。

> 世儒谓孟子性善，专是言理；孔子性相近，是兼言气质，却不知理无了，气再那里有理？有理便有气，何须言兼？都失却孔孟论性之旨了。[1]

吕柟认为理本在气中，理气不可分，有理即有气，有气即有理，理气浑然为一，若认为孔子言性兼言气质，孟子言性善是言理、言天命之性，则是视理气为二，违背了孔孟人性论之本旨。

吕柟认为孟子也曾论气，孟子所论之气实是指性。

> 本泰问夜气。曰："夜气之说，有夜气，有旦气，有昼气。昼气之后有夜气，夜气之发为旦气，旦气不梏于昼气则充长矣。孟子此言气字，即是性字。盖性何处寻？只在气上，但有本体与役于气之别耳。非谓性自性、气自气也。彼恻隐是性，发见于事是情；能恻隐皆是气做出来，使无是气，则无是恻隐矣。先儒喻气犹舟也，性犹人也，气载乎性，犹舟之载乎人，则分性气为二大不是。试看人于今何性不从气发出来？"[2]

吕柟认为孟子提出夜气，就是告诉人们要认识人性，须从气上求，因为气

---

1 （明）吕柟：《四书因问·孟子因问》，文渊阁《四库全书》影印本，第206册，第933页。

2 （明）吕柟：《四书因问·孟子因问》，文渊阁《四库全书》影印本，第206册，第949—950页。

即性。在吕柟看来孟子所说"恻隐"，恻隐是情，情是性之发，可是使人能恻隐的却是气，无此气，就无恻隐，因此先儒以舟人关系比喻性气关系，认为舟可载人，所以气也是载性之舟，这就将气性分为二物，是非常错误的认识。显然，吕柟提高了气的地位，气不再是程朱理学中被理所主宰和决定之物，而是与理平齐，等量齐观。然而吕柟性气不分的思想，应该是受到王阳明的影响。而他认为孟子所说气就是性，且孟子有即气求性的观念，又显然是对王阳明的批评和回应。我们知道，王阳明曾说：

> 孟子"性善"是从本原上说。然性善之端须在气上始见得，若无气亦无可见矣。恻隐、羞恶、辞让、是非即是气，程子谓"论性，不论气，不备；论气，不论性，不明"亦是。为学者各认一边，只得如此说。若见得自性明白时，气即是性，性即是气，原无性气之可分也。[1]

王阳明已有性即是气的说法，只不过性气之上由心在主宰。他认为恻隐、羞恶、辞让、是非就是气，而孟子的失误是忽视了这一点。吕柟同意王阳明性即气、性气不分的观点，也认为恻隐是气，但是并不认为孟子忽视气，孟子的夜气说就是很好的证明。吕柟一方面为孟子回护，另一方面又力图通过提高气的地位，修正程朱理学的缺陷，并对王阳明心学保持审视的立场。

然而吕柟显然有些强孟就己，因为孟子所说的夜气，是指精神情绪状态，并非宋明思想家所说的气，也无性气相对的观念。

1　（明）王守仁撰，吴光、钱明、董平、姚延福编校：《王阳明全集》，上海古籍出版社，2011年，第68—69页。

二、孟子论性"于其发用处观之"

孟子在《离娄篇》有言：

> 天下之言性也，则故而已矣。故者以利为本。

在《告子篇》谈到性、才、情三才的关系，说：

> 乃若其情，则可以为善矣，乃所谓善也。若夫为不善，非才之罪也。

这两段话语中的"故""利""才"，由于孟子并没有明确解释，引起学人很多争议。吕柟的学生也就此请教。

> 保之问："孟子论性，言'故''利'者何？"
>
> 曰："'故''利'一道也。若不知利，则莫肯求其故。不知故，则无由知其利。故其下以在地之水、在天之星辰明之，盖皆已然之迹，而出于自然者也，则在人之性可知矣。"[1]

还有一个学生问了同样的问题：

> 本泰问："'天下之言性'一章，是为智发欤？"
>
> 先生曰："程子亦谓专为智而发，然实是论性也，但能知得自然，便是智耳。孟子意谓人性本善，人但把那'故'之已然处看，就见矣。此处不必兼水说，只是说人性也。第二节是即地理中所有之水，亦只是就顺的说。第三节是即天文中之'故'，亦只是就顺的说。盖即天地

---

[1]（明）吕柟：《四书因问·孟子因问》，文渊阁《四库全书》影印本，第206册，第941—942页。

之性以明人性之本善也。”[1]

从吕柟对这两位学生的回答来看，吕柟认为孟子这两段话的宗旨，就是告知人们如何认识人性？在他看来，孟子所言“故”指已然之迹；“利”指“顺”，指自然状态。事物只有在其自然状态，才能显现其本真，但事物的自然状态，却只能从其已然之迹中表现出来，地中流水是水之“故”，天上星辰是“天文中之‘故’”，“水之故”显现了水之性，“天文中之‘故’”显现了天之性，人性的显现同样也在其已然之迹。

吕柟认为人性的已然之迹就是情。

> 本源问：“孟子辟公都子三说性，而犹据情与才言性者何？”
>
> 曰：“情者，性之动也；有是性，斯有是情。才者，性之能也；有是才，因有是性。夫恻隐、羞恶、辞让、是非，斯其情岂不善哉？则知仁义礼智之不恶矣。求则得，舍则失，斯其才岂不善哉？则知仁义礼智之非外矣。故‘有物有则’，人之情也；‘民之秉彝’，人之性也；‘好是懿德’，人之才也。论性者，惟于其发用处观之，自见矣。故曰：‘故者，以利为本。’”[2]

情是性的外在表现，恻隐、羞恶、辞让、是非是情，是仁义礼智的已然之迹，由此已然之迹，可知人性本善。何谓才？吕柟认为“才”是“性之能”，人天生之“才”使人能“好是懿德”。也就是说，人性本善，但让人能够好善、使人能够做出道德判断和抉择的却是“才”，人本然具有道德选择的能力。

1　（明）吕柟：《四书因问·孟子因问》，文渊阁《四库全书》影印本，第206册，第942页。

2　（明）吕柟：《四书因问·孟子因问》，文渊阁《四库全书》影印本，第206册，第949页。

　　吕柟的结论是：孟子告诉人们，认识人性，当从性之"发用处"、已然之迹入手，吕柟此说与程朱一致；但以才为"性之能"，则与蔡清相同。如前所言，蔡清其实又宗奉朱熹，说明吕柟对孟子人性论的认识，仍然是承程朱一脉。

　　由上可见，吕柟认为孟子性善论源自孔子"性相近"，但他不同意程朱所言孟子性善只言理，未言气，他认为孟子也曾论气，其"夜气"之气等实是指性；孟子所言"天下之言性，则故而已"之"故"，就是指性之发用、已然之迹；孟子所言"天之降才"之"才"，是指"性之能"。他对孟子人性论的解释，既有对程朱之说、蔡清之论的承继，同时又力图通过提高气的地位，修正程朱理学的缺陷，在王阳明心学盛行之时，始终以理性态度审视之。

第二节　养气不在刚大充塞处做功

　　对于吕柟门人而言，孟子养气论实难理解，因此围绕这一问题，他们反复向吕柟讨教。吕柟也尝试从不同角度回答，或直述义理，或借用比喻，以阐明孟子的养气论。

　　吕柟指出，《孟子·公孙丑》篇的中心在"不动心"，"不动心"又有种种不同，"不动心"的方法也有是与非之别。北宫黝是养勇而至不动心，曾子是守约而至不动心；二人相比，曾子守约而至不动心的方法正确；北宫黝养勇而至不动心，则有欠缺。曾子之后，告子、孟子也能不动心，然而告子、孟子相比，告子达成不动心的方法有失，孟子之不动心的方法则很正确，因为孟子是以养气而至不动心，"孟子说善养浩然之气为不动心"[1]。

1　（明）吕柟:《四书因问·孟子因问》，文渊阁《四库全书》影印本，第206册，第931页。

吕柟强调，理解孟子养气之说有三个关键点，一是"配义与道"，二是"集义"，三是"必有事""勿忘"等。

> "配义与道"，即塞天地之事也。"集义所生"，原其生气之由也。"必有事焉"以下，斯为养之之方耳。[1]

"配义与道"就是浩然之气"塞于天地之间"之事；集义是浩然之气生成的原因；"必有事""勿忘"是养成浩然之气的方法。

何谓"配义与道"，吕柟学生多次询问。其门人象先请教吕柟：按照李延平的观点，"气与道义元是一滚出来的"，所以天之生人，道义与气本自天然具足，只要直养无害，则道义浑合无间，这就是孟子所言"配"的本意，可是李延平却用"衬贴"来解"配"，"恐未稳"。对此，吕柟的回答是：

> 这"配"字如广大配天地、变通配四时之配。盖天地就是个广大，不是广大又是一个物与天地相对合也。故"配义与道"，方是浩然之气耳；苟无道义，虽谓之血肉之躯可也，又安得以言浩然哉？观诸乞墦之人、缪臂之子，又何尝一时所为出于道义哉？[2]

如何理解"配"？吕柟认为《周易·系辞》的"广大配天地，变通配四时"可以帮助理解。只有广大，才会是天地；只有变通，才会有四时；广大、变通不是物质实体，而是天地、四时本有特质；不是先有天地，而后用一名为"广大"之物去与之相配合；也非先有四时，而后用一"变通"

1　（明）吕柟：《四书因问·孟子因问》，文渊阁《四库全书》影印本，第206册，第921页。

2　（明）吕柟：《四书因问·孟子因问》，文渊阁《四库全书》影印本，第206册，第932页。

之物与之相配合；同样"配义与道"，也非是用道与义配合浩然之气，而是只要有道义在，则浩然之气才能生成，而浩然之气的特质就是道义；浩然之气与道义本是一体。如无道义，人只是一个血肉之躯而已。按照吕柟的解释，套用《周易·系辞》"广大配天地，变通配四时"的格式，"配义与道"与浩然之气，可解作"道义配浩然之气"，其义自显。所以当另外一个门人也问"配义与道"时，吕柟就给出了类似的回答。

> 年问："'配义与道'者何？"
> 先生曰："言此气是搭合着道义说，不然则见富贵也动，见贫贱也动，而馁矣。"[1]

那么"义与道"又作何解？他认为道是体、义是用。义见诸于践行，落实于实际。有学生问：

> 孟轲氏上说"配义与道"，下只云：是"集义所生"者何？……故如慈孝之理是道也，如抚养、教训、温、清、定、省之类是义也。盖道其全体，义其条件也。道上却无做工夫处，故下面只说"集义"是否？
> 先生曰："此看亦可谓善，属辞比事矣。然集义处即是道，不以道言者，道统乎义也。"《易》云：殊途而同归，亦此意。[2]

道是体，义则体现于生活现实，诸如抚养、教训、温、清、定、省等，就是孝道落实于生活的"义"，因此道不是做工夫处，只有"义"才是做工夫处。同理，浩然之气的养成取决于道义，但是关键在集义，"道"只是

1　（明）吕柟：《四书因问·孟子因问》，文渊阁《四库全书》影印本，第206册，第932页。
2　（明）吕柟：《四书因问·孟子因问》，文渊阁《四库全书》影印本，第206册，第932页。

统"义"之体。吕柟此解与元儒许谦所解基本一致。

如何"集义"？其门人象先问：

> 孟子所谓直养，即子思所谓"致曲"工夫一般。"集义"只是事事皆直，仰不愧、俯不怍，浩然之气自生。而今只将自家心体上验到那无私曲处，自然有此气象，故谢良佐有云："浩然之气，须于心得其正时识取。"此等说"集义"似亦尽了。[1]

象先指出，集义有两说，一种是所行事事合义，无一不直，俯仰无愧，浩然之气即会自然生成；另一种是当时的看法，即反观内心，主体自我省察，心地无私，浩然气象自成。吕柟显然并不完全赞同这两种看法。

> 先生曰："不知当三五人看又如何？不知当百数十人看又如何？如有未然，焉得谓之尽乎？"
>
> 象先愕然曰："安能必百数十人之皆然哉？"
>
> 先生曰："只如此，亦可以观集义。"[2]

依吕柟之见，浩然之气的养成，不只是主体自我的内心主观体验，还应集义以助生成；但"'集义'只理解为道德行为之积累意义上的'积善'，这其实还只能是'义袭而取'。因此，'集义所生'，其着眼点在于'道义'内在于实存之本原贯通，由此引生'气'之'纯亦不已'的生生创造"。[3]此外，吕柟之所以提出"三五人看""百数十人看"，说明他又在强调集义之义，不是个人私义，而是社会承认、大众遵循的公义。

---

1 （明）吕柟：《四书因问·孟子因问》，文渊阁《四库全书》影印本，第206册，第931页。

2 （明）吕柟：《四书因问·孟子因问》，文渊阁《四库全书》影印本，第206册，第931页。

3 李景林：《"浩然之气"的创生性与先天性》，《社会科学战线》，2007年，第5期，第16页。

何谓"必有事""心勿忘""勿助长"？对"必有事"，吕柟的解释与朱熹、许谦等相同，认为"必有事"就是"集义"，"勿忘"，是持之以恒。有学生请教：

> 问："孟子所谓勿忘、勿助，只是说自然而已。盖忘则涉于无情，助则出于有意也。"
>
> 先生曰："勿忘，亦非自然，盖自强也。功夫全在此。"[1]

他认为养气不是自然等待的结果，需要坚持集义，需要"勿忘"而"自强"的功夫。可见，吕柟非常强调毫不松懈的道德践行。他曾经批评曾点：

> 陈白沙谓舞雩三三两两只在"勿忘""勿助"之间，想当时曾点只是知足以及之，恐"勿忘""勿助"工夫却欠缺些，不然，则不止于狂矣。[2]

吕柟认为曾点携童子风乎舞雩，潇洒自在，然而却不过是一狂人而已，因为曾点在"勿忘""勿助"工夫上有欠缺，也就是曾点只是"知足以及之"，心虽坦荡无私，却于"集义"践行有亏。吕柟对曾点的这一批评，鲜明地体现出关学重视践履的精神。

吕柟认为孟子养气论其实也存在缺陷，表现在"集义""塞于天地"之说。

> 炳问："致曲是集义一般否？"
>
> 曰："致曲工夫比集义还精密。譬如曾子说孝，其行孝便是义，说

---

1 （明）吕柟：《四书因问·孟子因问》，文渊阁《四库全书》影印本，第206册，第932页。

2 （明）吕柟：《四书因问·孟子因问》，文渊阁《四库全书》影印本，第206册，第932页。

到'斩一木杀一禽不以其时，非孝也'，便是致曲；孟子说集义到'行有不慊于心，则馁'，乃是曲之不致。譬如才方饮茶，长的不肯先，幼的不敢不后，不相错乱，其让的意思溢然，便是致曲。若一茶之间忽略了，便不是致曲。"[1]

"致曲"出自《中庸》，吕柟解释"致曲"之意，指出"曲是纤悉委曲处，皆要推而致之，使无遗欠"[2]。《中庸》"致曲"之精密，体现在对儒家伦理具体落实时的纤悉委曲之处，都做出了生活化的细致解释。与之相比，孟子说集义时，只说"行有不慊于心，则馁"，没有细致解说，致人难以理解。而所谓"塞于天地之间"，更令人费解。

　　　问："塞乎天地之间，六合是恁的大，吾人以眇然之躯，何以塞之？"
　　　先生曰："吾与天地本同一气，吾之言即是天言，吾之行即是天行，与天原无二理，故与天地一般大。'塞'，犹是小言之也。"[3]

有学生质疑，人渺小的肉身之躯如何能充塞天地六合？吕柟用张载、程朱理气之论进行解释，认为从生成的角度而言，人与天禀同一气而成，所以人与天本无二，与天地一般大，孟子却以为养气才能"塞"于天地之间，不仅将人与天剥离，而且矮化了人本身地位。而这也正是孟子不及孔子之处。

　　　又问："孟子不及孔子者在何处？"
　　　先生曰："只这说浩然之气，便是不及孔子处。孔子何尝无浩然之

1　（明）吕柟：《四书因问·中庸因问》，文渊阁《四库全书》影印本，第206册，第786页。

2　（明）吕柟：《四书因问·中庸因问》，文渊阁《四库全书》影印本，第206册，第785页。

3　（明）吕柟：《四书因问·孟子因问》，文渊阁《四库全书》影印本，第206册，第931页。

气？却不如此说；与天地合德矣，又何须说充塞？"[1]

孔子本然有浩然之气，可是孟子却需"善养"才成；孔子只是要求与天地合德，而孟子却是"充塞"，显然孔孟的境界确实有别，孟子不及孔子。

吕柟由此特别强调，孟子养气论关键在"配义与道"，而不在"充塞""刚大"。他说：

> 以予观之，……盖不有"配义与道"之体，则无充塞天地之用矣，然则所谓"难言"者，岂惟在刚大充塞也，且据刚大充塞而言，固谓之难言。若"配义与道"，岂可以易而说乎？故有"配义与道"，则不患无刚大充塞矣。刚大充塞不是做功处，所说"配义与道"，便是塞天地事，良是。[2]

"配义与道"的重心在躬行、力行，"充塞刚大不是做功处"。

综上可见，吕柟肯定孟子的"不动心"、养气之说，其解说虽基本继承了张载、程朱之说，但他结合《易》《中庸》之说解孟子养气说，也有一些独到之见，如关于"配义与道"的解释。吕柟强调躬行践履，因而对孟子养气论的疏解，特别指出不要在"刚大充塞处"用功，而要集义力行。当然，与宋儒普遍认为"养浩然之气"是孟子创造性的贡献不同，吕柟却认为这正是孟子不及孔子之处，而且认为孟子养气说有缺陷，孟子养气工夫、集义论就不及《中庸》"致曲"工夫精密。

---

1 （明）吕柟：《四书因问·孟子因问》，文渊阁《四库全书》影印本，第206册，第932页。
2 （明）吕柟：《四书因问·孟子因问》，文渊阁《四库全书》影印本，第206册，第931页。

第三节　推恩是孟子王道之本

关于孟子的王道论，吕柟与其门人主要围绕三个方面展开讨论：一是如何评价宋代疑孟者对孟子王道的质疑，二是孟子王道的实质，三是实行王道的举措。

一、孟子不尊周是顺时应势

我们知道，由于孟子向齐宣王、梁惠王等宣传王道仁政时，曾一再承诺：只要实行王道仁政，"与民同乐"，就可以"王天下"；因此宋代司马光、李觏、郑厚等人认为当时周天子尚在，孟子如此做法，显然无视周天子而不尊周，窃仁义而诱骗诸侯行不臣之事。

吕柟的一些门人也有同样的看法，因此他们请教吕柟。如：

> 官问："孟子尊曾西、子路，而卑管仲、晏子，至复以当时比纣、文王比齐王，而曰'功必倍之'，真忘周室矣。彼管、晏者又何尝废周也，温公之疑然矣。"[1]

还有学生问：

> 孟子时虽列国相雄长，以今观之，不过一诸侯，况周室尚存，名分固在，孟子为大贤，遂游其间，初未尝仕，何故于齐梁皆称臣，何故以王称诸侯？[2]

---

[1]　（明）吕柟：《四书因问·孟子因问》，文渊阁《四库全书》影印本，第206册，第930页。

[2]　（明）吕柟：《四书因问·孟子因问》，文渊阁《四库全书》影印本，第206册，第930页。

门人认为从两个方面可以证明孟子确实不尊周，一是孟子卑视管仲、晏子，可是管仲、晏子不"废周"，反而尊周，而孟子却鼓励齐王称王，并且信誓旦旦地保证，只要效法文王，必定事半功倍，显然孟子完全弃周室于不顾；二是孟子在周室尚存之时，不仅称自己为齐梁之臣，而且称诸侯为王，所以司马光等人质疑孟子不无道理。

关于孟子鼓励齐宣王等人称王的问题，吕柟所做的辩解是：

> 非然也。当管、晏之时，楚独称王，天下诸侯未然也，故管、晏以其君伯。孟子之时，韩、赵、魏大夫也，亦已为王，而诸侯有称东西帝者矣，故孟子以其君王。管、晏时可尊王而不尊，孟子时当行王道而不能行，故孟子卑管、晏而称文王。[1]

吕柟不同意司马光对孟子的质疑。他认为，立身处事，要顺时应势。管、晏之时，在周王之外，诸侯只有楚国称王，周王室虽衰颓，但依然有一定的实力，所以管、晏只能让其君称霸；可是管、晏之时，以其君之力，完全可以尊周王室，他们并没有真正尊周；而孟子之时，韩、赵、魏之类的大夫都已经称王，周室虽存而实亡，尊周已完全不可能，因此孟子不尊周，是顺应时势的选择。《四书因问·论语因问》也记载了吕柟与其门人关于孟子不尊周、鼓励齐宣王等称王的讨论。

> 颛问："孟子告齐宣王，不曰'是心足以王'，则曰'与百姓同乐则王'。司马氏《疑孟》、李氏《常语》、郑氏《艺圃折中》，讥孟子忍心忘周，而无君臣之义者，信然乎哉？"
> 曰："不然也，凡孟子之所谓王，主救民而言。如其救民也，王自

---

[1] （明）吕柟：《四书因问·孟子因问》，文渊阁《四库全书》影印本，第206册，第930页。

归之耳。三氏之所谓王，主篡窃而言。如其篡窃也，民亦叛之耳，又安有所谓王乎？余隐之及朱子辨之，又弗能究焉，宜乎至今，而人犹议于斯也。"[1]

吕柟认为，对于孟子鼓励齐宣王"与百姓同乐则王"的"王"，司马光、李觏、郑厚等人的理解有误，因为孟子所说"与民同乐，则王"之"王"，是因"救民"、民自动归服而实现；而司马光、李觏、郑厚等人则认为是篡弑窃位称王，与孟子本意可谓方枘圆凿。在吕柟看来，对于司马光、李觏、郑厚等人的非孟、疑孟，虽然当时余允文（隐之）、朱熹等人也为孟子做了辩护，但是辩解不力，所以致使后人仍然疑惑不断。言外之意，吕柟认为自己抓住了非孟者实质。

关于孟子在齐梁之君面前自称"臣"的问题，吕柟的解释是：

> 周制，虽士于大夫亦称臣，故有舆、臣、皂之说。况是时，周室虽存实亡，韩、赵、魏，大夫也，且称王，况诸侯乎？是故孔子时，犹可尊周，至孟子时，则难矣。[2]

吕柟指出，"臣"与舆、臣、皂同类，在当时只是士人的自称，并非如后世是面对君王的特称。

综上，吕柟承认孟子不尊周是事实，并以孟子之王道实质在救民而非篡窃，以及儒家非常重视的"时"的观念，为孟子进行辩护。吕柟的辩护与孟子民本思想相合，也与孟子以"时"为重相契，孟子称孔子为"圣之时"者就是此意。然而吕柟又以周室名存实亡，解释孟子不尊周，这其实

---

1 （明）吕柟：《四书因问·论语因问》，文渊阁《四库全书》影印本，第206册，第918—919页。

2 （明）吕柟：《四书因问·孟子因问》，文渊阁《四库全书》影印本，第206册，第930页。

与余隐文回应李觏时犯了同样的错误。宋人余允文认为周室衰微至极，不可救药，所以孟子不"事周"，理所当然；就此，朱熹批评余隐文，"隐之只以衰微二字断周之不可事，正在李氏诋骂之中"[1]。不过，吕柟认为孟子在齐梁之君面前称臣，只是当时士人自称，其辩有力。因为臣在秦汉以前就是士人自称。《左传·昭公七年》："人有十等……故王臣公，公臣大夫，大夫臣士，士臣皂，皂臣舆，舆臣隶，隶臣僚，僚臣仆，仆臣台，马有圉，牛有牧，以待百事。"《史记·高祖本纪》："臣少好相人。"裴骃《集解》引张晏曰："古人相与语，多自称臣，自卑下之道，若今人相与语皆自称仆。"[2]"古者称臣，盖示谦卑而已，上下通行，不特称于君上之前也。如齐太子对医者文挚云'臣以死争之'，虢君见扁鹊曰'寡臣幸甚'，吕公谓汉高祖曰'臣少好相人'，高祖谢项羽曰'将军战河北，臣战河南'之类是也。晋、宋间彼此相呼为'卿'。自唐以来，惟君上以呼臣，庶士大夫不复敢以相称谓矣。"[3]总体而言，吕柟为孟子不尊周的辩解，合孟子深意，但也有辩之不周之处。

二、孟子斥五霸、贬大夫，是以学术正臣子

孟子曾力斥五霸，贬伐当时大夫，说："五霸者，三王之罪人也；今之大夫，诸侯之罪人也。"（《孟子·告子下》）就此，有多位门人表示不解，有的学生认为五霸曾订立"五禁"之盟，"五禁"之盟并非不好，孟子为何指责五霸？

---

1 （宋）朱熹：《读余隐之〈尊孟辨〉》，《晦庵集》卷七十三，《四部丛刊》影明嘉靖本。

2 （汉）司马迁撰，（南朝宋）裴骃集解，（唐）司马贞索隐，（唐）张守节正义，《史记》，中华书局，1982年，第345页。

3 （宋）张淏撰，李国强整理：《云谷杂记》，大象出版社，2019年，第236页。

本泰问："五霸五禁之盟，非不好，然何以得罪于三王乎？"[1]

所谓五霸"五禁之盟"，即葵丘之盟。是公元前651年齐桓公邀鲁、宋、卫、郑、许、曹等国国君在葵丘会盟时所订盟约，此次会盟标志着齐桓公成为中原首位霸主，霸业达到顶峰。据《孟子》所载，葵丘会盟盟约如下：

初命曰：诛不孝，无易树子，无以妾为妻。再命曰：尊贤育才，以彰有德；三命曰：敬老慈幼，无忘宾旅。四命曰：士无世官，官事无摄，取士必得，无专杀大夫。五命曰：无曲防，无遏籴，无有封而不告。曰：凡我同盟之人，既盟之后，言归于好。（《孟子·告子下》）

从春秋历史来看，葵丘之盟对于稳定中原起到了切实的作用。那么，孟子为什么还指责以齐桓公为首的五霸呢？孟子的解释是当时五霸"搂诸侯以伐诸侯"。而吕柟的解释是：

此五禁皆非五霸能躬行者，且如内嬖六人五公子争立，其于初命何如？又如城邢、城楚丘，于专封之事又何如？五禁虽曰尊周，凡其所为率皆无王之事。问楚之"王祭不供"似矣，然楚僭号称王，则舍而不问，是有二王也，何尊王之有？首止之盟似矣，然不告于王，请立其子而私与子盟，是处其子以拒父，其自处则抗君，何尊王之有？问其事若是，而原其心实非，此谓假借以求济其贪欲之私耳。[2]

———————————

1　（明）吕柟：《四书因问·孟子因问》，文渊阁《四库全书》影印本，第206册，第953页。
2　（明）吕柟：《四书因问·孟子因问》，文渊阁《四库全书》影印本，第206册，第953页。

吕柟认同孟子的观点，他认为齐桓公虽然订立了五禁之盟，但当时五霸并未真行，诸如五公子争立、城邢、筑楚丘、楚称王等等，无一不与五禁相背，即便是为保护周太子郑继位合法性而举行的首止之盟，尽管有其合理性，但无视周惠王本人意愿，同样也是不尊周王。尤其是其中诸多行为，五霸之首的齐桓公都参与其中。所以，在吕柟看来，五霸不过是借葵丘之盟满足其个人私欲，既未真行，也并非真尊周王，所以说是"三王之罪人"。吕柟以史为证，阐明了孟子批评五霸的正确性。

吕柟认为孟子贬五霸、斥大夫，不仅是对霸道的批评，还有孟子"微意"，即更深层的思想意蕴。孟子的"微意"就是借贬五霸、斥大夫，揭示国家乱亡与君臣之责以及与学术的关系。有学生不明白孟子为什么对当时的大夫予以特别猛烈的抨击：

> 顾问："五霸者，三王之罪人。孟子第其罪，而归重于大夫，何也？"
> 先生曰："主治者寡，而辅治者多，君有不善，臣犹得以救正之，今之大夫乃逢君之恶，其罪岂不加于诸侯五霸之上乎？此君子所以重学术也，学术正，则所以事君者无不正矣。此固孟子之微意。"[1]

吕柟指出，天下之治，辅佐的臣子责任重大，国家动荡，主要责任在臣，不在君；而臣有失，是其所学之术不正所致，所以孟子特别予以当时大夫猛烈批评，就是因为他们所学之术不正，不仅不能正君，反而助长君之恶。孟子欲以正确的学术纠治天下之乱，这正是孟子"微意"。吕楠就此还说：

> 由是知天下之乱，君之责少，臣之责多也。臣之失，学术不明耳。

---

1 （明）吕柟：《四书因问·孟子因问》，文渊阁《四库全书》影印本，第206册，第953页。

是故战国之时天下学术皆仪、秦，迷其君者众矣。孟子以一人而辨之，不亦难乎？汉、晋、隋、唐、宋、元之际，天下学术皆功利，而董仲舒、王通、程灏、许衡皆以一人而辨之，不亦难乎？[1]

战国时期，天下学术崇尚张仪、苏秦，其后汉、晋、隋、唐、宋、元，天下学术崇尚功利，这些学术都远离了正道。在此其间，只有孟子、董仲舒、王通、程灏、许衡人等站出来，与之抗争，可是毕竟力量单薄，实际效果有限。

吕柟将孟子对五霸、大夫的批评与学术相联系，解读为用学术纠正臣子之非，由此强调学术要符合正道，这虽不失孟子原意，但主要还是吕柟个人的夫子自道。而吕柟认为国家乱亡主要责任在臣，而非君主，这显然并不符合孟子原意，因为孟子的观点是："君正，莫不正。一正君而国定矣。"（《孟子·离娄上》）君主在国家兴亡中要承担主要责任。我们认为，吕柟将天下乱亡归诸于臣，固然是为了维护皇权尊严的本能反应，显然也与明中期的政治实际有关。明中叶，既有以王振、刘瑾为代表的宦官势力专权，也有曹吉祥、石享等权臣专权乱政，还有宗室朱宸濠的叛乱，这些都严重恶化了明中期的政治生态。刘瑾专权乱政、朱宸濠叛乱就发生在吕柟生活的年代，而吕柟本人也因得罪刘瑾而不得不托疾远离庙堂，所以吕柟如此赞成孟子对五霸、大夫的抨击，当是有感而发。

三、实行王道，需积德应势

关于孟子一再申辩的王霸之别，吕柟解读不多，但其认识与孟子一致。如：认为"推恩"是孟子王道之本，"故推恩以下行其事也，夫孟子

---

1 （明）吕柟：《四书因问·孟子因问》，文渊阁《四库全书》影印本，第206册，第953页。

之论王道其本也"[1]，如果孟子所主张的王道仁政真能得以实行，治天下确能如反掌，"用则治，不用则乱，反掌之耳；为政者可以知自省矣"。[2]而霸道恃力，可以得人，却不能得民心。此类解读，深契孟子本意。

既然王道是为政之本，那么为什么滕国行仁政，却不能改变当时困局，孟子也只是劝慰滕君："苟为善，后世子孙必有王者。"这岂不与孟子自己所说"文王以百里起而王天下"相矛盾，也与孟子自己所说行仁政而王天下"犹反手"相抵牾？吕柟的门人对此很困惑。有学生做出如此解读：

> 孟轲氏于滕只说：苟为善，后世子孙必王，又谓文王以百里起，何耶？一友云："王者必世而后仁，文王自后稷、太王积德深矣，故文王可以百里起，滕欲为善，才自文公始，故王须待其子孙。"
>
> 象先意谓："此固是一说，大抵王天下，德为上，势亦次之。当时滕止五十里，国势然弱，且列国漫无统纪，欲朝行仁而暮及于天下却难。文王时方百里起，且天下只有个商，舍商之暴，便归于周之仁矣，其势较易。"[3]

按照吕柟门人的意见，要实现孟子提倡的以王道仁政王天下，需要合宜的现实条件为基础，这就是德与势。就德而论，可能需要几代积德。文王能以百里起而王天下，就是因为从后稷始，周之先祖累世修德；至文王时，天下只有一个暴虐的商纣，形势对文王有利。吕柟赞同门人的看法，说："此论亦是。"显然吕柟及其门人欲以德、势论弥补孟子王道仁政思想中的矛盾。

---

1 （明）吕柟：《四书因问·孟子因问》，文渊阁《四库全书》影印本，第206册，第918页。
2 （明）吕柟：《四书因问·孟子因问》，文渊阁《四库全书》影印本，第206册，第918页。
3 （明）吕柟：《四书因问·孟子因问》，文渊阁《四库全书》影印本，第206册，第929页。

四、行井田，恐亦难

孟子主张实行仁政，以井田制为保证民有恒产的具体举措。苏洵认为井田不可能行得通，吕柟虽不赞同苏洵的意见，但认为张载欲试行井田，其实落实很难。吕柟提出了一个观点，实行井田，只有开国创业之君才能做到，继世之君很难实行。他说：

> 欲行井田如古之制，必是创业之君乃可。《易》曰："云雷屯，君子以经纶。"必是时而后可以有为也。然又须思量整置，设法备尽，使后世无所改易，方为无弊，若继世之君，此法如何行得？[1]

在吕柟看来，实行井田，既要有至高的权力为后盾，也要有合适的时机，这只有创业之君才能推行。吕柟认为孟子主张实行井田制，无非是要均田。如要均田，吕柟更推崇董仲舒的限田法与唐代的"口分世业法"。

> 必也其均田乎？均田，即仲舒限田，此法甚好。其次，唐口分世业法亦善，廉吏奉行者少，此朝廷之法所以难行。[2]

吕柟既不看好，也不推崇孟子的井田制，他的这一认识应当承自朱熹。朱熹曾明确说：

> 某尝疑孟子所谓"夏后氏五十而贡，殷人七十而助，周人百亩而彻"，恐不解如此，先王疆理天下之初，做许多畎沟浍洫之类，大段费人力了，若自五十而增为七十，自七十而增为百亩，则田间许多疆理，

1　（明）吕柟：《四书因问·孟子因问》，文渊阁《四库全书》影印本，第206册，第933—934页。
2　（明）吕柟：《四书因问·孟子因问》，文渊阁《四库全书》影印本，第206册，第934页。

都合更改，恐无是理。孟子当时未必亲见，只是传闻如此，恐亦难尽信也。[1]

朱熹明确表示孟子所言井田论"难以尽信"，也难以实行。显然，吕柟与朱熹的观点一致。吕柟尽管不看好孟子的井田主张，但却赞同孟子对"辟草莱，任土地"者的批判。

> 荐问："辟草莱，任土地，亦圣人重农之一事，何以当次刑也？"
>
> 曰："不劝其君以仁政，而惟土地之辟，固有侮夺人者矣，罪虽不比于死，亦不可宥也。"[2]

学生认为"辟草莱，任土地"，符合圣人重农之意，孟子却主张要对这些人处以刑罚，难以理解。吕柟指出，这是因为当时"辟草莱，任土地"者，不劝君仁政，而以开辟土地为务，没有道义约束，其开辟土地都是在掠夺他人利益的基础上完成的，所以罪不容恕。

如前所述，孟子主张薄税赋，主张实行什一之税，然而计算井田制下孟子所说"九一而助"之法，其税率实为九分之一，而非十分之一。可是孟子却说都是十分之一，如何解释？吕柟的回答是：

> 夏取一于什之内，殷取一于什之外，周之用彻，亦取一于什之外，故曰："皆什一也。"

又说：

---

1 （宋）黎靖德编，王星贤点校：《朱子语类》，中华书局，1986年，第1310页。

2 （明）吕柟：《四书因问·孟子因问》，文渊阁《四库全书》影印本，第206册，第937页。

盖不以助之善为可废也，国中什一，权处焉耳。要其常，惟助法也。盖既不失治下之理，又不失事上之忠，如之何其勿行之？[1]

可见，吕柟并不认为孟子的什一而税是精确的税率，而是大概如此而已，甚至只是一种对国中之人征税的变通处理。他还指出，孟子对滕文公所言税制，只不过是孟子斟酌三代之法而提出的主张，不一定就是周制。

有学生质疑孟子既然视三代税法中的贡法为最不善之法，可贡法却是大禹所定，禹是圣人，难道会制定如此不善的税法吗？

曰："如龙子、孟子之言，则禹之制贡亦不仁之甚矣，禹何以为圣人？"

曰："此后世守法者之过也。观《禹贡》兖州之赋曰：'作十有三载乃同'，而冀梁等州皆言错者，可以见禹之心矣。"[2]

吕柟认为禹行贡法，具体情况具体对待，并没有将全天下税率一刀切，是后世固守僵化，才使贡法在运用中出了问题。当然贡法确实存在"有不雨而征"的弊端，所以孟子的批评也不无道理。

综上，吕柟虽然对孟子井田论并不推崇，但从保民的立场出发，他赞同孟子对"辟草莱，任土地"者的批判和谴责，对于孟子税率论中的粗疏也以己之说尽力圆融。

1　（明）吕柟：《四书因问·孟子因问》，文渊阁《四库全书》影印本，第206册，第924—925页。
2　（明）吕柟：《四书因问·孟子因问》，文渊阁《四库全书》影印本，第206册，第924页。

小　结

吕柟对孟子思想的解读是在解答其学生疑问中完成。其特征如下：

其一，其解说依然宗奉程朱，如解孟子所言"天下之言性，则故而已"之"故"，是指性之发用、已然之迹等等。在王阳明心学盛行之时，吕柟遵程朱以解孟子，无疑是明代中期孟学的一个独特现象。

其二，吕柟虽宗程朱以解孟子，但也有不同于程朱的独见。如他不同意程朱所言孟子性善只言理，未言气；认为孟子也曾论气，其"夜气"之气等实是指性，因为性气不离；与程朱肯定"养浩然之气"是孟子创造性的贡献不同，吕柟却认为这正是孟子不及孔子之处，而且认为孟子工夫集义论不及《中庸》"致曲"工夫精密，等等。

其三，吕柟虽推崇孟子，但并不迷信孟子。一方面针对宋代疑孟者对孟子的指责，他竭力为孟子辩护，解释孟子不尊周是顺应时势；对于孟子思想中的粗疏之处，如关于井田、王道实现的条件和可能性等，也尽力圆融。另一方面，吕柟却认为孟子不及颜回，逊于颜回。吕柟对孟子的这种态度，在明代孟学史上极为少见。

总体而言，无论是宗程朱以解孟，还是认为孟子不及颜回，吕柟的孟学观在明中期孟学史上都是极为独特的现象。

第六章

罗钦顺论孟子

罗钦顺（1465—1547），字允升，号整庵，江西泰和人。明孝宗弘治六年（1492）进士及第。历任翰林编修、南京国子司业、太常少卿、礼部右侍郎、吏部右侍郎、吏部尚书、礼部尚书等职。任南京国子司业时，因触怒宦官刘瑾，被削职为民。刘瑾被诛后，起复原官。死后，诏赐祭葬，赐太子太保。《明史·儒林传》有传，《明儒学案·诸儒学案》中有《文庄公罗整庵先生钦顺》。"罗钦顺的为学路径（或称为思想演变）大致有三个阶段。早年致力于禅学的研究，后来转而研究儒家的典籍和濂、洛、关、闽诸家的著述，即宋代理学。"[1]

《困知记》是罗钦顺的代表作，此书历二十余年始成。从《困知记》中，我们看到，他对孟子心性论有深入思考，但对孟子知言养气、王道论言之甚少。故此，我们在此只讨论罗钦顺关于孟子心性论的认识。

第一节 "思"是孟子心性说"吃紧"处

罗钦顺认为孟子性善之说，是继承尧舜、成汤、孔子、子思而来。分

---

1 侯外庐、邱汉生、张岂之主编：《宋明理学史》，人民出版社，1997年，第474页。

析心性论的发展历程，罗钦顺指出，从六经来看，言心由舜始，言性自汤始，因为舜有"人心惟微，道心惟危"之论，虽然舜没有直接谈人性，但是他对人性的认识已寓含其中。而成汤曾言："惟皇上帝，降衷于下民。若有恒性，克绥厥猷惟后。""恒性"就直指人性，而且成汤认为人有常性。其后孔子在舜汤心性说的基础上进行补充，并为子思所承继，他说：

> 孔子言之加详，曰："一阴一阳之谓道，继之者善也，成之者性也。仁者见之谓之仁，知者见之谓之知，百姓日用而不知，故君子之道鲜矣。"又曰："性相近。"子思述之，则曰："天命之谓性，率性之谓道。"孟子祖之，则曰："性善。"凡古圣贤之言性，不过如此。[1]

依罗钦顺之见，儒家古圣先贤对心性论的言说虽不一，但认识却相近；孟子性善之论就是对舜之心说、汤之"恒性"、孔子"性相近"、子思"天命之谓性"的继承与发展。而且孔子教人，无非都是"存心养性"之事。只不过是他没有明言，而孟子明白地说了出来。他说：

> 孔子教人，莫非存心养性之事，然未尝明言之也，孟子则明言之矣。夫心者，人之神明；性者，人之生理。理之所在谓之心，心之所有谓之性，不可混而为一也。《虞书》曰："人心惟危，道心惟微。"《论语》曰："从心所欲不逾矩。"又曰："其心三月不违仁。"孟子曰："君子所性，仁义礼智根于心。"此心性之辨也。二者初不相离，而实不容相混。精之又精，乃见其真。其或认心以为性，真所谓"差毫厘而谬千里"者矣。[2]

---

1 （明）罗钦顺著，阎韬点校：《困知记》，中华书局，2013年，第8—9页。

2 （明）罗钦顺著，阎韬点校：《困知记》，中华书局，2013年，第1页。

因为孔子所说："从心所欲不逾矩"，以及"其心三月不违仁"，其实就是"存心养性"。按罗钦顺的说法，孟子的心性论之源在古圣先贤。罗钦顺如此评价孟子心性，显然是继承了宋元以来理学家的观点。

罗钦顺指出，孟子对心性的解释本来很清楚，可是后人却往往错解。"孟子言心言性，非不分明，学者往往至于错认"[1]，其原因就在于他们没有正确理解孟子所言心性的内涵。那么，孟子心性的内涵是什么？他说：

> 理之所在谓之心，故非存心则无以穷理；心之所有谓之性，故非知性则无以尽心。[2]

所谓"理之所在谓之心"，就是说，心是理的寓所，所以要穷理，就须存心。"心之所有谓之性"，就是说，心性并非同一，性是心之所有者，是统于心者。由此罗钦顺批评时人对孟子之心的看法。

> 近世学者因孟子有"仁，人心也"一语，便要硬说心即是仁，独不思"以仁存心""仁义礼智根于心"，其言亦出于孟子，又将何说以通之邪？孔子之称颜渊，亦曰"其心三月不违仁"。仁之与心，固当有辨。须于此见得端的，方可谓之识仁。[3]

罗钦顺指出，当时人将孟子有"仁，人心"解释为"心即是仁"，这是非常错误的，因为孟子曾说"以仁存心""仁义礼智根于心"。易言之，能够存仁之心，又能让仁可于植根此的心，不是仁本身。心可存仁，但心不是

---

1 （明）罗钦顺著，阎韬点校：《困知记》，中华书局，2013年，第28页。
2 （明）罗钦顺著，阎韬点校：《困知记》，中华书局，2013年，第28页。
3 （明）罗钦顺著，阎韬点校：《困知记》，中华书局，2013年，第115—116页。

仁，而是负载人们喜、怒、忧、怨等思想感情的方所，也就是能"思"的"心之官"。然而，罗钦顺此解实有误，固然孟子"仁，人心"之意，目前尚有争议，但是孟子确有心即仁之义。因为孟子所言心，既指能思的"心之官"，也指恻隐、羞恶、辞让、是非之心，"恻隐之心"就是仁心，所以"心即仁"，符合孟子心性思想。

罗钦顺强调指出，孟子心性论"吃紧为人处，不出乎'思'之一言"[1]，并认为这也是陆九渊心学与孟子心性论分别之所在。罗钦顺自述在年近六十之年始明白心性之真。比较朱陆之学，审视陆九渊对孟子心性论的解说，他认为孟子心性论与陆的"明心"说有别。

> 盖尝遍阅象山之书，大抵皆明心之说。其自谓所学"因读《孟子》而自得之"。时有议之者云："除了'先立乎其大者'一句，全无伎俩。"其亦以为"诚然"。然愚观孟子之言，与象山之学自别，于此而不能辨，非惟不识象山，亦不识孟子矣。[2]

罗钦顺认为，孟子所言"先立乎其大者"，其意是强调先立心，其原因在于"以其能思也，能思者心，所思而得者性之理也"[3]。因为孟子以下所言，其核心就在一"思"字。孟子曾言："耳目之官不思而蔽于物，物交物，则引之而已矣！心之官则思，思则得之，不思则不得也。此天之所以与我者，先立乎其大者，则其小者不能夺也。"孟子又说："仁义礼智非由外铄我也，我固有之也，弗思耳矣。"（《孟子·告子上》）心能思，思则知己之良贵；不思，则失为人之所在。所以"思"，是理解孟子心性之说的关键。然而陆象山所重与孟子不同。他说：

---

1 （明）罗钦顺著，阎韬点校：《困知记》，中华书局，2013年，第45页。

2 （明）罗钦顺著，阎韬点校：《困知记》，中华书局，2013年，第44—45页。

3 （明）罗钦顺著，阎韬点校：《困知记》，中华书局，2013年，第45页。

　　象山之教学者，顾以为"此心但存，则此理自明，当恻隐处自恻隐，当羞恶处自羞恶，当辞逊处自辞逊，是非在前自能辨之"。又云："当宽裕温柔，自宽裕温柔；当发强刚毅，自发强刚毅。"若然，则无所用乎思矣，非孟子"先立乎其大者"之本旨也。夫不思而得，乃圣人分上事，所谓"生而知之者"，而岂学者之所及哉！苟学而不思，此理终无由而得。[1]

罗钦顺认为陆九渊所重在存心，以为只要存心，则人之所言所行自然合理合德。在罗钦顺看来，人有"生而知之者"与"学而知之者"之分，"生而知之者"，可"不思而得"，而更多的"学而知之"者，"不思"，就不能知其本心，所以思是孟子心性说最为"吃紧"处，而陆九渊以存心解孟子"先立其大者"，显然未得孟子本旨。我们认为，罗钦顺指出，"思"是孟子心性论最为"吃紧"处，确实很有见地，但是他认为孟子"先立其大者"，不是陆九渊所解的"存心"，而是思，其实并不符合孟子本意。因为孟子认为于人而言，有大体、小体之分，大体就是生而具有的善性，小体就是情欲。所以，孟子所说"先立乎其大者"，就是存此善性，也即存心。赵岐说："先立乎其大者，谓生而有善性也，小者情欲也。善胜恶，则恶不能夺之而已。"[2]在"先立乎其大者"这一点，赵、陆相同，而罗钦顺并不取二人之说，或许这与其强调自然人性论有关。

　　罗钦顺认为，明白了孟子心性论的关键所在，那么对于孟子所言存心、"求放心"、尽心知性等就能有正确认识。他说：

　　孟子言心言性非不分明，学者往往至于错认，何也？求放心只是

1　（明）罗钦顺著，阎韬点校：《困知记》，中华书局，2013年，第45页。

2　（清）阮元校刻：《十三经注疏·孟子注疏》，中华书局，1980年，第2753页。

初下手工夫，尽心乃其极致，中间紧要便是穷理。穷理须有渐次，至于尽心知性，则一时俱了，更无先后可言。如理有未穷，此心虽立，终不能尽。吾人之有事于心地者，其尽与不尽，反观内省亦必自知。不尽而自以为尽，是甘于自欺而已矣，非诚有志于道者。[1]

由于心是理的寓所，性又统于心，所以要穷理，就要存心；要知性，就须尽心。"求放心"与"尽心知性"都是心性修养工夫，但"求放心"只是心性修养的起始阶段，其间经历格物穷理等环节，达到"尽心知性"，"尽心知性"是心性修养的极致。

第二节　孟子心性论说的完备与偏颇

罗钦顺认为孟子心性论说既有完备之处，也有偏颇之处。

罗钦顺认为在孟子论说心性的章节中，"'性也，有命焉。命也，有性焉'一章，语意极为完备，正所谓理一而分殊也"[2]。《孟子》"性也，有命焉。命也，有性焉"一章内容如下：

口之于味也，目之于色也，耳之于声也，鼻之于臭也，四肢之于安佚也，性也，有命焉；君子不谓性也。仁之于父子也，义之于君臣也，礼之于宾主也，知之于贤者也，圣人之于天道也，命也，有性焉。（《孟子·尽心下》）

1　（明）罗钦顺著，阎韬点校:《困知记》，中华书局，2013年，第28页。
2　（明）罗钦顺著，阎韬点校:《困知记》，中华书局，2013年，第37页。

《孟子》此章解释了人既有与动物相同的自然生物之性，又有与动物相别的仁义礼智的伦理意识。孟子认为仁义礼智的伦理意识才是人之本质之所在，故仅以仁义礼智为人性。罗钦顺认为《孟子》此章之所以最为完备，因为孟子从中道出了"理一而分殊"。即孟子解释了人之本源相同，而现实人性千差万别的原因，正在于各人具体生物属性。在罗钦顺看来，孟子其实非常清楚人的生物属性，只是在与告子辩论时，未暇论及而已，"如使告子得闻斯义，安知其不悚然而悟，俛焉而伏也？"[1]所以罗钦顺很赞同程颐的看法："程叔子云：孟子言性当随文看。不以告子'生之谓性'为不然者，此亦性也。被命受生之后谓之性尔，故不同。"[2]罗钦顺的人性论具有自然人性论倾向。在他看来，人的生理欲望天然存在，非人力能去，如强制消除，就违背了人的天性。孟子"性也，有命焉。命也，有性焉"一章论及人的生理欲望，并断以"性"，符合罗钦顺自然人性论，这也是罗钦顺盛赞此章的重要原因之一。

罗钦顺认为孟子"良知"说，不是时人所谓的"天理"。他说：

> 孟子曰："孩提之童，无不知爱其亲也，及其长也，无不知敬其兄也。"以此实良知良能之说，其义甚明。盖知能乃人心之妙用，爱敬乃人心之天理也。以其不待思虑而自知此，故谓之良。近时有以良知为天理者，然则爱敬果何物乎？程子尝释知觉二字之义云："知是知此事，觉是觉此理。"又言："佛氏之云觉，甚底是觉斯道，甚底是觉斯民？"正斥其认知觉为性之谬尔。夫以二子之言，明白精切如此，而近时异说之兴，听者曾莫之能辨，则亦何以讲学为哉！[3]

1 （明）罗钦顺著，阎韬点校：《困知记》，中华书局，2013年，第37页。

2 （明）罗钦顺著，阎韬点校：《困知记》，中华书局，2013年，第27页。

3 （明）罗钦顺著，阎韬点校：《困知记》，中华书局，2013年，第92页。

以良知为天理是王阳明的观点，王阳明说："吾心之良知，即所谓天理也。致吾心良知之天理于事事物物，则事事物物皆得其理矣。"[1]罗钦顺认为以良知为天理的错误有二：其一，对良知的认识有误。"良"是"知"的修饰语，而"知"是"心之妙用"的体现，是"知觉"之知。知觉不可能是天理。其二，既然良知是知觉，将知觉认作人性，就大错特错了。罗钦顺的意见是爱敬才是天理。我们认为，其实无论是以良知为天理，还是以爱敬为天理，都非孟子本义，孟子只是肯定每一个人天然自知爱敬其亲，这正是人性善之所在。

罗钦顺认为《孟子·尽心》一章实与《大学》相表里，因为孟子接续了《大学》的思想。因为孟子所言"尽心知性"其实就是《大学》所说"格物致知"的结果，孟子"存心养性"也是《大学》"诚意正心"之功，孟子所说"修身以俟"，就包含了以上诸种意蕴。他说："孟得圣学之传，实惟在此，始终条理甚是分明，自不容巧为异说。且学而至于'立命'，地位煞高，非平生心事无少愧怍，其孰能与于此！"[2]罗钦顺此说实承自朱熹。

罗钦顺还批评孟子心性论亦有"不备"之处：

> 《乐记》所举"欲"与"好恶"，《大学》所举"亲爱、贱恶、畏敬、哀矜"，《中庸》所举"喜怒哀乐"，《孟子》所举"恻隐、羞恶、辞让、是非"，等是人情，但名言之不同耳。凡情之发，皆根于性。其所以为善为恶，系于有节与无节，中节与不中节，辟与不辟而已。《乐记》《大学》《中庸》三说，足以互相发明。《孟子》道性善，故所举四端，主意只在善之一边，其说终是不备。但以《大学》证之，亦可见

1 （明）王守仁撰，吴光、钱明、董平、姚延福编校：《王阳明全集》，上海古籍出版社，2011年，第51页。

2 （明）罗钦顺著，阎韬点校：《困知记》，中华书局，2013年，第130页。

矣。哀矜犹恻隐也，贱恶犹羞恶也，畏敬犹恭敬也。如发而皆当，又
何辟之可言哉！此可见人心之危矣。危字着在中间，操持向上，则极
于《中庸》所谓"天地位，万物育"；放纵趋下，则如《乐记》所谓
"大乱之道"，固理势之所必至也。[1]

罗钦顺认为《孟子》所举"恻隐""羞恶""辞让""是非"等，实际是人
情，而《乐记》所言《乐记》所举"欲"与"好恶"，《大学》所举"贱
恶""畏敬""哀矜"，以及《中庸》所举喜怒哀乐等，其实也是人之情。
情发于性，是人性的外现。中节则善，不中节则恶，由于孟子无视"贱
恶""畏敬""哀矜"以及喜怒哀乐等人情，只认"恻隐""羞恶""辞
让""是非"，并由此肯定人性为善，孟子如此推断人性，显然有偏，偏在
了"善"之一边。故要准确认识人性，须参照《礼记·乐记》《大学》《中
庸》。罗钦顺还指出，由于性无形，虽然人们以各种譬喻说明，但都难以
"尽其妙"，孟子、程子都曾以水为喻：

　　　　孟子、程子皆尝取譬于水，其言有不容易者。盖以就下之与在山，
清之与浊，同一物也。然至语其不善，一则以为搏击使之，一则以为
泥沙混之，是亦微有不同。必也会二说而同之，性之义庶其尽矣。[2]

孟子认为水性本下，"水之在山"，是外力"搏击使之"，并以此为喻，说
明是人性本善，人为恶，也是外力影响所致。程子则认为，水源本清澈，
水变浑浊，是因流动中混进了泥沙，以此为喻，说明天命之性至善，但生
命形成的气质之性则有恶。罗钦顺认为，应当将孟子与程子二人所论结合

1　（明）罗钦顺著，阎韬点校：《困知记》，中华书局，2013年，第113—114页。

2　（明）罗钦顺著，阎韬点校：《困知记》，中华书局，2013年，第25页。

起来，才能对人性有更加准确的认识。人之为恶，既有外在的影响，也有本自生命的自然属性的局限。

小　结

罗钦顺肯定孟子的心性论是承自古圣先贤的灼然之见，"孟子祖之，则曰性善，凡古圣贤之言性，不过如此。自告子而下，初无灼然之见，类皆想象以为言，其言益多，其合于圣贤者殊寡。"[1]在孟子心性论中，罗钦顺特别重视孟子"心之官"之"思"，虽抓住了要害，但也出现了以"心之官"解孟子所有之心的偏颇；由于他重视自然人性，所以赞同孟子对生理欲望的肯定。在解释孟子心性论时，虽承袭程朱之说，但也有弃朱熹之说而自作解析。此外他以"道心""人心"为据，证明舜已有关于"心性"的认识，其实并不正确，因为所谓"人心惟微，道心惟危"之语，实际出自伪古文《尚书》，其材料不可采信。

1　（明）罗钦顺著，阎韬点校：《困知记》，中华书局，2013年，第9页。

第七章

罗汝芳《一贯编·孟子》

　　罗汝芳（1515—1588），字惟德，号近溪，江西南城人。泰州学派著名学者，曾师从泰州学派代表人物颜钧。嘉靖三十二年（1553）进士。历官太湖知县、刑部山东司主事、云南副使、参政等职。为人刚直有风骨，不趋炎附势；为政重伦理，兴教化，治事能力出色。热心集会讲学，万历五年（1577）讲学广慧寺，士人风从，为张居正所恶，以潜居京师之罪，勒令致仕。归家后，与门人弟子往来江西、浙江、江苏、福建、广东等地讲学，所至弟子满座，然未尝以师自居。其著述有《明道录》《大明通宝义》《孝经宗旨》《近溪罗先生一贯编》等。

　　罗汝芳尊崇孟子，在其文集中，随处可见他征引孟子其说以明己意，对孟子思想观念的解说也俯拾即是。《近溪罗先生一贯编》中有其论孟子之文两卷，集中反映了罗汝芳研读《孟子》的心得。

　　罗汝芳的《一贯编·孟子》，主要讨论了孟子心性论与养气说。

第一节　孟子道性善，自性无不善者立言

　　罗汝芳给予孟子性善论非常高的评价，他说：

> 要之性善一着，是圣凡之关。只一见性善，便凡夫立地成圣，孔子以后惟是孟子一人直截透露，其他混账则十人而九矣。[1]

显然，罗汝芳将孟子性善论提到了一个非常高的高度，肯定此是成圣的不二法门。

一、孟子自"性无不善者"言性

反思孟子人性论的由来及本来样态，罗汝芳认为，孟子人性之说承继了孔子之说，而且本已涵有气质之性。有人问：宋儒论人性，立天命之性与气质之性之说，以解释现实社会人之善恶，因此主张摒弃气质，纯一其性，以此为作圣功夫，那么宋儒此论与孟子人性善是否有矛盾？罗汝芳的回答是：

> 性命在人，原是神理。看子于言下，执滞不通，一至于是，岂亦气质之为病，而子未之觉也乎？请为子详之：夫性善之宗，道之孟子，而非始于孟子也。"继之者善也，成之者性也"，孔子固先言之也。气质之说主于诸儒，而非始于诸儒也。"形色，天性也"，孟子固亦先言之也。且气质之在人身，呼吸往来而周流活泼者，气则为之。子今欲屏而去之，非惟不可屏，而实不能屏也。况天命之性，固专谓仁义礼智也已，然非气质生化呈露发挥，则五性何从而感通？四端何自而出见也耶？故维天之命，充塞流行，妙凝气质，诚不可掩，斯之谓天命之性，合虚与气而言之者也。是则无善而无不善，无不善而实无善，所谓赤子之心浑乎其天者也。[2]

1　（明）罗汝芳撰，（明）熊傅编：《一贯编·孟子》，《四库全书存目丛书》影印本，第311页。

2　（明）罗汝芳撰，（明）熊傅辑：《一贯编·孟子》，《四库全书存目丛书》影印本，第309—310页。

罗汝芳的回答有三层意思：其一，虽然"性善"由孟子首次道出，但其实在孟子之前，孔子已有此说，孔子所言"继之者善，成之者性"，即是此意。其二，孟子论性，已含有气质之性，孟子所言"形色，天性也"，就是指气质之性。孟子其实已先于宋儒认识到了气质之性。其三，气质是人生命呼吸往来的活力所在，仁义礼智、四端赖此而呈现，也赖此而感通，所以不可摒去。"继之者善，成之者性"是《易传·系辞》之言，罗汝芳以《易传》证孟子性善是承自孔子，是汉宋诸儒较为通行做法，但认为孟子本已言气质之性，则一反宋儒，而是明中期以后"性即气质之性"思想的反映。罗汝芳由此还批评宋儒误解孟子性善之说。

> 曰："然则诸儒之说皆是矣，论者又谓其非性善之宗，何耶？"
> 曰："儒先立说原有意，而近世诸家讲套渐渐失真，既将天性、气质两平分开，又将善恶……各自分属。殊不知理至性命，极是精微，圣贤犹且难言，而集说诸家妄生分解，其粗浮浅陋亦甚矣，又安望其妙契儒先之旨，而上溯孔孟之宗也哉？"[1]

罗汝芳认为宋儒以及近世诸家最大的错误是将性、气两分，以此解孟子人性之说，自然不能得孟子人性旨趣。罗汝芳以性、气不分论评判孟子以及此后儒者人性论，很明显是承袭了王阳明思想，王阳明曾说："若见得自性明白时，气即是性，性即是气，原无性气之可分也。"[2]

比较孟子、告子人性说，罗汝芳认为二人判定人性的起点不同，由此产生的社会影响自然也不同。他说：

1　（明）罗汝芳撰，（明）熊候辑：《一贯编·孟子》，《四库全书存目丛书》影印本，第310页。
2　（明）王守仁撰，吴光、钱明、董平、姚延福编校：《王阳明全集》，上海古籍出版社，2011年，第69页。

孟子之道性善，则自其性无不善者言之，故知能爱敬，蔼然四端，而曰："乃若其情，则可为善"；盖谓性虽无善而实无不善也。告子则自性之无善者言之，故杞柳、湍水柔顺活泼，而曰"生之谓性"，了无分别；若谓性，虽无不善而实无善也。要之，圣贤垂世立教，贵在平等中庸，使上智者可以悟而入，中才者可以率而由。若如告子云性，则太落虚玄，何以率物？故孔子曰："中人以上，可以语上；中人以下，不可以语上。"天下惟中人若多，告子独不思觉人耶？何乃使一世人多不可语也？此孟子所以深辨而力挽之，夫固未尽非之也。[1]

罗汝芳指出，孟子是从人性本无不善判定人性，正因为人性本无不善，所以才可能爱、才可能敬，才可能有恻隐、羞恶、辞让、是非；而告子认定人本无善，所以才有"生之谓性"之说。而在罗汝芳看来，性"虽无不善而实无善也"，也就是说，告子的人性论并非完全错误，因此孟子没有在此着力批评，而是对告子"仁内义外"之说痛下针砭。罗汝芳以"虽无不善而实无善也"评价孟、告人性之说，明显是接受了王阳明"性之本体无善无恶"的观点。虽然罗汝芳不否定告子人性论，但是相比之下，更赞同孟子人性论。在他看来，告子人性论太过虚玄，在现实社会，难以觉悟"中才"大众，率其向善；在此，罗汝芳提出了一个非常可贵的思想，就是对于大众，圣贤垂世立教应当"平等中庸"，即平等对待大众，而孟子的人性论则可以起到"平等中庸"的垂世立教之功。

---

1 （明）罗汝芳撰，（明）熊侯辑：《一贯编·孟子》，《四库全书存目丛书》影印本，齐鲁书社，1995年，第310页。

二、弃心从身，故不善

既然人性本无不善，为什么世人却有善恶之分，为什么有圣凡之别？罗汝芳的解释是：世人虽有善恶，却不能以此为人性之本然。他说：

> 善恶之分亦有所自，而不可专执其为性也，又请为吾子详之：今堂中聚讲，人不下百十；堂外往来，人亦不下百十余。今分作两截，我辈在堂中者皆天命之性，而诸人在堂外则皆气质之性也，何则？人无贵贱贤愚，皆以形色天性而为日用，但百姓则不知，而吾辈则能知之也。[1]

罗汝芳用一个形象的比喻说明：堂中之人表现出天命之性，堂外之人表现出气质之性，虽如此，并不能因此否定先天人性有别，其实都是"形色天性而为日用"，由于对自身认识不同，有"知"与"不知"的区别，因而在现实社会的表现不同。心是人之主宰，如果不由心做主宰，则离人性的本然逾远。

> 今执途人询之，汝何以能视耶？必应以目矣；而吾辈则必谓非目也，心也。执途人询之，汝何以能听耶？必应以耳矣；而吾辈则必谓非耳也，心也。执途人而询之，汝何以能食？何以能动耶？必应以口与身矣；而吾辈则必谓非口与身也，心也。识其心以宰身，则气质不皆化而为天命耶？昧其心以从身，则天命不皆化而为气质耶？心以宰身，则万善皆从心生。虽谓天命皆善，无不可也！心以从身，则众恶皆从身造，虽谓气质乃有不皆善，亦无不可也。故天地能生人以气质，而不能使气质之必归天命。……若夫化气质以为天命，率天性以为万

1　（明）罗汝芳撰，（明）熊侯辑：《一贯编·孟子》，《四库全书存目丛书》影印本，第310页。

善，其惟以先知觉后知，以先觉觉后觉也，夫故天地设位，圣人成能。[1]

目可视，耳能听，口能食，身能动，但决定目、耳、口、身有如此功能的却是心，可是大多数人对此没有清楚的认识，因而往往忘却"心"的主宰，"以心从身"，而不是"以身从心"，"从身"就是从欲，于是就有了善恶之分。由于大多数人忘心而从欲，故不能变化气质而向善，所以先知先觉的圣人当施以教化，使其觉悟。罗汝芳将善恶之分归诸于"从心"还是"从身"的结果，这一观念与此前诸儒的解释一脉相承。

三、尽性以工夫

有学生问，既然孟子认为人性之善，是人之本然，为何孟子还要教人许多工夫以尽性？罗汝芳与其学生有一番往来辩说：

> 罗子曰："尽性工夫，子且勿论，但云人性之善是其本然，此语果从心而发乎？抑听得他人之言而谩尔云云也？"
> 曰："此岂从人言，实是自己见得。"
> 罗子曰："孟子当时一说性善，其在门高弟，如公都、万章俱纷纷诤辨，虽乐正子名为好善而信有诸己在疑悟之间。至于宋时诸儒先则直谓孟子只说得一边，须补以气质方备，然则吾子聪明，岂能独超乎古今也耶？"[2]

罗汝芳指出，虽然孟子提出了性善论，可是并没有多少人真正相信人性善，孟子的入门高弟，诸如公都、万章，包括"好善"的乐正子都对孟子

---

1 （明）罗汝芳撰，（明）熊侃辑：《一贯编·孟子》，《四库全书存目丛书》影印本，第310—311页。

2 （明）罗汝芳撰，（明）熊侃辑：《一贯编·孟子》，《四库全书存目丛书》影印本，第311页。

人性说表示怀疑，故而与孟子争辩；宋代诸儒虽推崇孟子人性论，却又认为孟子没有说气质之性，故又评判孟子人性论不完备；至于时人对孟子人性论的认识，只是随从他人之言而已，并不一定真心信服，关键原因是他们没有亲身见得。若要亲身见得人性之本然，就需要体认工夫。有学生说：

> 曰："性字原从心、从生，则性本是心中生出来的，安得不善，但人自家不能保守，便恶了。"

学生的意见是：从性的字义分析，性从心、从生，性由心中出，故善；只因不善保存，故而为恶。该学生的这一意见实是当时大多数人的看法。对此，罗汝芳的回答是：

> 如子所言，分明在字义上看，此性当作善；至在人身上看，此性却不免是恶了。子何曾见得性果善？要之性善一着，是圣凡之关，只一见性善，便凡夫立地成圣。孔子以后，惟是孟子一人直截透露，其他混账则十人而九矣。此不是他肯自放过，盖此处千重铁壁，若非真正舍死弃生一段精神，决未许草率透过也。[1]

罗汝芳认为学生只是从文字作解，并没有真正认识到人性之善。在罗汝芳看来，不只是这位学生，其实孔子、孟子之外其他人，大多也对此没有真正的认识，不是他们不愿认识，而是因为"此处是千重铁壁，若非真正舍死弃生一段精神，决未许草率透过"，这正是孟子强调对人性的认识要以"尽性"之工夫。"尽性"既要做到孟子要求的"求放心"，也要做到王阳明主张的"致良知"。

1　（明）罗汝芳撰，（明）熊偀辑：《一贯编·孟子》，《四库全书存目丛书》影印本，第311页。

罗汝芳认为孟子的"求放心"是尽性工夫,"致良知"亦是尽性工夫,但二者稍有不同。

> 问:"求放心"即是"致良知"否?
>
> 罗子曰:"虽是一个工夫,然用处稍有不同。如求放心,是未尝知学之人,须要发愤操持,以立其志相似。……大约'求放心'是外以约之于中,'致良知'是中以出之于外也。"[1]

每个人的自身修为与自我成全,须尽心尽性,"求放心"与"致良知"二者缺一不可,而二者实际也是一个工夫,是一体两面。

综上,罗汝芳肯定了孟子的人性论,认为其上承孔子而来,本已含有气质之性,宋儒对孟子人性论的解读存在误读;孟子人性论是以性本无不善为立足点,这与告子以性无善为立足点不同。孟子人性论肯定了每个人生来本无不善,都具有成圣的可能性,所以在率民向善、垂世立教方面具有积极作用,但是真正认识人性,完善自身,则须有"尽性"以"求放心""致良知"之工夫。从罗汝芳对孟子心性论的解读可以看出,王阳明思想对他的影响很深。而他认为孟子所论人性本已含气质之性,意在为孟子遮瑕,其实也是强孟子以就后人之说,因为孟子人性论本无气质之性之意。

第二节　浩然之气是心的气象

对于孟子知言养气论,罗汝芳所论颇多,且自有心得。

---

1 （明）罗汝芳撰,（明）熊侃辑:《一贯编·孟子》,《四库全书存目丛书》影印本,第321页。

一、"不动心"是养气的"效验"

罗汝芳指出，"不动心"是浩然之气的"效验"证明，但是告子也能不动心，是否养成浩然之气？

> 吾侪读书，多是潦草，更不肯把圣贤言语细细滋味。丑问孟子所长，他说出两句话头，曰："我知言，我善养吾浩然之气。"吾侪若肯就在此二句中讨他一个消息，便见不动心的工夫非告子可同，而心不动之根源尤非告子所可仿佛矣。[1]

罗汝芳希望人们仔细体味孟子"我知言，我善养吾浩然之气"，因为从中可见孟子"不动心"与告子"不动心"有根本不同，二者之异如"黑白冰炭"。时人以为告子的"不动心"是强制其心不动，此种认识显然没有抓住问题的实质。有学生问："告子之心其不同处可得闻与？"罗汝芳答曰：

> 告子自己的话头，现在有甚么难见？夫孟子之不动心，以知言得之，是言与心无二体也。而告子曰"不得于言，勿求于心"，把心在言外，另作一件物事也。孟子之不动心，以养气得之，是心与气无二体也。而告子曰"不得于心，勿求于气"，便又把心在气外，而另觅一个去处也。夫有个去处，便好寻觅；有件事物，便好把捉。去处以安顿之，视诸浩然茫荡者，孰为难易？把捉以持守之，视诸卒然刚直者，孰为安危？加以好逸恶劳，人之故态；见小欲速，世有常情，安得不舍彼而取此也哉？[2]

1　（明）罗汝芳撰，（明）熊侭辑：《一贯编·孟子》，《四库全书存目丛书》影印本，第306—307页。

2　（明）罗汝芳撰，（明）熊侭辑：《一贯编·孟子》，《四库全书存目丛书》影印本，第307页。

罗汝芳指出，告子"不动心"与孟子"不动心"的本质区别，在于告子视言与心为二体、心与气为二体，因此告子"不求于心""不求于气"。而在罗汝芳看来，言为心声，言与心非二体；心、气不离，心与气非二体，而告子却析心气为二，析心言为二，在气、言之外，别去求心之不动，可谓南辕北辙。

> 况此心真体，原本乎天。天心何有？原宰于神。其布护虽显诸仁，而几微则藏诸用。莫说耳目见闻到此俱废，即思虑之精巧自是难容。真个千层铁壁莫喻其坚，万里霄云曷尽其远，必遇至人，方才有个入路，故战国如告子也是人豪，然终是输与孟子。[1]

罗汝芳慨叹，告子虽是人中豪杰，但他终是输与孟子，因为他未能准确把握心、言、气关系的实质，其实除孟子外，千百年来也很少有人对心、言、气关系有清晰而准确的认识，"此后直至秦、汉、晋、唐数百千载，寻个可与孟子照面的，杳然绝响"。[2]罗汝芳认为，能够准确认识心、言、气关系，就是"至人"，孟子知言养气论足证孟子对此有准确的认识，所以孟子可谓"至人"。不过，罗汝芳所说的"心气非二体""心言非二体"，强调心不在言外、心不在气外，这些观念明显是承王阳明"心外无物"而来。

二、知言为先，养气为后

关于"知言"，如何知，以及知的对象，孟子没有明确说明，因此引起后世聚讼纷争，其争论点在于：是知己言，还是知天下之言；知言与养气，孰先孰后，等等。

---

1 （明）罗汝芳撰，（明）熊侯辑：《一贯编·孟子》，《四库全书存目丛书》影印本，第307页。
2 （明）罗汝芳撰，（明）熊侯辑：《一贯编·孟子》，《四库全书存目丛书》影印本，第307页。

就此，罗汝芳的意见是：

> 所谓知言者，不是知其他的言，只是在孔子一人身上，知其言极精极纯而为至善也，只是将孔子之言去尽知天下，古今群圣群贤之言皆不如孔子一人之言之为至善也。孔子至善，只是个时。孔子时中，只是个《易》。孔子之《易》，只是个《乾》《坤》。孟子翻出，便叫做浩然之气。[1]

与此前学人不同，罗汝芳明确将“知言”之“言”定为孔子之言，以孔子之言为标准审视天下之言，他认为孔子之言是至善之言，因为孔子之言是“时中”之言，圆通变化而不拘泥。读懂孔子《易》之《乾》《坤》，就能明白孔子“时中”之义，而孟子的浩然之气说实是本自《易》之《乾》《坤》。罗汝芳显然将孔子之言当作放之四海而皆准的真理，而且以《易》之《乾》《坤》为孟子浩然之气说的思想源头。

关于知言、养气二者孰先孰后，罗汝芳与他的朋友也多有讨论，并有不同意见。

> 问：“孟子知言养气并举为言，乃于养气处，说出许多工夫；至知言，只略说效验，更不及工夫。岂知言便如是简易，与养气全不类耶？”
>
> 一友曰：“知言养气原是一理，亦俱简易，……知言养气何尝有二理哉？”
>
> 一友云：“不必别求，但细看孟子论养气：于孔子则欲‘愿学’，于夷、惠、伊尹则云‘不同道’，于告子‘勿求诸心之’论则斥为‘义外’。是气无不养者，即是言无不知也。”

1　（明）罗汝芳撰，（明）熊傧辑：《一贯编·孟子》，《四库全书存目丛书》影印本，第306页。

一友又云："以某观之，却似微有先后。或曰孰先孰后？曰知得方能养气，是工夫入手处；养成方能知言，是工夫得手处。"

罗子曰：必如是乃完全也。[1]

有人问，孟子以知言养气并举，然关于养气，有养气工夫的详细介绍；于知言，却只说效验，不论工夫，难道知言比养气容易吗？有朋友回答：认为知言养气同是一理，都简易。另外一位朋友认为，知言养气不能截然两分，养气即是知言。还有朋友认为，知言养气微有先后，"知得方能养气"，所以知言在先；而"养成方能知言"，知言养气二者，知言是工夫入手处，养气是工夫得手处。罗汝芳更赞成后一种意见，也就是先知言，方能养得此浩然之气。

三、"充塞于天地之间"即是弘道济世

孟子养气论中，其所说浩然之气"充塞于天地之间"，也是后世争议的一个焦点。罗汝芳用曾子、《周易》之说进行了解释。他说：

曾子曰："士不可以不弘毅，任重而道远。"孟轲氏得之，曰："其为气也，至大至刚，以直养而无害，则塞乎天地之间。"夫天地是乾坤之德久且大，而所由以著见者也。吾夫子赞《易》曰："乾知太始，坤作成物"。夫《易》广矣大矣，资始万物，靡一之或遗焉；博矣厚矣，资生万物，而靡一之弗成焉。要之实一元之气，浑沦磅礴，浩渺无垠焉尔。是气也，名之为天则天矣，天固乾之所以始乎坤者也；名之为地则地矣，地固坤之所以成乎乾者也；名之为我则我矣，我固天地之所以成始而成终者也。夫合天地万物而知其为一气也，又合天地万物

之气而知其为一我也。如是而谓浩然充塞乎其间也，固宜；如是而谓大之至而弘足以任重，刚之至而毅足以道远也，亦宜。是故君子由一气以生天、生地、生人、生物，直达顺施而莫或益之也，本诸其自然而已也。乘天地人物以敷宣一气也，充长成全而莫或损之也，亦本诸其自然而已也。[1]

依《周易》所言，天地万物同禀"一元之气"而来，气是万物的始基，人也不例外，人也是与天地万物同禀一元之气而成。一元之气本自浩渺磅礴，因此从气的角度而言，浩然之气充塞于天地之间，是自然之理；依曾子所言，"士不可以不弘毅，任重而道远"，士人勇于担当重任，铁肩担道义，弘道济世，就是立于天地之间的大丈夫。罗汝芳在这里对孟子浩然之气"充塞天地之间"的解释，既采用了宋儒的气论观，也将其本人重伦理、施德教的观念融入其中。罗汝芳曾在地方为官，也担任过刑部主事，在其为官任上，非常注重儒家伦理观念、仁政思想的实践。

罗汝芳对孟子知言养气论的解析，是在分辨孟子与告子"不动心"的区别中展开的。认为"不动心"是养气的"效验"证明。心与言非"二体"，气与心亦非"二体"，心不在言外，心也不在气外，只有即言知心，即气识心，所以孟子是知言养气而"不动心"。知言为先，养气为后，但并不是截然分先后，而是微有先后；所谓浩然之气充塞天地之间，一是因人禀天地一元之气而成，一元之气本自浩渺磅礴，故其气浩然是自然之理；二是指精神的涵养，弘道济世。由此而言，罗汝芳所理解的浩然之气既是精神道德属性与生命物质属性的合一，更是以道德涵养转换生命属性。罗汝芳解读孟子知言养气论的理论依据有二，一是宋儒的气论，二是王阳明的心外无物论。

1　（明）罗汝芳撰，（明）熊侥辑：《一贯编·孟子》，《四库全书存目丛书》影印本，第308—309页。

小　结

　　罗汝芳对孟子人性论的解析有三个维度，一是寻找孟子思想的渊源，认为孟子思想上承孔子而来；二是一反宋儒对孟子人性论不备的批评，认为孟子人性中本已含有气质之性，孟子人性论是以性本无不善为立足点；三是肯定孟子人性论具有率民向善、垂世立教的积极作用，而体仁制欲等"尽性"工夫是真正认识人性的保证。对孟子知言养气论的解说，是在分辨孟子与告子"不动心"的区别中展开，认为孟子所言浩然之气是生命物质属性与精神道德属性的合一，知言为先，养气为后，养气是以道德涵养转换生命属性。罗汝芳对孟子思想的解读，既有宋儒气论的痕迹，但王阳明心学思想的影响更深，并且常以《周易》证孟。罗汝芳虽然在《一贯编·孟子》中没有就孟子仁政做出解释，但观诸其为政实践，非常明显，他将孟子仁政作为其治政思想的源泉，以德化民，施行德教，以教化为主，刑罚为辅。而罗汝芳以其出色的治世之功，也证明了孟子所倡导的仁政王道之说并非迂阔之论。

第八章

李贽论孟子与《四书评·孟子》

李贽（1527—1602），明中后期杰出的思想家。原名载贽，号卓吾，又号宏甫、百泉居士、思斋居士、温陵居士、龙湖叟，福建泉州人。二十岁离家谋生，在数年的颠沛流离后，为了养家糊口，选择考取功名。二十六岁中举，历官儒学教谕、国子监教官、礼部司务、刑部员外郎、云南姚安知府等职。因性格倔强，不拘礼节，与官场格格不入，万历八年（1580）辞去姚安知府，隐居湖北黄安、麻城等地，专心著述和讲学，从学者至数千人。万历十八年（1588）夏，于湖北麻城削发出家，移居龙潭芝佛院，但喝酒、吃肉如常，说话疯癫，批评时事，尖锐犀利，人称"狂禅"。李贽离经叛道的言论和行为最终招致牢狱之灾，万历三十年（1602）二月，以"乱道惑世"之名入狱，在狱中自刎而死。李贽以自己的死向明后期日趋腐朽的社会和扼杀个性的文化专制表达了自己的抗议。

李贽尊宗阳明学，对阳明后学的泰州学派尤为推崇，与泰州学派的耿定理、罗汝芳等人交往甚密。他发展了泰州学派重视人的自然属性、消解道德主体的思想，创建了以"童心说"为核心的思想体系。他说：

> 夫童心者，真心也。若以童心为不可，是以真心为不可也。夫童心者，绝假纯真，最初一念之本心也。若失却童心，便失却真心；失

却真心，便失却真人。人而非真，全不复有初矣。[1]

可见，李贽所说的"童心"，是人之"真心"，"最初一念之本心"，是人天然纯朴之心，源于真实的自然人性。他认为，保有"童心"之人才是"真人"，如果童心受到遮蔽、污染，"发而为言语，则言语不由衷；见而为政事，则政事无根柢；著而为文辞，则文辞不能达"。欲求一句有德之言，卒不可得。所以者何？以童心既障，而以从外入者闻见道理为之心也。[2]童心丧失，所见所言也都是假人假言，不会有真正的成就，因此学者读书的目的也在于保护"童心"。

李贽一生著述颇丰，有五十余种著作，共计三百余卷。主要有《初潭集》《焚书》《续焚书》《藏书》《续藏书》《道古录》《易因》《九正易因》《老子解》《庄子解》《因果录》《闇然录最》《柞林纪谭》《永庆答问》《孙子参同》《说书》等。[3]

李贽写有评价孟子的专论《孟轲》（后附乐克论），据记载，也写有《四书评·孟子》，然而学界对现存《四书评·孟子》是否为李贽所作存在很大争议，所以在此将李贽论孟子与《四书评·孟子》分开讨论。

第一节 李贽论孟子

李贽所写《孟轲》（附乐克论），载于《藏书·儒臣传》"德业门"下"德业儒臣"类。从李贽所写《孟轲》专论以及李贽其他文章来看，李贽对孟子既有批评，也有肯定。

---

1 （明）李贽：《焚书·续焚书》，中华书局，2009年，第98页。

2 （明）李贽：《焚书·续焚书》，中华书局，2009年，第98页。

3 详见许苏民：《李贽评传》，南京大学出版社，2006年，第186—196页。

一、李贽对孟子的批评

关于孟子、荀子两人的历史地位，李贽认为孟子不及荀子。自宋代孟子升格以来，孟子地位高于荀子已是社会共识，但李贽对此表示反对。在《藏书·儒臣传》"德业门"下"德业儒臣"类，李贽对荀卿、孟轲、扬雄、马融、郑玄、王通、胡瑗、穆修、李之才、邵雍、周敦颐、程颐、谢良佐、杨时、罗从彦、李侗、张九成、陆九渊、杨简、吴澄、黄泽等二十一人有评。先秦的儒臣，李贽只选了荀子、孟子，但将荀子排在孟子之前，孟子下附论孟子学生乐克；不仅如此，在评论荀子的专论中，比较孟荀，李贽更称赞荀子。他说：

> 荀与孟同时，其才俱美，其文更雄杰，其用之更通达而不迂，不晓当时何以独抑荀而扬孟轲也？中间亦尊周、孔，然非俗所以尊者；亦排墨子，亦非十二子，然亦非世俗之所以排所以非者，故曰荀孟。吁！得之矣。[1]

李贽认为，从才、学、用三方面来看，荀子无疑都高于孟子，荀子才高，文章雄杰，处世通达而不迂阔；荀、孟同尊周公、孔子，都排墨子，也批其他诸子，但是荀子的批评显然也高于世俗的批评，所以在他看来，正确的排序应当是"荀孟"，而不是"孟荀"。

李贽认为，孟子之说有明显错误。其错误在于"执一"，也就是"执一定之说"，偏执一端，尽排众说，"执定说以骋己见，而欲以死语活人也"[2]。他认为孟子"执一"之误表现在以下三方面：

其一，孟子性善之说有"执一"之误。李贽说：

1 （明）李贽：《藏书》，中华书局，1959年，第519页。

2 （明）李贽：《藏书》，中华书局，1959年，第520页。

夫人本至活也，故其善为至善，而其德为明德也。至善者无善无不善之谓也，惟无善无不善，乃为至善。惟无可无不可，始为当可耳。若执一定之说，持刊定死本而欲印行以通天下后世，是执一也。执一便是害道，孟氏已自言之矣。惟夫子之善言性也，曰："性相近也，习相远也"；"上知与下愚不移"。不执一说便可通行，不定死法便足活世。[1]

我们知道，李贽主张是非无定论，强调人们要有自己的理性思考，反对以既定的标准为唯一标准，并以此衡量、评判事物。在《藏书·世纪列传总目前论》有言："人之是非，初无定质；人之是非人也，亦无定论。无定质，则此是彼非并育而不相害，无定论，则是此非彼亦并行而不相悖矣。"[2]关于善，李贽也认为没有绝对、唯一的善，在他看来，"至善"就是"无善无不善"。李贽还认为，"为道也屡迁"，事物都有其多面性，且都处在变动不居当中，因此对事物的认识，不能只看一面，也不能忽视其变动性。"人本至活"，可是孟子却只以善为人性，就陷入了绝对、"定死法"，也就是"执一"。在李贽看来，孔子对人性的认识就"不执一说"，因为孔子一方面说"性相近，习相远"，另一方面又指出"上智与下愚不移"，孔子正确地认识到了人性的多样性和变化性，所以孔子对人性的认识显然比孟子高明。

其二，孟子之误在于拔高孔子，将孔子神圣化为生民未有的第一圣人。孟子曾说："出于其类，拔乎其萃，自生民以来，未有盛于孔子也。"（《孟子·公孙丑上》）李贽对此进行了反驳。他说：

孔子其太极乎，万世之师之也宜也。孟氏知尊夫子而愿学之也亦

1　（明）李贽：《藏书》，中华书局，1959年，第520页。

2　（明）李贽：《藏书》，中华书局，1959年，第1页。

宜也，然以为"贤于尧舜"，以为"生民未有"，则亦不自知其言之过矣。夫孔子自谓"好古敏求""学而后知之"者矣，乃"尧舜，性之也"，何易贤也？若谓举作用而言，则孔子之举措分明是舜以下圣人之举措也，观其梦寐周公可见矣。夫周公且非舜比也，而况尧乎？当尧之时，洪水之害极矣。众方举鲧，尧故知之，然且顺众而用之，不徒用之，用之且至于九载，至九载而绩用弗成也乃已。其举禹，举稷，举皋陶、伯益，举十六相而诛三凶，且殛鲧也，皆舜摄位以后事也。由此观之，则尧之端拱成化，后世乌能知之哉？而以为贤于尧，不过情乎？然此犹可委曰：弟子互相神圣其师云耳。[1]

李贽指出，孔子固然可称为万世之师，但是认为孔子"贤于尧舜"，就是"过情"、溢美。孔子自己尚且称"梦寐周公"，以周公为自己的偶像。而周公、尧、舜三圣，周公不及尧、舜，舜又不及尧；从史实来看，孔子所行，其实"是舜以下圣人之举措也"，所以孟子认为孔子贤于尧舜之说，既悖孔子自己所言，也不符合历史事实。

其三，孟子王霸之辨"舛谬不通"。孟子曾批评五霸是三王的罪人，因为齐桓公、晋文公一心称霸而不行王道，而管仲长居相位，却未劝说齐桓公行王道，所以齐桓晋文之事不足道，管仲之功卑下。李贽不同意孟子对五霸、齐桓、晋文、管仲的批评。他说：

乃王霸之辨，则舛谬不通甚矣。夫称天下之所归往曰王，前此而王者有三，故曰三王。王者不足为天下之归往，则方伯连帅修其职业，佐王者以定诸侯，宁一天下，于是始称方伯之任，故谓之伯。言其能任伯兄之事，率诸兄弟以宗周，无敢相攻伐也。此其借之之力，固所

1　（明）李贽：《藏书》，中华书局，1959年，第520页。

以修方伯之职，非分外举也，何以得罪于三王乎？吾以为正有功于三王者矣。故为三王易，为五伯难。夫子曰："微管仲，吾其披发左衽矣。一匡天下，民到于今受其赐。"二百余年之周，借是以延长不灭，谁之功耶？而以谓"无道桓文之事"可欤？盖孟氏徒知夫子小管仲之器，而不知夫子实心服管仲之功也。其小仲之器者，亦大概为门弟子云耳。当时如子贡不免以得邦家望夫子。故夫子曰："待势而彰，其器小也。"人亦何待功业烜赫，而后足以立于世哉？非以夫子之事功为能有加于仲也。[1]

李贽指出，从历史事实来看，五霸无疑延长了周王室的寿命，也安定了天下。在王室力量不足之时，五霸以方伯自任，辅佐王室，平定诸侯之乱，使天下安宁。所谓方伯，就是伯兄。五霸以伯兄的身份率领众兄弟诸侯"宗周"，彼此不再攻伐，所以五霸实有功于三王，而非三王的罪人；且相较而言，"为三王易，为五伯难"。至于管仲，孔子都称赞说："微管仲，吾其披发左衽矣。一匡天下，民到于今受其赐。"东周后来能够延续二百多年，都是齐桓、管仲之功。孔子虽然批评"管仲之器小"，但其实孔子真心佩服管仲，孟子显然并没有真正领会孔子之意。

以上，李贽对孟子思想的批评，涉及孟子人性论、王霸之辨以及孟子对孔子的推尊等。李贽批评孟子的方式，一是以孟批孟，即以孟子之说批孟子，比如认为孟子定人性为善就是"执一"；二是以历史事实为证；三是以孔子之说、孔子之行驳孟子。

除了批评孟子思想有误之外，李贽认为对于《孟子》其书，也不能过于迷信。他说：

---

1 （明）李贽：《藏书》，中华书局，1959年，第520页。

夫《六经》《语》《孟》，非其史官过为褒崇之词，则其臣子极为赞美之语。又不然，则其迂阔门徒，懵懂弟子，记忆师说，有头无尾，得后遗前，随其所见，笔之于书。后学不察，便谓出自圣人之口也，决定目之为经矣，孰知其大半非圣人之言乎？纵出自圣人，要亦有为而发，不过因病发药，随时处方，以救此一等懵懂弟子，迂阔门徒云耳。药医假病，方难定执，是岂可遽以为万世之至论乎？然则《六经》《语》《孟》，乃道学之口实，假人之渊薮也，断断乎其不可以语于童心之言明矣。[1]

在李贽看来，《孟子》与《论语》、六经的崇高地位都是史官、大臣过度拔高的结果。《孟子》与《论语》、六经大多都是门人、弟子记忆师说的片断记录，有头无尾，并不完整；即便有些是孔孟亲口所言，也是随机应教，针对具体的人和事有为而发，如同对症下药，处方各异，因此，不能将《孟子》与《论语》、六经神圣化，更不能将孔孟之言论视为"万世之至论"，将其绝对化。将《孟子》与《论语》、六经绝对化、神圣化，实际就是执定一说，陷入了孟子本人所反对的"执一"。

二、李贽对孟子的肯定

李贽在批评孟子的同时，也肯定了孟子思想。他说："孟氏之学，识其大者，真若登孔子之堂而受衣钵也，其足继孔圣之传无疑。"[2]认为从思想主要方面来看，孟子之学可谓"登孔子之堂"，得孔子思想精髓，无疑传承了孔子衣钵；虽然孟子人性论有"执一"之误，但不能否认孟子"言性善，亦甚是"[3]。李贽非常赞同孟子关于"人与禽兽相异者几希"之

1　（明）李贽：《焚书》卷三《杂述·童心说》，中华书局，2009年，第99页。

2　（明）李贽：《藏书》，中华书局，1959年，第519页。

3　（明）李贽：《藏书》，中华书局，1959年，第519页。

说。有人曾问李贽："人与禽兽全然不同，孟子何以但言'几希'？"李贽回答道：

> 禽兽虽殊类，然亦有良知，亦有良能，亦知贪生，亦知畏死，亦知怕怖刑法，何尝有一点与人不同，只是全不知廉耻为可恨耳。若人则必有羞恶之心，是其稍稍不同于禽兽者，赖有此耳，非"几希"而何？所赖者，正以有此"几希"之异，故可以自别于禽兽；而所患者又以所异，不过只于"几希"，亦容易遂入于禽兽也。是以庶民不知"几希"之可惧，而遂去之，以入于禽兽之中，而唯君子知此几希之有赖，每兢惕以存之，而遂自异于禽兽之伦焉。故言"几希"，正以见其大可畏，而又有大可喜者在焉耳。若舜也、禹也、汤也、文武也、周公、孔子也，皆所以存此"几希"者，所谓君子也。岂其真有异于禽兽哉？亦曰存之而已。存之者无难事，异之者不过"几希"。而其究也，一为圣贤，一为禽兽，天渊悬矣。呜呼！可不存与！若我则私淑夫子之道者也，其亦幸免于禽兽之归哉！此孟子志也。[1]

从上可见，李贽虽然认同孟子的"人与禽兽相异几希"，但是他的认识与孟子其实有很大差别。孟子认为，人与禽兽相同之处在于都有共同的生理欲望，诸如"口之于味""目之于色""耳之于声"等等；人与禽兽相异的"几希"之处在于人有良知、良能、四心。而李贽则认为人与禽兽相同之处在于：都有良知、良能，知贪生怕死，都怕刑罚惩罚；人与禽兽相异的"几希"之处仅在于人知廉耻，人有羞恶之心。李贽把孟子所认为只有人才有的"良知""良能"归为禽兽天性，还提出人与禽兽同样都有"贪生""怕死"等自然之性，将人和禽兽相异的"几希"仅仅定为"羞恶之

---

1 （明）李贽：《李贽文集》（第七卷），社会科学文献出版社，2000年，第388页。

心"，这就扩大了人禽相同性，而缩小了人禽相异性。李贽的这一扩充、一缩小，更强调了人原始的自然天性。可见，李贽赞同孟子的性善论，只不过与孟子强调人的道德天性不同，李贽更关注人的自然之性。而李贽提倡的自然人性并不是一种全然不顾道德伦理的动物性，仍然保存着"羞恶之心"之伦理道德的一面。

李贽不仅认为人禽之别在于"羞耻之心"，而且赞同孟子的"庶民去之，君子存之"的观点，认为庶人与君子的差别就在于是否能保存"羞耻之心"，存有"羞耻之心"，即为君子，进而为圣贤；丧失"羞耻之心"，则为庶人，甚至沦为禽兽。李贽此论警示人们"存之"的重要性。

事实上，李贽的"童心说"实由孟子的"赤子之心"说发展而来，但两者又有本质区别。孟子曾说："大人者，不失其赤子之心。"（《孟子·离娄下》）孟子"赤子之心"是指人生而天然具有的"四端"、良知良能，是道德本心。在孟子看来，能够扩充"四端"，养护其心，充实完善，守护良知良能，始终保有赤子般的道德本心，就是大人。李贽由孟子的"赤子之心"发展出了"童心说"。李贽之"童心"和孟子的"赤子之心"的相似处是：都指天生自具的初心，都有可能会因与外物相接而被蒙蔽、污染，但李贽的"童心"强调的是人与生具有的自然属性，而非孟子所说人天然具有的道德本心。正因为持此种"童心"说，所以李贽认为人被灌输的伦理道德越多，童心丧失也就越多，最终导致人性沦丧而使整个社会"满场是假""无所不假"，社会上充斥着满口假仁假义的伪君子、伪道学，李贽对此非常痛恨。李贽的"童心"虽与孟子的"赤子之心"不同，但由于本是对孟子"赤子之心"的发展，所以并非完全对立。

总体而言，李贽受到了自宋以来"心性合一"说和阳明"心学"的影响，主要以心论性。虽然他重视人的自然之性，但他并没有完全抛弃人性中的社会道德属性，反而多次强调要守护人的仁义之心。李贽也并非要反道德，他只是强调"仁义"等道德发自人的内心，是人所固有而非外界强加，只要符合人的自然天性就应该坚守。这也是孟子性善论和李贽"童心说"的契合点。

综上所述，对孟子其人其说，李贽既有肯定，也有批评，还有继承和借鉴。李贽肯定孟子思想总体正确，而且承传了孔子学说衣钵；李贽赞同孟子"人禽之辨"的观点，但又有所发展，更强调人的自然属性。但李贽认为孟子地位不及荀子，《孟子》其书不能尽信；指出孟子性善之说、王霸之辨有"执一"之误；孟子有过度拔高孔子之病。细察李贽对孟子的批评，主要是在肯定基础之上的批评，目的是反对将孟子之说绝对化，定为天下"至论"。这是李贽理性自觉、反对偶像崇拜思想在评孟时的折射。李贽从孟子"赤子之心"发展出了"童心"说。

第二节 《四书评·孟子》

一、《四书评》真伪之争

在明中后期浩繁的孟学著述中，《四书评·孟子》是一部比较特殊的释孟之作。其特殊性表现在以下两方面：一是此书的作者有争议，或以为是李贽所作，或以为是明叶昼伪托李贽所作；二是此书的注释方式主要是文章评点。

关于《四书评》作者的争议，具体如下：

1.《四书评》是叶昼伪作

四库馆臣、民国学者余嘉锡以及今人崔文印、叶朗等认为《四书评》是明人叶昼冒名李贽的伪作。他们的理由主要有三点：

其一，离李贽生活年代最近的盛于斯、周亮工明确指认《四书评》非李贽所作，而是明人叶昼伪作。盛于斯在其《休庵影语》说："近日……又若《四书眼》《四书评》、批点《西游》《水浒》等书，皆称李卓吾，其实叶文通笔也。"[1]其后，盛于斯至交周亮工也有相同说法，并提供了更多信息："叶文通，名昼，无锡人，多读书，有才情，留心二氏学，故为诡异之行，迹其生平，多似何心隐……当温陵《焚》《藏》书盛行时，坊间种种借温陵之名以行者，如《四书第一评》《第二评》《水浒传》《琵琶》《拜月》诸评，皆出文通手。"[2]据周亮工之言，叶昼本人有才情，由于李贽之书在当时很受追捧，所以叶昼伪托李贽之名作伪书；而且不仅《四书第一评》《第二评》是叶昼伪作，署名李贽的《水浒传》《琵琶》《拜月》诸书的点评其实都出自叶昼之手。今人叶朗根据钱希言的《戏瑕》（1613）的记载：

> 昼，落魄不羁人也。家故贫，素嗜酒，时从人贷饮，醒即著书，辄为人特金窝去，不责其值。即著《得斋漫录》者也。"（《戏瑕》卷三）

叶朗指出，"钱希言的介绍，告诉我们三点：（一）叶昼是位著作家；（二）叶昼家穷；（三）叶昼好喝酒，是个嗜酒之徒。穷，而又嗜酒，因而他只好借钱或者赊账买酒喝。酒醒了就写书，写了书就把书稿连著作权统通贱价卖给出版商，以便偿还酒债，所以尽管他写了好多书，但绝大多数在出版时都署了别人的名字"[3]。也就是说，叶昼托李贽之名作伪书赚取买酒的钱，伪作《四书评》也是此目的。

其二，《四书评》的思想观点与李贽本人观念不同。崔文印在《李贽〈四书评〉真伪辩》中说：

> 《四书评》共有段后评（包括总评）七百七十一条，眉批二百四

---

1 转引自崔文印：《〈四书评〉不是李贽著作的考证》，《哲学研究》，1988年，第4期。

2 （明）周亮工：《因树屋书影》，《续修四库全书》上海古籍出版社，1995年，第285页。

3 叶朗：《〈四书评〉并未嘲笑孔子》，《北京大学学报》，1981年，第2期。

十七条。其中,《大学》段后评十条,眉批十三条;《中庸》段后评二十九条,眉批八条;《论语》段后评四百八十三条,眉批六十二条;《孟子》段后评二百四十九条,眉批一百六十四条。此外,《论》《孟》还有少量夹批。这些评语,清楚地显示了这部《四书评》的思想倾向,它更使我们相信,这部书绝非"李贽著"。

在这七百多条评语和二百多条眉批中,对所谓"经文"的赞美和以阐发经义为主的评语就占了绝大部分。它们是这部书的主干,代表了这部书总的思想倾向。……这些评语,清楚地暴露了评者对《四书》的由衷崇拜,也清楚地暴露了作伪者与史家、进步思想家李贽眼光的不同,暴露了作伪者的思想的确比李贽"低了一大截",这"一大截"是文字风格模仿李贽再像也无济于事的,它为《四书评》是部伪书,留下了铁一般的证据! [1]

崔文印认为李贽反孔孟,可是《四书评》却都是对孔孟的赞美,与李贽本人思想牴牾;虽然《四书评》的文字风格与李贽相似,这不过是叶昼模仿李贽而来。

2.《四书评》是李贽所作

对于叶昼伪作《四书评》之说,侯外庐、刘建国、黄征等学者提出了不同意见,他们认为盛、周之说不足为信,《四书评》确为李贽之作,对叶昼伪作说进行了辩驳。侯外庐先生在《中国思想通史》中说:"我们所见《四书评》一书,并无所谓《第一评》《第二评》等称谓,而精神内容、文字风格与李贽其他著作吻合,《提要》仅指为'相传'系叶所伪撰,可能即本周亮工之说,并未确证。因此,乃定为李贽的著作。"[2]此后,刘建

---

1 崔文印:《李贽〈四书评〉真伪辩》,《文物》,1979年,第5期。

2 侯外庐:《中国思想通史》(第四卷下),人民出版社,1960年,第1050页。

国、黄征、任冠文等学者也都发文力证李贽是《四书评》的作者，对叶昼伪作说的相关论点，逐一进行了反驳。主要理由如下：

其一，盛于斯、周亮工之说不可信。

首先，盛于斯《休庵影语》一书乃周亮工编印而成，周亮工《因树屋书影》中的说法极可能只是承袭盛于斯之言。《因树屋书影》是周亮工在牢狱中编纂而成，是其读书心得以及见闻的汇编，内容庞杂，收录了不少志怪传闻和谬说。周亮工在书中只提出叶昼伪作《四书评》等诸书，却并未提出具体证据，因此很可能只是记录了盛于斯的观点。

其次，盛于斯《休庵影语》中的言论可信度不高。除了《四书评》外，盛于斯还提出《四书眼》、批点《西游》和批点《水浒》诸书皆为叶昼伪作。《四书眼》是叶昼对杨起元遗稿的编集，并未称是李贽所作。叶昼在《四书眼·凡例》曾说："先师（按，指杨起元）与李卓吾不同道，而亦称卓吾……故其论次批评间多暗合。"[1]因此，叶昼表示会将此书与《四书评》意同之处删削。叶昼之言非常清楚地说明，《四书眼》非李贽所作，显见《四书眼》为叶昼伪作之言没有根据。而叶昼之言也告诉我们，他曾读过李贽评点"四书"的著作，所以知道李贽和杨起元很多观点暗合。至于批点《水浒传》，李贽在给好友焦竑的信中曾说："《水浒传》批点得甚快活人，《西厢》《琵琶》涂抹改窜得更妙。"[2]袁中道的《袁小修日记》也记载，李贽曾请僧人常志帮助抄录他所点评的《水浒传》[3]。李贽死后，其《批评忠义水浒传》一书由好友杨定见负责刊行，所以叶昼伪托李贽作《水浒》评点一说并无确凿证据。可见，盛于斯关于叶昼作伪的记载多有不符合事实之处，故盛于斯之言不能成为叶昼伪作《四书评》的证据。

其二，李贽好友焦竑及其门人俱未言叶昼伪作《四书评》。

1　转引自刘建国：《也谈〈四书评〉的真伪问题》，《贵州社会科学》，1983年，第3期。

2　（明）李贽：《续焚书》，中华书局，2009年，第34页。

3　许苏民：《李贽评传》，南京大学出版社，2006年，第194—196页。

　　刘建国指出，如果《四书评》是叶昼在万历三十九年（1611）前所伪造，当时李贽好友焦竑和门人汪本柯等人都还活着，而且万历三十八年（1610）他们还刊刻了李贽的《续焚书》，可是他们都没有提到叶昼伪造《四书评》。[1]

　　此外，一些学者指出，《四书评》中的一些话语与《樗斋漫录》所载叶昼之言相似，于是他们以此为证，认为《四书评》系叶昼伪作。且不论《樗斋漫录》的记载是否属实，即便是语句相似，也不排除叶昼是学习李贽而来。因为叶昼是杨起元的学生，曾读过李贽和杨起元诠释"四书"的著作，那么，承袭其师杨起元或李贽的观点，甚或直接用其言也并不奇怪。

　　其三，明末张岱确信《四书评》为李贽所作。

　　一些持叶昼伪作说的学者，之所以认为盛于斯的说法可信，是因为盛于斯的生活年代离李贽很近。崔文印就说："万历三十年（1602）李贽去世，大约过了五六年，伪冒李贽的赝作就盛行了起来，而盛于斯的青少年正是生当这个时期，可以说，他关于叶昼的记载都是耳濡目染，应是可靠的。"[2]然而，与盛于斯同时的张岱却认为《四书评》为李贽所作。张岱生于明万历二十五年（1597），卒于清康熙二十四年（1685），几与盛于斯同时，比周亮工略早。张岱在《四书遇》中多次引用李贽的观点，绝大多数出自《四书评》。据朱宏达统计，"《四书遇》引李贽语共十八条（其中一条注明是《四书评》），经过查核，其中十二条与今本（即以万历刻本为底本的一九七五年排印本）相同或基本相同"[3]。比如，在《四书遇·论语·事君章》中，张岱有引李贽之言："李卓吾曰：'但见敬字何等精神！不期食之后而自后矣。'"[4]此语即出自《四书评·论语》之中。可见，张岱毫

1　详见刘建国：《也谈李贽〈四书评〉的真伪问题》，《贵州社会科学》，1983年，第3期。

2　崔文印：《〈四书评〉不是李贽著作的考证》，《哲学研究》，1988年，第4期。

3　朱宏达：《张岱〈四书遇〉的发现及其价值》，《杭州大学学报》，1985年，第1期。

4　（明）张岱著，朱宏达点校：《四书遇》，浙江古籍出版社，1984年，第324页。

不怀疑《四书评》的作者就是李贽，且对其中的观点多有赞赏。张岱博览群书、见识广博，又对《四书评》有过深入的研读，他的判断当更为可信。

其四，《四书评》的思想内容、文字风格与李贽一致。

侯外庐、刘建国等多位学者都指出，《四书评》的思想内容、文字风格与李贽其他著作一致，由此也可证明《四书评》是李贽的作品。

从思想观点来看，《四书评》中不少观点与李贽思想相合。比如，李贽常用辛辣的笔墨揭露当时假道学的虚伪，抨击他们"无怪其流弊至于今日，阳为道学，阴为富贵，被服儒雅，行若狗彘然也"[1]。《四书评》也同样"识破假道学"[2]，嘲讽伪道学家们的丑陋行径。比如，评《孟子·尽心下》中"孟子之滕，馆于上宫"一节时说："可见吾儒之中，无所不有，岂特窃屦而已哉……道学门徒，更不忍言。"[3]又如，评《孟子·告子上》中"有天爵者"一节时说："若今之人，只记得数百篇时文而已，并不知所谓修天爵也。可怜，可怜！"[4]《四书评》中还有不少批评当时只尚空谈不切实际的言行，如："国势民情，如视之掌，故敢卑言管、晏。岂如今之大头巾、假道学，漫然大言而已。"[5]这与李贽强调"道不虚谈，学务实效"[6]的实学思想也是一致的。此外，《四书评》中反对"执一"的思想，对孔孟一分为二的评价，都与李贽思想倾向一致。

从语言风格来看，《四书评》的评语短小精悍、辛辣活泼，与李贽其他批评著作的评语风格一致。刘建国在《也谈李贽〈四书评〉的真伪问题》一文中指出，《四书评》中常见的"因病发药""画出"，常用"好货""至言""是""极""痛苦"等词语，都是李贽其他批评著作的惯用

1　（明）李贽：《续焚书》，中华书局，2009年，第76页。

2　（明）李贽：《四书评·孟子》，上海人民出版社，1975年，第219页。

3　（明）李贽：《四书评·孟子》，上海人民出版社，1975年，第295页。

4　（明）李贽：《四书评·孟子》，上海人民出版社，1975年，第261页。

5　（明）李贽：《四书评·孟子》，上海人民出版社，1975年，第184页。

6　（明）李贽：《焚书》，中华书局，2009年，第105页。

词语。此外，我们也看到，《四书评》还常见用"妙""波澜"等词作评论，这也和李贽的其他著作一致。《四书评》中随处可见用"妙"字作点评，如"'怀'字妙"[1]"'喻'字妙"[2]"绝妙文字"[3]"妙、妙"[4]，旁批中也常单用一个"妙"字作评。这种情况在李贽批评《水浒传》等书中极为常见，《李卓吾先生批评忠义水浒传》第四十四回的夹批之中就曾连写七个"妙"字。《四书评》中也多次用"波澜"二字评论文章，如"文章极有波澜，已妙绝矣"[5]"后面亦有波澜"[6]。这类语句在李贽批评《水浒传》中也出现过，如第四十二回中的眉批就有"有波澜""更有波澜"[7]等句。可见，《四书评》的文字风格与李贽评论的一贯风格是吻合的。

综上可见，关于《四书评》的真伪，争议双方提供的证据可谓针锋相对。我们认为就目前的文献证据来看，持叶昼伪作说者，证据尚嫌薄弱；持李贽作《四书评》之说者，论证也尚未有足够的说服力，因为思想观点、文字风格都可以模仿。不过相比较而言，笔者更倾向于李贽作《四书评》，主要理由是：李贽生前好友及其门人在编纂李贽文集时都未提及叶昼伪作的《四书评》。

二、《四书评·孟子》对《孟子》的解读

《四书评》包括《大学》一卷、《中庸》一卷、《论语》十卷、《孟子》七卷，共十九卷。《四书评》评点体例是在正文上加眉批、文中夹批、段后加评语。

1　（明）李贽:《四书评·孟子》，上海人民出版社，1975年，第47页。

2　（明）李贽:《四书评·孟子》，上海人民出版社，1975年，第48页。

3　（明）李贽:《四书评·孟子》，上海人民出版社，1975年，第84页。

4　（明）李贽:《四书评·孟子》，上海人民出版社，1975年，第195页。

5　（明）李贽:《四书评·孟子》，上海人民出版社，1975年，第257页。

6　（明）李贽:《四书评·孟子》，上海人民出版社，1975年，第284页。

7　（明）李贽:《李贽全集注》（第十九册），社会科学文献出版社，2010年，第84页。

　　《四书评·孟子》对孟子有不少赞美之辞，如赞其文"绝妙文字""的真神品"[1]"千古无两"[2]"真生龙活虎文字也"[3]"此处字字真情，不作诳语"[4]等。称道："此等文字，真如慈父母之为子，大有功于世教。孟子，大圣人！"[5]孟子曾说：

　　　　为政不难，不得罪于巨室。巨室之所慕，一国慕之；一国之所慕，天下慕之。故沛然德教溢乎四海。（《孟子·离娄上》）

《四书评·孟子》对此语的眉批是"千古至言"。段后评语是：

　　　　老世事。〇只为欲"德教溢乎四海"，故不敢"得罪于巨室"。若为肥家荣妻，而不敢"得罪于巨室"，又得罪于孟老矣，亦得罪于阎老矣。可畏，可畏！[6]

《四书评·孟子》作者认为，孟子老于世故，肯定孟子此语是"千古至言"，而且告诫人们要准确理解孟子此言的真意，孟子的真意是为"德教溢乎四海"而"不敢得罪于巨室"，并不是"为肥家荣妻"。

　　《四书评·孟子》称孟子多以"孟老"相称，如对孟子初见梁惠王的评语是：

　　　　劈头初见，便拦截他，也只为其根气劣耳。若在齐王，便展转接

1　（明）李贽：《四书评·孟子》，上海人民出版社，1975年，第172页。

2　（明）李贽：《四书评·孟子》，上海人民出版社，1975年，第173页。

3　（明）李贽：《四书评·孟子》，上海人民出版社，1975年，第250页。

4　（明）李贽：《四书评·孟子》，上海人民出版社，1975年，第197页。

5　（明）李贽：《四书评·孟子》，上海人民出版社，1975年，第189页。

6　（明）李贽：《四书评·孟子》，上海人民出版社，1975年，第215页。

引矣。孟老待人，逼真化工付物。[1]

足见作者对孟子的尊敬。对于孟子"舍生取义"之论，作者盛赞："世间竟有此等文字。大奇，大奇！全是元气磅礴。此等文字，都从浩然气中流出。文人那得有此。"[2]对孟子劝导人们"孳孳为善"，《四书评》作者感叹孟子的苦口婆心："教人从一日做人起也。老孟婆心，其切如此。"[3]孟子曾说："周于利者，凶年不能杀；周于德者，邪世不能乱。"[4]（《孟子·尽心下》）此语本意是以财力富足的人在荒年也不会饥困为喻，说明道德高尚的人在乱世也不会被迷惑，旨在强调平时道德修养的重要性。《四书评·孟子》就此说：

缺陷世界，利不可周；圆满性体，德不可不周。[5]

从这些评语来看，《四书评·孟子》的作者对孟子不仅尊敬、喜爱，还有一份惺惺相惜之意。

《四书评·孟子》所评内容主要有两方面，一是文章评点，二是思想评说。如"文字大奇"，"绝妙文字的真神品"，"看他文字关应处，似开实合。妙绝，妙绝"[6]"竟以客收局""是大辩才""此篇与后篇，收起关，都非思议所及，真生龙活虎文字也。《孟子》全部，固文之圣也"[7]，等等，即是从孟子语言风格、文章谋篇布局、辩论艺术等方面对《孟子》的文章

1 （明）李贽：《四书评·孟子》，上海人民出版社，1975年，第165页。
2 （明）李贽：《四书评·孟子》，上海人民出版社，1975年，第258页。
3 （明）李贽：《四书评·孟子》，上海人民出版社，1975年，第280页。
4 （清）阮元校刻：《十三经注疏·孟子注疏》，中华书局，第2774页。
5 （明）李贽：《四书评·孟子》，上海人民出版社，1975年，第290页。
6 （明）李贽：《四书评·孟子》，上海人民出版社，1975年，第173页。
7 （明）李贽：《四书评·孟子》，上海人民出版社，1975年，第173页。

点评。对《孟子》思想的评说，涉及人性论、伦理观、仁政王道、义利观、辟异端等，不过对孟子养气论所论甚少。故择其要者，我们主要看其对孟子人性论、仁政王道、辟异端的点评。

1. "赤子之心"是"道心"

《四书评·孟子》对孟子性善论持赞赏态度。"四端"之说是孟子性善论核心观点，《四书评·孟子》对"四端"之说大加赞赏，称其"大有功于世教"。[1] 如书中称赞孟子"赤子之心"说：

> "赤子之心"，正是道心，正是性，小人那得知。[2]

天生纯朴的"赤子之心"就是道心，是人性的本然体现。以"道心"解释孟子"赤子之心"，显然《四书评·孟子》采用了宋明理学的思想来评判孟子观念。孟子曾指出，人与禽兽相差"几希"，人之所以为人，就在于有"四心"；庶人与君子之别在于，君子存养"四心"，而庶人丢失了"四心"。对孟子此论，《四书评·孟子》评曰：

> "庶民去之"，便是禽兽了，利害，利害！岂但如此，更有不如禽兽的在！○引舜来说，正教人以"存之"之法也。人若不为尧舜，便为禽兽了，勿让，勿让！[3]

"不如禽兽"的小人丧失的正是"四心"，人要效法尧舜，当努力"存之"。孟子以"四心"为人之良贵，在《孟子·告子上》说：

1　（明）李贽：《四书评·孟子》，上海人民出版社，1975年，第189页。

2　（明）李贽：《四书评·孟子》，上海人民出版社，1975年，第227页。

3　（明）李贽：《四书评·孟子》，上海人民出版社，1975年，第228—229页。

> 人人有贵于己者，弗思耳矣。人之所贵者，非良贵也。赵孟之所
> 贵，赵孟能贱之。

对此，《四书评·孟子》评曰：

> 呜呼！何今人之好贱也！舍却自家无尽藏，沿门托钵效贫儿，
> 何也？[1]

显然《四书评·孟子》非常赞同孟子的观点，并用"自家无尽藏"解释孟子所说"人人有贵于己"之"良贵"，用"舍却自家无尽藏，沿门托钵效贫儿"，比喻那些不思己之"良贵"的可怜之人，虽是用佛家禅宗语言，但其意与孟子之意却非常契合。

对于《孟子》"富岁，子弟多赖；凶岁，子弟多暴"一章，《四书评·孟子》给予了高度评价：

> 文章极有波澜，已妙绝矣；而曰"圣人与我同类"，"圣人先得我
> 心之所同然"，置圣人于我下，更有力量。与"人皆可以为尧舜"处，
> 说得更直截矣。[2]

《四书评·孟子》认为，这一章不仅文章极好，更重要的是，孟子明白说"圣人与我同类"，将圣人与"我"这类的凡人平视，给了"我"这一类凡人向上努力的力量。

关于孟子与告子之间的人性之辨：

---

[1]（明）李贽：《四书评·孟子》，上海人民出版社，1975年，第261页。
[2]（明）李贽：《四书评·孟子》，上海人民出版社，1975年，第257页。

告子曰："性犹杞柳也，义犹桮桊也；以人性为仁义，犹以杞柳为桮桊。"

孟子曰："子能顺杞柳之性而以为桮桊乎？将戕贼杞柳而后以为桮桊也？如将戕贼杞柳而以为桮桊，则亦将戕贼人以为仁义与？率天下之人而祸仁义者，必子之言夫！"（《孟子·告子上》）

《四书评·孟子》对此评曰：

"必子之言夫"。言字最有味，见他心亦不如此也。〇以"戕贼"代他"为"字，亦孟子杀人手段处。[1]

《四书评·孟子》非常准确地看到了孟子用"戕贼"一词替代告子所言"为"字的利害之处，因为"戕贼杞柳"，就是伤害了杞柳之性，孟子由此说明，对人性的正确认识，应当看人在自然状态下的自然呈现。《四书评·孟子》对"牛山之木尝美"一章极为欣赏。孟子在此章以牛山之木比喻仁义之心。牛山之木虽然茂密，倘若每天砍伐、放牧，茂密的牛山之木也将不复存在；同理，人虽本有仁义之心，如果天天放失，也将泯然不见。《四书评·孟子》认为这段文字足以醒人醉梦。

此篇文字，大奇处在劈头一节，大妙处在临了两节。而其描写放心处，亦咄咄如画。神品，神品。〇此等文章，真足唤回醉梦。[2]

还说：

1　（明）李贽：《四书评·孟子》，上海人民出版社，1975年，第253页。

2　（明）李贽：《四书评·孟子》，上海人民出版社，1975年，第257页。

> 读此样文字，而犹失其本心者，非夫也，乞人不若矣。吾当为之痛哭百千万场。[1]

> "放其心"，即是"舍其路"，故下面只收"放心"。人以为文字之奇，我以为道理之透。我故曰道理透，文章自会奇也。[2]

《四书评·孟子》认为孟子的"放心"说点透了人为不善的根本原因。李贽多次强调人应当守住本心，批评丧失本心的人"非夫也"，乞丐不如。《四书评·孟子》认为"放其心"就等于"舍其路"。

> 盖仁义，我所固有，不可令之去者也；即去，望其复来者也。[3]

强调人应当固守仁义不可丧失。这与孟子的观点一致。

《四书评·孟子》认为孟子立足其人性论的道德修养论都是"实事"。对于孟子所说"尽心知性以知天、存心养性以事天"，《四书评·孟子》评曰：

> 首节先说"心""性""天"是一个，不是三个，下面便教人下手，故有两"所以"字。○事天时，天做主；立命时，我做主矣。存养到此，方谓"知性"，方谓"修身"。曰"修身"，见皆实事，不但谈玄说妙已也。[4]

《四书评·孟子》认为，孟子所说"心""性""天"是"一个"，而非"三

---

1 （明）李贽：《四书评·孟子》，上海人民出版社，1975年，第259页。

2 （明）李贽：《四书评·孟子》，上海人民出版社，1975年，第259页。

3 （明）李贽：《四书评·孟子》，上海人民出版社，1975年，第265页。

4 （明）李贽：《四书评·孟子》，上海人民出版社，1975年，第273页。

个"，其认识符合孟子本意，因为孟子人性论的基本观点是四心是人性的体现，人性的根源是天。此外，《四书评·孟子》的作者认为"事天"一层，表明人对自身的认识、修养还处于被动状态，只有"立命"，才是人自身的自主。所以从"立命"这一点来看，孟子的存养修身，并不是让人玄妙地"事天"，而是"立命"而见诸实事。足见《四书评·孟子》反对空谈玄妙，主张要践履实行。

综上可见，《四书评·孟子》赞同孟子人性论，比较准确地把握了孟子人性论，对于孟子思想的评点，既采用了理学家的观点，也借用了佛家言意。

2.仁政"真经济"

一如对孟子人性论的高度赞赏，《四书评·孟子》对于孟子王道仁政论同样赞誉有加。而且与那些视孟子王道仁政为迂阔之论者不同，《四书评·孟子》肯定孟子王道仁政之论合于当时现实，是解决当时动荡时势的正确之道。

在《孟子·公孙丑上》第一章，孟子表达了对管仲、晏子之功的鄙视以及对仁政王道的自信。孟子斥责管仲、晏子，受君信任，又长期执掌国政，却没有引导君主实行王道，所以二人"功烈如此其卑"；孟子认为在当时百姓憔悴于虐政之时，"行仁政，莫之能御也"，并且坚信以齐王当时的实力，行仁政，必将事半功倍。就此，《四书评·孟子》评曰：

> 国势民情，如视之掌，故敢卑言管、晏。岂如今之大头巾、假道学，漫然大言而已![1]

1　（明）李贽：《四书评·孟子》，上海人民出版社，1975年，第184页。

认为孟子敢于卑视管、晏，对自己的王道仁政如此自信，是基于当时国势民情，与明朝当时"大头巾、假道学"的华而不实的"漫然大言"有本质不同，由此肯定了孟子所言合于战国现实，并非虚言诳语，也就肯定了孟子王道仁政的合理性。

齐人伐燕、取燕，引起诸侯愤怒，诸侯合谋讨齐救燕。齐宣王向孟子请教解决策略，孟子向齐王指出诸侯之所以会合谋讨齐，是因为诸侯"固畏齐之强，今又倍地而不行仁政，是动天下之兵也"（《孟子·梁惠王下》），故劝齐王撤兵。对此，《四书评·孟子》评曰：

> 真是上策。孟老胸中，的有甲兵，非漫为大言者比也。[1]

他认为孟子劝齐王撤兵是针对当时现实做出的明智选择，并非不着边际的"大言"、空话。孟子曾经说"仁者无敌"，《四书评·孟子》对孟子"仁者无敌"的评价是"仁义甲兵"，认为孟子之说可抵甲兵，因为孟子实际是以仁义为甲兵，以实行仁政取代军事征伐，这是以德行服人，而非以力服人。孟子之说远高于那些不切实际的漫谈。

《四书评·孟子》非常重视孟子的仁政措施。我们知道，孟子的仁政举措涉及农业、林业、渔业、教育等多方面，具体如下：

> 不违农时，谷不可胜食也；数罟不入洿池，鱼鳖不可胜食也；斧斤以时入山林，材木不可胜用；谷与鱼鳖不可胜食，材木不可胜用，是使民养生丧死无憾也。养生丧死无憾，王道之始也。
>
> 五亩之宅，树之以桑，五十者可以衣帛。鸡豚狗彘之畜，无失其时，七十者可以食肉矣。百亩之田，勿夺其时，数口之家可以无饥

---

1 （明）李贽：《四书评·孟子》，上海人民出版社，1975年，第179页。

矣。谨庠序之教，申之以孝悌之义，颁白者不负戴于道路矣。七十者衣帛食肉，黎民不饥不寒，然而不王者，未之有也。(《孟子·梁惠王上》)

《四书评·孟子》对此评曰：

真经济。[1]
孟子经济，只是教养二大端。[2]

"经济"，即经世济民。一个"真"字，道出了《四书评·孟子》对孟子仁政的高度认同，说明在作者看来，孟子的仁政举措不是空中楼阁，而是切实可行，真能经济治国；而孟子经世济民，重要的有两个方面，一是养民，二是教民。《四书评·孟子》的这一认识符合孟子仁政论意蕴。

《四书评·孟子》指出，从孟子仁政论看，孟子自称愿学孔子，其实也有不同于孔子之处。

孔夫子曰："道之以政，齐之以刑，民免而无耻。"孟子乃欲"及是时，明其政刑"，谁说孟子愿学孔子也？[3]

《四书评·孟子》认为孟子主张"明其政刑"，与孔子将刑作为治政的辅助措施相比，更强调了刑治的作用，说明孟子并没有完全采用孔子的政治观念。《四书评·孟子》对《孟子》的认识不可谓不深刻。

1　(明)李贽：《四书评·孟子》，上海人民出版社，1975年，第166页。

2　(明)李贽：《四书评·孟子》，上海人民出版社，1975年，第172页。

3　(明)李贽：《四书评·孟子》，上海人民出版社，1975年，第187页。

3.孟子辟异端,"不做诳语"

如所周知,孟子为维护孔子地位,曾力辟杨朱、墨翟、许行等人学说。孟子自辩是为了"辟异端",以"正人心,息邪说",但时人则以"好辩"评孟子。宋儒认为孟子辟扬墨,捍卫了孔学正统,弘扬了孔子思想,功莫大焉。《四书评·孟子》的评价是:

> 把自家"好辩",直说得这样大,也只是把自家一片苦心,呈出与人看耳,不做诳语。〇杨墨之乱,在言语上,故老孟治之以言。[1]

《四书评·孟子》肯定孟子"辟异端"实有苦衷,孟子之言出自真心,不是诳语。因为杨墨之乱是在言上之乱,因此孟子针锋相对,以言相治,以言相攻,所呈现的是孟子的苦心。可见,《四书评·孟子》同样也认为杨、墨等人之说确有其"乱"。

然而与孟子完全视"异端"为邪说相比,《四书评·孟子》对异端的态度有一些不同。孟子曾言:

> 杨子取为我,拔一毛而利天下,不为也。墨子兼爱,摩顶放踵利天下,为之。子莫执中,执中为近之。执中无权,犹执一。所恶执一者,为其贼道也,举一而废百也。(《孟子·尽心下》)

《四书评·孟子》评曰:

> 读此,然后知吾道之大。彼异端者流,特百中之一耳。那欲持其

---

1 (明)李贽:《四书评·孟子》,上海人民出版社,1975年,第212页。

一以与吾百者角，抑知其一亦吾百中之一耶？[1]

《四书评·孟子》称"读此，方知吾道之大"，足见其对孟子所执着的孔子
学说确实是高度认同。然而《四书评·孟子》却认为，与儒家之道相比，
异端只不过是局限或偏于一端，虽有很大片面性，但是却是"吾道"之
"百中之一"。《四书评·孟子》称"异端者流，特百中之一"，又说异端
"其一亦吾百中之一"，可见，《四书评·孟子》没有完全否定异端。

　　《四书评·孟子》肯定异端之说只是吾正道"百中之一"，有其深刻
的时代原因。明中期以来，居社会正统地位的儒家学说并不拒绝其他各家
学说，佛教、道教、儒家学说相互融通，"三教合一"是当时社会显性的
文化现象，《四书评·孟子》中所言，有"'智'者，吾身之牟尼珠也"[2]及
"与道家'流水不腐'之语同"[3]等语，就非常明显地体现其融儒、道、释
于一体的思想特质。在这种时代背景下，《四书评·孟子》肯定异端是正
道"百中之一"，显然与明后期的文化大融合有关。

　　《四书评·孟子》对《孟子》思想评说，运用了"正言""反言""详
言""略言"等多种方法。《四书评序》明言：

　　　　千古善读书者，陶渊明一人而已。何也？以其"好读书不求甚解"
　　也。夫读书解可也，即甚解亦无不可者，只不可求耳。盖道理有正言
　　之不解，反言之而解者；有详言之不解，略言之而解者。世之龙头讲
　　章之所以可恨者，正为讲之详，讲之尽耳。此《四书评》一帙，有正
　　言，亦有反言；有详言，亦有略言，总'不求甚解'之语则近之。"[4]

1　（明）李贽：《四书评·孟子》，上海人民出版社，1975年，第280—281页。

2　（明）李贽：《四书评·孟子》，上海人民出版社，1975年，第246页。

3　（明）李贽：《四书评·孟子》，上海人民出版社，1975年，第84页。

4　（明）李贽：《四书评·孟子》，上海人民出版社，1975年，第1页。

《四书评·孟子》的作者总结历史上最会读书之人，认为千古以来最善读书者只有东晋陶渊明一人，因为陶渊明在《五柳先生传》中自述"不慕利，好读书，不求甚解，每有会意，欣然忘食"。陶渊明读书只求领会要旨，并不刻意在字句上花工夫。《四书评》作者称赞陶渊明读书"不求甚解"为善读书，显然是认识到了作者的著作之言与作者本意之间存在距离，所以并不支持在字词句上刻意用力，正因如此，也特别反对当时的"龙头讲章"，痛恨这些龙头讲章"讲之详""讲之尽"，基于此，他对《孟子》的评说，方法多样，有正言，有反言，也有比较详尽的详言，如对"桃应问舜为天子"一章的解说就用了近二百字；但短小简明的点评更多，如，对"君子莫不仁"一章用一"真"字作评；"邹与鲁哄"章、"齐宣王问文王之囿"章等都用"快谈"二字作评；评"庄暴见孟子"一章，称这是"绝妙文字的真神品"[1]。《四书评·孟子》挣脱传统、极具个性的点评与诠释，也是明中期以来提倡个性解放、"自由解经"之风的反映。

　　《四书评·孟子》发自肺腑地盛赞孟子，对孟子的人性论、仁政论、辟异端等学说都有点评，其点评大多短小精悍、活泼生动。在实学思潮兴起之时，《四书评·孟子》评判孟子学说的标尺是看是否合于实际，得出的结论是：孟子重存养的修身论是实事，孟子的仁政也是利民之"真经济"，孟子"辟异端""不打诳语"。《四书评·孟子》在点评孟子思想时，融入了佛家、道家的言说；同时也承袭了理学的观点，如解"赤子之心"为"道心"，等等；当然也批评了"漫为大言"的伪道学家。

1　（明）李贽：《四书评·孟子》，上海人民出版社，1975年，第172页。

小　结

对孟子其人其说，李贽有肯定，有批评，也有继承和借鉴。李贽肯定孟子承传了孔子学说衣钵，其思想总体正确；赞同孟子"人禽之辨"的观点，但李贽更强调人的自然属性。比较孟子与荀子，李贽认为孟子地位不及荀子，《孟子》其书不能尽信；孟子性善之说、王霸之辨都有"执一"之误，孟子还有过度拔高孔子之病。李贽对孟子的批评，是在肯定孟子基础之上的批评，意在反对将孟子之说绝对化为天下"至论"。是李贽理性自觉、反对偶像崇拜思想在评孟时的折射。

关于《四书评》的真伪，目前来看，持叶昼伪作说者，证据尚嫌薄弱；持李贽作《四书评》之说者，论证也尚未有足够的说服力。相比较而言，李贽作《四书评》更为可信，主要理由是：李贽生前好友及其门人在编纂李贽文集时都未提及叶昼伪作《四书评》。比较《四书评·孟子》与李贽所写《孟轲》，可以看出，《四书评·孟子》对孟子其人其说给予了高度赞扬，肯定孟子其人其说是主导；而李贽《孟轲》则对孟子既肯定也批评，褒贬兼有。从对孟子肯定这一面来看，《四书评·孟子》与李贽的思想基本一致。

《四书评·孟子》发自肺腑地盛赞孟子，在实学思潮兴起之时，《四书评·孟子》以是否合于实际评判孟子，其结论是：孟子修身论是实事，孟子仁政是利民之"真经济"，孟子"辟异端""不打诳语"，进而批评了"漫为大言"的伪道学家。

第九章
高攀龙《高子讲义·孟子》

　　高攀龙（1562—1626），字存之，别号景逸，无锡人。谦逊好学，学无常师，曾师事茹澄泉和许静余，听顾宪成、罗懋忠讲学，入赵南星之门受教，拜东粤陆古樵为师，为学宗程朱，崇薛瑄，欣赏陈献章"静坐之学"和李材"止修之学"，也尊王守仁之心学。"关于高攀龙的为学进境，其本人叙之甚详。就其基本路径而言，则大体上无出于朱王两家，以朱子学与阳明学互救其失为方向。"[1]万历十七年（1579）中进士。历官行人司行人、光禄寺丞、左都御史等职。万历二十一年（1593），得罪阁臣，被贬广东揭阳，署事三月，即以事归；万历三十二年（1604），与顾宪成等人重建东林书院。天启四年（1626），与吏部尚书赵南星联名弹劾贪官崔呈秀，得罪阉党，被削职为民；天启六年（1628），魏忠贤诬陷东林党人，下令逮捕高攀龙等人。高攀龙获悉缇帅将至，投湖自沉。高攀龙生前著述有二十余种，其中《高子遗书》是其门人陈龙正所编。

　　《高子遗书》卷四为《高子讲义》，是高攀龙关于四书的讲义汇编。其中收录他讲述《孟子》的讲义共二十条，具体如下：

1　郭齐勇主编，丁为祥著：《中国哲学通史·明代卷》，江苏人民出版社，2022年，第195页。

仁者人也

"不动心"章

"孟子道性善"章

大人者不失其赤子之心者也

"人之所以异于禽兽者"章

"天下之言性也"章

"伯夷目不视恶色"章

"性无善无不善"章

"乃若其情"三节

"富岁，子弟多赖"章

"牛山之木"章

"虽存乎仁者"节

"仁，人心也"章

"徐行后长"节

"尽其心者"三章

"万物皆备"章

"人不可以无耻"章

君子所性，仁义礼智根于心

"士何事"章

"道则高矣美矣"章

从上可见，高攀龙主要讲述的是有关孟子心性、养气、伦理的思想观念。

第一节 孟子道性善是"天生见成的"

高攀龙认为正确认识人性非常重要,"学不知性,如行者无家,终无住处;如耕者无田,终无种处"[1],这也是孟子"开口便道这个"的原因;而且孟子的重要贡献也在于,他以其性善论告知人们每个人都身怀"良知""良能"之宝藏,否则"非七篇昭揭,则人人宝藏,千古沉埋"[2]。他称赞孟子可谓"知性"者。

一、依故识性,利为其本

高攀龙指出,要识性善,正确理解孟子人性论的要义,应当注意孟子所言"夫道一而已"一语,因为这是孟子对"性善"的注脚。孟子告知人们,万事万物都有成为自己的唯一之道,"天地之道,为物不二";人之为人,其唯一之道,就在人性。而要认识人性,只有从"故"入手。

何谓"故"?在"天下之言性也"章,高攀龙说:

> 孟子谓天下之言性者何其纷纷也?只须道一个"故而已矣"。何谓故?原来故物也。就一人言之,自有生以来原是如此的;就天地间言之,自有生人以来原是如此的。千万人也如此,千万世也如此,圣也如此,凡也如此,不曾有些子差池。性原是拈不出的,只看这个故,便自了然,当下可认取,但不可造作坏了他。……即如天之高,星辰之远,今年的便是千岁以前的一般,是这个故。苟求其故,千岁日至,可坐而得,所以曰:"天下之言性,则故而已矣。"[3]

---

1 (明)高攀龙著,严楚兵辑校:《高攀龙全集》,凤凰出版社,2020年,第290页。

2 (明)高攀龙著,严楚兵辑校:《高攀龙全集》,凤凰出版社,2020年,第252页。

3 (明)高攀龙著,严楚兵辑校:《高攀龙全集》,凤凰出版社,2020年,第293页。

所谓"故"，即"原来如此""原是如此"。就人性而言，就是人之本来如此，人之本然，而且是所有人、亘古不变的本来如此，千万人如此，千万世也如此，也就是人类永恒的共性。高攀龙指出，无法拈出一个"人性"的具体实物，因此只有依"故"识人性。高攀龙虽然宗程朱，但释"故"为"原本如此"，显然与程朱不同，因为程朱以故为"已然之迹"，"是个已发见了底事物"。

高攀龙强调，依"故"识性，还须注意孟子所说的"以利为本"。所谓"以利为本"，就是不穿凿。他说：

> 所以故者，必"以利为本"。"利"者，不凿之谓也，凿便造作坏了。今人皆以能凿为智，不知正是智之可恶处。这个智就是故，只以利为本。但看禹之行水，当入江的还他入江，当入海的还他入海，此之谓行所无事，此之谓利，此之谓智。[1]

不穿凿，就是顺其自然。只有顺其自然，才能明察人性的"原本如此"。

高攀龙指出，从"故""利"二字可见孟子教人识性，不故弄玄虚，也不要伎俩，而是简明易晓地和盘托出认识人性的途径与方法。他说："孟子此章最奇特，拈一个'故'字，便把有生来难描难画的本色和盘托出来与人看，更不须弄一些玄虚；拈一个'利'字，便把日用间无穷无尽的工夫一口道出来与人做，更不须用一些伎俩。"[2]在高攀龙看来，依故识性，就是孟子告知的认识人性的正确方法。

1　（明）高攀龙著，严楚兵辑校：《高攀龙全集》，凤凰出版社，2020年，第293页。

2　（明）高攀龙著，严楚兵辑校：《高攀龙全集》，凤凰出版社，2020年，第293页。

二、孟子"道性善"是"天生见成的"

"道性善"是孟子宗旨，可是何以可证人性为善？当时滕世子就对此表示怀疑，自己本是凡人，何以可以与尧舜同？在战国诸种人性论中，为什么只有孟子的人性论正确？

考察战国诸种人性论，高攀龙指出：

> 当时论性有三种：谓可善可不善，是认习为性；谓有善有不善，是认质为性，俱在粗迹上看，更不足道。独告子实有所见，无善无不善，尽是玄妙。须要总看他论性处，识得他所认为性者：杞柳，谓他是个无雕琢的，湍水，谓他是个活泼泼的，总是天生见成的，如食色然，生来便如此，岂是人学得的？这里著不得个善不善，何处要人用甚工夫？仁义礼智，不过世间几个好名目，逼迫人做的，反弄得人不自在了，此所谓"外铄"也。[1]

依高攀龙之见，战国三种人性论中，"可善可不善"论是以习为性；"有善有不善"论是"认质为性"，识见粗疏；相比之下，告子的人性论较有见地，因为他论杞柳、湍水、食色都是从自然、"天生见成的"处讨论，但是告子的错误在于认为"仁义礼智"非"天生见成的"，是由人逼迫"外铄"而来，所以断定人性"无善无不善"。高攀龙认为孟子其实也是从"天生见成的"论人性。

> 孟子则谓这个果然是天生见成的，但不是这等没头没脑浑沌的物事，他极有条理，有典则，你看他当恻隐便恻隐，当羞恶便羞恶，当辞让便辞让，当是非便是非，这便唤做仁义礼智，不是别有个仁义礼

---

[1] （明）高攀龙著，严楚兵辑校：《高攀龙全集》，凤凰出版社，2020年，第295页。

智在外面，强逼人做个好名目也。……试看物则秉彝，岂不是善？岂不是天生见成的？这个生，孟子、告子同在发出来处看，但孟子妙处，将恻隐等四者换却他食色，便条理秩然。圣学、异端，其分歧处只在毫厘间。[1]

孟子与告子都是从"天生见成"处论人性，但是孟子不只看到了人之食色，还看到了人之恻隐、羞恶、辞让、是非，而此四者并非外面强迫而来，因为人们往往都是"当恻隐便恻隐，当羞恶便羞恶，当辞让便辞让，当是非便是非"，是不加思虑的自然反应。所以孟子、告子人性的分歧虽在毫厘，最终却是圣学与异端之别。

高攀龙肯定孟子关于人性论的论证"条理秩然"，充分证明了"吾性原自充满具足，无少欠缺，吾性原自洁净精微，无点尘污"。[2]高攀龙由衷认同孟子人性善论。

三、不思，故不善

既然人性为善，何以不善？高攀龙在解释"乃若其情"时道出了自己的看法。

孟子拈出情字证性之善，拈出才字证性之无不善，固矣。然人之为不善，毕竟从何而来？为即才也，非才之罪，是谁之罪与？曰："不思之罪也。"[3]

高攀龙指出，性、情、才三者，情是善的证明，而才则是人性善的根本原

1　（明）高攀龙著，严楚兵辑校：《高攀龙全集》，凤凰出版社，2020年，第295页。

2　（明）高攀龙著，严楚兵辑校：《高攀龙全集》，凤凰出版社，2020年，第290页。

3　（明）高攀龙著，严楚兵辑校：《高攀龙全集》，凤凰出版社，2020年，第296页。

因，人人有其"才"，故人人有其善。人为不善，是因为不思。何谓思？

> 思非今人泛然思虑之思，是反观也。吾辈试自反观，此中空空洞
> 洞，不见一物，即性体也。告子便认作无善无不善，不知此乃仁义礼
> 智也。何者？当无感时，故见其无，及感物而动，便有恻隐等四者出
> 来，何善如之？随顺他天然本色应付去，何善如之？[1]

高攀龙指出，这里的所谓的"思"不是一般意义的思虑，而是"反观"；
反观自照，随顺天然本色，即可识见本性；如若不思，不能识见本性，不
知人之可贵处，就是"蠢然一物，信着耳目口鼻四肢，逐物而去"，弃仁
义礼智之才，沦陷于外物，而为不善。

孟子曾说"人之所以异于禽兽者几希"，认为人禽之别只在"几希"。
当然孟子所说的"几希"是指"四端"，可是高攀龙却有不同认识：他认
同朱熹的观点，认为人与禽兽同因五行而生，故知觉运动、仁义礼智也为
其本能、天性。

> "几希"者，差不多也，吾辈试研究果在何处？文公先生曰："知
> 觉运动之蠢然，人与物同；仁义礼智之粹然，人与物异。"然仁义礼智
> 者，五行之德，禽兽不能外五行而生，何能外五行之德为性？[2]

可是为什么人禽终究有别，于禽兽不见仁义，原因在于：人有明察之能，
而禽兽没有。

---

1 （明）高攀龙著，严楚兵辑校：《高攀龙全集》，凤凰出版社，2020年，第296页。
2 （明）高攀龙著，严楚兵辑校：《高攀龙全集》，凤凰出版社，2020年，第292页。

　　"舜明于庶物，察于人伦"，人只有这一点明察，是异于禽兽处。明察者何也？乃知觉运动中之天则，仁义礼智中之灵窍。知觉运动，固物之所同，这一点天则却不同。仁义礼智，非物之独异，这一点灵窍却独异。……然一转头，私智小慧，又都作真明真察，这一转，亦惟人能之，禽兽不能也。[1]

高攀龙认为人禽之别不在是否本有仁义品性，而在有无"明察"之能，禽兽无"明察"之能，所以只能是"蠢然一物"。高攀龙这一认识显然有违孟子本意，而他以"明察"为人禽之别之所在，说明他不仅重视思，更强调思要"明察"。

　　不思，会使人迷失自我，而为不善；但只停留在"思"的阶段，仍然不能使人走上圣贤之路，还须修养工夫以作保证。他说：

　　孟子言之矣，"君子以仁存心，以礼存心"，是操存涵养的工夫；"凡有四端于我者，知皆扩而充之"，是体验扩充的工夫。如此时时习去，方得根心生色。[2]

高攀龙指出，孟子的"以仁存心""以礼存心""扩充"都是保养四端的工夫，一是涵养，一是体验，从而使"四端""根心生色"。强调涵养、体验，足见高攀龙对修养工夫的重视，这也是他想以此矫正王学末流空谈心性而不重工夫的弊病。

　　综上，高攀龙认为孟子是从"天生见成的"论人性之善，孟子之"故"是识性之法，操存涵养、扩充是工夫，等等，都契合孟子思想本旨，

1　（明）高攀龙著，严楚兵辑校：《高攀龙全集》，凤凰出版社，2020年，第292页。

2　（明）高攀龙著，严楚兵辑校：《高攀龙全集》，凤凰出版社，2020年，第303页。

但以人禽之别在"明察"，则与孟子不符。他虽宗程朱，却又别作新解，如以"故"为性之"原来如此"，而不是性之"已然之迹"。重视思，更强调"明察"与工夫。

第二节　仁义良心便是浩然之气

高攀龙虽然同意宋元诸儒认定浩然之气、夜气是孟子首出之说，而且认同这是孟子思想的重要关节，"从古圣人未曾说气，至孟子始说浩然之气，始说夜气，最为吃紧"；[1]但是高攀龙指出孟子养气之说，也有其源。其源就在孔子"三戒"之说。

> 孔子不言养气，然"三戒"却是养气妙诀：戒色则养其元气，戒斗则养其和气，戒得则养其正气。孟子言持志，戒即是持志也。[2]

除此而外，高攀龙同意二程的观点，认为孟子养气论也是受到《中庸》的影响。

> 其为物不贰，只是一个道理。惟其一，所以生物不测。惟不测，故神，所谓易也。故程夫子曰："其体则谓之易，其理则谓之道，其用则谓之神，其命于人则谓之性，率性则谓之道，修道则谓之教。孟子于其中又发挥出浩然之气来，可谓尽矣。"[3]

1 （明）高攀龙著，严楚兵辑校：《高攀龙全集》，凤凰出版社，2020年，第297页。
2 （明）高攀龙著，严楚兵辑校：《高攀龙全集》，凤凰出版社，2020年，第318页。
3 （明）高攀龙著，严楚兵辑校：《高攀龙全集》，凤凰出版社，2020年，第322页。

高攀龙将孟子养气论上溯孔子、子思，其意一方面说明孟子思想渊源有自，更重要的则是以此强调孟子其说的正统性。

那么，浩然之气从何而来？高攀龙的解释是：

> 天地间浑然一气而已，张子所谓"虚空即气"是也。此是至虚至灵、有条有理的。以其至虚至灵，在人即为心；以其有条有理，在人即为性。澄之则清，便为理；淆之则浊，便为欲。理便是存主于中的，欲便是梏亡于外的，如何能澄之使清？一是天道自然之养，夜气是也；一是人道当然之养，操存是也。操者何？志也。志，帅气者也。操存愈固，夜气愈清；夜气愈清，操存愈固。此是天人相合处。平旦几希，正见道心之微；操存舍亡，正见人心之危。若养之纯熟，莫知其乡之心便是仁义良心，更无出入可言；仁义良心便是浩然之气，亦无昼夜之别矣。[1]

高攀龙采用张载的"太虚即气"论与朱熹的"理本论"解释了浩然之气的生成及属性。据张载的"太虚即气"论，太虚无形无状，是气散而未聚的原始状态，天地当中有形与无形之物都是气之聚散变化的结果。高攀龙则进而认为心、性与气是不二之物，气之虚灵即是心，气之条理即是性。高攀龙以下之语表达了同样之意。

> 然则气与心何以别之？天地间充塞无间者，惟气而已。在天则为气，在人则为心。气之精灵为心，心之充塞为气，非有二也。[2]

---

1 （明）高攀龙著，严楚兵辑校：《高攀龙全集》，凤凰出版社，2020年，第297页。

2 （明）高攀龙著，严楚兵辑校：《高攀龙全集》，凤凰出版社，2020年，第298页。

然气之聚散过程中，会呈现出清浊不同质态。清气即为理，浊者即为欲。通过操存涵养的修养工夫澄清其气，也即澄清物欲。因为心、性与气非二物，所以气清则心正，心正亦是气清之故。气清心正，仁义良心永在其心，则浩然之气生成，因此高攀龙的结论是："仁义良心便是浩然之气。"尽管高攀龙用张载的"太虚即气"论解释浩然之气，但是他所认为的浩然之气主要是浩然道德之气，而非物质属性之气，这是他与张载、程朱的不同。

如何澄清其气？高攀龙认为可从孟子"存夜气"中所言"日夜之所息"找到答案。

> 孟子说不动心，工夫在养气；说养气，工夫在持志。持其志，便不梏于物，是终日常息也。常人无终日之功，须假终夜之息。夜气者，气以夜而息，息至平旦，稍稍清明，故曰"平旦之气"。梏之反覆，则终夜不足以息之，故曰"夜气不足以存"。然则息之义大矣哉！气息则清，气清则为仁义良心，心存则为浩然正气也。今人以呼吸为息，大谬矣。息者，止息也，万念营营，一齐止息，胸中不着丝毫，是之谓息。真能持志集义者，自能通乎昼夜而息也。[1]

在高攀龙看来，养气是孟子不动心的工夫，持志是孟子养气的工夫，然要持志，便要经受住外物的考验，不为物欲所惑。如何做到在物欲诱惑面前坚定其志，孟子所说"日夜之所息"已做出了回答。他认为，"息"不是呼吸，而是"止息"，将心中万念一齐止息，则"气清心正"。"止息"心中万念是一个漫长的过程，需要日夜相继，持之以恒。然而，所谓"止息"心中万念，其实就是制欲。显然高攀龙是以制欲为澄清其气的工

---

1 （明）高攀龙著，严楚兵辑校：《高攀龙全集》，凤凰出版社，2020年，第298页。

夫，而这一观念实是理学基本观念。可是高攀龙将孟子"日夜之所息"之"息"解为"止息"，却是大谬，因为孟子本意是指"生息""生长"。赵岐注："息，长也。……欲息长仁义平旦之志气"。高攀龙在这里明显是强孟子以就我。

综上，高攀龙以孔子、子思之说为孟子浩然之气论的思想渊源，以说明孟子养气论的正统合理性；认为浩然之气就是仁义良心，肯定了孟子浩然之气的道德品性；认为孟子养气的工夫就是止息万念、制欲而使气清心正。张载的"太虚即气"论与朱熹的理本论是解读的依据。高攀龙对孟子养气论的解读，不仅宋代理学的色彩很浓，而且也有强孟子以就我的问题。

小　结

高攀龙认为正确认识人性非常重要，"学不知性，如行者无家，终无住处；如耕者无田，终无种处"[1]，孟子的重要贡献在于以其性善论告知每个人都身怀"良知""良能"之宝藏，孟子可谓"知性"者。孟子是从"天生见成的"论人性之善，孟子之"故"是识性之法，操存涵养、扩充是工夫。人禽之别在于：人有明察之能，而禽兽无此之能，此说与孟子不符。高攀龙虽宗程朱，但又别作新解，重视思，更强调"明察"与工夫。

高攀龙将孟子浩然之气论的思想渊源追溯至孔子、子思，以此肯定孟子养气论的正统合理性；认为浩然之气就是仁义良心，养气工夫就是止息万念、制欲而使气清心正。他以张载的"太虚即气"论以及朱熹的理本论为其解读依据，不仅具有浓厚的宋代理学色彩，而且有强孟子以就我的问题。

1　（明）高攀龙著，严楚兵辑校：《高攀龙全集》，凤凰出版社，2020年，第290页。

第十章
陈士元《孟子杂记》

　　明代后期,《孟子》考据著述逐渐增多,学人们从孟子生平、《孟子》文本校勘、音韵训诂、名物度数、文本辑佚等角度对孟子其人其书做了较为翔实的考证,其考据亦多有创见,其考据范式也影响到了清代《孟子》考据研究。陈士元的《孟子杂记》是其中的代表作。

　　陈士元(1516—1597),字心叔,小字孟卿,号养吾,一号江汉潜夫,又称环中迂叟,湖广应城(今湖北应城)人,嘉靖时进士,曾任滦州知府,嘉靖二十八年(1549)辞官归乡。陈士元曾师从湛若水弟子余胤绪,故早期受甘泉心学思想影响较大。辞官归乡后,又出入释道,其思想体现出三教合一的特点[1]。著作等身,著有《易象钩解》《五经异文》《论语类考》《孟子杂记》《荒史》《古俗字略》《梦林元解》《名疑》《姓汇》《姓觿》等著述。民国应城学者胡鸣盛编有《陈士元先生年谱》详细记录了陈士元的生平。

　　陈士元治学极喜考据,在考据研究上也有建树,《孟子杂记》是其运用考据方法进行研究的代表作。而他选择《孟子》作为研究对象,有特殊缘由。陈士元在《孟子杂记·自序》中有言:

1　刘体胜:《陈士元的〈语〉〈孟〉学》,《江汉论坛》,2009年,第7期,第41页。

　　先君尝语不肖曰，正德丙子莫春十有三日之夕，吾梦一老翁冠袍款户而入，自称齐卿孟轲云。翌旦启汝祖，汝祖以为奇。已而室内报汝诞，汝祖命汝小名孟卿，征梦也……嘉靖乙酉仲春上丁，不肖守滦，祭孔庙，奠于孟子。神位木主忽仆，司礼者仓皇拯之，拂袖烛灭，铜爵堕地，不肖私心忌焉。越旬日，邸报至，不肖得免归。于乎，异哉！孟子曰："我善养吾浩然之气"；其去齐，则曰："浩然有归志"。不肖自乙酉免归。邑令字冈陈侯，过敝居，谬题浩然堂。而戚侣又谬称不肖为养吾子……又二十余年，每展《孟子》七篇辄叹：孟子出而困于齐梁，退而著书；后世或不尊信，见非于荀况，见刺于王充，见訾于李觏、冯休、晁以道，见疑于苏轼、司马光，而吠声拾唾者，纚纚然未已也。幸赖三五大儒极力表彰，俾与鲁《论》《学》《庸》合符联璧并行于世，无所轩轾，总称"四书"，以继六经之后。而彼不尊信者始不得伸其说，非天之未丧斯文也，何以臻此哉？不肖尝闻唐之彭城刘轲，慕孟子而命名者也，乃著《翼孟》三卷，太原白居易特记其事。宋之临川陆筠，梦寐孟子者也，亦著《翼孟》九十一条，庐陵周必大序而传焉。兹非先得我心之所同然者乎？不肖向览群书，义涉七篇者不勘，妄图撰述，以窃比于刘、陆二君之末。第恨年龄谢壮，旧畜多忘，仅据今所忆存者，援毫汇辑，分为四卷，题曰《孟子杂记》。[1]

从序言所见，陈士元的出生与孟子有神秘关系，据其父祖之言以及在孔庙祭奠时的种种异事，陈士元似乎就是孟子转世。基于此种特殊的情缘以及对孟子的深厚感情，他对历史上批评孟子的荀子、王充、李觏、冯休、晁以道、苏轼、司马光等人非常不满，对维护孟子、为孟子辩护的刘轲、陆

1　（明）陈士元：《孟子杂记》，丛书集成初编（第500册），中华书局，1985年，第1页。

筠等人非常钦佩，因为刘轲、陆筠二人都写有《翼孟》，所以他仿效二人作《孟子杂记》以"翼孟"。

《孟子杂记》共四卷。

第一卷有"系源""邑里""名字""孟母""孟妻""嗣胄""受业""七篇""生卒""补传"等条目，主要考证了孟子的家世生平及《孟子》的卷数、作者，后附《史记》《四书人物考》中的孟子传记以及陈士元自己写的孟子小传。

第二卷有"稽《书》""准《诗》""揆礼""征事""逸文"五个条目。"稽《书》"和"准《诗》"主要考察了《孟子》征引《尚书》《诗经》之文；"揆礼"考察了《孟子》所言之礼与《礼记》《仪礼》的关系；"征事"是将《孟子》中所涉史事与《国语》《左传》《史记》等史书所载史事比勘，以证孟子所言史事信而有征；"逸文"收集整理了见于其他著作而传世本《孟子》并无的孟子言论。

第三卷有"校引""引误""方言""辩名"四个条目。"校引"是将其他书所引《孟子》之文与《孟子》原文进行比较，以考订其异同；"方言""辩名"则是对《孟子》中的方言、人名进行了辨析。

第四卷有"字同""字脱""断句""注异""评辞"四个条目，考查了《孟子》文本中有争议的文字、断句以及有关《孟子》注解的争议。

概括陈士元《孟子杂记》考据内容，我们认为陈士元的《孟子杂记》以下几个方面的内容值得注意。

第一节　考孟子生平

关于孟子生平，陈士元主要考察了孟子家世、故乡、名字、母亲、妻子、子嗣、受业、游历、生卒等。其中，陈士元对孟子生卒及孟子受业问题的考证影响最大，故我们在此只讨论这方面的内容。

一、考孟子生卒

关于孟子生卒，传世文献鲜有记载，早期孟学史文献司马迁的《史记·孟轲荀卿列传》、赵岐的《孟子题辞》俱无记载，因此孟子生卒成为孟子生平中最具争议性的问题。学者提出了多种说法，较早提出孟子明确生卒年的是宋末元初《孟氏家谱》。《孟氏家谱》又称《孟氏谱》，作者不详。该书认为孟子生于周定王三十七年，卒于周赧王二十六年，年寿八十四：

> 孟子以周定王三十七年四月二日生，即今之二月二日；赧王二十六年正月十五日卒，即今之十一月十五日，寿八十四岁，墓在邹县四基山。(《孟氏谱》)[1]

但周定王在位并没有三十七年，因此这种说法受到后代学者的质疑，陈士元也对《孟氏谱》提出了质疑。

> 元按:《史》《鉴》并云：周定王在位二十一年而崩，无三十七年也。考之《长历》，定王二十一年乙亥至赧王二十六年壬午，凡二百九十八年。窃疑"定"或"安"字之讹，安王在位二十六年而崩，自安王二十六年乙巳至赧王壬午，凡八十八年，然《谱》谓孟子寿八十四岁，自赧王壬午逆推之，当生于烈王四年己酉也，然《年表》《纲目》《大事记》等书并谓孟子于显王三十三年乙酉至魏，四十三年乙未为齐上卿，四十四年丙申去齐复至魏，慎靓王二年壬寅去魏复适齐，赧王元年丁未致为臣于齐，不复仕。若孟子果生于烈王己酉，至

---

[1] （明）陈士元:《孟子杂记》，文渊阁《四库全书》影印本，207册，第298页。

显王乙酉应聘至魏，年甫三十七，未老也。魏惠王自烈王辛亥嗣国，历三十五年而孟子始来，见是时惠王年不啻六七十，老矣，岂得反称三十七岁之孟子为"叟"哉？疑孟子或生于安王初年，卒于赧王初年，未可知也。按礼制，国君薨后始得称谥，鲁平公薨于赧王二十年，而孟子称之，若孟子生于安王初年，岂不百有余岁乎？然则谱牒纪年盖不足据，或疑七篇非孟子自著，乃其弟子追述以此。[1]

从上可见，陈士元采用排除法，对《孟氏谱》关于孟子生卒的说法以及据《孟氏谱》可能推出的说法一一否定排除，最后得出自己的结论。

陈士元首先否定了《孟氏谱》关于孟子生于周定王三十七的说法。因为依据《史记》《通鉴》等史书的记载，周定王在位仅二十一年，没有三十七年。

其次，陈士元否定了孟子生于周定王二十一年的可能性。如果孟子生于周定王二十一年（前381），推至卒年周赧王二十六年（前289），共有二百九十八年[2]。孟子寿长二百九十八年，这显然是天方夜谭，不合常理，再次证明《孟氏谱》有误。

其三，陈士元否定了孟子生于周烈王四年可能性。因为大家对孟子卒于赧王二十六年（前289）和孟子八十四年寿之说都无怀疑，那么从赧王二十六年（前289）倒推八十四年，则可得出孟子生于周烈王四年（前372）的结论。这一说法受到当时一些人的赞同，吕元善的《三迁志》就持周烈王四年之说。陈士元指出，如果孟子生于周烈王四年（前372），按孟子于显王三十三年（前336）至魏的传统说法，则孟子至梁时年方三十七，而

---

1 （明）陈士元：《孟子杂记》，文渊阁《四库全书》影印本，207册，第298页。

2 （明）郝敬：《孟子遗事》引陈士元语为"史周定王在位二十八年崩，无三十七年。考之'长历'，定王二十七年乙亥至赧王二十年壬申凡一百五十三年"，与今《四库全书》本记载不同。考今之《丛书集成初编》本、《湖海楼丛书》本、《湖北丛书》本等，皆同于《四库全书》本。

当时梁惠王已有六七十岁，已是老叟的梁惠王不可能称三十七岁的孟子为"叟"。因此，孟子生于周烈王四年之说不可信。

否定了以上三种说法，陈士元推断孟子可能生于安王初年，卒于赧王初年。虽然陈士元最后的结论仍缺乏证据，但他在整个考证过程中思路清晰，推理严谨，显示出他深厚的考证功底。

关于孟子生卒，杨伯峻认为："用孟子原书来核对，我们认为他生于周安王十七年（前385）前后一说比较合理。元程复心《孟子年谱》等书说他'寿八十四'，如果可信，卒年当在周赧王十一年（前304）前后。"[1]钱穆综合南宋朱熹及清周广业、魏源等人的观点，在《孟子生年考》中提出，孟子大概生于周安王十三年（前389）至周安王二十年（前382）期间[2]。钱穆的说法与陈镐、杨伯峻的说法大致相近。我们认为判定孟子生于公元前385年前后，比较合理，但不能将其时间说得太确定，同理，孟子的卒年也就难以确定。

二、考孟子师承

由于《孟子》没有明确记载孟子师承何人，因而这个问题引起后世争议。明代以前，主要有两种观点，一是孟子受业于子思，刘向、班固、赵岐、二程、朱熹等都持此说；二是孟子受业于子思门人，司马迁等持此说。

这两种观点在明中期以前都有支持者，官方修撰的《四书大全》支持孟子受业子思说；明中期焦竑等人就支持司马迁的观点，认为孟子非受业于子思，焦竑在《焦氏笔乘》中有"孟子非受业于子思"一条，说："《史记》载孟子受业子思之门人，不察者遂以为亲受业于子思，非也。"[3]焦竑根据孟子和子思的生卒推断孟子无法直接受业于子思，对传统的"师事子

1　杨伯峻：《孟子译注》，中华书局，1960年，第1页。

2　详见钱穆：《先秦诸子系年》卷三，商务印书馆，2001年，第209页。

3　（明）焦竑：《焦氏笔乘》，丛书集成初编（第2924册），中华书局，1985年，第69页。

思"说进行了反驳，在当时有一定的影响力。可见，明后期以前学者在孟子是否师承子思的问题上仍然存在分歧。

陈士元主要根据伯鱼、子思、孟子等人的生卒进行考证。他说：

> 元按：《史记》云：孟轲受业于子思之门人，谓受业于子思之弟子也。王劭以"人"为衍字，是亲受业于子思之门也。高似孙云："《孔丛子·记问篇》载子思与孔子问答，如此，则孔子时子思年已长矣。然《孔子家语·后叙》及《孔子世家》皆言子思年止六十二。《孟子》以子思在鲁穆公时，固尝师之，是为的然矣。然孔子没于哀公十六年，后十一年哀公卒，又悼公立三十七年，元公立二十一年，穆公既立，据孔子之没，七十一年矣。当是时，子思尚未生，问答之事安得有邪？"据高氏之论，则子思与孔子诚无问答，使子思与孔子问答，则孟子安得受业于子思之门？元又疑《孔丛子》乃后人缀集之言，而诸书所载子思寿年，亦不足信；况伯鱼卒于哀公十二年戊午，至穆公元年壬申凡七十五年，而子思当生于哀公、定公之世，伯鱼未卒之先，安得谓子思寿止六十二邪？不然，则孟子受业于子思，不在穆公初年，而在元公、悼公之世矣！夫赧王元年，齐伐燕，孟子所见者。《谱》谓孟子卒于赧王二十六年，鲁文公之六年也。自文公六年上距穆公元年，凡一百二十一年。是穆公元年孟子未生，况上而元公，又上而悼公之世耶？若然则谓孟子受业于子思之门人也亦宜。[1]

陈士元支持司马迁的观点，即孟子受业于子思之门人。他主要驳斥的对象是《孔丛子》，因为《孔丛子》中记载了孟子和子思的对话，故学者都据《孔丛子》证明孟子曾经求教于子思。陈士元根据高似孙之言推断，指出

---

[1]（明）陈士元：《孟子杂记》，文渊阁《四库全书》影印本，207册，第294—295页。

《孔丛子》记载的孔子与子思对话和子思与孟子对话都不可能存在，并提出了《孔丛子》所载事实是否可信的问题。陈士元又通过伯鱼、子思、孟子的生卒推断，指出不论子思寿年是传统的六十二岁或其他说法，子思去世时，孟子都尚未出生，所以孟子不可能向子思求教。因此，陈士元认为孟子受业于子思门人的说法更符合事实。

　　然据其他诸家书传，孔子二十岁时生伯鱼，伯鱼先孔子五年卒，子思母亲去世时，孔子曾令子思哭于庙，孔子卒时，子思是丧主，四方亦来观礼；所以子思曾事奉孔子于生前，二人有对话，据此是否可以证明孟子能够师承子思呢？

> 元又按：何孟春《余冬序录》云："司马《史记》载孟子受业子思之门人，而后来著述家直云孟子亲受业于子思，注《史记》者遂以'人'为衍字。"谨考诸家书传，孔子生鲁襄公二十一年，或云二十二年。襄公二十二年为周灵王二十一年庚戌，论者谓生是年为是，敬王四十一年，孔子卒。孔子年二十生伯鱼，伯鱼先孔子五年卒。子思之母死，孔子令其哭于庙。子思逮事孔子，所与孔子问答语为多。孔子之卒，子思寔丧主，四方士来观礼焉。子思生卒今不可知，可知者，孔子卒之年，子思则既长矣。孟子以显王三十三年乙酉至魏，慎靓王二年壬寅去魏适齐，赧王元年丁未去齐，其书论及张仪，当是五年辛亥后事。自敬王壬戌至赧王辛亥，百七十年，辛亥去伯鱼之卒百七十有四年。以百八九十二百年间所生人物，而谓其前后相待共处函丈，传道受业，何子思孟子之俱寿考而至是也？[1]

陈士元指出，据这类诸家书传，可以证明孔子卒时，子思已年长，虽然子

1　（明）陈士元：《孟子杂记》，文渊阁《四库全书》影印本，第207册，第295页。

思生卒不可确知，但孔子卒年可知，孔子卒于周敬王四十一年（前479），由孔子卒年到孟子生活所在的周赧王辛亥（前310），孟子距孔子、子思已有一百七十多年，子思能活一百七十年，显然不可信，所以孟子不可能直接师承子思。

据历史记载，"安王二十五年甲辰，子思言苟变于卫"，那么，如果从周安王二十五年（前377）推，孟子是否可以师承子思呢？陈士元说：

> 子思、孟子之寿考，或谓亦有可言者，安王二十五年甲辰子思言苟变于卫，是时子思无恙也。孟子，魏惠王时已称叟，较其生近安王即位时，谓孟子亲受业于子思奚不可之有？曰：安王甲辰，伯鱼卒百有七年，孔子卒百有三年，子思乃尚存邪？[1]

陈士元指出，安王甲辰（前377），伯鱼已逝一百有七年，孔子已逝一百有三年，此时子思也不可能存活于世，所以孟子不可能师承子思。

陈士元还说：

> 孟子之少也，其母三迁而后知学，其母为之断机；其娶也，见其妻踞而欲出之，其时吾不知其年，而知其未从子思学也。[2]

在此陈士元利用孟母三迁、孟母断机、孟子去妻等民间传说，指出从这些传说中没有看到子思与孟子有任何交集，也未有孟子向子思问学的任何信息。

综上，陈士元梳理历史了关于孟子师承子思说的论证逻辑，主要依据

---

1 （明）陈士元：《孟子杂记》，文渊阁《四库全书》影印本，第207册，第295页。
2 （明）陈士元：《孟子杂记》，文渊阁《四库全书》影印本，第207册，第295页。

孔子、伯鱼、子思、孟子生卒，还利用民间传说，指出孟子、子思生年不相及，驳斥了孟子师承子思的观点，论证谨严，有说服力。我们也认为从生卒来看，子思、孟子确实时不相值，思孟不相及，所以孟子不可能拜子思为师。我们不妨在此将前人所论再做推演。据《史记》载，子思享年六十二。这里的关键就是子思卒年的确定。我们知道，孔子卒于公元前479年，一般认为子思的父亲孔鲤比孔子早逝三年，陈士元认为孔鲤比孔子早逝五年。由孔鲤比孔子早逝三年推算，则子思的父亲之卒当在公元前482年，而子思出生的时间最晚不可能晚于父亲的卒年，即子思最晚应当生于公元前482年；假设子思是遗腹子，那么子思也应当在公元前481年出生。因为子思是六十二岁而死，所以由公元前482年或公元前481年往下推六十二年就是子思的卒年，这一年是公元前420年或公元前419年。而从前面孟子的生卒介绍可知，孟子约生于公元前385年。也就是说，孟子是在子思死后三十多年才出生，因此，孟子不可能拜子思为师。即便有人说子思年寿八十，也就是子思之卒年在公元前400年左右，此据孟子出生之时依然相差近二十年。

三、考孟子游历

从《孟子》可见，孟子离开邹国，曾周游齐、宋、鲁、滕、魏等国宣扬王道，然而《孟子》并没有依时间顺序记录其周游各国情况，因此孟子出游顺序也存在争议，这一问题成为学人讨论的对象。

对于孟子游历顺序，学者们的分歧主要在于孟子先游齐还是先游梁。最早较为系统地记载孟子出游的是《史记·孟轲荀卿列传》："道既通，游事齐宣王，宣王不能用。适梁，梁惠王不果所言，则见以为迂远而阔于事情。"[1]依司马迁之见，孟子先至齐国，再到梁国，且游齐是在齐宣王时期，

1　（汉）司马迁撰，（南朝宋）裴骃集解，（唐）司马贞索隐，（唐）张守节正义：《史记》，中华书局，1982年，第2343页。

游梁时是在梁惠王时期。《史记·六国年表》明确记载梁惠王三十五年孟子至梁。元代程复心赞成这种观点，他说："孟子知齐宣王不能用，去齐，时梁惠王立三十五年矣。"[1]但有不少学者认为先齐后梁的说法与史实有诸多不符，提出先梁后齐之说。司马光等人就认为孟子游历是先梁后齐。《资治通鉴》记载孟子初见梁惠王在周显王三十三年[2]，即公元前336年。周慎靓王二年，即公元前319年，梁惠王薨，襄王立。[3]此后孟子至齐，宣王问孟子伐燕之事即在此时。这一看法得到了此后很多学者的赞同。

　　针对孟子游历的争论，明中后期的学者也提出了各自不同的观点。他们的观点主要为以下四种：第一种是以吕元善为代表的先梁后齐说；第二种以薛应旂为代表的是先梁后齐再梁说；第三种是先梁、后齐、再梁、再齐说，陈士元持此观点。

　　陈士元曾仿薛应旂《四书人物考》作孟子《补传》，他认为司马迁所作《史记》关于孟子的传述仅有十数语，"甚疏略不备"，而薛应旂《四书人物考》中的《孟子传》是采摭他书而成，这两篇传记都未能全面详尽展示孟子的一生，所以他"不揣谫劣，谬辑七篇中所载出处，著为传，以补马、薛之阙"[4]。在陈士元所写传记中，将其关于孟子一生游历的考订结果融入其中。节引如下：

　　　　周显王三十三年，魏惠王卑词厚币以聘贤士，孟子应聘至魏，见惠王，告以仁义王道、施仁政、与民偕乐之说，而惠王不能用，……孟子道不行，欲去魏，不仕。……乃归邹，不见诸侯者盖数年。……显王三十七年，齐威王薨，宣王立，喜文学游说之士，聚稷下者

1　（元）程复心：《孟子年谱》，《学海类编》，上海涵芬楼，1920年，第8页。

2　（宋）司马光等撰：《资治通鉴》，中华书局，1956年，第64页。

3　（宋）司马光等撰：《资治通鉴》，中华书局，1956年，第81页。

4　（明）陈士元：《孟子杂记》，文渊阁《四库全书》影印本，第207册，第300页。

七十六人，皆列上大夫，开第康庄之衢，以尊宠之。四十三年，孟子始至，齐宣王素闻孟子名，使人瞯孟子果有以异于人否……而宣王以孟子为上大夫。……孟子居齐年余，无人乎宣王之侧，乃拥楹而叹曰："道不行矣。母且老，欲奉母以归，亡何？"母遽卒，使充虞敦匠事，自齐葬母于鲁，鲁平公欲见孟子，臧仓沮之，不果。……初孟子以齐卿之贵，得厚葬其母，乃反于齐，止于嬴，有答充虞请问语。显王末年，孟子居邹，季任为任处守，不得之邹见孟子，乃以币交，孟子受之而不报。……周慎靓王元年，魏惠王薨，襄王立，明年孟子欲适魏，乃过任见季子，自任之魏见襄王，襄王殊无人君之度，孟子出而鄙之，遂去魏，复适齐，处于平陆。……孟子自范之齐，见宣王之子，喟然叹曰："居移气，养移体。大哉居乎！"……慎靓王六年，宣王在崇，孟子见之，退有去志，继而有师命，不可以请，沈同私问伐燕，孟子未尝劝之伐也。周赧王元年，齐人伐燕，胜之，既乃取之，诸侯谋救燕，孟子请置燕君，而宣王不听，燕人畔，宣王乃惭。……孟子去齐居休，谓公孙丑曰："久于齐，非我志也。"去休，宿于昼。……赧王二年，孟子适宋，后车数十乘，从者数百人以传食于诸侯，彭更以为泰，孟子晓之。孟子遇宋牼于石丘，劝以仁义说。……滕文公为世子，将之楚，过宋见孟子。孟子道性善，言必称尧舜，世子自楚反，复见孟子。……孟子受之，自宋之薛，……孟子归邹，滕定公薨。文公立，使然友之邹问丧礼于孟子，然后行事，逾年，孟子自邹之滕，……滕更在门，有所挟，孟子不答也。……乃自滕归邹，将终老焉。[1]

陈士元在前人成果基础上，辑集《孟子》原文，详述孟子生平，认为孟子出游顺序是邹→梁→齐→鲁→齐→梁→齐→宋→薛→邹→滕→邹，游历时

1　（明）陈士元：《孟子杂记》，文渊阁《四库全书》影印本，第207册，第300—303页。

间如下：

周显王三十三年（前336）第一次出游，至魏，见魏惠王。

周显王四十三年（前326）至齐，见齐宣王。

周显王末年（前321），孟子居邹。

周慎靓王二年（前319），孟子至魏，见魏襄王。

周慎靓王六年（前315），孟子至齐，见齐宣王。

周赧王元年（前314），孟子去齐。

周赧王二年（前313），孟子过宋。此后至滕，由滕归邹。

显然陈士元跳出了简单的先齐后梁或先梁后齐的思维框架，认为孟子曾先后两次至齐和梁。陈士元的观点得到了此后一些学者的赞同，如明郝敬就持与陈士元相同的看法。郝敬的《孟子遗事》也记述了孟子出游的经历：

> 周显王三十三年，魏惠王卑辞厚币聘四方贤者，孟子始由邹往……显王三十七年齐威王卒，子宣王立……显王四十三年，孟子往齐……母遽卒，孟子自齐归葬于鲁，齐王以上卿礼赠赙，孟子得厚葬母。既丧反齐，止于嬴，拜齐王棺中之赐，复归于鲁，终丧三年……显王末年，孟子居邹……周慎靓王元年，魏惠王薨，子襄王立。明年，孟子适魏……见襄王无君人礼，复去适齐，齐宣王馈兼金百镒，不受……周赧王元年，齐伐燕，孟子止之不听，既而燕人畔，孟子遂致为臣归。赧王二年，孟子适宋……时宋王偃无道，孟子遂去适薛，有答陈臻受馈语，遂归邹……逾年，孟子之滕……乃自滕归邹。道不行，将老，乃述孔子意著书授门人。[1]

1　（明）郝敬：《孟子遗事》，《孟子说解》，《四库全书存目丛书》，第161册，齐鲁书社，1996年，第2—3页。

郝敬认为孟子的出游顺序为"梁→齐→鲁→齐→鲁→邹→梁→齐→宋→薛→邹→滕→邹"，与陈士元的主张大体一致。他们主要根据《孟子》文本，梳理了孟子游历的过程，其孟子两去梁两去齐的说法，无疑开拓了研究思路，遗憾的是缺少更为具体的实证支持。

第二节　考《孟子》引书与《孟子》逸文

如前所述，《孟子杂记》卷二有"稽《书》""准《诗》""揆礼""征事""逸文"五个条目。"稽《书》""准《诗》"主要考察了《孟子》征引《尚书》《诗经》之文，"揆礼"考察了《孟子》所言之礼与《礼记》《仪礼》的关系。"征事"是将《孟子》中所涉史事与《国语》《左传》《史记》所载史事比勘，以证孟子所言史事并非空无依傍，而是信而有征。"逸文"收集整理了见于其他著作而传世本《孟子》并无的孟子言论。其中他对《孟子》引书与《孟子》逸文的考订值得关注。

一、考《孟子》征引《诗》《书》之文

司马迁所写《孟子传》虽然文字不多，但是却非常准确地揭示了孟子思想学术渊源所在。他说：

> （孟子）道既通，游事齐宣王，宣王不能用。适梁，梁惠王不果所言，则见以为迂远而阔于事情。当是之时，秦用商君，富国强兵；楚、魏用吴起，战胜弱敌；齐威王、宣王用孙子、田忌之徒，而诸侯东面朝齐。天下方务于合从连衡，以攻伐为贤，而孟轲乃述唐虞三代之德，是以所如者不合，退而与万章之徒序《诗》《书》，述仲尼之意，作

《孟子》七篇。[1]

司马迁认为《诗》《书》是孟子思想学说重要渊源之一，这一说法符合孟子思想实际。

考诸《孟子》文本，引《诗》三十四次，论《诗》五次，引《诗》三十四次、三十二篇。《大雅·文王》《周颂·闷宫》分别被重复引用两次。在三十四次引《诗》中，四次为齐宣王、万章、咸丘蒙、公孙丑所引，三十次为孟子所引。《风》《雅》《颂》都有引用，引《雅》最多。其中引《风》五次，引《大雅》二十一次，引《小雅》五次，引《颂》三次。引《诗》如此频繁，说明孟子确实长于《诗》，熟稔于心，所以才能信手拈来，且运用得恰到好处。孟子所引之《诗》，多涉周朝先王公刘、古公亶父、文王、武王之事，而尤以引与文王事迹相关的诗为多，多达九处。孟子引《诗》的主要用意，是借《诗》劝诫齐宣王、梁惠王、滕文公等当时君王，效法周文王等古代圣王，自修其德，推行仁政。除此而外，孟子还以《诗》为据，说明古代田亩税收制度，如助耕公田等；孟子也以《诗》为证，阐述性善本自天。显然，《诗》是孟子的仁政、修身、人性理论产生形成的重要渊源。

《孟子》全书，引《书》十九次，论《书》一次。孟子引《书》主要有四意：其一，以夏桀灭亡的教训，以汤、文王、武王一统天下的经验，告诫当时君王只有兴仁义之师、推行仁政才能安天下，其中十三条都与此有关。其二，借《书》为证，为古圣贤舜、伊尹等辩诬，其中三条与此有关。其三，以《书》为据，证明大禹治水之功；"洚水警余"条即此例。其四，借《书》之言说明交接处事之道，其中两条与此相关。显然，孟子

---

1 （汉）司马迁撰，（南朝宋）裴骃集解，（唐）司马贞索隐，（唐）张守节正义：《史记·孟子荀卿列传》，中华书局，1982年，第2343页。

引《书》主要用以论述其仁政观点。《书》是孟子仁政思想的历史渊源。[1]

陈士元整理了《孟子》所引《诗》《书》之文，但他的目的不是考察孟子思想与《诗》《书》的关系，而是考察传世本《诗》《书》之文与《孟子》所引《诗》《书》之文有无差别。其中考《孟子》引《书》之文共计二十条，考《孟子》引《诗》之文共计十一条。据其按语，他认为《孟子》所引《诗》《书》之文与他所见传世本《诗》《书》之文的差异有以下四种情况：

1. 字异。即陈士元所见传世本《诗》《书》之文与《孟子》所引《诗》《书》之文在文字上存在不同。举例如下：

（1）《汤誓》曰："时日害丧，予及女偕亡。"（《孟子·梁惠王上》）

元按：《商书·汤誓篇》"害"作"曷"，"女"作"汝"，"偕"作"皆"。

（2）《书》曰："徯我后，后来其无罚。"（《孟子·滕文公下》）

元按：《商书·太甲篇》"徯"作"傒"。[2]

（3）《诗》云："哿矣富人，哀此茕独。"（《孟子·梁惠王下》）

元按：《小雅·正月篇》"茕"作"惸"。[3]

2. 文异。即陈士元所见传世本《诗》《书》与《孟子》所引《诗》《书》不仅字异，且文意也有异。举例如下：

（1）《书》曰："天降下民，作之君，作之师，惟曰其助上帝宠之，四方有罪无罪惟我在，天下曷敢有越厥志。"（《孟子·梁惠王上》）

1　详见周淑萍：《先秦汉唐孟学研究》第八章，中华书局，2020年。

2　（明）陈士元：《孟子杂记》，文渊阁《四库全书》影印本，第207册，第307页。

3　（明）陈士元：《孟子杂记》，文渊阁《四库全书》影印本，第207册，第309页。

元按:《周书·泰誓篇》:"天佑下民,作之君,作之师,惟其克相上帝,宠绥四方,有罪无罪,予曷敢有越厥志。"与《孟子》所引小异。[1]

(2)有攸不为臣,东征,绥厥士女,匪厥玄黄,绍我周王见休,惟臣附于大邑周。(《孟子·滕文公下》)

元按:《周书·武成篇》:"肆予东征,绥厥士女。惟其士女,篚厥玄黄,昭我周王,天休震动,用附我大邑周。"朱子云:"《武成篇》载武王之言,孟子约其文如此,与今书文不类。"[2]

(3)舜往于田,号泣于旻天。(《孟子·万章上》)

元按:《大禹谟篇》:"帝初于历山,往于田,日号泣于旻天、于父母。"与《孟子》小异。

3.衍字。《孟子》引《尚书》之文,其中有些文字,陈士元所见《尚书》并无其字,类于校勘学所指的"衍"字。举例如下:

(1)《书》曰:"祗载见瞽瞍,夔夔齐栗,瞽瞍亦允若。"(《孟子·万章上》)

元按:《大禹谟》"栗"作"慄",下"瞽瞍"无"瞍"字。

(2)《康诰》曰:"杀越人于货,闵不畏死,凡民罔不譈。"(《孟子·万章下》)

元按:《周书·康诰篇》:"闵"作"暋","不譈"作"弗憝",无"凡民"二字。[3]

上面二例中的"瞍""凡民",陈士元所见《尚书》文本相应篇目俱无。

---

1 （明）陈士元:《孟子杂记》,文渊阁《四库全书》影印本,第207册,第307页。

2 （明）陈士元:《孟子杂记》,文渊阁《四库全书》影印本,第207册,第307—308页。

3 （明）陈士元:《孟子杂记》,文渊阁《四库全书》影印本,第207册,第308页。

4.脱字。《孟子》引《尚书》之文，比陈士元所见《尚书》文本少了文字，类于校勘学所说"脱"字。

　　《书》曰："享多仪，仪不及物，曰不享，惟不役志于享。"（《孟子·告子下》）
　　元按：《周书·洛诰篇》："物"下多"惟"字。[1]

　　陈士元指出，《孟子》引《尚书》此文，与他所见《尚书》此文在"物"下少了一个"惟"字。这其实是说《孟子》引文有脱字。

　　陈士元指出了《孟子》引《诗》《书》之文与其所见传世本《诗》《书》在文本文字上的区别，后人可以据此了解明代《诗》《书》文本的流传状态，但他所举《尚书》之文，如《大禹谟》《泰誓》《君牙》《太甲》《伊训》等实际为《伪古文尚书》，陈士元显然并没有意识到这些篇目是《伪古文尚书》，因此他用《伪古文尚书》考《孟子》引《尚书》之文，无疑是本末倒置。

二、辑录整理《孟子》"逸文"

　　《孟子杂记》卷二有"逸文"一条，是陈士元辑录其他文献所载《孟子》之文，这些文字不见于或有异于传世本《孟子》之文。

　　陈士元主要从《子思子》《孔丛子》《荀子》《史记》《隽英珠玑》《说苑》（刘向）、《法言》（扬雄）、《韩诗外传》《汉书》《盐铁论》《汉纪》（袁宏）、《淮南子》、《风俗通》、《礼记》、《进说》（王安石）、《清河颂》（鲍照）、《颜氏家训》、《文选》（李善注）、《太平御览》等典籍中搜集了《孟子》逸文。

1　（明）陈士元：《孟子杂记》，文渊阁《四库全书》影印本，第207册，第309页。

　　陈士元《孟子》逸文编排方式，一是列出《孟子》逸文及出处，如有其他文献也载有与此逸文相似之语，则在下以按语的形式注明。如：

　　　　孟轲问牧民之道何先？子思子曰："先利之。"孟轲曰："君子之教民者，亦仁义而已，何必曰利？"子思子曰："仁义者，固所以利之也。上不仁，则下不得其所；上不义，则下乐为诈。此为不利大矣。故《易》曰：'利者，义之和也。'又曰：'利用安身以崇德也。'此皆利之大者也。"（《子思子》）

　　　　元按：司马公《通鉴》周显王三十三年"邹人孟轲见魏惠王"下引此语，而断之曰：子思、孟子之言一也，《孔丛子》亦载此，而文小异。[1]

陈士元指出《子思子》中孟子与子思的对话，司马光《资治通鉴》载有此语，《孔丛子》中也有相似之语。二是将同一文献中《孟子》逸文集中编排，如：

　　　　孟子曰："吾于河广，知德之至也。"孟子曰："居今之朝，不易其俗，而成千乘之势，不能一朝居也。宁穷饿居于陋巷，安能变己而从俗。"孟子曰："尧舜之道，非远人也。而人不思之耳。"以上并桓宽《盐铁论》[2]。

陈士元指出，以上三条《孟子》逸文都见于桓宽《盐铁论》。

　　陈士元总结《孟子》逸文，主要有两种情况：

　　第一种情况是《孟子》七篇确无者，无论是文句，还是文意都不见于

---

1 （明）陈士元：《孟子杂记》，文渊阁《四库全书》影印本，第207册，第319—320页。

2 （明）陈士元：《孟子杂记》，文渊阁《四库全书》影印本，第207册，第321页。

传世本《孟子》。举例如下：

（1）孟子曰：夫有意而不至者，有矣。未有无意而至者也。（杨子《法言·修身篇》）

元按：杨子论仁义礼智信之用而戒人自画也，故引《孟子》云云。司马光注云："《孟子》无此语。"[1]

（2）孟轲云："尧舜不胜其美，桀纣不胜其恶。"（《风俗通·正失篇》）

元按：应劭撰《风俗通》所引经传语，校之今本无异，惟引孟轲二语，今七篇不载，不知何也。[2]

（3）孟子曰：矫枉过直。（《后汉书·仲长统传》注）

元按：七篇无此语。[3]

以上三条《孟子》逸文，陈士元都明确指出《孟子》七篇无此语。

第二种情况是，逸文语句不见于《孟子》七篇，但文意与《孟子》七篇中的一些话语相似。举例如下：

（1）孟子曰："纣贵为天子，死曾不若匹夫。"（《汉书·淮南王安传》）

元按：伍被引孟子语，以谏刘安。孟子曰"闻诛独父纣矣"亦此意也。[4]

（2）孟轲曰："强其君所不能为忠也，量其君所不能为贼也。"袁宏《汉纪》光武建武十九年郅恽云。

元按：郅恽所引，即孟子"责难于君谓之恭，谓其君不能者贼其

1　（明）陈士元：《孟子杂记》，文渊阁《四库全书》影印本，第207册，第321页。

2　（明）陈士元：《孟子杂记》，文渊阁《四库全书》影印本，第207册，第322页。

3　（明）陈士元：《孟子杂记》，文渊阁《四库全书》影印本，第207册，第322页。

4　（明）陈士元：《孟子杂记》，文渊阁《四库全书》影印本，第207册，第321页。

君"之意。[1]

（3）孟子曰："舜年五十而不失其孺子之心。"（《礼记·孔子间居篇》郑玄注）孟子曰："诸侯有王。"（《周礼·大行人》郑玄注）

元按：玄引"舜年五十而不失其孺子之心"，即所谓"人少则慕父母，五十而慕者，予于大舜见之矣"。又引"诸侯有王"，则七篇不载。[2]

（4）孟子曰："太山之高，参天入云。"（《文选》李善注）

元按：此即登太山小天下之意。[3]

以上四条《孟子》逸文，陈士元指出都能在《孟子》中找到文意相似之语。

为什么会出现《孟子》逸文？陈士元分析有三种原因：

其一是出自《孟子外书》。他说：

赵岐《孟子题辞》云："秦焚经籍，其书号为诸子，得不泯绝。"今观群书所称孟子语，有七篇所逸者，岂出《外书》四篇耶？试录数条于左。[4]

陈士元认为，据赵岐所言，有《孟子外书》四篇，其他文献所载孟子之语，不见于或异于传世本《孟子》，有可能是出自《孟子外书》。

其二是后人托孟子之言，如：

孟子曰："人皆知以食愈饥，莫知以学愈愚。夫学者崇名立身之本

1　（明）陈士元：《孟子杂记》，文渊阁《四库全书》影印本，第207册，第322页。
2　（明）陈士元：《孟子杂记》，文渊阁《四库全书》影印本，第207册，第322页。
3　（明）陈士元：《孟子杂记》，文渊阁《四库全书》影印本，第207册，第323页。
4　（明）陈士元：《孟子杂记》，文渊阁《四库全书》影印本，第207册，第319页。

也，仪状齐等，而饰貌者好，贤[1]性同伦，而学问者智，是故砥砺琢磨非金也，而可以利金。《诗》《书》辟立非我也，而可以厉心。"

或问为学之道，孟子曰："静然后虚，使良心不汩于欲，领然后会；使良知不诱于物，则道之章微析，妙罕不解矣，此学之道也。"

孟子曰："人皆知粪其田，而莫知粪其心。粪田不过利苗得粟，粪心易行，而得所欲。何谓粪心？博学多闻，何谓易行，一欲止淫。"（刘向《说苑》）

元按：此不类七篇语，或刘向手笔也。高续古云："向老于文学，崛出诸儒，先秦古书甫脱烬劫，一入向笔，采撷不遗。"[2]

陈士元指出这三条《孟子》逸文，与《孟子》七篇的语言风格不一致，不是孟子本人所写，有可能是刘向托孟子之言。当然他又借高氏之言，说明也可能是刘向采撷他书。

其三是后人附益《孟子》之语：

高子问于孟子曰："夫嫁娶者，非己所自亲也。卫女何以编于《诗》也？"孟子曰："有卫女之志则可，无卫女之志则怠。若伊尹于太甲，有伊尹之志则可，无伊尹之志，则篡。"

孟子说齐宣王而不悦，淳于髡侍，孟子曰："今日说公之君不悦，意者其未知善之为善乎？"淳于髡曰："夫子亦诚无善耳。昔者瓠巴鼓瑟，而潜鱼出听；伯牙鼓琴，而六马仰秣；鱼马犹知善之为善，而况君人者也？"孟子曰："夫震雷之起也，破竹折木，震惊天下，而不能使聋者卒有闻。日月之明，遍照天下，而不能使盲者卒有见。今公之君

1　按："贤"，《孟子杂记》丛书集成本作"质"。

2　（明）陈士元：《孟子杂记》，文渊阁《四库全书》影印本，第207册，第320页。

若此也。"淳于髡曰:"不然。昔者揖封生高商,齐人好歌;杞梁之妻悲哭,而人称咏。夫声无细而不闻,行无隐而不形。夫子苟贤,居鲁而鲁国之削,何也?"孟子曰:"不用贤削何有也?吞舟之鱼不居潜泽,度量之士不居污世。夫薂冬至必雕,吾亦时矣。"(以上并《韩诗外传》)[1]

元按:上二章盖韩婴剟七篇之语而附益之者。

陈士元指出以上两章《孟子》逸文,俱见《韩诗外传》,然传世本《孟子》并无其文,可是由于逸文提到的一些事件,如"伊尹于太甲"、淳于髡与孟子的交锋等,在传世本《孟子》也有,所以《韩诗外传》中这两章《孟子》逸文当是韩婴据《孟子》而附益之语。我们认为陈士元的分析有一定道理。

陈士元对《孟子》逸文的梳理,不仅揭示了《孟子》在后世流传和接受的状况,也为阅读和研究传世本《孟子》提供了参考资料,而他关于《孟子》逸文原因的分析多出于判断,缺乏论证,但参考经典文本在后世流传、接受、引用情形,陈士元的分析也有一定的道理。

史学大家陈垣总结前人以及自己校勘实践,将校勘方法概括为对校法、本校法、他校法、理校法。其中的他校法,陈垣指出,是"以他书校本书。凡其书采自前人者,可以前人之书校之;有为后人所引用者,可以后人之书校之;其史料有为同时之书所并载者,可以同时之书校之。此等校法,用力较劳,而有时非此不能证明其讹误"。[2]他校主要为"以前人之书校之"和"以后人之书校之"两类。陈士元考《孟子》征引《诗》《书》之文以及辑录整理《孟子》逸文,所用方法即是他校之法。

1 (明)陈士元:《孟子杂记》,文渊阁《四库全书》影印本,第207册,第321页。
2 陈垣:《校勘学释例》,中华书局,1959年,第146—147页。

第三节　考释《孟子》语词

《孟子杂记》中有相当多的条目涉及对《孟子》语词的训释，"方言""辩名""注异"等条目中就有不少语词的训释。

《孟子·公孙丑上》有言："宋人有闵其苗之不长而揠之者，芒芒然归。"其中"芒芒然"之义，后世的解读有纷歧。陈士元在"方言"中释"芒芒然"曰：

> 元按："芒芒然"亦似方言。赵注"罢倦貌"；朱注"无知貌"。《正韵》"芒"训"罢倦"，引《孟子》"芒芒然归"，盖从赵说。古文芒、茫、恾、忙通用。《诗》云"宅商土芒芒"，《左传》"芒芒禹迹"，《荀子》"芒芒大道"，《心箴》"茫茫堪舆"，皆取广远之义；《淮南子》"芒芒昧昧"，《扬子》"神怪茫茫"，皆取冥晦之义，并无罢倦之说也，赵因下文"今日病"之言，遂以为"芒芒"为"罢倦"，故朱注不取。《列子》"恾然无以应"，注云"失据貌"，与朱注"无知"义同。《集韵》"忙"注"冗也，急也"。"芒芒"训"冗急"亦通。[1]

赵岐释"芒芒然"为"罢倦"，朱熹释"芒芒然"为"无知貌"，二人之注明显不同。陈士元考察《诗经》《左传》《荀子》《淮南子》《扬子》《洪武正韵》《集韵》等文献中"芒芒"的词义，指出"芒芒"并无"罢倦"之义，在这些文献中"芒芒"之义有"冥晦""广远"等。而《列子》的注本注"恾然无以应"之"恾然"为"失据貌"，与朱熹注"芒芒然"为"无知"义相近，所以赵岐注"罢倦貌"于文献无征，而朱熹之注有一定

1　（明）陈士元：《孟子杂记》，文渊阁《四库全书》影印本，第207册，1987年，第329页。

依据。他又根据《集韵》中"忙"的训释，提出"芒芒"亦可训为"冗急"。陈士元对"芒芒然"的考辩，可谓持论有据，论证充分，所作解释可备一说。我们知道，焦循《孟子正义》是《孟子》注释之集大成者。焦循认为赵岐注"芒芒"为"罢倦"有一定道理，他据孙奭《音义》，称"芒芒"当读若"茫茫"，指出："《方言》'茫，遽也。'急遽所以致罢倦，罢倦则怠缓，不急遽也。"¹焦循之注与陈士元之注其实有继承关系，因为陈士元也指出了"芒芒"有"冗急"有义。《汉语大词典》承焦循之说，解释"芒芒"为"匆忙貌"，但认为"芒"通"忙"。

《孟子·滕文公下》有"众楚人咻之"之言，其中"咻"义难解。陈士元解释说：

> 元按：《广韵》："咻，痛，念声也。"朱注以"咻"为"讙"，盖从方言训耳。"咻"训"讙"，韵书不载。或疑"咻"乃"咮"字之讹。咮，诱也，音述，见《编海》。²

陈士元认为朱熹以"咻"训"讙"缺乏证据，或许是以方言训释的。他又提出一种假设，认为"咻"也许是"咮"字之讹。因为两字字形相似，古书传抄过程中或有讹误，陈氏之言亦不无道理。陈士元用了一个"疑"字，表示这只是他的怀疑，未有确实证据，显示出他的审慎。

《孟子·滕文公下》："出而哇之"之"哇"，其义不明，陈士元的训释是：

> 元按：《说文》"哇，淫声"。《正韵》又云"小儿啼声"。而朱注以"哇"训"吐"，盖亦方言。不然，或"吐"字之讹，故《论衡》引

---

1 （清）焦循：《孟子正义》，中华书局，2017年，第170页。

2 （明）陈士元：《孟子杂记》，文渊阁《四库全书》影印本，第207册，1987年，第330页。

《孟子》文即作"出而吐之"。又《风俗通》云："孟轲讥仲子，吐鶃鶃之羹，而食井上苦李。"岂古人杀牲必为羹邪？[1]

陈士元据《说文》《正韵》等书提出"哇"字与"吐"字义不同，因此他认为朱熹以"哇"作"吐"是以方言训释。最后他引《论衡》和《风俗通》提出"哇"字也许是"吐"的讹字。陈士元以字书、韵书、方言以及《论衡》《风俗通》为据，论证充分，所做解释颇有见地。焦循之注与陈士元注相同，"《论衡·刺孟子篇》述此文作'出而吐之'。以吐代哇，是哇即吐也。"[2]

陈士元在"注异"条目也有许多翔实有见地的词语考释，比如"衅钟"：

《正韵》云："釁与衅同，血祭也。"牲血涂器曰釁。血者，阴幽之物。釁用血，盖所以厌变怪、御妖釁也。御妖釁而谓之釁，犹治乱曰乱也。《礼记·杂记篇》："凡宗庙之器有名者，成则釁之以豭豚。"《注》云："宗庙名器成，则以豭豚血涂也。"《周礼·春官·天府》"釁宝镇及宝器。"《注》云："釁谓杀牲以血涂之。"又罅隙。曰，釁或谓器成必有釁隙，杀牲取血涂其釁隙，以厌除不详，因谓之衅。《吕览·本味篇》："汤得伊尹之鼎，祓之于庙，釁以牺豭。"祓者，厌除不详，即《正韵》所谓"御妖"也。朱注取"涂隙"之义，不取"御妖"之义。陆善经《孟子音义》："釁，许刃切。"《礼记》《周礼》注并"音许靳切"。而杨慎《厄言》则云："《礼记》《周礼》注釁音徽。"按：《周礼·大祝》"隋釁"注云，"隋釁，荐血也。"隋，呼回切，音隳。杨慎误以为釁音耳。[3]

陈士元引《正韵》《礼记》《周礼》《吕览》、陆善经《孟子音义》、杨慎

1　（明）陈士元：《孟子杂记》，文渊阁《四库全书》影印本，第207册，1987年，第330页。

2　（清）焦循：《孟子正义》，中华书局，2017年，第389页。

3　（明）陈士元：《孟子杂记》，文渊阁《四库全书》影印本，第207册，第345页。

《厄言》诸书，分析这些典籍中"纛"字之义，认为"纛"字既有"御妖之义"，又有"涂隙之义"；朱熹《孟子集注》只取"涂隙之义"，不完备。分析"纛"字之音，考证了杨慎《厄言》"音徽"之说是误说。

《孟子·万章上》有如下之言：

> 人少则慕父母，知好色则慕少艾，有妻子则慕妻子，仕则慕君，不得于君则热中。

其中"少艾"一词难理解。陈士元对此有考证：

> 元按：赵《注》："艾，幼好也。"朱《注》："艾，美好也。"盖同《左传》"艾男"之注。然《说文》"艾，老也，长也"，《礼记》："五十曰艾。"《尔雅》："艾，历也。"郭璞注云："长者多更历也。""艾"岂可云少乎？屈原《九歌》"舞幼艾"。注云："艾，长也。"幼艾犹言少长也。《战国策》："公子牟谓赵王与幼艾"。高诱注云："艾，美女也。"以艾为美女，考字义无据。艾之为训又"熟"也，《诗》"或肃或艾"是也；又"安"也，《诗》"保艾尔后"是已；又"惩创"也，《魏相传》"无所惩艾"是已；又"修治"也，"孟子私淑艾"是已；又"牡"也，《左传》"艾豭"是已；而无"美女"之训。金履祥云："艾，一说白也，一说半白也，如夜未艾。少艾谓少年方半也。"义亦未融。或疑"艾"乃"女"字之讹，或疑齐鲁称女为少艾，然《方言》东齐、鲁、卫之间称尊长谓之艾，又云汝、颍、梁、宋之间谓养为艾，《尔雅》亦云："颐、艾、育，养也。"是《方言》亦不称女为少艾，岂世传扬雄所著《方言》非尽战国时之方言耶？[1]

1　（明）陈士元：《孟子杂记》，文渊阁《四库全书》影印本，第207册，第331页。

关于"少艾"，陈士元查考前人之注，指出赵岐注"少艾"为"幼好"，朱熹注"少艾"为"美好"，高诱注《战国策》注"艾"为"美女"，金履祥注"艾"为"半白"，然查找其他文献，包括《方言》，"少艾"都无这些词义。他的判断是，"少艾"可能是战国时方言，而扬雄所著《方言》漏收。考释"少艾"之义，陈士元参考了《说文》《方言》《礼记》《尔雅》郭璞注、屈原《九歌》之注、《战国策》高诱注云、《诗经》《魏相传》《左传》、金履祥《孟子集注考证》《方言》等文献，征引广博，资料翔实，其论证有一定的说服力，但显然陈士元的考证有遗漏。焦循的《孟子正义》在批驳翟灏所引程氏《考古篇》时提供了其他文献中所见"少艾"之义：

> 《战国策》魏年谓赵王曰："王不以予工乃与幼艾。"高诱注云："艾，美也。"屈子《九歌》"怂长剑兮拥幼艾"，王逸注亦以艾为"美好"。晋语狐突语申生曰"国君好艾大夫殆"，韦昭注以艾为"嬖臣"，乃指男色之美好者。汉张衡《东京赋》"齐腾骧以沛艾"，薛综注以"沛艾"为"作姿容貌"。程氏谓传载中无以艾为好者，岂诚说乎？《说文》只据《鲁颂》《曲礼》训为"长老"，遗《孟子》《国语》《国策》等所用一义，不当因以改读《孟子》。[1]

据焦循的考察，"少艾"有"美好"义。我们认为，焦循的考证更有说服力。

从上可见，陈士元考释词义，不迷信赵《注》、朱《注》等权威注解，在博考前人训释成果的基础上，提出自己的看法，并进行翔实论证，有理有据，为人们正确理解《孟子》拓宽了思路。

1　（清）焦循撰，沈文倬点校：《孟子正义》，中华书局，2017年，第510页。

　　综上，陈士元博采众说，对孟子生平事迹及《孟子》文本、文献征引、语词名物等进行了比较全面的考证，虽推崇赵岐、朱熹，但不迷信和盲从，敢于提出自己的见解，论证审慎，是明后期孟子考据研究中有价值的著作。尤为可贵的是，"陈士元引用他人之说都一一标明出处，便于核对查找。在明代抄袭成风的情况下，他的这种治学态度是难能可贵的"。[1]四库馆臣给予此书比较高的评价，认为此书审慎，"有裨于经义"：

　　　　士元嗣辑此书，第一卷叙孟子事迹，后三卷发明《孟子》之言。名以传记，实则经解居多，其所援引亦皆谨严，不为泛滥之卮言。若赵岐注义以尾生抱柱不去证不虞之誉，以陈不瞻失气而死证求全之毁，概为删薙，与所作《论语类考》均为有裨于经义。[2]

小　结

　　明中后期涌现出了一定数量偏于考据的孟学著述，有辑佚、考证、注释、校勘等类著述，从多角度对孟子其人其书做了较为翔实的考证。明后期学者考证《孟子》书中的语词、名物典章等，其方式主要是资料汇编，辑集材料，取材广泛，为阅读和研究孟子提供了丰富的资料，考释也时有创见。从考据学发展来看，明中期至晚明当是考据学发展的启蒙期，"实际上清初的考据学是沿晚明考据学之波而起，其考据成果、治学方法、学术范式已相当地成熟，从事考据的人也很多。如果要对考据学的历史划分

1　董洪利：《孟子研究》，江苏古籍出版社，1997年，第288页。
2　（清）永瑢等：《四库全书总目》，中华书局，1965年，第310页。

时期的话，晚明可划为启蒙期"[1]。在明中后期的《孟子》考据研究中，陈士元博采众说，对孟子其人其书及书中名物典章等进行了比较全面的考证，虽推崇赵岐、朱熹，但不迷信和盲从，敢于提出自己的见解，论证审慎，是明后期孟子考据研究中有价值的著作。

1　郭康松:《清代考据学研究》，湖北辞书出版社，2001年，第33页。

第十一章

孙奇逢《四书近指·孟子》

孙奇逢（1584—1675），字启泰，号钟元，晚年自号岁寒老人。原籍河北容城，十四岁中秀才，十七岁中举，此后屡试春官，不第，晚年躬耕讲学于河南辉县夏峰村，世称夏峰先生。在明末乱世以及明清鼎革之际，孙奇逢高自标持，气节浩然，曾不顾危险，竭力营救遭魏忠贤迫害的东林党人左光斗、魏大中、周顺昌等人，还率领宗族乡邻，勇敢抵御清兵围攻，由于指挥、协调得当，击退了清兵，家乡容城得以保全。明亡后，清朝多次征辟，孙奇逢力辞不赴，隐居讲学。

孙奇逢一生著述甚丰，著有《理学宗传》《圣学录》《北学编》《洛学编》《四书近指》《读易大旨》《书经近指》《甲申大难录》《岁寒居文集》《答问》《日谱》《孝友堂家乘》《四礼酌》《孙文正公年谱》《取节录》《中州人物考》《畿辅人物考》《晚年批定四书近指》等，其中《理学宗传》与黄宗羲的《宋元学案》《明儒学案》合称"三大学案"。

孙奇逢对孟子的研究主要见于《四书近指·孟子》。《四书近指》共二十卷，其中《孟子》部分有七卷。据《四书近指·原序》，《四书近指》成书于顺治己亥年，即1659年时年孙奇逢七十六岁，所以此书当是孙奇逢成熟思想的反映。

据孙奇逢《读易大旨》卷五《兼山堂答问〈易〉》，曾有人问孙奇逢：

《孟子》七篇"未尝言《易》"，为何先儒却都认为孟子深通《易》理？在回答这一问题时，孙奇逢将孟子思想与孔子学说进行了细致比较：

> 然《易》不可见，孔子一身，语默动静，无之而非《易》也。故能发孔子之蕴，便是知《易》之深。孔子说：君子喻义，小人喻利；孟子就指出舜跖之分在善利之间。孔子说："人之生也直，罔之生也幸而免。"孟子就以恻隐、羞恶、辞让、是非之心为仁义礼智之端，把能充与不能充两样指出。孔子说：乡愿为德之贼；孟子就把他无举无刺、阉然媚世的心事指出。孔子说：道听涂说为德之弃；孟子便把深造以道、居安资深、自得的趣味指出。孔子说：欲立欲达，能近取譬；孟子就说出：万物皆备，自反而诚，强恕而行。孔子说：富而可求，执鞭亦为；孟子就把登垄乞墦求富贵的态度指出。孔子说："无求生害仁"；孟子就说出："舍生取义"，"志士不忘在沟壑"。孔子说："学而时习"；孟子就说出："必有事，而勿正，勿忘，勿助"。孔子说："无适无莫，义之与比"；孟子就说出：言行不必信、果，与"非礼之礼，非义之义"大人不为。孔子说："不知言，无以知人。"孟子就说出知言一段工夫。孔子叹：逝者如斯，不舍昼夜。孟子就说：原泉混混，盈科放海，有本者如是。孔子说：道之以政，道之以德；孟子就分出以善服人、以善养人。孔子说：贞而不谅；孟子就把"杨氏为我，墨氏兼爱，子莫执中"指出。孔子说：为山未成一篑；孟子就说出"掘井九仞而不及泉"。孔子说：鄙夫不可与事君，大臣以道事君；孟子就说出一个贱丈夫，又说出一个小丈夫，又说出一个大丈夫；又说出一个事君人，一个安社稷臣，一个天民，一个大人。孔子自言：无可无不可；孟子就看出他为"圣之时"，只一"时"字，孔子之全体大用尽之矣！[1]

---

[1]（清）孙奇逢：《读易大旨》，文渊阁《四库全书》影印本，第39册，第122页。

孙奇逢——历数孟子之说与孔子思想相近之处，认为孟子如下之论：义利之辨，四心四端，德之贼，君子深造之道，万物皆备于我，反身而诚，知言，源泉盈科而后进，德政与善政，辟杨墨，大丈夫，圣之时，安社稷之臣，天民之臣，大人君子，等等，都直接源于孔子，或者取意于孔子。依此而论，在孙奇逢看来，孟子思想的主体都根源于孔子，孟子的贡献是发挥孔子思想而教万世，其功与颜回同列。他说："周子曰：发圣人之蕴，教万世无穷者，颜子也。愚亦曰：发圣人之蕴，教万世无穷者，孟子也。"[1]

对于孟子的性善论、养气说、王道仁政，孙奇逢做出了如下解释。

第一节　孟子"说个性善，直指本体"

关于孟子心性论，孙奇逢的解读综合了宋儒程朱、元儒胡炳文、明儒王阳明之说。

孙奇逢肯定孟子人性善论至为正确，并以《周易》为据，解释人性为善的原因：

> 天地有好生之德，人得之为不忍人之心，此性之所以善，而人之所以皆有。虽情封物蔽之后而乍见孺子入井，此心仍依然在也。[2]

孙奇逢在此用《周易·系辞》"天地之大德曰生"解释人性之善，天地有好生之德，人的生命源自天地，得天地"好生之德"，故有"不忍人之心"，虽然现实社会人们会有情欲的蔽惑，但"乍见孺子入井"的怵惕、

1　（清）孙奇逢：《读易大旨》，文渊阁《四库全书》影印本，第39册，第121—122页。

2　（清）孙奇逢：《四书近指·孟子》，文渊阁《四库全书》影印本，第208册，第773页。

不忍衅钟之牛觳觫的一闪念，无一不证明人的不忍之心无一时不在。

孙奇逢认同前人所言孟子道性善是于圣门最为有功之处，性善论也是孟子教人"性命事功"内圣外王的理念及依据。当然孔子的"性相近，习相远"之说，是孟子性善论之源，只不过孔子强调习后之相远，孟子则"直指本体"。比较前人对孟子心性论的解释，他认为，程伊川"性即理"，胡云峰所言孟子"从源头说性本善"，王守仁《朱子晚年定论》所言"孟子道性善，此是第一义，若于此看得透，信得及，直下便是圣贤"[1]，等等，是对孟子心性论非常正确的解读。从此可以看出，孙奇逢对于程朱理学、王阳明心学并没有厚此薄彼，而是兼宗二家。

性既本善，恶从何来？孙奇逢的解释是：

> 盖具于心者谓之性，成于形者谓之质，流行于形质之际谓之气，则性自是性，气质自是气质，性则至善，气质则有昏明强弱之不同。性上添不得一物，恶乃气禀，物欲所为，与性无涉。虽蔽锢之后，本性依然发见，但到底被气禀物欲汩没了，所以丧失其善，卒归于恶耳。孟子说个性善，直指本体。凡为恶者，皆是自欺自画，原不是性里带来，此圣贤可学而至也。[2]

孙奇逢认为正确分辨心、性、形、质、气是正确理解人性的关键。性本至善，但人是气禀成形，气有昏明强弱不同，恶就是气禀所致，具体表现就是物欲汩没，而致丧失其善。显然孙奇逢依然用程朱的气禀之说解释"恶"。

对于孟子人性论中聚讼纷纭的命题："天下之言性也，则故而已矣。

---

1 （清）孙奇逢：《四书近指·孟子》，文渊阁《四库全书》影印本，第208册，第779页。
2 （清）孙奇逢：《四书近指·孟子》，文渊阁《四库全书》影印本，第208册，第779页。

故者，以利为本。"孙奇逢有如下之言：

> 性亦难言矣，离已然之迹，则无所据以自见。若恻隐为仁之端，
> 羞恶为义之端，辞让为礼之端，是非为知之端，此是已发见者，即性
> 之故也，却无不顺利。若残忍之非仁，无耻之非义，不逊之非礼，昏
> 惑之非知，即故之不利者也。利是不假人为而自然者。"故者，以利为
> 本"，乃指言故之可以言性处，与上句非两层。[1]

人性抽象，需借具体事迹才能证明。"故"就是"已发见者"，是"已然之
迹"，恻隐、羞恶、辞让、是非就是人性发于外的"已然之迹"，人们据
恻隐、羞恶、辞让、是非，即可追寻人性之本然。"故者，以利为本"的
"利"，是强调发于外的已然之迹须是自然而然的状态；残忍、无耻、不
逊、昏惑，虽也是发于外的"已然之迹"，但却不是自然状态下的"已然
之迹"。孙奇逢又说：

> "禹之行水"不是比喻。言禹顺水之性为知之大，以例人循性皆当
> 以利也。天与星辰之故，亦只是利而已。
> "禹之行水"，疏瀹排决，拮据无限，最古今来第一等难做的事，
> 而乃云行所无事，谓其顺水之性，而非凿也，凿便害性。乃知古来几
> 个大圣人，创非常之原者，总是因天、因地、因人，何尝自作意见。
> 因则为大智，凿则为不智，"行所无事"四字，亏孟子拈得出。[2]

孙奇逢认为，孟子所举"禹之行水""天与星辰之故"都不是比喻，而

---

1 （清）孙奇逢：《四书近指·孟子》，文渊阁《四库全书》影印本，第208册，第795页。
2 （清）孙奇逢：《四书近指·孟子》，文渊阁《四库全书》影印本，第208册，第795—796页。

是实实在在地证明了必须顺应事物自然之性，而不是自以为是，穿凿附会。他赞叹孟子用"行所无事"四字对此做出了准确的概括。孙奇逢对"故""利"的解读，主要依据程朱之说，甚至连"性亦难言矣"都是借用朱熹之言。朱熹曾说："盖性是个难言底物事。"[1]而关于"故""利"，朱熹认为，孟子所谓"故者，以利为本"，就是强调在人性认识活动中，还必须重视"利"的作用。他认为"利"，就是要顺其自然之性，掌握"故之本"。也就是要分清哪种情况是人性的自然流露，哪种情况是人性的扭曲。他说："故，只是已然之迹，如水之润下，火之炎上。润下炎上便是故也。父子之所以亲，君臣之所以义，夫妇之别，长幼之序，然皆有个已然之迹。但只顺利处，便是故之本。如水之性固下也，然搏之过颡，激之在山，亦岂不是水哉？但非其性尔。仁义礼智，是为性也。仁之恻隐，义之羞恶，礼之辞逊，智之是非，此即性之故也。若四端，则无不顺利，然四端皆有相反者，如残忍之非仁，不耻之非义，不逊之非礼，昏惑之非智，即故之不利者也。"[2]可见，孙奇逢非常明显地承继了朱熹之说。

关于性、情、才三者的关系，孙奇逢说：

> 三说总是疑性未必善，孟子因情验性，情主性之自然发动，言才即情所作为之力量也。才根情看出，公都子三说多举古人之不善者以证性之有不善，故紧承曰："若夫为不善，非才之罪也。"引孔子释《诗》全是折衷至圣，以定论降伏三说。"好是懿德"，好是情，能好是才，总之一性而已，乃所谓善也。
>
> 朱子曰："性之本体，理而已。情则性之动而有为，才则性之具而能为者也。性无形象声臭之可形容"，故以二者言之，诚知二者本善，

---

[1] （宋）黎靖德编，王星贤点校：《朱子语类》，中华书局，1986年，第1352页。

[2] （宋）黎靖德编，王星贤点校：《朱子语类》，中华书局，1986年，第1353页。

则性之善必矣。[1]

孙奇逢指出，情是性之动，故可以由情识性；但之所以性动而能生情，则是因为性有此能，此能即为"才"；换言之，情是性之动，才是性之能，有此性能，故有此情。将"才"解释为"性之能"，这是采用了明儒蔡清、吕柟[2]等人的观点，而非采用朱熹之说，因朱熹解释"才"为"材质"。

孙奇逢对孟子人性论的解读，既采用《周易》之说，也依据程朱之论，还借鉴元儒胡炳文之说，汲取明儒蔡清、吕柟、王阳明之见，借众家之说以解孟。由于其中胡炳文、蔡清、吕柟宗主程朱，所以孙奇逢解孟，程朱理学一系的观点显然是他主要的依据。其基本观点是：孟子性善论至为正确，人之恶非性，是禀气所致；与孔子人性论相比，孟子人性论直指性之本体；性难言，须依故识性，孟子所言"故"，是性之已然之迹；"以利为本"，即是顺人性自然之意；情是性之动，才是性之能。

第二节　自反心安，浩然之气自生

孙奇逢指出，孟子"不动心"之说，可谓得尧舜、孔子衣钵，尧舜之"人心道心，精而一之，允执厥中"之说，正是孟子"不动心"之源。然而无论商汤、周文王，还是孔子、孟子，他们能达到"不动心"之境，都是集义而来。

至于汤而以礼制心，文王而翼翼小心，孔子而从心所欲不逾矩，

1　（清）孙奇逢：《四书近指·孟子》，文渊阁《四库全书》影印本，第208册，第806页。
2　详见本书下编第三章、第五章。

孟子历四十学力，始得令此心不动，是岂可袭取于一朝，而强镇于临事也哉？其得力全在集义。[1]

不"集义"，就不可能"不动心"。孙奇逢以集义为解读孟子"不动心"之说的关键。

关于与"不动心"密切相关的知言养气之说，孙奇逢同意程子的观点，认为知言而知人之说，是孔子家法，但养气则是孟子创获。

那么，浩然之气本自何处？

浩然之气正是乾元静专动直、坤元静翕动辟之气，惟直养之，不铄其刚大之体，则俯仰天地，无处可限我屈我。[2]

浩然之气，来自天地元气，所以不离人的原始生命、生理血气而独存，本自刚大，直养而"铄"，即可俯仰天地而无愧。如何直养？

直养，是时时求慊于心，从自反上用功，自反而心安即义也。集义而生，是从内生出；义袭而取，是从外取入。必有事，是集义之功。正、忘、助，是义袭之害。[3]

孙奇逢认为"心安"即是"直养"之道，而要做到"心安"，须在"自反"上用功，自我省察，自我克制，剪削陋习。孟子强调浩然之气是"集义所生"，孙奇逢认为"自反而心安"就是"义"，浩然之气"集义而生"，就是说，不是一次、几次自反心安，只有持久长期自反心安，浩然之气才会

1　（清）孙奇逢：《四书近指·孟子》，文渊阁《四库全书》影印本，第208册，第771页。

2　（清）孙奇逢：《四书近指·孟子》，文渊阁《四库全书》影印本，第208册，第771页。

3　（清）孙奇逢：《四书近指·孟子》，文渊阁《四库全书》影印本，第208册，第771页。

从内心生反出来。元儒胡炳文认为"集义"就是"事事合于义","集义"就是"直养";相比之下,孙奇逢直言"自反而心安",主要强调的个人内心自我省察、体认功夫,明显带有明末心学的印迹。

由于孙奇逢认为"直养"就是在"自反上用功","自反而心安"就是"义",将孟子养气论定格在自反心安,于是他同意朱熹、许谦等人之说,养浩然之气论虽由孟子说出,但其实孔子已有此意,因为孔子"内省不疚"则无惧,就是此意。他说:

> 鲁斋许氏曰:"朱子云孟子养气之论,孔子已道了。曰:'内省不疚,夫何忧何惧。'愚谓与此正相表里,自反则内省也,直则不疚矣。千万人吾往,不忧不惧也。"[1]

总之,在孙奇逢看来,孟子"不动心"说是承先圣尧舜、商汤、周文王、孔子衣钵,养气之论也取意于孔子"内省不疚"则不忧不惧,"直养""集义"养气,须达到"自反而心安"之境,浩然之气才能由内而生,道德理性才能真正成为人的主导。以道德理性引导肉体生命的转换,完成这一转换,人的一生就不再任由自然生理血气主宰,而交由价值意涵的道德义理之气引导。

第三节　王道救民,是孔孟热肠

孙奇逢指出:"仁义二字是《孟子》七篇的纲领,是愿学孔子的嫡派,

1　(清)孙奇逢:《四书近指·孟子》,文渊阁《四库全书》影印本,第208册,第771页。

学术在此，治术即在此。"[1]仁义是孟子一生的学问之本。在战国乱世，梁惠王等虽也能在灾荒之时移民移粟，然而不过是一时权宜苟且之计，并不能从根本解决百姓的苦难，当此之时，孟子倡导仁义，主张王道，是救民于水火的根本之道，"此段热肠，天地鉴之"[2]。

一、王霸之别，在诚伪之分

孟子主张王道，反对霸道，孙奇逢认为孟子所言王霸之别，关键就在"诚伪"二字。管仲虽也尊周室，但"不过假尊周之名以盖其搂诸侯之实，其所为实文武之罪人也"[3]。相反，如果孟子处在管仲之时，一定会真尊周室，也真能使王室"尊安"。

> 问："孟子既卑管仲，使孟子当管仲时，则如之何？"双峰饶氏曰："亦只是合诸侯以尊周室。"但孟子真能使王室尊安，而诸侯各循王度，……王霸之分只在诚伪。孔子作《春秋》，亦不过欲诸侯尊周室、循周制而已。[4]

孙奇逢认为孔子作《春秋》，就是要使"诸侯尊周室"，遵循周朝制度；如果孟子处春秋之时，必然也能真尊周室。孔孟与管仲相比，一真诚，一虚伪，所以王霸之分"只在诚伪"。霸道既然是假意行仁，自然不能使人心服。

孙奇逢认为王霸的诚伪之分，还表现在王道行仁，出自公心，一派天然，无意人们感恩；而霸道行仁，则出自私心，目的是让人们为此感恩戴德。

1　（清）孙奇逢：《四书近指·孟子》，文渊阁《四库全书》影印本，第208册，第763页。
2　（清）孙奇逢：《四书近指·孟子》，文渊阁《四库全书》影印本，第208册，第762页。
3　（清）孙奇逢：《四书近指·孟子》，文渊阁《四库全书》影印本，第208册，第770页。
4　（清）孙奇逢：《四书近指·孟子》，文渊阁《四库全书》影印本，第208册，第770页。

欢虞、暭暭只在有意无意之间。有意者全是要人知恩，无意者全
是不要人知恩，知恩待他着急，方与救解；不知恩，则耕田凿井，忘
帝力于何有，上下与天地同流，裁成辅相之功。王者一天地也，天地
之大，皆在王者陶铸，岂曰小补？说补便小矣。……盖王道只是公，
公则大，私则小，万古不能易此理。[1]

因为霸者要人们感恩，所以只会在情况万分紧急之时，才伸手相助，因此
霸道所行仁举，不过是邀买人心，而非真心为民。孙奇逢此解，与赵岐、
程朱之说同，但以公私论王霸之别，主要继承朱熹之说。朱熹有言："以
德行仁则公，以力假仁则私而已。民虽骅虞，非心说也，故公则说，公则
王道成矣。"[2]

孙奇逢还引朱熹之言指出，王道之诚，不只是指救民之时的诚心，还
指于事事物物之所为都要合于仁。

朱子曰："以德行仁，德非止谓有救民于水火之诚心，这德字说得
甚阔，是自己身上事都做得来，是无一不备了，所以行出来便是仁。"
且如汤不迩声色，不殖货利，至彰信兆民，救民水火之中，若无前面
底，虽欲救民，不可得也。武王"亶聪明，作元后"，救民水火之中，
若无这"亶聪明"，虽欲救民，其道何由？[3]

也就是说，王道之诚建立在平日所行合于仁的基础上，偶然的善政，一时
的仁举，都不是王道之诚。王道之诚，需时时刻刻着力用功，只有平时治
政克己爱民，才有可能真正实行王道。

1 （清）孙奇逢：《四书近指·孟子》，文渊阁《四库全书》影印本，第208册，第816页。
2 （宋）朱熹：《论孟精义》，文渊阁《四库全书》影印本，第198册，第415页。
3 （清）孙奇逢：《四书近指·孟子》，文渊阁《四库全书》影印本，第208册，第772页。

二、孟子王道不迂

针对人们所言孟子王道迂阔之说，孙奇逢为孟子辩护，其观点如下：

其一，孟子王道论是以人性善为基石。孟子王道论的宗旨在保民，之所以可令治政者保民而王，是因为人人都有"不忍之心"。

> 保民是王道大旨，不忍是保民根源。不忍之心，人皆有而不能自认，即偶有所及而不能善推。孟子反复辩论，使之从迷而后悟，则此心才得有于己，反以民与禽兽较量，使之善推其所为，则此心才得及于人。"不忍觳觫"一念，与"乍见孺子入井"意同。此际不但无一毫忍心，亦无一毫伪心，此仁之端，亦性之善也。固不待学而知，不待虑而能，然非谓率此不学不虑，遂能尽性以满仁之量。圣贤之学术由致曲而明著动变，帝王之经纶由一物而达之天地万物，皆是要时时刻刻着力用功，方得充拓将去。孟子于此大有机锋。[1]

齐宣王"不忍觳觫"一念，以及人们"乍见孺子入井"之意，都是不忍之心的本然呈现，无丝毫伪心，不学而知，不虑而能，这就是"仁之端"，足证人性之善。执政者只须扩充此心，推此心于治政，仁政王道即可实现。孙奇逢此段解说深合孟子之旨。

其二，孟子王道虽反对嗜杀，但并非绝对不杀。孙奇逢指出，举世嗜杀，如有一不嗜杀人者出，天下之人必然"仰之，望以为君"，商汤、周武以及汉、唐、宋能够成就帝业，都是因其不嗜杀，历史证明了孟子"不嗜杀"而"一天下"的正确性。然而孟子并非是"不杀"论者。

> 天不以春生废秋杀，舜殛四凶，周公诛管蔡，非不杀，不嗜杀耳。

---

[1] （清）孙奇逢：《四书近指·孟子》，文渊阁《四库全书》影印本，第208册，第764页。

鲁肆大眚，刘景升父子数赦，后世皆讥之。知孟子以生道杀民之说，即知不嗜杀人能一之之义，不然宋襄之不禽二毛，梁武之以面为牺牲，特妇人之仁耳，方覆亡相继，岂足以一天下哉？[1]

自然界有春生，亦有秋杀；舜是圣君，也"殛四凶"；周公是圣臣，也"诛管蔡"；宽猛相济，是王道君臣治政不二法门，孟子提出"不嗜杀者一天下"，但也有"以生道杀民"之说，孟子之仁，非宋襄公、刘表、梁武帝之愚；孟子主张仁政、王道，反对嗜杀，但并不废刑杀，而是以刑辅仁，所以非迂阔之见。

其三，历史证明"仁者天下无敌"。孙奇逢分析孟子在战国七雄之时，为什么只游说齐梁之君，而不游说秦楚。他同意元儒熊禾之见：

> 勿轩熊氏曰：当时七雄皆大国，孟子独惓惓于齐梁者，欲得志行乎中国也。若秦楚则兵力相倾之国，七篇之书深鄙外之，盖其得志必非天下生民之福。自周之衰，天下大势不入于楚，必入于秦，圣贤已逆知其所趋矣。当时孟子止言深耕易耨、孝悌忠信，则可以制梃而挞秦楚，自一等富强而言，岂不大迂阔而不切于事情，然后来亡秦，不过起揭竿斩木之匹夫，坚甲利兵果可恃乎？孟子之言不我诬也。[2]

在战国七雄中，秦楚最为强大，孟子也深知秦楚在当时的强大势力，但是他清楚地认识到，如若秦楚得志，必非天下生民之福，所以他选择游说齐梁之君，劝他们"深耕易耨、孝悌忠信"，并坚信只要能行此之政，可以

---

1 （清）孙奇逢：《四书近指·孟子》，文渊阁《四库全书》影印本，第208册，第764页。

2 （清）孙奇逢：《四书近指·孟子》，文渊阁《四库全书》影印本，第208册，第763页。

"制梃而挞秦楚"。孟子此说粗看似乎迂阔，但后来亡秦者正是"揭竿斩木"的匹夫，事实证明，武力、暴政不可能最终一天下，只有仁者，才能无敌天下。

孙奇逢从孟子王道论的立论基础以及历史事实，驳斥了孟子王道仁政是迂阔之见的说法。既合孟子之意，也论之有力。

三、孟子君臣论与格君心之正

孟子曾因其"汤武放伐"论、君臣相对论，被朱元璋厌恶，而被罢孔子配享，《孟子》其书也被"节文"。身处明清易代之际的孙奇逢却肯定了孟子这一思想。在《汤放武伐章》，他说：

> "残贼之人谓之一夫"一章之案在此二字。以"诛"字易"弑"字，是《春秋》之笔。汤武此举犯古今大难，亏孟子看得真，判得定。[1]

孙奇逢肯定孟子对汤武革命的评判极其正确，因为孟子看到了汤武革命的实质，是为"诛一夫"，汤武是为天下生民的福祉而挺身犯难，诛灭残暴；所以孙奇逢肯定孟子关于汤武革命的思想，也是因为孙奇逢本人认为汤武革命是正义之举。孙奇逢认为孟子用"诛"字替换"弑"字，也是借鉴孔子《春秋》笔法，以此褒扬汤武。

> 宋高宗问尹焞曰："纣，一君也。孟子何以谓之一夫？"焞对曰："此非孟子之言，武王誓师之辞也。'独夫受，洪惟作威。'"高宗又问曰："君视臣如土芥，臣便视君如寇仇？"焞对曰："此亦非孟子之言，《书》云：'抚我则后，虐我则仇。'"高宗大喜。由此观之，孟子皆本

---

[1] （清）孙奇逢：《四书近指·孟子》，文渊阁《四库全书》影印本，第208册，第767页。

《尚书》，非自为一家之说明。太祖不喜孟子视君寇仇之言，惜当日诸臣不能以燸语入告耳。倘以燸语入告，则引经断义，岂非格心之正哉！[1]

孙奇逢还从思想渊源论证孟子思想的正确性。他认为，孟子"汤武放伐"论、君臣相对论，并非孟子独创，也非孟子一家之言，而是取自《尚书》。孙奇逢以经典的权威证明孟子思想的合理性。由于认同和肯定孟子关于汤武革命的思想，所以孙奇逢认为孟子不勤周王并没有过错。

昔人问陆象山："孟子劝齐王王天下，后世疑其教人篡夺。"答云："民为贵，社稷次之，君为轻。"梭山亟称象山议论过人。由此推之，当春秋而不为孔子之尊周，与当战国而欲为管仲之勤王，皆非也。[2]

孙奇逢借陆九渊之言表达自己心声，春秋时孔子尊周，战国时孟子劝齐王"王天下"，而不学管仲"勤王"，辅佐周王，都是正确之举，因为孔孟的立场是"民为贵，君为轻"。

当然，孙奇逢对孟子的视君如寇仇之言还是有所保留。他认为孟子此论主要还是警醒君主，格君心之正。在《君之视臣章》，他说：

战国时君礼臣忠，邈乎不可睹矣，故只举相报之情以激发齐宣，使善遇其下。盖进谏之道或婉或直，妙在言下斟酌，安得有一定教条。

或曰：孟子此论乍听甚骇人，徐而思之，盖与闻诛一夫、未闻弑君之说略同，大意尤与《书·泰誓》"抚我则后，虐我则仇"二句相表里，非孟子创论也。论卿则言易位，论服则言寇仇无服。危言抗节，

---

1 （清）孙奇逢：《四书近指·孟子》，文渊阁《四库全书》影印本，第208册，第767—768页。

2 （清）孙奇逢：《四书近指·孟子》，文渊阁《四库全书》影印本，第208册，第765页。

非孟子不能要之，皆欲成就齐王，且以为万世戒耳。[1]

孟子的君臣寇仇之说，惊世骇俗，其实也是一种劝谏之道。在"君礼臣忠，邈乎不可睹"的战国时期，孟子发此论，目的是为警醒齐宣王，使其善待臣下，从而成就齐宣王。这与宋儒张九成等人观点一致。

孙奇逢肯定孟子关于汤武革命的思想，认为汤武革命是正义之举，"这虽然是继承了孟子，但在明清之际封建社会季世的历史条件下考察，仍有其进步的意义"[2]；但他认为，孟子的君臣相对论，尤其是视君如仇之言，不过是警醒君主以格君心之正，则淡化了孟子思想的激进色彩，这是孙奇逢思想的局限性。

小　结

孙奇逢认为孟子思想主体，诸如：义利之辨、人性论、王道仁政、为学之道、辟异端、知言养气，等等，都直接源于孔子，或者取意于孔子，孟子在历史上的地位与颜回相同，就是"发圣人之蕴，教万世无穷"。孟子人性论直指性之本体；性难言，须依故识性，孟子所言"故"，是性之已然之迹；"以利为本"，即是顺人性自然之意；情是性之动，才是性之能。孟子"不动心"说是承先圣尧舜、商汤、周文王、孔子衣钵，养气之论也取意于孔子，"直养"集义养气，须达到"自反而心安"之境。孟子王霸之辨的关键，在行仁诚伪之分；孟子王道论本诸人性，经得起历史考验，所以并非迂阔之见；孟子关于汤武革命的思想具有正义性，是合理

1　（清）孙奇逢：《四书近指·孟子》，文渊阁《四库全书》影印本，第208册，第792页。

2　侯外庐、邱汉生、张岂之等：《宋明理学史》，人民出版社，1987年，第713页。

的。他认为君臣相对论以及视君如寇仇之说不过是警醒君王之语，则淡化了孟子思想的激进色彩。

孙奇逢对孟子思想的解读，既采用《周易》之说，也依据宋儒二程、张九成、朱熹之论，还借鉴元儒胡炳文之说，汲取明儒蔡清、吕柟、王阳明之见，借众家之说以解孟，兼综宋元明诸说以解孟，但占主体的依然是朱熹之见。

第十二章
张岱《四书遇·孟子》

张岱（1597—1685？），一名维城，初字宗字，又改字石公，号陶庵、蝶庵、古剑陶庵、古剑老人、六休居士等，浙江山阴人（今浙江绍兴）。在文学、史学、思想、艺术理论等领域都卓有成就。

张岱出生于世家大族，其高祖张天复、曾祖张元忭、祖父张汝霖等都曾身居要职，同时也都是明代闻名于世、颇具才情的学者。张岱自幼聪慧机敏，对文学、史学、艺术等有浓厚兴趣，少年便有史学和文学著作问世。可惜造化弄人，中秀才后，屡试不第，仕途失意，于是将主要精力用于学术研究和家乡事务。明清鼎革之际，张岱曾在台州追随鲁王朱以海，在鲁王政权中任兵部职方部主事，不久感到鲁王政权难以成事，故辞职逃居深山。此后，一边躲避清军追捕，四处辗转；一边整理文献，潜心著述。后在绍兴城郊快园定居，深居简出，专心学术。虽生活困顿，但矢志不移，始终保持着故国遗民的气节，在著作中也一直申明自己是"明后学"，从不承认自己是清朝臣民。

张岱一生著述宏富，著作遍涉四部。主要有《四书遇》《论语解》《明易》《大易用》《石匮书》《石匮书后集》《古今义烈传》《史阙》《茶史》《陶庵梦忆》《琅嬛文集》《夜航船》《西湖梦寻》《快园道古》等。他还参与编写了《明史纪事本末》《会稽县志》等，其平生著述近三十多种[1]。其中，以《石匮书》《石匮书后集》等史书和《陶庵梦忆》《西湖梦寻》等散文集最负盛名。张岱留下的经学著作较少，《明易》《大易用》等书已散失，只有《四书遇》保存下来。《四书遇》共六册，不分卷。

从《四书遇》可以看出，张岱治经见解独特。受祖父张汝霖影响，不喜读朱熹《四书章句集注》，认为程朱等人的经注诠释远离六经原意，"六经四子，自有注脚而十去其五六矣，自有诠解而去其八九矣"[2]，故常常在书中批评程朱理学，而他批判程朱理学的理论武器正是王阳明的心学思想。

《四书遇》是张岱读四书的心得，他用了四十余年时间完成此书。张岱读四书，"绝不因袭前人注脚，强调在电光石火般的一闪中间悟出某种妙解。随有所得，即有所记"[3]，也即突然获得灵感的顿悟。他说："或一年，或二年，或读他书，或听人议论，或见山川云物、鸟兽虫鱼，触目惊心，忽于此书有悟，取而出之，名曰《四书遇》。盖'遇'之云者，谓不于其家，不于其寓，直于途次之中邂逅遇之也。"[4]读四书时这种突然的顿悟如同奇妙的邂逅偶遇，故此他将此书命名为"四书遇"。虽然张岱自称读四书的心得是"在电光石火般的一闪中间"所悟，其实大多也是基于其生活学习经历的感悟。

张岱关于孟子的研究，主要见于《四书遇·孟子》。从书中可见，张岱称赞孟子是道统的传承者，无孟子，道统必绝。他引用张鼐（侗初）、王阳明之言：

1　详见胡益民：《张岱评传》，南京大学出版社，2002年，第80页。

2　（明）张岱著，朱宏达点校：《四书遇》，浙江古籍出版社，2017年，第1页。

3　朱宏达：《四书遇·前言》，（明）张岱著，朱宏达点校《四书遇》，浙江古籍出版社，2017年，第4页。

4　（明）张岱著，朱宏达点校：《四书遇》，浙江古籍出版社，2017年，第1页。

张侗初曰：千古圣人道脉只是一"知"，"知"便彻天彻地，心口不传而道以传，特就当世异世分个见闻耳。其实见知不属面承，闻知不关耳受；面承耳受之知有限，圣人传心之知无穷。

王阳明曰：千圣本无心外诀，六经须拂镜中尘。又云：如今指点真头面，只是良知更莫疑。得此解者，则虽隔几千万岁，犹然若见尧、舜、汤、文、孔子于一堂。尧舜三传，闻者一而见者必二。孟子领出微旨，觉单丝孤掌之惧，恍然言下。

此孟子一片忧危惕厉之心。盖既以私淑，而又恐其不得与斯文、道统几绝也。作自任看者，吾不谓然。[1]

张岱认同张鼐的观点，肯定有"千古圣人道脉"，而圣人道脉之道能够传承，"知"是关键。知分"见知""闻知"。"见知""闻知"本自《孟子·尽心下》：

孟子曰："由尧舜至于汤，五百有余岁；若禹、皋陶，则见而知之；若汤，则闻而知之。由汤至于文王，五百有余岁，若伊尹、莱朱，则见而知之；若文王，则闻而知之。由文王至于孔子，五百有余岁，若太公望、散宜生，则见而知之；若孔子，则闻而知之。由孔子而来至于今，百有余岁，去圣人之世若此其未远也，近圣人之居若此其甚也，然而无有乎尔，则亦无有乎尔。"

我们知道，儒家道统论实是韩愈等人从孟子此语发展而来，很多人认为孟子在此以道统传承者自居。其实，孟子在此主要表达的是：仁义之道经尧、舜、禹、汤、文王、孔子薪火相传而不绝，而他们仁义相传的途径有

1　（明）张岱著，朱宏达点校：《四书遇》，浙江古籍出版社，2017年，第550页。

"见而知""闻而知"两种。"见知"指同时代事；闻知，指由传闻传授而有所认识，指前代事。张岱认为孟子所说"见知"并非面承而来，"闻知"也非"耳受"而得，因为真知要靠"传心之知"。所谓"传心之知"，即是王阳明所说"良知"。王阳明认为，"千圣本无心外诀"，有"良知"便能识得"真头面"，即便是千年相隔，也能见圣人真意。张岱也同意王阳明之说，认为尧、舜、汤、文王、孔子虽然时隔遥远，但所传仁义之道无别，他们所凭借者正是良知；而孟子从尧、舜、汤、文王、孔子传道圣人身上真切地认识到圣人传道之"微旨"在良知，所以在圣人道衰的战国乱世，孟子忧惧道统废绝，自己"单丝孤掌"，故辗转各国宣传圣人之道，著述立言以传承圣人之道，孟子是道统的弘扬者和传承者。与许多学人的看法不同，张岱认为孟子并没有以道统传人自居之意，而是以道统的弘扬者自任。

灵活运用多种诠释方法是明后期释孟著作的诠释特征之一，张岱的《四书遇·孟子》极有代表性。张岱在对《孟子》进行诠释时，综合运用了自由解经、结构分析等多种诠释方法。明后期，受王阳明提倡"学贵得之于心"思想的影响，学人对四书的解释一反程朱经典诠释传统，摆脱朱注樊篱，"自由解经"蔚然成风。张岱在《四书遇·孟子》的《自序》中说："余幼遵大父教，不读朱注。凡看经书，未尝敢以各家注疏横据胸中。正襟危坐，朗诵白文数十余过，其意义忽然有省。"[1]显然张岱阅读四书，抛开原有旧注，以己心与经典对话，故其对四书的理解主要是他个人的心得体会。正因如此，他的解读常有迥异于前人之处，甚至也溢出了孟子的本意。孟子曾以"七年之病，求三年之艾，苟为不畜，终身不得"为喻，说明平日修德行仁的重要性。张岱的解释是：

---

1 （明）张岱著，朱宏达点校:《四书遇》，浙江古籍出版社，2017年，第1页。

岭南多毒，而有金蛇白药以治毒；湖南多气，而有姜橘茱萸以治气。鱼鳖螺蚬治湿气，而生于水；麝香羚羊治石毒，而生于山。盖有是病，即生是药；有是乱，即生是人。盖不蓄，则自不得也，所以不重艾而重蓄艾之人。

前引"执热"，此引"胥溺"，总见天下如火益热、如水益深意。[1]

张岱将"蓄艾"与人才联系起来，强调重视人才。天下祸乱如同人之病痛，病痛要用良药治，天下祸乱要有人才来治，治理天下的良药就是人才，因此平时要重视人才并储备人才，张岱将孟子修德行仁以得天下之意，解读为重视人才、储备人才以救乱世，此解显然与孟子本意不符，当是张岱借孟子之言批评明后期廷人才凋敝。

张岱是明末散文大家，因此诠释《孟子》，常从文本结构、文章写作的角度分析《孟子》文本。《孟子·告子下》记载：屋庐子问孟子，季任、储子都曾给孟子送过礼物，为什么孟子居邹，只见季子，而不见储子。原文如下：

（屋庐子）问曰："夫子之任见季子，之齐不见储子，为其为相与？"

（孟子）曰："非也。书曰：'享多仪，仪不及物曰不享，惟不役志于享。'为其不成享也。"

屋庐子悦。或问之。屋庐子曰："季子不得之邹，储子得之平陆。"

张岱分析了这段话的行文结构：

"为相""处守"四字是伏案，"不成享"三字是断案，"得之邹"

1　（明）张岱著，朱宏达点校：《四书遇》，浙江古籍出版社，2017年，第421页。

"不得之平陆"是结案。[1]

张岱认为此处文字有"伏案""断案""结案"，强调季子、储子的官职是"伏案"，让人产生疑问，为后来事件的发展埋下了伏笔；孟子解释不见储子的原因是"不成享"，即储子送礼并不是出于真心，"不成享"是"断案"，使人对事件有了初步论断，但同时也产生了新的疑问，即"不成享"的原因为何，最后点出"不得之平陆"，令人恍然大悟，对事件有更透彻的把握，"不得之平陆"是结案。"伏案""断案""结案"是张岱对《孟子》文本结构分析的结论，揭示出《孟子》善用伏笔、设置悬念，从而丰富文章结构层次的文学特点。

如前所言，张岱强调要抛开前人注疏解经，虽然如此，但他并非全然不用前人之说、时人之见，其实旁征广引、博采众家之说以解《孟子》是张岱《四书遇》的显著特点，征引的范围包括经书、史书、诸子、释道、时人之说等等。与宋元明诸儒大多本朱子、陆王以解孟不同，张岱并不宗程朱，而尊陆王，所以《四书遇·孟子》采用王阳明之说之处颇多。张岱征引众家之说解释《孟子》，据朱宏达统计，张岱共引用了二百六十七人之说[2]，最引人注目的是，他大量援引明人之说、尤其是明后期学人之说解《孟》。

张岱在《四书遇·孟子》中解说孟子思想的重点主要在孟子人性论、仁政论、知言养气等。

---

1 （明）张岱著，朱宏达点校：《四书遇》，浙江古籍出版社，2017年，第498页。
2 详见朱宏达：《四书遇·前言》，（明）张岱著，朱宏达点校《四书遇》，浙江古籍出版社，2017年，第11页。

第一节　孟子性善是说"习中之性"

在张岱看来，《孟子》一书宗旨就是性善论，"一部《孟子》，无一句不是道性善"[1]。因此他倾力对孟子性善论做了细致的解读。张岱以孔子性相近说审视孟子性善论，认为孟子所说性善是"习中之性"，在《四书遇·论语》中，他引用张侗初之言说：

> 圣人说"性相近"，较孟子说"性善"觉浑融。盖圣人尚说习前之性，孟子却说习中之性。子思说"天命之谓性"，是在习前说，"率性之谓道"，则在习中矣。人生堕地才动，知觉便是习。知爱、知敬，都是习始也。[2]

在张岱看来，孔子所说"性相近"是说"习前之性"，也就是子思所说的"天命之谓性"；而孟子所言"性善"却是"习中之性"，也就是子思所说的"率性之谓道"。何谓习？张岱说："人生堕地才动，知觉便是习。知爱、知敬，都是习始也。"可见张岱所说的"习前之性"，即是人之先天本性；"习中之性"，是人降生人世、接触社会后的现实人性。张岱认为"习前之性"是人性之本然，所以以"习中之性"论人性的孟子性善论其实不及孔子性相近说浑融。

张岱以王阳明"无善无恶是心之体"审视孟子人性论，认为"无善无恶"是性之"未发之中"，而孟子的性善说是指性之"已发"。已发、未发的区别是什么？张岱以"赤子"与"孩提"做了说明：

1　（明）张岱著，朱宏达点校：《四书遇》，浙江古籍出版社，2017年，第420页。

2　（明）张岱著，朱宏达点校：《四书遇》，浙江古籍出版社，2017年，第312页。

> 赤子与孩提不同，赤子才离胞胎以其身赤，故曰赤子。孩提知爱知敬，已落知能。赤子浑沌初剖，块然纯朴，无知无能，一天命之性，老子谓"婴儿之未孩者"是也。故赤子是未发，孩提是已发。[1]

张岱指出，刚刚离开母胎的婴儿，身赤，故称赤子。赤子无知无能，不知爱，也不知敬，浑沌淳朴，天性纯然；而孩提已知爱、知敬，有知有能。无知无能、浑沌素朴的赤子之性，就是"天命之谓性"，就是未发；知爱知敬的孩提之性是已发。可见未发就是习前之性，已发就是习中之性，是人性在人生不同阶段的不同呈现。

无论是习前之性、习中之性、已发、未发，其实人性本质始终如一。正因为持此种观点，张岱十分认同孟子的"四端"之说，也认为仁义是"我固有之"，非由外铄。

> 君子之深造必以道。道者，率性者也。以道方自得，非由外铄，我固有之者也。[2]
>
> 性是种子，仁义礼智是华果，心是栽种的田地。[3]

仁义礼智是人性开出的花、结出的果，心是栽种的田地。心、性、仁义一体。张岱此种观点，与程朱、王阳明一致。

张岱认为孟子观察、讨论人性的角度是情，孟子是以情论性。张岱引贺场的观点表明了自己这一认识。

> "乃若其情，则可以为善。"孟子盖即情以论性也。贺场云："性之

1　（明）张岱著，朱宏达点校：《四书遇》，浙江古籍出版社，2017年，第442页。

2　（明）张岱著，朱宏达点校：《四书遇》，浙江古籍出版社，2017年，第443页。

3　（明）张岱著，朱宏达点校：《四书遇》，浙江古籍出版社，2017年，第516页。

与情，犹水之与波，静时是水，动则是波；静时是性，动则是情。"盖即此意。李习之乃欲灭情以复性，亦异于孟氏之旨矣。[1]

情性合一，情是性之动，人情体现了人性，由情才能识性，所以孟子以情论性正确。不过张岱认为孟子由情论性有不尽完美之处，因为孟子只以善良情感说人性，是以偏概全。

> 孟子说性善，亦只说得情一边，性安得有善之可名？且如以恻隐为仁之端，而举乍见孺子入井以验之，然今人乍见美色而心荡，乍见金银而心动，此亦非出于矫强，可俱谓之真心耶？[2]

我们知道，孟子以"乍见孺子入井"时人们油然而生的恻隐证明人性善，因为在孟子看来，乍见孺子入井时人们的恻隐，无计较，无功利盘算，是真情、真心，证明人类面对同类受难会有天然的同情与怜悯，所以人性本善。可是张岱认为，依此而论，人们"乍见美色而心荡，乍见金银而心动"，也是真情、真心，而孟子论人性时，却无视人们对于金钱美色的心荡、心动，只选择了恻隐论人性，这样的人性论证，不严谨，也没有足够说服力。张岱对孟子人性论的这一批评，前人也有相同的看法，如苏辙说：

> 人信有是四端矣，然而有恻隐之心而已乎？盖亦有忍人之心矣；有羞恶之心而已乎？盖亦有无耻之心矣；有辞让之心而已乎？盖亦有争夺之心矣；有是非之心而已乎？盖亦有蔽惑之心矣。忍人之心，不

1　（明）张岱著，朱宏达点校：《四书遇》，浙江古籍出版社，2017年，第482页。
2　（明）张岱著，朱宏达点校：《四书遇》，浙江古籍出版社，2017年，第481—482页。

仁之端也；无耻之心，不义之端也；争夺之心，不礼之端也；蔽惑之心，不智之端也。是八者，未知其孰为主也，均出于性而已，非性也。性之所有事也。今孟子则别之曰：此四者性也，彼四者，非性也。以告于人而欲其信之，难矣。[1]

苏辙认为人不只有"恻隐之心""羞恶之心""辞让之心""是非之心"四种善心，其实还有"忍人之心""无耻之心""争夺之心""蔽惑之心"四种不善之心，此八心都是出于内而感于外，八者无主无次，没有高下之别，地位相同，但是孟子仅以四种善心为性，把四种不善之心排斥在人性之外，这于逻辑上不通。可见张岱之说与苏辙意同。

张岱指出，孟子除了以情论性外，还以性论性、以命论性，比较而言，他认为孟子以命论性更能说明人性。他说：

孟子分明以性言性，人便得执"食色，性也"之说，不若以命言性，而性之说明。以命言命，人便得执"降材，尔殊"之说，总不若以性言命而命之说著。

"命"字正宜在境通塞上说，方与首节"命"字无两。晏婴智矣，而不知仲尼，岂非命也？此注甚合。[2]

如果只是"以性言性"，那么告子所说的"食色，性也"的人性论也无误，因为食性是人们与生俱有的自然欲望；如果"以命言命"，人们就会认为是天之"降材，尔殊"而认命，以致自暴自弃。相比之下，以命言性，人们就能注意到后天环境对人的影响，正视先天人性与现实人性有别，先天

---

1 （宋）苏辙：《孟子解》，《丛书集成》初编本，中华书局，1985年，第7页。

2 （明）张岱著，朱宏达点校：《四书遇》，浙江古籍出版社，2017年，第540页。

有善心，但后天如不存养其心，现实人性也就有不善。孟子说：

> 仁之于父子也，义之于君臣也，礼之于宾主也，知之于贤者也，
> 圣人之于天道也，命也，有性焉，君子不谓命也。（《孟子·尽心下》）

张岱认为孟子"以命言性"最妙，既看到了人性的先天性，还注意到后天
环境际遇的影响，因而君子求其"良心""本心"，应注意环境、时势、际
遇的作用，但不应以命运为由而"自暴自弃"，而应养心、存心，守护善
良的本性。可见，张岱强调"以命言性"，并不强调先天基础，而是注重
后天际遇和品性的养成。

综上，与程朱陆王对孟子人性论的高度肯定相比，张岱对孟子的人性
论评价显得比较平和。他肯定了孟子四端说的正确性，也肯定了孟子正确
地看到了人在现实社会中的改变，但是认为孟子所说性善是"习中之性"、
是已发，未指向人性本源；孔子性相近论是"习前之性"、是未发，直指
向人性本然，相较而言，孟子人性论不及孔子人性论浑融。张岱认为孟子
是以情论性、以性论性、以命论性，但以情论性却只选择善良的情感为
证，以性论性又未顾及"食色"之性，所以孟子以情论性、以性论性都有
偏颇，相比之下以命论性最妙。

第二节　孟子知言养气，是知心、养心

孟子自称难言的"浩然之气"并没有难倒张岱，他的解读非常简洁。
关于浩然之气的属性，他一方面征引苏轼之语加以说明，一方面直陈己见。

> 气是先天，道义是后天。先天必合后天而始生，如阴阳伉俪夫妇，

配合方有孕诞之理。此言气配，下言气生，皆是物也。[1]

　　东坡曰："孟子曰：'我善养吾浩然之气。'是气也，寓于寻常之中，而塞乎天地之间。"[2]

无论是张岱引苏轼之语，还是张岱直陈己见，其意都非常明确，就是在张岱看来，所谓浩然之气，并不玄奥；它本自先天之气，与道义相配而养成，寓于平常，又超越平常。浩然之气是物，其属性为物质。而其气浩然，则是生命经由道义涵育而呈现出的特殊精神气象。正如苏轼所言：

　　（浩然之气）卒然遇上，则王公失其贵，晋、楚失其富，良、平失其智，贲、育失其勇，仪、秦失其辩。[3]

人有浩然之气，则无所畏惧，一往无前。

　　当然浩然之气需要涵养，如何养？张岱的解释是：

　　养气非求之于气，知言非求之于言。养气者养心，知言者知心，此孟子之得于心者也。告子不得而勿求，两不得处，其心早已动矣。告子只论求不求，孟子只论得不得。

　　不得于言，勿求于心，是告子。知言以知心，知心以知政事，是孟子。[4]

张岱继承王阳明"致良知"的修养方法，以心为主体，认为修养工夫重在

1　（明）张岱著，朱宏达点校：《四书遇》，浙江古籍出版社，2017年，第375页。

2　（明）张岱著，朱宏达点校：《四书遇》，浙江古籍出版社，2017年，第374页。

3　（明）张岱著，朱宏达点校：《四书遇》，浙江古籍出版社，2017年，第374页。

4　（明）张岱著，朱宏达点校：《四书遇》，浙江古籍出版社，2017年，第374页。

认识和唤回心之本体，因此无论是养气，还是知言，都不是在气与言上做工夫，而是要从心上去得，所以养气就是养心，知言也是知心。

养心、知心，首先要"还人本心"，即认识和恢复心体的至善圆满。

> 孟子要人还本心，其实落却在尽心一字，即集义之慊，非尽则无由慊。曾子三省终身，只心之无不尽；颜子一日克复，只决不令心之有不尽。[1]

张岱指出，"还人本心"需通过"尽心"实现。"尽心"即是反省自身、克制私欲，曾子三省终身，颜回"克己复礼"，其实就是"尽心"。"尽心"而能克制私欲，就是"集义"的根基和前提：

> 养气须是：钱不妄受，色不妄交，立定根基，方可集义。城市混杂，人气纷嚣，自有一段清真灏气，一吸一呼，与我默默相应。君子有三戒，正是善养气法度。自少至老，就业循理，无少逾越，是为集义。[2]

孔子"三戒"其实也是制欲。尽心制欲，见诸实事，做到"钱不妄受，色不妄交"，集义方有所本；自少至老，从不违理、越理，是为集义。张岱强调回归本心在于集义，显然是是受王阳明的影响。王阳明说："集义是复其心之本体。"[3]又说："君子之学终身只是'集义'一事。义者宜也，心得其宜之谓义。能致良知则心得其宜矣，故'集义'亦只是致良知。"

综上，张岱认为浩然之气，其本源是先天之气，本为物质属性，但经过集义养心，以道义涵育养护，克己制欲，即可转换物质生命而在人心升

1　（明）张岱著，朱宏达点校：《四书遇》，浙江古籍出版社，2017年，第507页。

2　（明）张岱著，朱宏达点校：《四书遇》，浙江古籍出版社，2017年，第375页。

3　（明）王阳明：《传习录》，中州古籍出版社，2008年，第101页。

腾出浩然之精神气象。张岱的一这解释承继了宋元诸儒之说，也承继了王阳明之说，而尤以承继王阳明之说为多。

第三节　孟子仁政论，不离心法

张岱赞同孟子的仁政思想，不认为孟子仁政是迂阔之论。结合战国史实，张岱认为孟子仁政举措是针对当时时势提出的合理主张。分析孟子对梁惠王关于治国要用仁政的进言，他说：

> 三晋与秦为邻。秦地人多土狭，商鞅为政，其《开塞》《耕战》《来民》《垦草》诸书，无日不以来三晋之民为事。盖三晋之游民日入秦地，则秦地草日垦，而国日富矣。故孟子策梁，首言"不违农时"，又言"百亩之田，勿夺其时"，又言"深耕易耨"，只是分田制产，安其土著之民始，土著之民安，则梁犹可为也。此是三晋大势，凿凿如此，奈何为迂远而阔于事情？[1]

"三晋"，指当时韩、魏、赵三国。张岱指出，三晋与人多土狭的秦国相邻，秦国任用商鞅，商鞅变法，重视农耕，开阡陌，辟土地，想方设法招徕三晋之民前去开荒耕作。三晋游民纷纷迁入秦国，为秦国开辟出大片土地，秦国因此日益富强；而三晋游民迁往秦国，导致三晋农业生产力流失，国力受损；孟子清楚地看到三晋当时面临的困境，所以向梁惠王提出"不违农时""勿夺其时""深耕易耨"等等建议，这些建议的要意就是"分田制产"，目的在于安定本国土著之民，是有针对性的安民富国政策，

---

1 （明）张岱著，朱宏达点校：《四书遇》，浙江古籍出版社，2017年，第350页。

孟子的这些建议不仅可行，而且是最切合实际的良策，并非迂阔之论。张岱结合三晋当时时势，论证了孟子仁政举措的合宜性。

我们知道，性善论是孟子仁政王道的理论基础，在劝齐宣王行仁政时，孟子以齐宣王不忍杀牛证其有不忍之心，不忍之心就是仁心，有仁心即可行仁政王道，"是心足以王矣"。张岱深刻认识到孟子仁政学说与其心性论的关系，结合"王道之始"以及"尽心"，他做出了如下分析：

> "王道之始""始"字，恰与"尽心""尽"字，紧紧注射。"道"字，紧与"心"字对。[1]
>
> "是心足以王矣"，不忍故也。若齐桓、晋文，一则杀子纠于生窦，一则杀怀公于高粱，皆乱而后入，为利而戕至亲。心则忍矣，何以及物？"是心足王"，不是不忍一牛之心足王，乃是委曲全牛之心，才足以王耳。[2]

张岱指出，孟子论"王道之始"之"始"字，与"尽心"之"尽"字相对；"道"字与"心"字相对，二者是正确认识孟子王道仁政重要关节，因为孟子仁政主张的理论立足点是"心"，人有"不忍人之心"，将"不忍人之心"施于政，就是仁政。虽然齐桓公、晋文公为了利益，可以杀害至亲，但是从齐宣王对牛的怜悯之心，足见他有"不忍之心"，这正是实行仁政的良心基石，张岱的这一诠释，可谓抓住了孟子仁政论的实质。

王道施行凭"心"而为，尽"心"而为，那么在仁政施行中，如何协调本心和具体政策法令呢？孟子是否只唯心，而完全抛弃具体的政策法令呢？张岱对"心"与"法"的关系做了阐释：

1　（明）张岱著，朱宏达点校：《四书遇》，浙江古籍出版社，2017年，第347页。

2　（明）张岱著，朱宏达点校：《四书遇》，浙江古籍出版社，2017年，第352页。

> 别处论政多重心，此独重法，以当时诸侯蔑视井田学校等法是也。
> 要知法者，心之寄也，心与法固自离不得。[1]

张岱认为，"心"与"法"不可只行其一。"法"是"心之寄"，"心"与"法"不可分割。两者之间，"心"为体，"法"为表。孟子维护井田制、学校，就是要维护先王之法。张岱的这一解释契合孟子之意，因为孟子在《孟子·离娄上》说："不以规矩，不能成方圆……徒善不足以为政，徒法不能以自行"，强调为政不能离开法令法规，施行仁政，也不能只凭善心，而无法令法规保驾护航。

张岱认为孟子仁政有完备的举措，是体系性建构，他在评价孟子税收政策时强调了这一点：

> 自帝王时，三征大备。非起于末世也。用一缓二，良法美意至矣，非孟子之姑以云救也，但其先有分田树畜诸政，不沾沾靠着催科。今世惟知有征，但使用一缓二，民不德矣……三者之外，更无征焉；而用之又各以其时，亦可以见民之不扰矣。[2]

自有帝王以来，就有三种基本赋税，即布缕之征、粟米之征、力役之征。孟子为了减轻天下百姓的负担，提出三种赋税不能同时征收，要"用一缓二"，即只要征收其中一种税，就要缓征另外两种税。"用一缓二"是孟子救天下的"良法美意"，是孟子仁政的税收举措，但是孟子仁政举措并不只是"用一缓二"这一条举措，还包括予民"恒产"、分田、植树、养畜等其他一系列举措。由此张岱批评当时政府以为只要"用一缓二"，就

---

1 （明）张岱著，朱宏达点校：《四书遇》，浙江古籍出版社，2017年，第415页。
2 （明）张岱著，朱宏达点校：《四书遇》，浙江古籍出版社，2017年，第542页。

是仁政，因而不在其他方面给予百姓方便与支持，导致百姓与政府离心离德。

张岱指出，孟子仁政举措是有机整体，环环相扣，逻辑严密。我们知道，孟子仁政举措中，既有养生丧死的经济举措，也有教民孝悌的文化举措。孟子曾说：

> 民非水火不生活，昏暮叩人之门户求水火，无弗与者，至足矣。圣人治天下，使有菽粟如水火，菽粟如水火，而民焉有不仁者乎？（《孟子·尽心上》）

张岱认为孟子此语非常重要，仁治天下的要义都在其中。他说：

> 圣人治天下，菽粟如水火，加一"有"字，分明照昏暮之叩无弗与者言矣。仁天下只在此句中，不落一层。下二句只咏叹圣人使天下之妙，教养无二耳。[1]

水火、菽粟是基本物质，丰富的物质是道德建设的基础。张岱认为，从此语可见孟子已清楚地认识到良好的经济基础是人们道德素养提升的保证，所以孟子的仁政措施中"教"与"养"合而为一，"教养无二"，"教"建立在"养"的基础上。张岱还引用艾千子、项仲昭等人之言说明孟子是"教养无二"。

> 艾千子曰："可以衣帛""可以食肉"，言富而有其资也。"庠序之教""孝弟之义"，则养志在其中，不独口体矣。"借父耰锄，类有德

1　（明）张岱著，朱宏达点校：《四书遇》，浙江古籍出版社，2017年，第517页。

色；毋¹取箕帚，立而谇诟。"岂皆贫而无其具者乎？此教正所以善吾养耳。

项仲昭曰："观上文'五十者可以衣帛'，'七十者可以食肉'，可见孝弟之义已寓其中，庠序不过从而申之耳。教与养不是两橛。"²

老者衣帛食肉，是"口体"之养，是经济举措，但能够让老者衣帛食肉，其实就已有孝悌之义，经济举措中寓有道德教育，足见其教养不可分割。

关于孟子井田论，如前所述，张岱认为孟子维护井田制、学校，就是要维护先王之法。同时张岱认为，推行井田，不能死守图册式地执行。

谱而弈，弈秋弗是也；方而药，卢扁弗是也；执图册而行井田，圣人弗是也。弈在着先，药在方外，圣人之精神，离法而寄于法者也。离法则法活矣，不离法则法死矣。³

弈秋不会死守棋谱下棋，扁鹊不会死守药方开药，同样行政虽不能无法，却也不能拘于法，"为政不可拘于法"⁴，"离法则法活矣，不离法则法死矣"，因此就井田而言，更重要的是要掌握圣人制定井田的精神，并非要在现实当中做图册式的复制。

张岱高度肯定孟子的民贵君轻论，认为孟子此论"超越千古"。他说：

此等议论超越千古，非孟子不能发。对君轻而言，宜曰"民为

1　按：此处"毋"字应作"母"，疑因形近而讹。此诗原出自贾谊《新书·时变》，原文为："母取瓢碗箕帚，虑立讯语。"
2　（明）张岱著，朱宏达点校：《四书遇》，浙江古籍出版社，2017年，第348页。
3　（明）张岱著，朱宏达点校：《四书遇》，浙江古籍出版社，2017年，第398页。
4　（明）张岱著，朱宏达点校：《四书遇》，浙江古籍出版社，2017年，第388页。

重", 而乃曰"贵", 予夺之权, 自民主之, 非"贵"而何? 知此, 然后敢定汤武之案。得乎丘民而为天子, 自然失乎丘民而为一夫。故曰: "闻诛一夫纣矣。"[1]

天下权力归宿的最终决定权"自民主之", 所以说民堪当一个"贵"字, 孟子对汤武放伐的判定都是由此而发, 也合乎历史事实, 商纣失去百姓支持, 确实只是"一夫"而已。张岱此解深契孟子之意。他还说:

> 子得罪于父, 可因姑姊妹谢也, 父乃赦之。臣得罪于君, 可因宰执左右谢也, 君乃赦之。昔者桀纣得罪于民也, 至今未有为谢也。李崆峒曰: "高必自卑, 大必由众。故自高无卑, 无卑则危; 自大无众, 无众无孤。得丘民为天子, 众之谓也, 无得罪于群臣、百姓, 卑之谓也。孔子曰: "无众寡, 无小大, 无敢慢。"[2]

虽然张岱肯定了孟子的民贵君轻论, 但是对孟子君臣相对论却持保留态度。

> 穆公问于子思曰: "为旧君反服, 古与?"子思曰: "古之君子进人以礼, 退人以礼, 故有旧君反服之礼也。今之君子进人若将加诸膝, 退人若将坠诸渊, 毋为戎首, 不亦善乎, 又何反服之礼之有?"孟子此对, 得之子思。
>
> 丘毛伯曰: "人臣岂有报复其君之理, 而不能必其心。"[3]

张岱从两个角度表示了自己的态度, 其一, 对于孟子所言: 君若不能以礼

---

1 （明）张岱著, 朱宏达点校:《四书遇》, 浙江古籍出版社, 2017年, 第535页。

2 （明）张岱著, 朱宏达点校:《四书遇》, 浙江古籍出版社, 2017年, 第535页。

3 （明）张岱著, 朱宏达点校:《四书遇》, 浙江古籍出版社, 2017年, 第436页。

待臣，则臣不"为旧君服丧"，张岱溯其源，指出孟子此说出自子思，说明这不是孟子个人的狂悖之言，以此委婉地表达了对孟子之言的认同；其二，对于孟子所言："君之视臣如草芥，则臣视君如寇仇"，张岱则引丘毛伯之言，明确表示反对。可见，张岱对于孟子君臣论，反对与支持兼有，在张岱身上，臣为君尽忠的思想根深蒂固。

综上，张岱肯定孟子仁政论是切合战国时事的合理主张，并非迂阔之论；孟子的仁政不唯心，注意到了法令规矩的重要性；孟子的仁政举措完备，是有机的整体；但是对于孟子的君臣相对论，则持审慎态度，反对孟子"视臣如草芥，则臣视君如寇仇"论，反映了明清鼎革之际，明代遗民复杂的君臣情结。

小　结

张岱称赞孟子是道统的传承者，无孟子，道统必绝。与程朱陆王对孟子人性论的高度肯定相比，张岱则显得比较平和。他肯定了孟子四端说的正确性，称赞孟子正确地看到了人在现实社会中的改变，但是认为孟子所说性善是"习中之性"、是已发，未指向人性本源；孔子性相近论是"习前之性"、是未发，直指向人性本然，故孟子人性论不及孔子人性论浑融。张岱认为孟子是以情论性、以性论性、以命论性，但以情论性却只选择善良的情感为证，以性论性又未顾及"食色"之性，所以孟子人性论有偏颇。

张岱解释浩然之气，既承继了宋元诸儒及王阳明之说，而尤以承继王阳明之说为多。他认为浩然之气的本源是先天之气，本为物质属性，但经过集义养心，以道义涵育养护，克己制欲，即可转换物质生命而有浩然之精神气象。

张岱肯定孟子仁政论是切合战国时事的合理主张，并非迂阔之论；孟子的仁政不唯心，注意到了法令规矩的重要性；孟子的仁政举措完备，是有机的整体。但是对于孟子的君臣相对论，则持审慎态度，反对孟子"视臣如草芥，则臣视君如寇仇"论，反映了明清鼎革之际，明末遗民复杂的君臣情结。

由于张岱在文学、史学、思想等方面都有很高的造诣，所以他解读《孟子》，不仅从思想方面解析孟子之说，还从文章学方面分析《孟子》文本结构，又以史证《孟》。而在阐释方式上，体现出了这一时期质疑旧注、突出个性、注重现实等特点。

由于多借他人之口道自己之意，宗陆王，又吸收汇聚了明中后期学者之说以解《孟子》，所以张岱《四书遇·孟子》既有浓厚的阳明学印迹，又反映了晚明时期释孟著作的总体倾向。张岱主要吸收汇聚了以下明中后期学人之说：汤若士（汤显祖）、艾千子（艾南英）、项仲昭、徐玄扈（徐光启）、吴能天、吴因之（吴默）、杨复所（杨起元）、管登子（管志道）、徐敬弦、焦漪园、周海门（周汝登）、张宾王、牛春宇、李卓吾、清风氏、王凤州（王世贞）、董思白（董其昌）、丘月林、杨升庵（杨慎）、石竹林、徐子卿、宋羽皇、黄贞父、王阳明、陈眉公（陈继儒）、冯开之、姚承庵（姚舜牧）、杜静台、韩求仲、方孟旋（方应祥）、张元岵、董是彝、沈无回、陈眉公、罗仲素（罗从彦）、马君常、徐自溟、李崆峒、乔君求、王龙谿、季彭山、虞廷傲、周介生、李鹿园、张符九、冯尔庚、韩求仲、王弇州、薛方山、魏苍云、丘毛伯（丘兆麟）、于忠肃、章大力、袁石浦、徐子卿、成玉弦、顾泾阳、罗近溪、徐子卿、杨惟斗、邹肇敏、黄厚斋、李衷一、高文端、钟伯敬、方文伯、邹南皋、陆君启、陈定宇、赵希鹄、袁七泽、黄会稽、胡敬斋、陆庸成、张鼐（侗初）、焦漪园、谢象三，等等。在这些学人中，有些是王阳明、罗从彦、顾宪成、周汝登一类以思想建树闻名者，有些是汤若士（汤显祖）、艾千子（艾南英）一类以文学闻名者，还有一些普通的学人。这些学人生活的年代大多在明中后期。如此广泛地征引这些明人之说，尤其是博征明中后期学人之说，足见张岱对明中后期学人学说的熟稔，同时也说明张岱征引众说，不拘于学术领域，只要认为有助于理解孟子之说，都在征引之列。由于征引了众多明中后期学人之说，我们也可以说，《四书遇》是明中后期学人思想观念的大汇集。无心插柳柳成荫，由于张岱征引了众多明中后期学人之说，《四书遇》不仅对于校勘、考证明中后期人著述提供了依据，而且有些明人著述之言也赖此而使后人从中可以窥一斑。这恐怕真是出乎张岱意料之外的贡献了。

结语

明代孟学发展演进特征

在明朝近三百年的历史中，孟子虽然遭遇了早期的打压，但始终是屹立于明代学人心中的精神丰碑；《孟子》一直是人们阅读、学习的文化经典，家诵户弦。有明一朝，研究孟子者众多，阐释孟子思想学说的成果丰硕。

与明代多元文化发展的路径相应，孟学在明代的演进，既经历了早期文化专制下的贬抑、低迷，也经历了后来多元化的发展演变，明代孟学演进呈现出以下特征：

其一，孟子官方地位在明初遭遇朝廷贬抑，朝廷对孟子始终比较疏离。明朝初立，朱元璋认为孟子的民贵君轻论、放伐暴君论、君臣相互对论等，不利于其推行文化专制、实行封建集权，故罢孟子配享，又示意刘三吾删节《孟子》。元朝对孟庙的保护已经制度化，然而明朝立朝后长达一百多年的时间里，朝廷既没有出资对孟子庙进行任何修缮，也很少派官员前往祭奠，更没有制度性的保障措施，孟庙的保护和维修完全听任邹县地方官员自作自为。

其二，不同于明朝朝廷对孟子的疏离，明代学人普遍尊崇孟子，他们坚定捍卫孟子的文化地位。在明初中央朝廷打压孟子之时，钱唐为维护孟子的配享地位，抱着必死之心上疏朱元璋；游义生为保护《孟子》的完整，献出了自己的生命。在钱唐、游义生等明代学人的努力下，孟子配享旋废旋复;《孟子》全本也在永乐九年得以恢复。在明代朝廷对孟子庙的保护严重滞后的情况下,明代学人自发修缮孟子庙,虔诚拜谒孟子,并留下了数量惊人的咏赞孟子的诗文。与此同时,也有个别学人对孟子提出批评,李贽就认为孟子地位不及荀子,《孟子》其书不能尽信。

其三,明代孟学著述,前期较少,中期、后期大增。由于大多是为科举应试而作,所以明代孟学著述主要见于四书类,单行的《孟子》类著述较少。明代孟学著述方式更加多样化,在传统的文字解读之外,还有图谱类和年表类。明代孟学著述内容,以思想诠释为主,但也有文字名物、典章制度等的考据,在实学思潮影响下,明后期学者注重对《孟子》进行考据研究,明后期《孟子》考据著述逐渐增多,学人们从孟子生平、《孟子》文本校勘、音韵训诂、名物度数、文本辑佚等角度对孟子其人其书做了较为翔实的考证,其考据亦时有创见,其考据范式也影响到了清代《孟子》的考据研究。其中陈士元博采众说,对孟子生平事迹及《孟子》文本、名物、典章等进行了比较全面的考证,虽推崇赵岐、朱熹,但不迷信和盲从,敢于提出自己的见解,论证审慎,是明代孟子考据研究中有价值的著作。还有一些是从文学评点的角度观照《孟子》。

其四,与元代相同,明代孟学地域化特征非常明显,孟学著述多出自江浙、福建、江西地区的学人之手,其次为河北地区。从目前可考的明后期孟学著述学人的籍贯来看,集中在浙江、江苏、福建等地,但河北一地的人数比明中期明显增加,几与福建持平。

其五,明代孟学学术立场,前期、中期宗奉朱熹;自中期开始,人们不满于宗奉朱熹而造成的思想僵化,故也有辨朱、驳朱者;随着王阳明心学崛起,心学化解读成为明后期孟学的基本特征;明末张岱对《孟子》的解读则宗明人众家之说,其《四书遇·孟子》共引用了二百六十七位学人之说解孟,既有浓厚的阳明学印迹,又反映了晚明时期释孟著作的总体倾向。

其六，明代学人对孟子思想的解读，心性论是重心，知言养气、王道论次之。

明人对孟子心性论的解读有以下特点：

其一，追溯孟子心性说的来源，明人的观点有大同，亦有小异。大同表现在他们一致认为孟子心性论承自以孔子为代表的先圣、先贤的"灼然之见"。小异表现在：或以为承自孔子"性相近"；或以为承自孔子"系《易》言：'一阴一阳之谓道，继之者善，成之者性'"；或以为孔子、子思之说是近源，但远源却在尧舜、成汤，因为有舜有"人心惟微，道心惟危"之论，成汤有"惟皇上帝，降衷于下民。若有恒性，克绥厥猷惟后"之说，将孟子心性论之源推溯到更早，既昭示孟子心性说的正统性，也强调了孟子性善说与中华文化的同源性。

其二，与元人一致肯定孟子心性说的正确性不同，明代学人于此有争议。有一些学人认为孟子人性论有"不备"之失。薛瑄等承程朱之说，认为孟子心性论只论性，未论气，所以不备；王阳明以自己的心性论审视孟子的心性之说，认为孟子没能认识到气性"不可分"，所以其性善说虽见心性之本，但只见得大概；张岱承王阳明之说，认为孟子以性论性、以情论性，但论情只偏向善情，忽略恶情，故孟子性论不完美，也不及孔子人性论浑融；李贽认为没有绝对、唯一的善，孟子只以善为人性，陷入了绝对、"定死法"。与薛瑄、王阳明、张岱、李贽不同，吕柟、罗汝芳等则认为孟子人性中本已涵有气质之性，所以并无"不备"的问题。

其三，明代学人对孟子心性论关注的重心，一在于如何正确认识孟子心性论，二在于养心、存心的体察工夫。因而孟子"道性善，言必称尧舜"，"言性，则故"，"四心""四端"受到关注。明代学人认为孟子是依故求性，但对"故"的认识又有分歧，吕柟等以为"故"就是"已然"之迹；高攀龙以为"故"是原本如此，强调认识人性当求其本然；张岱却认为是孟子所说之性是"习中之性"；王阳明远绍孟子心性论，创造性地提出"致良知"之说，并且在孟子"四端"中特别注重"是非之心"，以"是非之心"为良知的本质规定，还赋予了良知新内涵。良知，不仅是道德意识、道德情感的统一，还是道德判断和道德评价的理性原则，良知监督、提醒和指导着人们的意念活动，使人们能够自觉、自主、自律地是其所是而恶其当恶。

其四，关于孟子心性论论题中的"人禽之辨"，明代有学人做出与孟子原意不同的解释。如高攀龙认为人禽同禀五行之气而生，故都本有仁义品性，人禽之别在于有无"明察"之能，禽兽无"明察"之能，所以只能是"蠢然一物"。高攀龙将人禽之别只定在"思"与"明察"，显然有违孟子本意。

关于孟子知言养气论，明儒的关注度不及孟子心性论，且多承袭宋元诸儒之说：认为浩然之气为生命物质属性与精神道德属性的合一，以道德涵养所至。浩然之气源自天地正气，"知言""持志""集义""无忘""无助长"等，俱是养气工夫。强调"集义"，重视"知言"，有学人认为知言就是知理、知心。与宋儒普遍认为"养浩然之气"是孟子创造性贡献不同，明儒吕柟认为这正是孟子不及孔子之处，孟子养气说有缺陷，其养气工夫"集义"论就不及《中庸》"致曲"工夫精密。

关于孟子王道论，明代学人一致认为这是孟子"真有大功于天下万世"之论，其功不输于禹平治洪水以救苍生，是利民之"真经济"；王霸俱行仁，但王道是真心行仁，而霸者则是假意为仁；王霸之别是天理、人欲之别，孟子尊王道而贬霸道，就是要"扩天理"，而"遏人欲"。针对前人视孟子仁政论"迂阔"之说，明人认为孟子仁政王道论是切合战国时事的合理主张，并非迂阔。蔡清以时、理、势论"为孟子洗刷了'迂远而阔于事情'（《史记·孟子荀卿列传》）的污名"。[1]明儒对于孟子君臣论

1　孙宝山：《论蔡清的四书学诠释》，《中国哲学史》，2016年，第4期，第55页。

都持审慎立场，认为孟子此说只可以警醒君主，但不能成为臣子行为准则。明清鼎革之际，孙奇逢认为孟子君臣相对论不过是警醒君主以格君心之正，淡化了孟子思想的激进色彩。张岱明确反对孟子"视臣如草芥，则臣视君如寇仇"论。王阳明认为名物训诂、辞章之学是王道不兴的原因之一，将王霸的此消彼长与学术联系在一起，主张"致良知"，且下贯于事事物物的实学，反对徒腾口说。

关于孟子井田论，明代学人的讨论相对较少，基本观点与宋人相同。吕柟认为孟子主张实行井田制，目的是要均田，但要均田，董仲舒的限田法与唐代的"口分世业法"优于孟子井田制。蔡清认为孟子对井田、税制的认识并不十分清楚和准确；张岱认为孟子维护井田制、学校，就是要维护先王之法，但推行井田，不能死守图册式地执行。

明人对孟子思想的阐释，有对前人之说的继承，也有因应时代的创新和新见，彰显出明代思想学术发展的基本脉络。

附录一

元代孟学著述简表[1]

序号	著者	著者籍贯	著述	存佚	研究方法[2]
1	江恺	江西婺源	四书讲义	佚	不详
2	胡仲云	江西高安	四书管窥	佚	不详
3	龚霆松	江西贵溪	四书朱陆会同注释	佚	不详
			四书朱陆会同注释又会要	佚	不详
4	董鼎	江西鄱阳	四书疏义	佚	不详
5	周焱	江西吉水	四书衍义	佚	不详
6	陈焕	江西丰城	四书补注	佚	不详
7	曾子良	江西金溪	四书解	佚	不详
8	赵悳	江西	孟子集注笺义	存	考据
			四书笺义十二卷	存	考据
			大学论语孟子笺义纪遗一卷	存	考据
			四书笺义续遗一卷	存	考据
9	胡炳文	江西婺源	四书通	存	义理
			四书辨疑	佚	不详
10	刘霖	江西安福	四书纂释	佚	不详

---

1 按:《元代孟学著述简表》《明代孟学著述简表》由河南科技大学殷陆陆老师审核,特此表示感谢。

2 按:表中所言研究方法,指该著述的主要研究、解说方式,标"义理"者,即是指该著述的研究方式是以义理为主,但不排除兼有考据;标"考据"者,即是指该著述的研究方式是以考据为主,但不排除兼有义理阐释。文后其他表格同类者皆是如此,后不再赘述。

续表

序号	著者	著者籍贯	著述	存佚	研究方法
11	詹道传	江西临川	四书集注纂笺	存	考据
12	刘将孙	江西庐陵	孟子二论	存	义理
13	王义山	江西丰城	孟子讲义	存	义理
14	严肃	江西崇仁	四书言仁录	佚	不详
15	李恕	江西庐陵	论孟旁注	未见	不详
16	王充耘	江西吉水	四书经疑贯通	存	义理
17	解观	江西吉水	四书大义	佚	不详
18	包希鲁	江西进贤	点四书凡例	未见	不详
19	程复心	江西婺源	孟子年谱	存	考据、义理
			四书章图隐括总要	佚	不详
20	吴存	江西鄱阳	四书语录	佚	不详
21	萧镒	江西临江	新编四书待问	存	义理
22	祝尧	江西上饶	四书明辨	佚	不详
23	涂溍生	江西宜黄	四书断疑	未见	不详
24	胡一桂	江西婺源	四书提纲	佚	不详
25	汪炎昶	江西婺源	四书集疏	未见	不详
26	汪九成	安徽新安	四书类编	佚	不详
27	张存中	江西婺源	孟子集注通证	存	考据、义理
28	袁俊翁	江西袁川	四书疑节	存	义理
29	曾贯	江西泰和	四书类辨	佚	不详
30	朱公迁	江西乐平	四书通旨	存	义理
			四书约说	未见	不详
31	吴迁	江西浮梁	论孟类次	佚	不详
			论孟集注附录	佚	不详
			读孟子法	佚	不详
			论孟众记	佚	不详
			孟子冢记	佚	不详
			孟子年谱	佚	不详
32	朱本	江西富州	四书皇极经世太极图通书解	未见	不详
33	桂本	江西贵溪	四书通义	佚	不详
34	郑朴翁	浙江平阳	四书指要	未见	不详
35	丘渐	浙江黄岩	四书衍义	佚	不详
36	吴梅	浙江丽水	四书发挥	佚	不详

续表

序号	著者	著者籍贯	著述	存佚	研究方法
37	卫富益	浙江崇德	四书考证	佚	不详
38	梁志道	浙江临海	四书通纪	佚	不详
39	何逢原	浙江分水	四书解说	佚	不详
40	陈绍大	浙江黄岩	四书辨疑	佚	义理
41	王文焕	浙江松阳	中庸孟子解	未见	不详
42	牟楷	浙江黄岩	四书疑义	佚	不详
43	林处恭	浙江临海	四书指掌图	佚	不详
44	邵大椿	浙江寿昌	四书讲义	佚	不详
45	戴表元	浙江奉化	孟子讲义	存	义理
46	梅宽夫	浙江缙云	论孟学庸讲义	未见	不详
47	金履祥	浙江兰溪	孟子集注考证	存	考据、义理
			孟子性命章讲义	存	义理
48	许谦	浙江金华	读孟子丛说	存	义理
49	戚崇僧	浙江金华	四书仪对	佚	不详
50	陈刚	浙江平阳	四书通辨	未见	不详
51	王桂	浙江东阳	四书训诂	未见	不详
52	蒋玄	浙江东阳	四书笺惑	未见	不详
			四书述义通	未见	不详
53	马莹	浙江建德	四书答疑	佚	不详
54	吴莱	浙江浦江	孟子弟子列传	佚	不详
55	陈樵	浙江东阳	四书本旨	未见	不详
56	孔士璘	浙江平阳	四书讲义	佚	不详
57	胡一中	浙江诸暨	四书集笺	未见	不详
58	李序	浙江东阳	四书新说	未见	不详
59	赵次诚	浙江乐清	四书考义	未见	不详
60	史伯璇	浙江平阳	四书管窥	存	义理
61	朱谧	浙江永嘉	四书述义	未见	不详
62	孟梦恂	浙江黄岩	四书辨疑	未见	不详
63	杨维桢	浙江诸暨	四书一贯录	佚	不详
64	吴成大	浙江瑞安	四书图	佚	不详
65	陈普	福建宁德	孟子纂图	佚	义理
			四书句解钤键	佚	不详
			四书讲义	存	义理

序号	著者	著者籍贯	著述	存佚	研究方法
66	祝洙	福建崇安	四书集注附录	未见	不详
67	黄仲元	福建莆田	四书讲稿	存	义理
68	熊禾	福建建阳	四书集注标题	存	义理
69	郭陞	福建长乐	四书述	佚	不详
70	李应龙	福建光泽	四书讲义	未见	不详
71	欧阳优	福建长乐	四书释疑	佚	不详
72	黄清老	福建邵武	四书一贯	未见	不详
73	陈尚德	福建宁德	四书集解	未见	不详
74	傅定保	福建南安	四书讲稿	未见	不详
75	冯华	福建闽县	四书直解	未见	不详
76	韩信同	福建宁德	四书标注	佚	不详
77	黄宽	福建福宁	四书附纂	佚	不详
78	丘葵	福建同安	四书日讲	佚	不详
79	林重器	福建莆田	四书要典	未见	不详
80	陈天祥	河北邢台	四书选注	佚	不详
			四书集注辨疑	存	义理
81	张淳	河南南乐	四书拾疑	未见	不详
82	许衡	河南河内	孟子标题	佚	不详
83	王恽	河南汲县	读孟子或问	存	义理
84	薛大猷	河南汤阴	四书讲义	佚	不详
85	白居敬	河南登封	四书集注附说	未见	不详
86	何文渊	河南	四书文字引证	未见	不详
87	陈栎	安徽休宁	四书发明	未见	不详
			四书考异	未见	不详
			孟子答问	存	义理
88	倪士毅	安徽休宁	孟子辑释	存	义理
89	刘剡	安徽	四书通义	佚	不详
90	杜瑛	河北信安	语孟旁通	佚	不详
91	张翌	四川灌县	四经归极	未见	不详
92	边昌	江苏	四书节义	佚	不详
93	夏侯尚玄	江苏华亭	原孟	未见	不详
94	徐达左	江苏吴县	孟子内外篇	佚	不详

序号	著者	著者籍贯	著述	存佚	研究方法
95	刘因	河北容城	四书集义精要	存	义理
			小学四书语录	佚	不详
96	安熙	河北藁城	四书精要考异	佚	不详
97	瞻思	河北真定	四书阙疑	佚	不详
98	林起宗	河北内丘	中庸大学论语孟子诸图	未见	不详
99	石鹏	山西忻州	四书家训	佚	不详
100	冯珵	陕西泾阳	四书中说	未见	不详
101	岳崧	陕西合阳	四书注	佚	不详
102	蒲道源	陕西兴元	解孟子	存	义理
103	薛延年	陕西临汾	四书引证	佚	不详
104	萧元益	湖南安仁	四书演义	佚	不详
105	欧阳玄	湖南浏阳	论孟经疑二问	存	义理
106	李昶	山东东平	孟子权衡遗说	存	义理
107	何异孙	不详	四书问对	存	考据
108	何安子	不详	四书说	佚	不详
109	刘彭寿	不详	四书提要	佚	不详
110	马豫	不详	四书辑义	佚	不详
111	赵迁	不详	四书问对	佚	不详
112	王珪	不详	四书道统	佚	不详
113	王皞	不详	四书纂要	佚	不详
114	宋绶	不详	四书辅注	佚	不详
115	李公凯	不详	附音傍训句解孟子	存	考据
116	脱脱	蒙古蔑儿乞部	读晦庵孟子集解衍义	存	义理
117	黄渊	不详	四书讲汇	未见	不详
118	不详	不详	朱真四书	佚	不详
119	不详	不详	朱张四书	佚	不详
120	不详	不详	四书纂疏	佚	不详
121	不详	不详	四书通证	佚	不详
122	不详	不详	四书通义	佚	不详
123	不详	不详	四书详说	佚	不详
124	不详	不详	四书释要	佚	不详
125	不详	不详	四书提要	佚	不详
126	不详	不详	四书辨疑	佚	不详

续表

序号	著者	著者籍贯	著述	存佚	研究方法
127	不详	不详	孟子通解	佚	不详
128	不详	不详	孟子衍义	佚	不详
129	不详	不详	孟子思问录	未见	不详
130	不详	不详	孟子旁解	佚	不详
131	不详	不详	四书集注	佚	不详
132	不详	不详	四书附录	佚	不详
133	不详	不详	读晦庵孟子集解衍义	存	义理
134	不详	不详	魁本大字详音句读孟子二卷	存	考据

附录二

明代孟学著述简表

（一）明前期孟学著述简表

序号	著者	籍贯	著述	存佚	研究方法
1	朱升	安徽休宁	四书旁注	未见	不详
2	蒋允汶	浙江永嘉	四书纂类	未见	不详
3	陶宗仪	浙江黄岩	四书备遗	佚	不详
4	王逢	江西乐平	四书通义	未见	不详
5	何英	江西乐平	四书释要	未见	不详
6	景星	浙江余姚	四书集说启蒙	未见	不详
7	郑济	福建闽县	四书讲解	未见	不详
8	赵新	浙江乐清	四书说约	佚	不详
9	曹端	河南渑池	四书详说	存	义理
10	邓林	广东新会	四书补注备旨	存	不详
11	叶仪	不详	四书直说	未见	不详
12	张宣	不详	四书点本	未见	不详
13	王廉	丽水	四书详说	未见	不详
14	刘三吾	湖南茶陵	孟子节文	存	义理
15	冉庸	不详	四书精华	佚	不详
16	张洪	不详	四书解义	未见	不详
17	黄鼎	不详	四书精义	未见	不详
18	刘醇	不详	四书解疑	未见	不详
19	朱谧	不详	四书述义	未见	不详
20	胡广	江西吉安	四书大全	存	义理
21	张文选	浙江永嘉	四书训解	佚	不详

序号	著者	籍贯	著述	存佚	研究方法
22	郭恕	不详	四书一得	佚	不详
23	杨范	浙江宁波	四书直说	未见	不详
24	张楷	浙江慈溪	四书稧秕	佚	不详
25	杨琦	福建建安	四书辨疑	未见	不详
26	周洪谟	四川长宁	疑辨录	存	考据、义理

（二）明中期孟学著述一览表

序号	著者	籍贯	著述	存佚	研究方法
1	周灏	福建邵武	四书精解	未见	不详
2	李果	河北广平	四书音考	未见	不详
3	王宇	福建	四书也足园初告	存	义理
4	杨守陈	浙江鄞县	四书私抄	存	考据、义理
5	尹直	江西泰和	明良交泰录	存	考据、义理
6	沈玤	浙江平湖	四书口义	未见	义理
7	陈琛	福建晋江	四书浅说	存	义理
8	周宾	江西安福	四书音考	未见	考据
9	董蠡	江苏常熟	四书经疑问对	未见	考据
10	卢翰	安徽颍州	四书中说	存	不详
11	蔡清	福建晋江	四书蒙引	存	考据、义理
			四书图史合考	存	考据
12	王云凤	山西和顺	四书私记	未见	不详
13	吴珽	不详	四书订疑	未见	不详
14	朱绶	陕西南郑	四书补注	未见	不详
15	潘府	上虞驿亭	四书传注正	未见	不详
16	周寅	浙江嘉兴	四书音考	佚	不详
17	廖纪	海南万宁	四书管窥	缺《孟》	不详
18	童品	不详	四书旁训	未见	不详
			孟子编类	未见	不详
			邹书	未见	不详
19	刘龙	山西襄垣	四书讲义	未见	不详
20	湛若水	广东增城	古本四书训测	存	不详
21	熊熙	不详	四书管天	佚	不详

序号	著者	籍贯	著述	存佚	研究方法
22	冯珵	不详	四书发微	佚	不详
23	瞿景淳	江苏常熟	四书经筵直解	存	不详
24	丁徵	不详	四书讲义	佚	不详
25	王侗	不详	四书批点	未见	不详
26	颜晔	浙江上虞	四书证疑	未见	不详
27	吕柟	陕西高陵	四书因问	存	义理
28	王大用	不详	四书道一编	未见	不详
29	王渐逵	广东番禺	四书迩言	未见	不详
30	史于光	福建泉州	四书解	未见	不详
31	林希元	福建同安	四书存疑	存	义理
32	郑佐	不详	四书语录	佚	不详
33	刘浚	不详	孔颜孟三氏志	存	不详
34	季本	浙江会稽	四书私存	存	不详
			孔孟事迹图谱	存	考据
35	高尚贤	河南新郑	四书精意	佚	不详
36	周华	福建莆田	四书集说	存	义理
37	陶廷奎	浙江山阴	四书正学衍说	存	义理
38	董穀	浙江海盐	碧里疑存	存	义理
39	徐献忠	江浙地区	四书本义	未见	义理
40	唐枢	浙江归安	四书问录	未见	不详
41	陈祥麟	福建莆田	四书正蒙	未见	不详
42	朱润	浙江宁波	四书通释	未见	不详
43	廖暹	不详	四书测	未见	不详
44	陆鳌	不详	四书标指	未见	不详
45	黄光升	福建泉州	四书纪闻	未见	不详
46	薛甲	江苏江阴	四书正义	未见	不详
47	薛应旂	江苏常州	四书人物考	存	考据
48	马森	河北怀安	四书口义	未见	不详
49	梁格	山西稷山	四书古义补	未见	不详
50	吕元善	浙江海盐	三迁志	存	考据
51	唐鹤征	江苏武进	宪世编	存	义理
52	濮阳涞	安徽广德	四书贞义	未见	不详

续表

序号	著者	籍贯	著述	存佚	研究方法
53	王复春	福建晋江	四书疑略	未见	不详
54	莫如忠	上海华亭	四书程朱绎旨	未见	不详
55	王材	江西抚州	四书石堂附语	未见	不详
56	何心隐	江西吉安	四书究正注解	佚	不详
57	高拱	河南新郑	四书辩问录	存	义理
58	李逊	江西新建	四书质疑	佚	不详
59	张居正	湖北江陵	四书直解	存	义理
60	阴秉阳	河南卫辉	四书赘说	未见	不详
61	李先芳	山东濮州	四书汉注疏引	未见	不详
62	王樵	江苏金坛	四书绍闻编	存	义理
63	罗汝芳	江西南城	四书一贯编	存	义理
64	陈士元	湖北应城	孟子杂记	存	考据
65	孙应鳌	贵州清平	四书近语	存	义理
66	邹泉	江苏常熟	四书折衷	存	义理
67	徐爌	不详	四书初问	缺《孟》	义理
68	丘橓	山东诸城	四书摘训	未见	义理
69	黄襄	福建南安	四书集说	未见	不详
70	李文缵	福建南安	四书口授	未见	不详
71	林士元	福建闽县	孟子衍义	未见	不详
72	杨时乔	江西上饶	四书古今四体全书集注	存	义理
			四书古今文注发	存	义理
73	薛东海	不详	四书解醒	佚	不详
74	管大勋	浙江鄞县	四书三说	未见	不详
75	方学渐	安徽桐城	性善绎	存	义理
76	李栻	江西南昌	孟子道性善编	未见	不详
77	李鼎	浙江山阴	孟子诂	未见	不详
78	万表	安徽定远	四书参考	未见	不详
			孟子摘义	未见	不详
79	苏濂	山东濮州	四书通考补遗	未见	不详
80	王述古	河南禹州	四书屑考	存	考据
81	李贽	福建泉州	李氏说书	存	义理
			四书评	存	义理
			四书参	存	义理

序号	著者	籍贯	著述	存佚	研究方法
82	徐渭	浙江山阴	四书解	未见	不详
83	章一阳	浙江金华	金华四先生四书正学渊源	缺《孟》	不详
84	管志道	江苏太仓	孟子订测	存	义理
85	黄焜	湖北咸宁	真珠船	存	考据
86	金瑶	安徽休宁	四书疑	存	义理
87	陈禹谟	浙江杭州	经言枝旨	存	义理
			四书名物考	存	考据
			经籍异同	存	义理
88	林兆恩	福建莆田	四书正义	存	义理
			四书正义续	存	义理
89	刘元卿	江西萍乡	四书宗解	未见	不详
90	沈懋嘉	浙江平湖	四书说璞	未见	不详
91	赵台鼎	蜀人	四书脉望	未见	不详
92	樊问仁	不详	四书心旨	佚	义理
93	李经纶	江西南丰	四书浴鉴篇	未见	不详
94	程嗣光	不详	四书讲义	未见	不详
95	杨世恩	不详	四书训录	未见	不详
96	朱篁	不详	四书启钥	未见	不详
97	郑维岳	福建晋江	四书知新日录	存	义理
98	张纶	安徽宣城	四书原	未见	不详
99	王觉	江苏江阴	四书明旨	存	义理
100	饶彝	江西抚州	四书辑训	未见	不详
101	陈履祥	不详	四书翼	未见	不详
102	管一德	江苏常熟	四书参同	存	义理
103	朱焯	福建邵武	注解四书人物考	未见	不详
104	姚舜牧	江苏乌程	四书疑问	存	义理
105	周汝登	浙江嵊县	四书宗旨	未见	不详
106	邹元标	江西吉水	四书讲义	存	义理
107	章世纯	江西临川	四书留书	存	义理
108	刘剡	安徽休宁	四书通义	未见	不详
109	郑晓	浙江海盐	四书讲意	未见	不详
110	杨起元	广东归善	四书眼	存	义理

序号	著者	籍贯	著述	存佚	研究方法
111	苏濬	福建晋江	四书镜	未见	不详
			苏先生四书儿说	存	义理
112	王豫	江苏乌程	四书识大录	未见	不详
			孟子尊周辨	未见	不详
113	钱大复	上海松江	四书证义合编	存	义理
114	胡正心胡正言	安徽休宁	四书定本辨正	存	考据
115	于孔兼	江苏金坛	四书大指	未见	不详
116	李廷机	福建晋江	四书口义	存	义理
			四书垂世宗意	存	义理
117	范谦、刘楚元、余继登	范刘不详余继登：河北交河	二刻礼部增订正四书合注篇主意	存	义理
118	戴文仲	不详	四书考	存	义理
119	刘凤翔	不详	四书鞭影	存	义理
120	徐即登	江西丰城	四书正学辑要	未见	不详
121	黄耳鼎	湖北蕲水	四书图要	存	考据、义理
122	张位	江西南昌	四书人物考	存	考据
123	辛全	山西绛州	四书说	存	义理
124	王应乾	江苏睢宁	四书若解篇	未见	不详
125	马来远	浙江嘉兴	四书最胜藏	存	义理
126	区大伦	广东高明	区子四书翼	存	义理
127	游逊	江西婺源	麻沙新刊会通古今四书说筌	存	义理
128	归学周	江苏虞山	四书考编修饰	存	不详
129	林散	不详	四书说剩	存	义理
130	王纳谏	江苏江都	四书翼注	存	义理、考据
			四书醒言	存	义理、考据
131	史仲宏	安徽桐城	四书汇解	存	义理

（三）明后期孟学著述一览表

序号	著者	籍贯	著述	存佚	研究方法
1	牛应元	陕西泾阳	四书质言	存	不详
2	卢一诚	福建福清	四书讲述	存	义理
			四书便蒙讲述	存	义理
3	冯从吾	陕西长安	四书疑思录	存	义理
			读孟子（上下）	存	义理
4	郝敬	湖北京山	四书摄提	存	义理
			四书制义	存	义理
			四书杂言	存	义理
			读孟子	存	义理
			孟子遗事	存	考据
			孟子说解	存	义理
5	赵宧光	江苏常熟	语孟敷言	存	义理
6	葛寅亮	浙江钱塘	四书湖南讲	存	义理
7	陈懿典	不详	孟子贯义	存	义理
8	万尚烈	江西南昌	四书测	存	义理
9	郭伟	福建泉州	新镌皇明百大家总义四书正新录	存	义理
			四书约旨	未见	不详
			四书镜	未见	不详
			四书答	未见	不详
			四书案	未见	不详
			四书中兴	未见	不详
			四书丹篆	未见	不详
10	王肯堂	江苏金坛	四书义府	存	义理
11	顾宪成	江苏无锡	四书讲义	存	义理
			语孟说略	存	不详
12	王守诚	河南篙县	四书翼传三义	存	义理
13	焦竑	山东日照	焦氏四书讲录	存	义理
14	王梦简	山西	四书征	存	不详
15	方应祥	浙江衢州	四书代言	存	义理
16	汤宾尹	安徽宣州	四书脉	存	义理
			新镌汤霍林先生秘笥四书金绳	存	义理
17	徐奋鹏	江西临川	四书近见录	存	义理
			重刻四书续补便蒙解注	存	义理
			笔洞生后悟（孟子）	存	义理

续表

序号	著者	籍贯	著述	存佚	研究方法
18	张汝霖	浙江绍兴	新锲南雍会选古今名儒四书说苑	存	义理
			四书荷珠录	存	义理
19	叶秉敬	浙江衢州	四书论	存	义理
			读书三十八解	存	义理
20	胡文焕	江西婺源	新刻四书图要	存	考据
21	孙慎行	江苏武进	玄晏斋困思抄	存	考据、义理
22	史记事	陕西渭南	四书疑问	未见	不详
23	张以诚	上海松江	新刻七翰林纂定四书主意定本	存	义理
24	林茂槐	福建福清	四书正体	未见	不详
			校定四书句读	存	考据
			四书音义	存	考据
25	顾起元	江苏南京	读孟私笺	未见	不详
			批点四书文	存	义理
26	高攀龙	江苏无锡	四书讲义	存	义理
			高子讲义	存	义理
27	戴君恩	湖南澧州	绘孟	存	义理
28	柴寅宾	河南长垣	四书庭训	存	义理
29	赵师尹	江西九江	四书正音	未见	不详
30	沈守正	浙江钱塘	四书说丛	存	义理
31	冯梦龙	江苏苏州	四书指月	存	义理
32	寇慎	陕西同官	四书酌言	存	义理
33	陈一经	不详	四书大全纂	存	义理
34	樊良枢	江西进贤	四书参解	存	义理
			四书辩证	存	义理
35	毛尚忠	浙江嘉善	四书会解	存	义理
36	陈臣忠	福建莆田	四书集意	存	义理
37	庄元臣	浙江归安	四书觉参符	存	义理
38	顾锡畴	江苏昆山	四书详说	存	考据
39	项煜	江苏吴县	三太史汇纂四书人物类考	存	考据
40	陈组绶	江苏常州	四书副墨	存	考据
41	张京元	江苏泰兴	寒灯随笔	存	义理
42	施凤来	浙江平湖	四书携囊集	未见	义理
43	陆键	浙江平湖	四书传翼	未见	义理

序号	著者	籍贯	著述	存佚	研究方法
44	来斯行	浙江萧山	四书小参	存	义理
			四书问答	存	义理
45	殷大白	不详	四书副墨	佚	义理
46	宋凤翔	浙江秀水	四书证学录	存	义理
47	鹿善继	河北定兴	四书说约	存	义理
48	洪启初	福建英都	四书翼笺	存	义理
49	许獬	福建同安	四书合喙鸣	存	义理
			四书崇熹注解	存	义理
50	钟惺	湖北竟陵	诠次四书翼考	存	考据
			增订四书人物聚考	存	考据
51	黄尊素	浙江余姚	四书针	存	义理
52	吴继仕	广东潮州	四书引经节解图考	存	义理
53	黄智	不详	四书讲义	佚	不详
54	唐汝谔	上海华亭	四书微言	存	义理
55	陈荣选	福建同安	四书私旨	未见	不详
56	黄汝亨	浙江钱塘	论孟语录	存	义理
57	朱斯行	不详	四书小考	存	考据
58	邹隆	不详	四书引经纂	存	义理
59	薛寀	江苏常州	四书杂考	存	考据
60	孙肇兴	山东东昌	四书约说	存	义理
			四书题说	存	义理
61	杨松龄	不详	四书广炬订	存	义理
62	戴宫华	不详	四子书尘言	存	义理
63	陈际泰	江西临川	四书读	存	义理
64	许有声	河北枣强	四书独证	存	义理
65	姚光祚	江苏吴县	四书吾学望洋编	存	义理
66	王廷煜	江苏无锡	四书音释	存	考据
67	马广軨	不详	四书读	未见	不详
			四书提钩	未见	不详
68	张嘉猷	不详	四书不倦录	未见	不详
69	张嵩	浙江海宁	四书说乘	未见	不详
70	商惠	浙江金华	四书问答	未见	不详
71	陆弘铭	不详	四书汇解	未见	不详
			四书演注	未见	不详

续表

序号	著者	籍贯	著述	存佚	研究方法
72	姚子凤	不详	四书粹言	未见	不详
73	李竑	不详	求己斋说书	存	义理
74	韩宗琦	不详	四书庭训	未见	不详
75	张睿卿	浙江归安	四书释义	未见	不详
			四书语录	未见	不详
76	张维机	福建晋江	四书永业	存	义理
77	潘游龙	湖北松滋	四书申注	存	义理
78	陈仁锡	江苏长洲	四书语录	未见	不详
			四书析疑	未见	不详
			四书析义	存	义理
			四书人物备考	存	考据
			四书考	存	考据
			四书考异	未见	不详
79	华允诚	江苏无锡	四书大全纂补	未见	不详
80	鲁论	江西新城	四书通义	存	义理
81	谭贞默	浙江嘉兴	三经见圣编	存	义理
			孟子编年略	存	考据
82	张岱	浙江山阴	四书遇	存	义理
83	张溥	江苏太仓	四书纂注大全	存	义理
			汇订四书人物名物经文合考	存	考据
			四书尊注大全	存	考据
			四书字句辨疑	存	考据
			四书备考	存	考据
84	董懋策	浙江上虞	孟子解	存	义理
85	叶树声	浙江长兴	四书微响	未见	不详
86	桑拱阳	山西蒲州	四书则	存	义理
87	乔中和	不详	图书衍	存	义理
88	申嘉胤	河北永年	四书铎	未见	不详
89	杨以任	江西瑞金	四书遗旨	存	义理
90	陈天定	福建龙溪	慧眼山房说书	存	义理
91	张尔祯	河北容城	四书事实	未见	不详
92	黄淳耀	上海嘉定	四书大旨	存	义理
93	徐养元	河北唐山	四书集说	存	义理

续表

序号	著者	籍贯	著述	存佚	研究方法
94	徐学颜	浙江永康	四书日衷	未见	不详
95	易道暹	湖北黄冈	四书内外传	未见	不详
96	侯君擢	河北成安	四书肤见	未见	不详
97	李凤翔	河北束鹿	四书释义	未见	不详
98	贾明孝	不详	四书救弊编	未见	不详
99	张云鹭	不详	四书经正录	存	义理
100	徐邦佐	浙江钱塘	四书经学考	存	考据
101	杨琦	福建建安	四书辨疑	未见	不详
102	陈鹏霄	浙江山阴	四书经学续考	存	考据
103	杨彝	江苏常熟	四书大全节要	未见	不详
104	顾梦麟	江苏太仓	四书十一经通考	存	考据
			四书说约	存	义理
105	宋继澄	山东莱阳	四书正义	存	义理
106	倪晋卿	不详	四书大全纂	存	义理
107	葛承杰	浙江黄岩	四书新义	未见	不详
108	张自烈	江西	四书大全辨	存	义理
109	吴苍舒	不详	四书图考	未见	不详
110	史以征	不详	四书汇解	存	义理
111	白翔	不详	四书群言折衷	存	义理
112	何磻	不详	四书补注	存	义理
113	何磻、屈大均	不详	四书考	存	考据
114	朱心	浙江菱湖	四书衍注	未见	不详
115	傅维麟	河北灵寿	四思堂说书	存	义理
116	陆在新	江苏长洲	四书定解	存	义理
117	余应虬	福建建阳	四书翼经图解	存	义理
118	张振渊	浙江仁和	四书说统	存	义理
119	陈子龙	上海松江	华亭卧子说书文笺	存	考据
120	王逢元	江苏南京	四书叩心说录	存	义理
121	余之祥	北京宛平	四书宗旨要言	存	义理
122	蒋方馨	不详	镌张苏两大家四书讲义合参	存	义理
123	佚名	不详	新增会讲分节四书活套刊误	存	考据
124	佚名	不详	四书归一集	存	不详

参考文献

（仅以本书征引为限）

古籍

（汉）司马迁撰，（南朝宋）裴骃集解，（唐）司马贞索隐，（唐）张守节正义：《史记》，中华书局，1982年。

（三国）陈寿：《三国志》，中华书局，1964年。

（梁）萧子显：《南齐书》，中华书局，1972年。

（唐）徐坚：《初学记》，中华书局，1962年。

（唐）魏徵等撰：《隋书》，中华书局，1973年。

（后晋）刘昫等撰：《旧唐书》，中华书局，1975年。

（宋）薛居正等撰：《旧五代史》，中华书局，1976年。

（宋）胡宿：《文恭集》，文渊阁《四库全书》影印本。

（宋）司马光等撰：《资治通鉴》，中华书局，1956年。

（宋）周敦颐：《周敦颐集》，中华书局，1990年。

（宋）苏辙：《孟子解》，《丛书集成》初编本，中华书局，1985年。

（宋）黄庭坚著，刘琳等点校：《黄庭坚全集》，中华书局，2021年。

（宋）朱熹：《论孟精义》，文渊阁《四库全书》影印本。

（宋）朱熹：《四书章句集注》，中华书局，2011年。

（宋）黎靖德编，王星贤点校：《朱子语类》，中华书局，1986年。

（宋）张淏撰，李国强整理：《云谷杂记》，大象出版社，2019年。

（宋）王柏：《鲁斋集》，文渊阁《四库全书》影印本。

（元）许衡：《鲁斋遗书》，文渊阁《四库全书》影印本。

（元）陈天祥：《四书辨疑》，文渊阁《四库全书》影印本。

（元）陈普：《石堂先生遗集》，《续修四库全书》，上海古籍出版社，2002年。

（元）刘因：《静修集》，文渊阁《四库全书》影印本。

（元）金履祥：《论孟集注考证》，文渊阁《四库全书》影印本。

（元）金履祥：《仁山文集》，文渊阁《四库全书》影印本。

（元）吴澄：《吴文正集》，文渊阁《四库全书》影印本。

（元）胡炳文：《四书通·孟子通》，文渊阁《四库全书》影印本。

（元）詹道传：《四书纂笺·孟子纂笺》，文渊阁《四库全书》影印本。

（元）程复心：《孟子年谱》，《学海类编》，上海涵芬楼，1920年。

（元）许谦著，蒋金德点校：《读四书丛说·读孟子丛说》，浙江古籍出版社，2015年。

（元）吴师道著，邱居里、邢新欣点校：《吴师道集》，浙江古籍出版社，2012年。

（元）脱脱等撰：《宋史》，中华书局，1985年。

（元）詹道传：《四书纂笺·孟子纂笺》，文渊阁《四库全书》影印本。

（明）宋濂等撰：《元史》，中华书局，1976年。

（明）解缙：《明经世文编》，明崇祯平露堂刻本。

（明）胡广等纂修，周群、王玉琴校注：《四书大全校注》，武汉大学出版社，2009年。

（明）薛瑄撰，孙浦桓点校：《读书录》，凤凰出版社，2017年。

（明）薛瑄：《敬轩文集》，文渊阁《四库全书》影印本。

（明）黄溥：《闲中今古录摘抄》，《丛书集成初编》本，商务印书馆，1937年。

（明）黄瑜：《双槐岁钞》，《四库全书存目丛书》，齐鲁书社，1995年。

（明）程敏政：《明文衡》，文渊阁《四库全书》影印本。

（明）蔡清：《四书蒙引·孟子》，文渊阁《四库全书》影印本。

（明）王守仁撰，吴光、钱明、董平、姚延福编校：《王阳明全集》，上海古籍出版社，2011年。

（明）王阳明：《传习录》，中州古籍出版社，2008年。

（明）吕柟：《四书因问·孟子因问》，文渊阁《四库全书》影印本。

（明）罗钦顺著，阎韬点校：《困知记》，中华书局，2013年。

（明）薛应旂：《四书人物考》，《四库全书存目丛书》，齐鲁书社，1997年。

（明）陈琛：《四书浅说》，《四库全书未收书辑刊》，北京出版社，1998年。

（明）罗汝芳撰，（明）熊偰辑：《一贯编·孟子》，《四库全书存目丛书》影印本，齐鲁书社，1995年。

（明）陈士元：《孟子杂记》，文渊阁《四库全书》影印本。

（明）李贽：《四书评》，上海人民出版社，1975年。

（明）焦竑：《焦氏笔乘》，《丛书集成初编》，中华书局，1985年。

（明）郝敬：《孟子说解》，《四库全书存目丛书》，齐鲁书社，1996年。

（明）董应举：《崇相集》，《四库禁毁书丛刊》，北京出版社，2005年。

（明）高攀龙撰，陈龙正编：《高子遗书》，文渊阁《四库全书》影印本。

（明）葛寅亮:《四书湖南讲》,《四库全书存目丛书》,齐鲁书社,1997年。

（明）周亮工:《因树屋书影》,《续修四库全书》,上海古籍出版社,2002年。

（明）孙奇逢:《读易大旨》,文渊阁《四库全书》影印本。

（明）谈迁:《国榷》,中华书局,1958年。

（明）史鹗、费增编:《三迁志》,明嘉靖三十一年刻本。

（明）张岱著,朱宏达点校:《四书遇》,浙江古籍出版社,2017年。

（明）吕元善:《三迁志》,《四库全书存目丛书》,齐鲁书社,1996年。

（清）黄宗羲:《明儒学案》,中华书局,2008年。

（清）谷应泰:《明史纪事本末》,中华书局,2015年。

（清）朱彝尊:《经义考》,中华书局,1998年。

（清）朱彝尊:《曝书亭集》,文渊阁《四库全书》影印本。

（清）陈鼎:《东林列传》,文渊阁《四库全书》影印本。

（清）顾嗣立编:《元诗选》,文渊阁《四库全书》影印本。

（清）郝玉麟监修,谢道承等编纂:《福建通志》,文渊阁《四库全书》影印本。

（清）张廷玉等撰:《明史》,中华书局,1974年。

（清）全祖望:《鲒埼亭集》,《续修四库全书》,上海古籍出版社。

（清）永瑢等:《四库全书总目》,中华书局,1965年。

（清）焦循撰,沈文倬点校:《孟子正义》,中华书局,2017年。

（清）阮元校刻:《十三经注疏·孟子注疏》,中华书局,1980年影印本。

（清）周中孚:《郑堂读书笔记》,《续修四库全书》,上海古籍出版社。

近现代著作

曹刚修、丘景雍纂:《连江县志》,1927年铅印本。

蔡仁厚:《王阳明哲学》,九州出版社,2012年。

陈鼓应、辛冠洁、葛荣晋:《明清实学思潮史》,齐鲁书社,1989年。

陈来:《有无之境　王阳明哲学的精神》,人民出版社,1991年。

陈垣:《校勘学释例》,中华书局,1959年。

董洪利:《孟子研究》,江苏古籍出版社,1997年。

葛兆光:《中国思想史》,复旦大学出版社,2010年。

郭康松:《清代考据学研究》,湖北辞书出版社,2001年。

郭齐勇主编,丁为祥著:《中国哲学通史》（明代卷）,江苏人民出版社,2022年。

鲁小俊、江俊伟:《贡举志五种》,武汉大学出版社,2009年。

黄俊杰:《中国孟学诠释史论》,社会科学文献出版社,2004年。

胡益民:《张岱评传》,南京大学出版社,2002年。

黄俊杰:《孟学思想史论》,台湾"中央研究院"中国文哲研究所筹备处,1997年。

侯外庐、邱汉生、张岂之:《宋明理学史》,人民出版社,1997年。

伽达默尔:《真理与方法》,洪汉鼎译,上海译文出版社,1999年,第678页。

嵇文甫:《晚明思想史论》,东方出版社,1996年。

姜林祥主编,韩钟文著:《中国儒学史·宋元卷》,广东教育出版社,1998年。

刘培桂:《孟子林庙历代石刻集》,齐鲁书社,2005年。

孟森:《明史讲义》,北京理工大学出版社,2016年。

钱穆:《先秦诸子系年》,商务印书馆,2001年。

容肇祖:《容肇祖集》,齐鲁书社,1989年。

商传:《明代文化史》,东方出版中心,2007年。

汤纲、南炳文:《明史》,上海人民出版社,1985年。

徐复观:《中国人性论史》(先秦篇),上海三联书店,2001年。

徐复观:《两汉思想史》,九州出版社,2014年。

徐喜辰:《井田制度研究》,吉林人民出版社,1984年。

杨泽波:《孟子评传》,南京大学出版社,1996年。

张岂之主编:《中国历史》(元明清卷),高等教育出版社,2001年。

张岂之主编:《中国思想学说史》(明清卷),广西师范大学出版社,2008年。

张希清、毛佩琦、李世愉主编,郭培桂著:《中国科举制度通史》(明代卷),上海人民出版社,2017年。

周淑萍:《两宋孟学研究》,人民出版社,2007年。

周淑萍:《先秦汉唐孟学研究》,中华书局,2020年。

论文

崔文印:《〈四书评〉不是李贽著作的考试》,《哲学研究》1988年,第4期。

贾乃谦:《从〈孟子节文〉到〈潜书〉》,《东北师大学报》1987年,第2期。

姜国柱:《文化专制的一例——朱元璋的〈孟子节文〉》,《辽宁大学学报》1981年,第6期。

李景林:《"浩然之气"的创生性与先天性》,《社会科学战线》2007年,第5期。

刘笑敢:《经典诠释与体系建构》,《中国哲学》2002年,第2期。

刘体胜:《陈士元的〈语〉〈孟〉学》,《汉江论坛》2009年,第7期。

秦燕:《〈孟子节文〉与朱元璋的专制思想》,《陕西师范大学学报》1995年,第2期。

孙宝山:《论蔡清的四书学诠释》,《中国哲学史》2016年,第4期。

周群:《〈四书大全〉平议》,《华夏文化》2013年,第12期。

图书在版编目（CIP）数据

元明孟学研究 / 周淑萍著. — 北京：商务印书馆，2024

ISBN 978－7－100－22416－1

Ⅰ. ①元…　Ⅱ. ①周…　Ⅲ. ①孟轲（约前372-前289）— 哲学思想 — 研究　Ⅳ. ①B222.55

中国国家版本馆 CIP 数据核字（2023）第075375号

元 明 孟 学 研 究

周淑萍　著

商 务 印 书 馆 出 版
（北京王府井大街36号　邮政编码 100710）
商 务 印 书 馆 发 行
山西人民印刷有限责任公司印刷
ISBN　978－7－100－22416－1

2024年1月第1版　　　　开本 787×1092　1/16
2024年1月第1次印刷　　印张 29¼

定价：128.00元